颐和园生态美营建解析

高大伟 孙 震 编著

中国建筑工业出版社

图书在版编目（CIP）数据

颐和园生态美营建解析/高大伟等编著.—北京：中国建筑工业出版社，2011.8
ISBN 978-7-112-13325-3

Ⅰ.①颐… Ⅱ.①高… Ⅲ.①颐和园-研究 Ⅳ.①K928.73

中国版本图书馆 CIP 数据核字（2011）第 123984 号

责任编辑：郑淮兵
责任设计：赵明霞
责任校对：陈晶晶　姜小莲

颐和园生态美营建解析

高大伟　孙　震　编著

*

中国建筑工业出版社出版、发行（北京西郊百万庄）
各地新华书店、建筑书店经销
华鲁印联（北京）科贸有限公司制版
北京建筑工业印刷厂印刷

*

开本：787×1092 毫米　1/16　印张：17½　字数：450 千字
2011 年 10 月第一版　2011 年 10 月第一次印刷
定价：42.00 元
ISBN 978-7-112-13325-3
　　　（20648）

版权所有　翻印必究
如有印装质量问题，可寄本社退换
（邮政编码　100037）

前　　言

历史的栖居地——遗产地保护的"原真性"视角

　　在我们生活的这个快节奏的现代社会中，文化遗产地已不能再将自己完全封闭起来，而应该适时地与她所在地的社会文化发展水平相对接，从而变得更加富有文化魅力，让文化遗产地的历史气息、文化氛围与更多人亲密接触。毕竟，广大的民众才是文化遗产的第一主人，能够赢得广大民众的理解、认同、支持，是文化遗产事业赖以存在和发展的基础。因此，很有必要通过宣传、普及与文化遗产相关的知识，唤起全社会保护文化遗产的意识，形成保护文化遗产的氛围，使文化遗产保护成为促进经济社会发展的积极力量，更要使文化遗产保护成果惠及广大民众。

　　本书就是本着这样一个初衷，以颐和园为一个具体案例，去分析一个文化遗产地的历史价值与保护方法的。

　　颐和园前身为清漪园，原本是永定河故道的一片天然湿地，从金代到明代一直作为水库加以利用，并且由于生态环境良好、生物多样性丰富而形成了大量的人文景观。至清乾隆年间，乾隆皇帝对这片天然湿地进行了生态优化，在保持其原湿地风貌的基础上，对昆明湖进行阔湖、清淤，因地制宜地进行绿化，使生物多样性得到了极大提升，并修筑了大量与之配套的堤、坝、闸、涵洞及湖泊、湿地、河流增加昆明湖的水利枢纽作用，使昆明湖万寿山地区成为西北郊，乃至北京市的生态中心。同时，乾隆以其多民族融合的生态观对这片湿地进行了艺术升华，通过山形、水系的改造、植物的合理配置、建筑的巧妙布置、生命精神的载入，把古人眼中的自然美思想体现在造园之中，成就了清漪园生态与景观的完美结合。后历经250余年的变化，清漪园的生态也随着城市的变化而不断地变化，虽然颐和园目前仍是北京市区生态环境最为优良的地区之一，但各种威胁颐和园生态可持续发展的因素随着城市化进程的加快也在不断显现。

　　这些对于遗产地的保护工作的种种威胁不仅仅是颐和园一家的问题，前些日子，就有"地下水过量抽取危及吴哥窟"的相关报道见诸媒体，大意是说柬埔寨吴哥窟周围的五星酒店聚集，但用来维持这些繁华美景的水都是从城市的地下抽上来的，严重威胁着这座有着数百年历史的世界遗产的安全，长此以往，吴哥窟会因为地下水抽取过量而出现开裂甚至倒塌。

　　近年来，我国建筑遗产保护事业取得了较大进展，但在保护实践中也出现了种种误区，产生了大量"建设性破坏"。虽然原真性是遗产保护的一条基本原则，但对于原真性理解的差异会对建筑遗产的保护方法带来直接的影响。为了避免皇家园林颐和园在现代社会中遭遇生态瓶颈，作者积极呼吁加强对颐和园的保护力度，同时也看到了颐和园的管理者们正在运用多种科技手段，力图还原一个完整的"原真性"的颐和园，很多项保护工程已经初见成效。

　　本书在篇章设计上突破以往对颐和园的研究单纯从造园技艺、历史探寻、景观营建等方面进行的局限，通过参考大量研究颐和园的样式雷图档、史料、书籍、论文等资料，将美学、哲学、艺术与颐和园生态相结合，以生态营建与保护为核心，对建园前、建园中和建园后的情况进行了分析，这些生态营建的思路体现了古人以自然为核心的生态思想，至今仍有很大的借鉴意义。

目　录

绪论 1

第1章　地到瀛洲星河天上近，景分蓬岛宫阙水边多
　　　　——依托湿地创建山水园林的中国传统造园思想 5

　1.1　城市发展与湿地的开发 5
　　　1.1.1　湿地在城市生活中的重要意义 5
　　　1.1.2　中国传统城市湿地生态作用分析 9
　1.2　湿地与中国大型皇家园林建设 12
　　　1.2.1　以湿地为依托的早期皇家园林 12
　　　1.2.2　一个实例——北京西郊皇家园林集群 15
　1.3　皇家园林和私家园林、国外园林的生态营建思想对比
　　　　——以江南私家园林、凡尔赛宫为例 24
　　　1.3.1　江南私家园林 24
　　　1.3.2　凡尔赛宫 25

第2章　十里青山行画里，双飞百鸟似江南
　　　　——清漪园鼎建前的生态环境研究 29

　2.1　北京小平原生态系统的复原性研究 29
　　　2.1.1　"天地中好个风水"——北京小平原的地形地貌 30
　　　2.1.2　"历史上的水乡泽国"——独特的地貌及丰沛的水资源 30
　2.2　西北郊生态系统的复原性研究 36
　　　2.2.1　"山下平湖水接天"——西北郊的水资源情况 36
　　　2.2.2　"一带西山秀莫穷"——峰峦叠嶂的西山山林环境 44
　　　2.2.3　"霁景名山翠滴螺"——丰富的山林湿地植被 45
　　　2.2.4　"堤下连云粳稻熟"——宛若江南的稻作景观 46
　2.3　西湖瓮山湿地生态环境的复原性研究 47
　　　2.3.1　"西北郊最大的天然湖泊"——古昆明湖的生态演变 47
　　　2.3.2　"西湖当其前，金山拱其后"——瓮山的形成及生态环境 52
　　　2.3.3　西湖水系的利用及人文景观的形成 53
　2.4　北京小平原、西北郊湿地和西湖瓮山湿地三大生态系统之间的关系 60
　　　2.4.1　北京小平原生态系统与西北郊湿地生态系统的关系 60
　　　2.4.2　西北郊的山地森林与湖泊湿地生态系统与西湖瓮山湿地生态系统的关系 60

第3章 玉泉一脉溯源头，湖辟昆明潴众流
——水利与昆明湖生态环境的优化 ················· 62

- 3.1 从生态角度解读乾隆改造西湖瓮山湿地的动机 ················· 62
  - 3.1.1 乾隆皇帝对自然生态观的融合和继承 ················· 62
  - 3.1.2 "水利诚以国计民生所关"——帝王对水利的重视 ················· 64
- 3.2 基于湿地保护思想进行的西湖水利环境改善 ················· 65
  - 3.2.1 "新湖之廓与深两倍于旧"——增大蓄水量 ················· 66
  - 3.2.2 "湖辟昆明潴众流"——增加水源 ················· 68
  - 3.2.3 "宜晴镜碧漾澄鲜"——改善水质 ················· 70
  - 3.2.4 "为闸为坝为涵洞"——昆明湖的水利枢纽地位 ················· 71
  - 3.2.5 "今则水田日辟矣"——强化稻田水乡景色 ················· 79
- 3.3 昆明湖湿地生物多样性营建 ················· 81
  - 3.3.1 "六桥西畔藕花多"——湿地植物景观 ················· 81
  - 3.3.2 "野鹭迷群伫绿蒲"——湿地动物景观 ················· 99

第4章 台榭参差金碧里，烟霞舒卷画图中
——清漪园生态美学的营建 ················· 100

- 4.1 诗情画意和造园技艺——清漪园的创作机构 ················· 100
- 4.2 诗画意境在清漪园造园中的体现 ················· 103
- 4.3 以清漪园为核心的西北郊三山五园整体构图之美 ················· 106
  - 4.3.1 清漪园的兴建使西北郊的园林构图更加完整 ················· 106
  - 4.3.2 清漪园与西北郊的景观联系 ················· 108
- 4.4 "山称万寿水清漪，便以名园颇觉宜"——清漪园山水改造的美学基因 ················· 109
  - 4.4.1 "山环水抱"——对山水关系的美化 ················· 109
  - 4.4.2 "面水背山地，明湖仿浙西"——对杭州西湖的写仿 ················· 111
  - 4.4.3 "山名扬万寿，峰势压千岚"——万寿山的改造 ················· 114
  - 4.4.4 "花浮香锦绣，楼隐画蓬瀛"——昆明湖的改造 ················· 120
- 4.5 "意在笔先"——清漪园景观的建造次序研究 ················· 123
  - 4.5.1 匾额楹联对工程的指导 ················· 123
  - 4.5.2 重点建筑营建的先后次序 ················· 124
- 4.6 工程与造景的结合实例——颐和园的排水系统 ················· 128
  - 4.6.1 万寿山前山的排水系统 ················· 128
  - 4.6.2 万寿山后山的排水系统 ················· 133
  - 4.6.3 院落排水 ················· 136
- 4.7 "千尺为势，百尺为形"——清漪园空间布局之美 ················· 140
  - 4.7.1 宜人的建筑尺度 ················· 140
  - 4.7.2 外部空间布局 ················· 141
- 4.8 "寻云遂至云深处，云与亭浑不可分"——清漪园中的虚景营建之美 ················· 144

4.8.1 云烟雾霭 ………………………………………………………………… 145
　　4.8.2 雨雪 ……………………………………………………………………… 146
　　4.8.3 晨曦落日 ………………………………………………………………… 147
　　4.8.4 月色 ……………………………………………………………………… 149

第5章　问泉哪得清如许，为有源头活水来
　　　　——清漪园生态环境下的儒学基因 ………………………………………… 151
　5.1　乾隆的儒学思想 ………………………………………………………………… 151
　5.2　古典园林与生态意境审美 ……………………………………………………… 152
　5.3　儒学思想指导下的清漪园生态意境的营建 …………………………………… 153
　　5.3.1 "乐之道归焉"——清漪园礼乐复合的构图美 ……………………… 153
　　5.3.2 "内圣"与"外王"的统——清漪园帝王心斋的作用 …………… 154
　　5.3.3 儒家生命精神对造园的影响 ……………………………………………… 170

第6章　稻田蓄水资明岁，酌剂常筹虚与盈
　　　　——清漪园的生态管理方式和方法研究 ………………………………………… 188
　6.1　对传统生态智慧的继承 ………………………………………………………… 188
　　6.1.1 可持续发展的生态观念 ………………………………………………… 189
　　6.1.2 整体化的生态经营观念 ………………………………………………… 189
　　6.1.3 顺应自然规律的适时干预原则 ………………………………………… 192
　6.2　清漪园的生态管理机构 ………………………………………………………… 193
　6.3　清漪园的生态管理技术方法 …………………………………………………… 194
　　6.3.1 水体的管理技术与方法 ………………………………………………… 196
　　6.3.2 土壤的管理技术与方法 ………………………………………………… 197
　　6.3.3 植物的管理技术与方法 ………………………………………………… 198

第7章　岳阳记语当前景，吾亦同之崖先忧
　　　　——颐和园的生态变迁 …………………………………………………………… 203
　7.1　光绪以前的变化 ………………………………………………………………… 203
　7.2　英法联军和八国联军对清漪园生态系统的破坏 ……………………………… 203
　7.3　光绪时期对颐和园生态系统的改建和恢复 …………………………………… 204
　　7.3.1 河湖水系完整保留 ……………………………………………………… 204
　　7.3.2 植物景观的变迁 ………………………………………………………… 204
　　7.3.3 建筑景观的变化 ………………………………………………………… 205
　7.4　清朝末期和民国期间的生态破坏 ……………………………………………… 206
　7.5　建国后城市化进程的加快——生态环境迅速变化 …………………………… 208
　　7.5.1 湿地水资源的减少 ……………………………………………………… 209
　　7.5.2 湿地水质的恶化 ………………………………………………………… 210

7.5.3　稻田景观的消失 ··· 211
　　7.5.4　周边景观环境的改变 ··· 212
　　7.5.5　植物生态景观的变化 ··· 212
　　7.5.6　动物生态景观的变化 ··· 212
　　7.5.7　土壤生态环境的变化 ··· 213
　　7.5.8　游客增多对颐和园生态的影响 ·· 214

第8章　假如借作天孙杼，绣出应饶泉客绡
　　　　——历史湿地园林的生态保护策略及生态评价指标体系 ············ 215
　8.1　历史湿地园林的生态保护策略 ·· 215
　　8.1.1　城市化对湿地园林的生态保护提出新的挑战 ····························· 215
　　8.1.2　传统生态保护方式的局限性 ·· 215
　　8.1.3　现代生态技术的发展与运用 ·· 215
　　8.1.4　历史湿地园林生态保护策略 ·· 215
　8.2　历史湿地园林生态评价指标 ·· 216
　　8.2.1　生态环境 ·· 216
　　8.2.2　生态意境 ·· 235
　　8.2.3　环境服务功能 ··· 241

附件1　《颐和园昆明湖3500余年沉积物研究》中根据孢粉得出的昆明湖地区的
　　　　植物种类 ·· 248
附件2　清代皇帝御制诗中描写清漪园植物景观的诗句 ································ 249
附件3　清代皇帝御制诗中描写清漪园动物景观的诗句 ································ 263

参考文献 ·· 267
后记 ·· 271

绪　　论

1. 生态与美学的完美结合——颐和园

颐和园的前身清漪园，始建于乾隆十五年（1750年），清漪园建成后，乾隆、嘉庆、道光、咸丰四朝皇帝先后御临。据中国第一历史档案馆藏清宫《起居注》、《奏案档》记载：乾隆皇帝到清漪园132次，留下1500余首咏园林风景的诗文。

清漪园是生态与美学的完美结合。在造园之初，清漪园所在地地势低洼，古永定河流经于此，又汇集西山一带的天然山水，形成了大量浅水湖泊。周围群山环抱，沙禽飞鸟掩映于芦苇之中，后历代在瓮山之上、西湖周围因地制宜地修筑了大量的人文景观。元代，为了接济漕运，郭守敬将白浮泉水引入瓮山泊，首次赋予了瓮山泊人工水库的功能，成为了北京城的水利枢纽，对北京城的生态维护起到了重要作用。

在修建清漪园之前，乾隆于1749年冬天率先对西湖进行人工改造，通过阔湖、疏浚水道、修建配套设施等一系列工程，在不改变其自然风貌的原则下使西湖的生态功能发挥到极限。通过增加西湖的蓄水能力进一步发挥了其水利枢纽的作用，使之具有了灌溉、漕运、供应城市水源等多重功能。更重要的是，西湖作为一片人工湿地，水质更加清澈，生物多样性也更加丰富，环境质量得到极大提升。

乾隆十五年（1750年）一月，西湖改造的第一阶段宣告完成，从此将瓮山、西湖改称为万寿山、昆明湖。仅仅是生态环境的改善并不能满足乾隆对生态美的追求，将这片湿地赋予人文意蕴和自然美才是其真正的目的。同年四月，乾隆观看了宫廷文人画师董邦达的《西湖图》，并于次年第一次南巡搜集素材。所有的准备工作就绪，乾隆便开始了对清漪园的创作。

首先，体现在对原生态环境的保护上。清漪园的营建并没有造成原生态环境的任何破坏，相反还促进了昆明湖水质的改善和万寿山的绿化，优化了当地的生态环境。从乾隆所作的御制诗中，还可以反映出当时动植物种类的丰富程度。

其次，体现在清漪园营建最为核心的内容方面，即清漪园生态美的体现。古人有着不同于现代人的生态审美体验，并在传承中形成了丰富的审美主题原型，如认为完美的山要有"三远"的意境，完美的水必须清澈，山水关系必须形成"山环水抱"等模式；植物的配置也讲究如《花镜》中所描述的三五成丛模式，这些都体现在山水画的创作与山水园林的营建中。清漪园也不例外，乾隆对山、水的改造，植物的配置，动物生态环境的营造，以及建筑与环境的糅合，建筑和环境尺度的控制，乃至虚景营建，都符合古代的生态审美思想。

再次，体现在乾隆独特的生态审美思想上。不仅秉承儒释道的美学传统，而且将帝王"移天缩地在君怀"的大一统思想，以及标榜勤政治国的理念，都物化在清漪园营建之中，使园林生态环境具有生动、鲜活的灵性。

清漪园中生态环境与美学构思的结合极其自然，丝毫不留人工痕迹。典型的例证如园中的排水系统，排水功能在山形、道路、建筑、叠石的巧妙布置中得以实现，不但融于自然，也极具观赏价值。

园林生态系统不同于纯粹的自然环境，需要借助人工的维护。清漪园在有清一代形成了完善的生态管理方式和方法，体现着古人的生态智慧。

咸丰年间，清漪园遭受了英法联军的焚烧，生态环境被严重破坏。20多年后，慈禧对清漪园进行重修，并改名为颐和园，以体现"颐养冲和"之意。此时的颐和园仍是皇家禁苑，园内外生态环境并未发生太大的变化。

后又历经百年沧桑变化，城市化浪潮一波又一波地冲击着颐和园脆弱的生态环境。当农业文明留下的稻田湿地逐渐从人们的视线淡出，农业生态环境也被城市生态环境彻底取代。随之而来的如水资源的锐减、地区人口密度的增加、密集车流带来的过度噪声等城市化因素，都使颐和园越来越沦为城市生态孤岛。颐和园作为文化遗产，所呈现的传统园林的生态之美遭遇到了前所未有的挑战。

基于上述背景，作者在现代生态视野下，科学分析颐和园生态美的影响因子，运用科技手段有意识地加以调节和控制，是维护生态系统平衡、保持生态美学质量的现实手段。

2. 研究颐和园生态美学的意义

近现代以来，西方文明依靠不断向自然索取而达到物质文明的飞速进步，而面对不断恶化的人与自然关系，德国古典浪漫派诗人荷尔德林在《人，诗意地栖息》中写下了这样的诗句："人虽充满劳绩，但还应该诗意地栖息于大地之上。"这份"诗意"的气韵和"栖息"的心态，是一种人存在的状态，它道出了深邃领悟生命的智慧和朴实本真的美好夙愿，恰好与中国古代生态智慧不谋而合，即是说"人离开自然又要返回自然"。

其实，这一核心思想早在中国古代就已产生。中国古代遗留下来的反映古人高度智慧结晶的遗产、遗迹，从选址到建成，每一个环节都与自然环境密切结合，都体现着"天人合一"、"天人和谐"的哲学精神。春秋战国时期，先民们从对生命的崇拜而抽象出对生命尊重的哲学精神，比如，产生于传统生态思想基础上的"礼"、"乐"，就是实现"天"与人沟通，促进万物生长繁育，进而达到自然本性的一种手段，实际上就包含着一种生态的"可持续发展"思想。而这种生态智慧又被后人总结成"天人合一"的哲学精神，即古人所追求的一种天人和谐、生态和谐的境界，并在人类实践活动中始终自觉而严格地遵循着。

本文的研究对象是皇家园林颐和园，这原是一处位于北京西北郊的天然湿地湖泊，经过金、元、明、清的改造，变成了北京城市基础水利设施一个重要的组成部分，承担着重要的城市生态功能，又集中国传统生态智慧之大成，它不仅是人类园林艺术史上的瑰宝，更是人类生态文明史上的传世杰作！

这种湿地之上兴建皇家园林的方式，古已有之，上承先秦以来大型皇家园林上林苑，下到清代南苑、玉渊潭、紫竹院等，都有湿地建园林的范例。这些湿地园林的兴建既起到了城市供水、灌溉、防洪等作用，又以极其精湛的造园技艺体现出"天人合一"般的完美融合。纵横中外，这种与自然高度融合的人文景观，在西方经典园林中十分罕见，这也是本文的研究价值之所在。

另外，作者注意到，随着工业文明取代农业文明成为时代发展的主流，颐和园所依托的生态环境发生了巨变，最主要的就是水资源的变化。地下水的过度开采导致西北郊整体生态用水枯竭，表现之一就是昆明湖的主要水源玉泉山断流，直接导致昆明湖周围大片湖泊湿地由浅湖转为稻田湿地，进而又转为建筑用地。其循环恶果就是昆明湖湖水下渗速度加快，水质污染，面临着冬季湖水干涸的尴尬境地。这与当初清漪园时那种貌似江南水乡的湿地风貌相去甚远。现在，巴沟低地上高楼林立，又进一步破坏了颐和园周围的借景通道，颐和园犹如包裹在水泥森林中的"生态孤岛"，离过去的那种生态中心的地位也渐行渐远。

在这样的背景下，从生态视野的角度，对颐和园进行保护研究十分必要，是维持颐和园生态可持续发展，传承颐和园文化遗产的必要手段。

中国皇家园林有别于其他类型园林的一个主要特征，就是其体现着"天人合一"哲学智慧的生态价值，以及与城市整体生态环境的密切联系。因此，本文选择以皇家园林的巅峰之作——颐和园作为研究对象，意在探讨中国皇家园林生态保护的基本思路和方法，进一步还原皇家园林的生态经营的传统思维模式，为综合保护皇家园林的生态之美提供可为后人借鉴的经验。

3. 本书的主要内容

不同于以往研究颐和园景观的论著，本书主要是从生态视角对颐和园的保护进行了全新的诠释，侧重于颐和园及其周边生态环境的发展变化研究，根据众多的史料、实地调查、研究文献综合分析出颐和园生态建园的思路和目前所面临的生态保护问题及解决方案。主要的研究线索及行文框架如下：

（1）第1章追溯中国古代依托湿地进行皇家园林选址和建设的生态思想。由湿地这一地球三大生态系统之一的优越性，分析指出古今中外很多皇家园林都是营建在城市湿地水源之上的。通过对历史上反复出现的皇家园林，如灵沼、上林苑等的研究，总结出湿地园林的营建模式，即由湿地涵养水源的显著优越性使城市将水源地规划在湿地之上，并以皇家园囿禁地的形式对湿地水源进行保护，使其持续发挥生态效益。

（2）第2章将清漪园生态建园的历史背景融入到西北郊一带乃至北京小平原的生态大环境之中，依次复原了清漪园建园之前的北京小平原、大小西山风景区及瓮山泊自然湿地这三套生态系统，阐述三者之间的紧密联系，思考三套生态系统如何紧密联系、相互作用，以成就了这一地区独有的山形水系。由远古时代以来大小西山的垂直生态分布，给地处北京小平原上的瓮山泊湿地带来了丰富的物种，为后世进行农业开发，形成水鸟栖息、人类耕作的水乡景观打下了自然基础。这也是乾隆皇帝进行昆明湖湿地优化、建设清漪园的生态基础。研究表明，清漪园建造之前正是三套生态系统平衡、稳定的时期，这也从生态学的角度将清漪园与整个北京生态环境连接起来了。

（3）第3章通过乾隆对瓮山泊湿地创造性开发的详细分析，全面揭示了原始湿地向湿地园林升华的全过程。乾隆以一位少数民族政治家的独特文化背景，将融多民族的生态观、自然观、艺术观于一体的生态思想体现在清漪园的山水布局上，以君王之势、举国之力对瓮山泊湿地进行大力改造，成就了人类开发湿地的伟大艺术成就，使清漪园这处典型的湿地园林区别于以往所建的皇家园林，达到了皇家园林建设史上的巅峰！

（4）第4章承接第3章对于乾隆个人因素的影响力进行分析，指出湿地园林不仅体现了统治者的政治、经济诉求，也体现了文化、审美诉求。这位少数民族统治者将中国"诗情画意"的园林艺术追求，借助生态建园的技法付诸实现，即以乾隆为代表的古代文人对山水诗画的审美意识和理论在清漪园的生态营建中得到充分体现。乾隆以瓮山西湖天然结构为基础骨架，综合运用中国园林和书画艺术理论，追求"外事造化、中得心源"和"虚实变化"等艺术境界，在湖光山色上潜心"布势"、细致加工，最终建成了一座以自然美为核心的大型自然山水园。

（5）第5章介绍了"儒学基因"对清漪园造园生态意境的影响。它将清漪园的生态建构提高到一个新的层次，使本来机械的生态有了灵魂。

（6）第6章通过回顾中国传统生态管理策略与智慧，梳理相关清漪园的生态管理档案，以及同期乾隆皇帝敕命编制的《授时通考》，总结了清漪园的生态管理机构与人员配置，及其在水体利用、土壤施肥、植物栽培、管理利用等方面的具体策略与技术方法。以期为今天颐和园及其他湿地公园的生态管理提供借鉴。

（7）第7章分析了清漪园生态环境的历史沿革。清漪园的生态环境在清王朝灭亡之前变化不大，随着以工业文明为基础的现代城市文明逐步替代以农耕为主的农业文明，土地利用方式的巨变，割断了颐和园与其所依托的西北郊湿地生态系统的联系，造成了生态系统的迅速恶化。

（8）第8章在前面对颐和园生态分析的基础上，从生态环境、生态意境、环境服务功能三个层次来构建历史湿地园林生态评价体系框架，并以颐和园的生态恢复为例，强调传统生态智慧与现代生态技术的结合运用。

第1章 地到瀛洲星河天上近，景分蓬岛宫阙水边多
——依托湿地创建山水园林的中国传统造园思想

依托湿地进行大型园林建设是中国皇家园林生态选址的重要特点，是决定中国山水园林发展方向的生态基础。在优化湿地的园林改造过程中，造园者将美学融于生态，在不改变其生态价值的基础上进行了美学升华，形成了中国皇家园林特有的造园方法，成就了在世界造园史上独树一帜的中国皇家园林的山水特征。

1.1 城市发展与湿地的开发

20世纪50年代，国外对湿地开始了系统研究。最早给"湿地"下定义的是美国鱼类和野生动物管理局。1956年，该局在其发布的《39号通告》中，认为湿地是"被间歇的或永久的浅水层所覆盖的土地"。1971年在伊朗的拉姆萨通过了《关于特别是作为水禽栖息地的国际重要湿地公约》（简称《湿地公约》），将湿地（Wetlands）定义为"不问其为天然或人工、长久或暂时性的沼泽地、泥炭地或水域地带、静止或流动、淡水、半咸水、咸水体，包括低潮时水深不超过6m的水域"。

湿地通常是高生产力的生态系统，具有重要的综合效益，包括湿地功能（如：地下水的补充和洪水的控制），湿地及其产品的利用（如：物质生产资料基地），湿地属性（如：景观的美学因素、宗教重要性等）。湿地效益在城市生活中是必不可少的，失去了湿地就失去了这些效益，城市和湿地的关系不是"发展与保护的对立"，而是"保持湿地生态系统的功能就是确保它对发展的重要贡献"。❶

1.1.1 湿地在城市生活中的重要意义

现代湿地学、生态学、城市学对湿地的研究，证明了其在城市生活中占有重要的地位。中国古代虽没有现代意义上的湿地学或生态学，但薮泽在城市中的大量存在，表明古人对其生态效益的深刻认识。下面就湿地在城市生活中五方面的意义，分别讨论。

1. 湿地是城市供水的主要来源

城市从湿地中获取水资源主要有三种方式。

（1）直接利用湿地水资源，即湿地常常作为居民用水、工业用水和农业用水的水源。溪流、河流、池塘、湖泊中都有可以直接利用的水，其他湿地，如泥炭沼泽，则可以提供被浅水水井直接利用的水源。

---

❶ 有关定义来源于湿地国际—中国项目、中国林业局保护司、世界自然基金会—中国项目编译的《湿地效益》（1997年8月内部发行）。

这点在中国传统城市的建设中尤为显著，如杭州、扬州、昆明等城市都是围绕湖泊建设起来的。

（2）补充城市地下水资源，当水从湿地流入地下蓄水系统时，蓄水层的水就得到了补充。这些水随后可以成为浅层地下水系统的一部分，得以保持。浅层地下水可以为周围地区供水，维持水位，或最终流入深层地下水系统，成为长期的水源。这种情况对依赖中、深度水井作为水源的城市来讲很有意义。

（3）地势高的湿地可以为地势低的城市保持水源供给。当一座城市在比其地势高处有一块湿地时，则这块湿地可以使水持续流向蓄水层，起到保持地下水位的作用。当这块湿地被转为它途，则无水流入蓄水层，地下水位就会下降，使得低处的城市水井干枯。

2. 湿地是城市抗涝减灾的依托

湿地是一个巨大的生物蓄水库，它能保持大于其土壤本身重量3~9倍或更高的蓄水量，这与湿地土壤具有特殊的水文物理性质有关。中国三江平原沼泽和沼泽化土壤的草根层和泥炭层，孔隙度为72%~93%，饱和持水量为830%~1030%，最大持水量为400%~600%，出水系数为0.5左右，因此其蓄水和透水力较强，全区沼泽湿地蓄水量高达$38.4 \times 10^8 m^3$。❶

洪水被储存在湿地的土壤内或以表面水的形式保存于湖泊和沼泽中，这就直接减少了下游的洪水量。一部分洪水可在数天、几星期或几个月的时间内从储存地排放出来，一部分则在流动的过程中通过蒸发和下渗成地下水被排除。

湿地上的植被也可以减缓洪水流速，因此避免了所有洪水在同一时间到达下游。这两个过程降低了下游洪峰的水位，并使河溪一年中的水量比没有湿地时保持更长的时间。❷

在中国传统的城市中，许多城市与湿地的关系十分密切。因为水是人类生存中最重要的物质因素，关系到农业生产和居住这两件头等重要的大事。人类最初的居住地大都位于河流附近的台地上。就我国先民居住的谷口河畔而言，分为原和隰两部分，"原"指河谷、河岸两旁的台地，"隰"指台下的湿地（沼泽）。湿地本身不能耕种，更不能居住，只有经过兴修水利，改造成耕地和适宜居住的环境后，居民才跟着移来❸：

　　信彼南山，维禹甸之，畇畇原隰，曾孙田之。❹

　　善为国者，必先除五害……除五害之说，以水为始。❺

除害之余，更要兴利：

　　水林、薮泽、溪谷足以供其利。❻

---

❶ 牛焕光，马学慧. 我国的沼泽 [M]. 北京：商务印书馆，1985.
❷ 2010年入夏以来，南方雨季，广州暴雨倾城，出现了大面积水浸街的灾情。但相比"楼高路宽"的新城区，反倒是路窄设施旧的老城区少遭水淹。就此种情形，城市规划学者注意到，老城区抗涝能力突出，主要原因是城内有大量公园存在。一系列的调查表明，除了专业的排水设施是防洪减灾的保证外，城市内的湿地是比单纯的排水设施更廉价、功能更强大、具有自动修复自身和环境功能的"蓄水"元素。因此，尽可能地减少水泥、沥青、花岗石等材质的地面，增加绿化和城市公园、湖泊等湿地环境的面积，是城市创造宜居环境、蓄水排涝的捷径。摘自：童大焕. 为何广州的老城区少遭水淹 [N]. 新京报，2010-05-11（A03）.
❸ 张慧. 先秦生态文化及其建筑思想探析 [D]. 天津：天津大学博士学位论文，2009.
❹ 诗经·信南山 [M].
❺ 管子·度地 [M].
❻ 商君书·算地 [M]//北京史研究会编. 燕京春秋. 北京：北京出版社，1982：87.

修堤梁，通沟浍，行水潦，安水藏，以时决塞……岁虽凶败水旱，使民有所耘艾。❶

正因为水关系到农业生产和居住这两件头等重要的大事，所以"治水"自上古以来就一直是统治者最根本的使命。而从大禹因治水有功被百姓奉为圣王以来，治水更加成为具有某种神性的活动，上至衡量帝王德行的重要标准，下至每个城市管理者必须面对的首要问题。

3. 湿地是城市物质生产资料的基地

湿地为城市提供物质生产资料包括湿地内、湿地外、能源生产三方面。

湿地内的物质生产指直接获取于湿地内的所有动物、植物和矿产物，人们必须进入湿地才能获得湿地内的这些效益。通常取自湿地内的产品有：泥浆、木材、水果、肉类、苇、树脂和药材等。天然湿地是具有最高生产力的生态系统，其生产力甚至超过最集约的农业系统。从湿地产品中获得的效益，就单位土地面积而言，比其他水分被排干以后的环境要高得多。

湿地外的物质生产资料具体有：生产于湿地内，然后被自然力迁移或运至另一场所的产品。在另一场所，人们或许直接利用这些产品充当其他有机体的食物源，或作其他用途，如搬运泥沙或其他沉积物以扩大陆地面积。这一类型包括有机物、无机物、搬运至下游地区的溶解态营养物（可助下游渔业发展）、回游鱼类、小虾、海生哺乳动物、鸟类。

湿地还可以通过各种方式提供能源，最普通的就是水电、薪柴和泥炭。但湿地能源的开发对某些湿地会出现很大的副作用，如泥炭是不可再生能源，过度开采会破坏湿地和它们的价值。因此理想状态下，应是在可持续的基础上生产能源，同时必须保持其他功能和价值不被改变。

早在先秦时期，古人就十分注重湿地物质生产资料基地的功能：

囿，所以域养禽兽也。❷

苑，所以养禽兽，从草。❸

园，所以种树木也。❹

园圃，毓草木。❺

这些阐释都说明，囿、苑、园、圃，其实就是一些湿地与农、林、牧、渔等多种产业的紧密结合体。

4. 湿地是城市生物多样性的保证

首先，湿地是动植物种生命循环的重要生境。一些特殊的湿地或湿地类型为一些物种，特别是植物物种提供了完成其生命循环所需的全部因子。其他物种则依赖湿地完成其复杂生命循环的一部分，包括许多水生动物，如鱼和对虾，它们将借助湿地完成产卵并度过幼年期。有许多迁徙的鸟类依赖湿地完成其生命循环的一部分，如迁徙过程中的停歇、休息和取食。

中国天然湿地面积约为 $2500 \times 10^4 hm^2$，约占国土面积的2.5%，其中许多湿地是具有国际意义的珍稀水禽栖息地。40多种国家一类保护的珍稀鸟类中，约有1/2生活在湿地中；亚洲有57种濒危鸟，在中国湿地发现有31种；全世界有鹤类15种，中国湿地中的鹤类占9种。可见，水草

---

❶ 荀子·王制 [M].
❷ 诗经 [M]. 毛苌注.
❸ 说文解字 [M].
❹ 诗·郑风·将仲子·毛传 [M].
❺ 周礼·天官·大宰 [M].

丛生的湿地环境为鸟类提供了丰富的食物来源和营巢、避敌的良好条件。❶

其次，湿地中的野生物种具有为改善经济物种提供基因材料的潜力。这些野生的基因具有帮助改善诸如味道、生长和降低病害感染率因子的特性。❷

5. 湿地是社会文化重要的组成部分

1）湿地具有景观和美学价值

子张问："《书》云奠高山何谓也？"孔子曰："高山五岳定其差秩，祀所视焉。"子张问："其礼如何？"孔子曰："牲币之物，五岳视三公，小名山视子男。"子张曰："仁者何以乐于山？"孔子曰："夫山岿然高。"子张曰："高则何乐尔？"孔子曰："夫山，草木植焉，鸟兽蕃焉，直而无私焉，四方皆伐焉，直而无私，兴吐风云以通乎天地之间，阴阳和合，雨露之泽，万物以成，百姓咸飨，此仁者所以乐山也。"❸

"仁者乐山，智者乐水"，水动山静的景象呈现的早已不是单纯的自然美感，也摆脱了原始的神秘感，儒家比德的思想被赋予其中。

山水以形媚道，而仁者乐。❹

魏晋士人将山水作为审美对象，文学、绘画中的山水艺术空前发展，山水超越了道德层次而引向审美境界，自然景物成为情感表现和自由想象的对象。❺

湿地中的山水、花木、禽鱼全部都是古人审美的对象：

水是悠悠者，招之入户流。近窗凉易得，穿竹韵偏幽。洗手弄明月，浮觞寄小筹。濠梁真可乐，鱼影一庭秋。❻

山得水而活，得草木而华。❼

食则相呼，行则同旅，居则环角向外以防害，卧则口朝尾闾以通督脉。自能乐性，诚仙品也，官署明园多畜之。❽

2）湿地是生态旅游业的依托

一些湿地还可以被用于休闲和旅游，对城市的经济发展能作出巨大的贡献。

3）湿地确保一些人类活动的存在

许多湿地是独一无二的环境，在其中人类为了充分利用可获资源，已发展了一些生产方法，如专门化的渔猎方法、采集方法、非生产性土地的利用方法。这些活动展示了宝贵资源的持续利用，并随着社会的发展而变化。

湿地还和当地居民的生活信仰、宗教传说密切联系，人们相信在这里发生过某些信仰方面的

---

❶ 佟凤勤.中国湿地生态系统研究的若干建议［M］//林业部野生动物和森林植物保护司编.湿地保护与合理利用——中国湿地保护研讨会文集.北京：中国林业出版社，1996.
❷ 中国水稻之父袁隆平教授，利用海南岛湿地中的野生稻，培育成水稻三系，开创了大面积利用杂交水稻的新局面，降低了制种成本，提高了育种产量，并且使水稻产量成倍地增加.采自：http：//www.zhmangrove.com/news_view.asp？newsid=233&kind=07.2010-06-24.
❸ 孔丛子［M］.
❹ （南朝宋）宗炳.画山水序［M］.
❺ 刘彤彤.问渠哪得清如许，为有源头活水来——中国古典园林的儒学基因及其影响下的清代皇家园林［D］.天津：天津大学博士学位论文，1999.
❻ 转引自：朱良志.中国艺术的生命精神［M］.合肥：安徽教育出版社，2006.
❼ （宋）郭熙.林泉高致［M］.
❽ 陈淏子.花镜·鹿［M］.

事件，或是世代居住在此的居民对其有很强的精神依附性，并成为其文化组成部分。如中国早期的湿地是先民精神方面的寄托：

    故鲁人将有事于上帝，必先有事于頖（pàn）宫；晋人将有事于河，必先有事于恶池；齐人将有事于泰山，必先有事于配林。❶

4) 历史上一些重要事件和湿地的密切关系

湿地可能是某些重要历史事件的发生地，如战场遗址、某个声明的发布地、最早的居民点或人类移居地。这类具有历史意义的地点构成了一个国家或人类文化遗产的一个重要组成部分。

  中国太湖湿地区新石器时代早期以来古文化遗址数量多，分布广，现已发现200余处。❷

1.1.2 中国传统城市湿地生态作用分析

中国对湿地的认识可以上溯至先秦时期，在《礼记·王制篇》、《禹贡》、《水经注》等文献中曾有湿地的记载，并赋予不同名称反映其特征差异。下面就以杭州的西湖、南京的玄武湖、扬州的瘦西湖为例，探讨中国传统城市中湿地的生态作用。

1. 杭州西湖和水利治理

西湖位于浙江省杭州市西部，湖水总面积6.145km^2，总容积0.1247亿m^3，平均水深1.235m（图1-1）。

西湖营建的历史，典型地体现为淤塞和疏浚交织的过程，其疏浚整治几乎历朝历代都在进行，总计上百次，较重要的多达20余次。与此相关的著名人物包括唐代的白居易、北宋的苏东坡、明初的杨孟瑛等。

白居易（772~846年）9世纪初时被贬官到杭州，在西湖中建了一条白堤。白堤在唐代的时候，叫白沙堤。白沙堤把西湖分成了上湖和下湖，堤内是上湖，堤外是下湖，主要起到了调蓄湖水的作用，尤其是在天旱的时候。白堤建成以后，白居易还专门写了《钱塘湖石记》一文，❸派

---

❶ 礼记·礼器 [M]. 郑玄注云："頖（pàn）宫，郊之学也。恶池当为呼池，与呕夷为并州川。配林，林名。"

❷ 景存义. 太湖地区全新世以来古地理环境的演变 [J]. 地理科学，1985 (3).

❸ 钱塘湖事，刺史要知者四条，具列如左。钱塘湖一名上湖，周回三十里。北有石函，南有笕。凡放水溉田，每减一寸，可溉十五余顷；每一复时，可溉五十余顷。先须别选公勤军吏二人，一人立于田次，一人立于湖次，与本所由田户据顷亩，定日时，量尺寸，节限而放之。

  若岁旱，百姓请水，须令经州陈状，刺史自便押帖，所由即日与水；若待状入司，符下县，县帖乡，乡差所由，动经旬日，虽得水，而旱苗无所及也。

  大抵此州春多雨，夏秋多旱，若堤防如法，蓄泄及时，即濒湖千余顷田，无凶年矣。自钱塘至盐官界，应溉夹官河田，须放湖入河，从河入田，准盐铁使旧法，又须先量河水浅深，待溉田毕，却还本水尺寸。往往旱甚，即湖水不充。今年修筑湖堤，高加数尺，水亦随加，即不虑足矣。脱或水不足，即更决临平湖，添注官河，又有余矣。

  俗云：决放湖水，不利钱塘县官。县官多假他词以惑刺史。或云：鱼龙无所托。或云：茭菱失其利。且鱼龙与生民之命孰急？茭菱与稻粱之利孰多？断可知矣。又云：放湖水即郭内六井无水，亦妄也。且湖堤高，井管低，湖中又有泉数十眼，湖耗则泉涌，虽尽竭湖水，而泉用有余；况前后放湖，终不至竭。而云井无水，谬矣！其郭中六井，李泌相公典郡日所作，甚利于人，与湖相通，中有阴窦，往往堙塞。亦宜数察而通理之。则虽大旱，而井水常足。

  湖中有无税田约十数顷。湖浅则田出，湖深则田没。田户多与所由计会，盗泄湖水，以得私田。其石函、南笕并诸小笕闼，非灌田时，并须封闭筑塞，数令巡检，小有漏泄，罪责所由，即无盗泄之弊矣。

  又若霖雨三日已上，即往左堤决。须所由巡守预为之防。其笕之南，旧有缺岸。若水暴涨，即于缺岸泄之；若不减，兼于石函、南笕泄之，防堤溃也。

  予在郡三年，仍岁逢旱，湖之利害，尽究其由。恐来者要知，故书于石；欲读者易晓，故不文其言。

  长庆四年三月十日，杭州刺史白居易记。

图 1-1 杭州西湖（图片来源：杨菁拍摄）

人镌刻在西湖边上，专门指教后来的人们应怎样放水、怎样开闸、怎样蓄水、怎样护堤。北宋时期，苏东坡（1037~1101 年）来到杭州，他也对西湖的治理作出了极大的贡献。而今西湖上的苏堤正是苏东坡发起西湖清淤后，由湖里挖出来的泥堆积而成的。苏堤长约数里，既达到了浚湖蓄水的目的，又沟通了湖之南北，方便了行人。元末明初，整个西湖已经淤积得非常厉害了，特别是苏堤以西的部分，基本长满了野茭白，整个湖面也淤塞，原来碧波荡漾的湖面，只剩下一条很窄的水道。明弘治十六年（1503 年）杨孟瑛来到杭州担任知州。现在苏堤西侧的杨公堤就是他治理西湖的成果。

历史上的水利工程，不仅治理了西湖的水患，也使杭州西湖的景观效益大大提升，如今"白堤"、"苏堤"、"杨公堤"成了脍炙人口的西湖胜景，西湖也成了杭州的象征。

2. 南京玄武湖和丰富的动植物资源

玄武湖古称桑泊，位于南京城的东北，三面环山，一面临城，享有"金陵明珠"之称。传说刘宋元嘉二十五年（448年）湖中两次出现"黑龙"（很可能是现在的扬子鳄），因而又改称玄武湖。❶

玄武湖属于浅水湖泊，南北长2.4km，东西宽2.0km，有7条沟渠汇入湖中。2004年在对玄武湖3个断面的检测中，共检出水内微生物2类8种。❷ 专家定义其生物多样性评价等级为较丰富。

在植物方面，玄武湖是我国八大观荷圣地之一。相传南陈开国皇帝陈霸先还是梁朝将军时，曾在玄武湖北面用兵。当时由于天降大雨，战士非常疲惫，战争难以继续。陈霸先便命人送来上好的鸭子和大米，用玄武湖的荷叶将鸭子和大米包起来，做成荷叶饭，让自己的士兵吃饱，由此可见玄武湖内盛产荷花。金陵四十八景之一的"后湖烟柳"指的便是玄武湖畔的垂柳。湖内的樱洲、梁洲、翠州、菱洲更以特色植物得名。樱洲因为洲上广泛种植着品种繁多的樱桃树而得名，梁洲是湖中面积最大的一个岛，最大的特色是菊和桂。每年金秋十月，丹桂飘香，菊花争艳，此景被称为"梁洲秋菊"。翠洲，岛上大树参天，郁郁葱葱，素有"翠洲云树"之称。另一湖心岛菱洲则因盛产红菱而得名。

在动物方面，玄武湖内水鸟众多，且是候鸟过冬的生境。历史上湖内盛产鸭，由前面提到的陈霸先的传说可见一斑。

1998年，南京市对玄武湖进行了综合整治，湖底清淤87万 m^3，局部建立了水生植物保护系统。清淤工程改善了玄武湖水质，引水冲洗了城内河道，但却侵犯到候鸟过冬的生境，冬候鸟数量不断减少。有关专家称要等六七年后，才能恢复原先候鸟满湖的景象。这一事实充分反映了湿地对城市生态的巨大影响。南京市有关部门引进了鸳鸯、丹顶鹤等，经驯化后放养，现在华东最大的鸟类生态园在此落脚。

3. 扬州瘦西湖和城市生态景观效益

扬州是人文荟萃之地，历代政治家、文学家、画家、艺术家云集，在扬州留下了无数典籍诗文、书画、音乐歌舞，也留下了许多优美的传说故事。故时人常说，游览瘦西湖，实际上也是在读一本华夏文化的史书，充实人们的知识，使心灵得到升华。

瘦西湖位于扬州市北郊，现有游览区面积100hm^2左右，1988年被国务院列为"具有重要历史文化遗产和扬州园林特色的国家重点名胜区"。瘦西湖清瘦狭长，水面长约4km，宽不及100m。隋唐时期，瘦西湖沿岸陆续建园，及至清代，由于康熙、乾隆两代帝王六度"南巡"，形成了"两堤花柳全依水，一路楼台直到山"的盛况。清代钱塘诗人汪沆有诗云：

垂杨不断接残芜，雁齿虹桥俨画图。也是销金一锅子，故应唤作瘦西湖。

---

❶ 关于玄武湖名称的来历，传说中是因为南朝时湖里曾两次出现黑龙，因为玄武在我国道教中是指北方之神，与代表东方的青龙，代表西方的白龙，代表南方的朱雀合称为"四神"。玄又是指黑色，因此便称为玄武湖。
❷ 摇蚊类数目占总体数量的62%，共有5种，每平方米数量约有864只，而耐污染的寡毛类有3种，每平方米的数量约为528只，约占总体数量的38%。

瘦西湖由此得名,并蜚声中外,有"园林之盛,甲于天下"之誉,所谓"两堤花柳全依水,一路楼台直到山"。其名园胜迹,散布在窈窕曲折的一湖碧水两岸,俨然一幅次第展开的国画长卷:从乾隆御码头开始,沿湖过冶春、绿杨村、红园、西园曲水,经大虹桥、长堤春柳,至徐园、小金山、钓鱼台、莲性寺、白塔、凫庄、五亭桥等,再向北至蜀岗平山堂、观音山止。湖长十余里,既有天然景色,又有扬州独特风格的园林,是国内著名的风景区之一。

正是由于瘦西湖的生态美景,扬州成为历代文人墨客和普通百姓心目中"江南文化"的代表。

无论杭州西湖、南京玄武湖或扬州瘦西湖,它们都具备优良的生态环境,为数万生物物种提供了栖息繁殖的场所,同时,其营建历史都呈现出因优美的生态环境而引发的持续的人文效应,从而使湖泊蕴涵了丰富的文化底蕴,并扩展出众多城市不可或缺的优秀文化景观。尤其是伴随皇家园囿、园林逐步成熟之后,山水成为创作的重要元素,这也正是中国城市湿地资源利用的不同之处。

1.2 湿地与中国大型皇家园林建设

1.2.1 以湿地为依托的早期皇家园林

从清代南苑上溯至汉代上林苑,湿地一直在大型皇家园林中占有重要地位,这反映了历代统治者对湿地生态功能的认识和自觉的利用。

1. 先秦时期

先秦时期园林形态多以"大泽"、"渊薮"为主。

> 薮,大泽也。从"草","数"声。九州之薮:扬州具区,荆州云梦,豫州甫田,青州孟诸,兖州大野,雝州弦圃,幽州奚养,冀州杨纡,并州昭余祁。❶

> 鲁有大野,晋有大陆,秦有杨陓,宋有孟诸,楚有云梦,吴越之间有具区,齐有海隅,燕有昭余祁,郑有圃田,周有焦言只。❷

《吕氏春秋·有始》和《淮南子·坠形训》亦记载"九薮",以上"九薮"、"十薮"所指大体相同,稍有出入。这些薮泽是各国园林的重要组成部分或本身就是具有园林性质的场所,由此可见当年园林之盛。

对湿地与园林最早、最生动的记载当属《诗经·大雅·灵台》中对周文王灵台的描写:

> 经始灵台,经之营之。庶民攻之,不日成之。经始勿亟,庶民子来。王在灵囿,麀鹿攸伏;麀鹿濯濯,白鸟翯翯。王在灵沼,于牣鱼跃。虡业维枞,贲鼓维镛。于论鼓钟,于乐辟雍。

文王的园林里已经有大型水体的经营,筑台所需的土方即从挖池沼得来,据刘向《新序》:"周文王作灵台,及于池沼……泽及枯骨。"灵沼是人工开凿的水体,水中养殖鱼类,既具有经济价值,又具有观赏价值。

楚灵王六年(公元前535年),章华台动工,6年后全部完工。先秦古籍《左传》、《国语》、《韩非子》和《史记》、《汉书》、《后汉书》及《水经注》等文献中均有记载。其中北魏郦道元《水经注·沔水》记载:

---

❶ 说文 [EB/OL]. 文渊阁《四库全书》内联网版.
❷ 尔雅·释地 [EB/OL]. 文渊阁《四库全书》内联网版.

扬水又东入华容县，有灵溦水西通赤湖；又有子胥渎水东入离湖，湖侧有章华台，台高十丈，基广十五丈……穷土木之技，单府库之实，举国营之数年乃成。

昔楚灵王……乃筑台于章华之上，阙为石郭，陂汉以象帝舜。❶

阙，穿也，陂，雍也。舜葬九嶷，其山体水旋其丘下，古雍汉水使旋石郭以象之也❷。

这在先秦时代可算得上是一项超大型的园林引水工程，也是在园林里面开凿大型水体工程见于史书记载之首例。

2. 秦汉时期

秦汉时期是其后中国两千多年统一宗法集权国家的开端，其皇家苑囿的建设也象征了大一统帝国的形象：宫苑格局体象天地，园林山水模仿蓬莱。

秦始皇"引渭水为池，筑为蓬、瀛"于兰池宫，在皇家园林内如此大动干戈，掘池、引水、造山，一方面是受神仙思想影响，模拟传说中的海上仙山；另一方面，对于更为关注现世的帝王来说，其现实意义是通过营建园林掘池堆山，改造天然水体，既能消除水患，又为苑囿本身以及更大范围内的生产生活服务。

西汉上林苑保持着秦汉皇家园林"离宫别馆，弥山跨谷"的宏大规模，地跨西安市和咸宁、周至、户县、蓝田四县的县境，占地之广可谓空前绝后，其中"荡荡乎八川分流，相背而异态……于是乎崇山矗矗，苞葱崔巍。深林巨木，崭岩参差"。受春秋战国以来传统文化（特别是儒家文化）影响，秦汉皇家园林内从事的是包括游憩、居住、朝会、狩猎、通神、生产、演军等在内的多种活动，其内容较商周时期已经大为丰富，但生产、经济仍然占据最主要的地位：

上林苑有蚕馆，盖养蚕之所也；❸

蒯池，生蒯草，以织席；❹

上林苑中，以养百兽禽鹿，尝祭祀宾客，用鹿千枚；❺

武帝作昆明池……游戏养鱼，鱼给诸陵庙祭祀，余付长安市卖之。❻

由此可见，以湿地为依托的秦汉园林中，物质生产是一个非常重要的内容。

3. 魏晋南北朝时期

魏晋南北朝是中国历史上一段多元文化空前交织融汇的转折期。作为社会文化缩影的园林艺术，其精神内涵和物质风貌也较以往发生了显著的变化。伴随着山水美学思想的突破性发展，以及山水艺术的高度自觉，魏晋南北朝园林不但在类型上有了极大丰富，于皇家园林之外出现了士人园林、佛寺园林等新园林类型；还在本质特征上发生了重大飞跃，由秦汉时期的侧重满足园主的物质生活需求，转向魏晋时代的作为园主陶冶情操、安顿心灵的精神居所。❼

魏晋南北朝的皇家园林在总体风格上深受士人园林的影响，在布局和使用内容上既继承了汉代苑囿的某些特点，又增加了较多的自然色彩和写意成分，规模较秦汉山水宫苑小，开始走向高雅。

---

❶ 国语·吴语 [EB/OL]. 文渊阁《四库全书》内联网版.

❷ 韦昭注.

❸ 三辅黄图 [EB/OL]//汉宫阙疏. 文渊阁《四库全书》内联网版.

❹ 三辅黄图 [EB/OL]. 文渊阁《四库全书》内联网版.

❺ 汉宫旧仪 [EB/OL]. 文渊阁《四库全书》内联网版.

❻ 西京杂记 [EB/OL]. 文渊阁《四库全书》内联网版.

❼ 傅晶. 魏晋南北朝园林史研究 [D]. 天津：天津大学博士学位论文，2003.

东晋南朝建都建康后，玄武湖这一自然湿地成为御苑区，这其中包括刘宋时覆舟山的乐游苑、青溪上的芳林苑、玄武湖东岸的青林苑、北岸的上林苑，至梁武帝时园林建设达到极盛。

更具有代表性的皇家园林是洛阳的华林园。后世脍炙人口的"濠濮间想"就来源于简文帝入华林园的典故：

> 简文入华林园，顾谓左右曰：会心处不必在远，翳然林木，便自有濠、濮间想也，觉鸟兽禽鱼，自来亲人。❶

园林中湿地生态已经成为了一种与大自然融合一体、忘怀物我的审美情绪。

4. 唐、宋时期

隋代到盛唐，中国封建社会达到顶峰，这时的皇家宫苑继西汉后，再次展示出恢弘的气势。以都城长安和洛阳的皇家园林为例，它们很多还是以湿地为依托而建的。比如隋文帝开皇十三年（593年）于岐州北造仁寿宫：

> （帝）登仁寿殿，周望原隰，见宫外磷火弥漫。❷

由此可知，仁寿宫的主要景观为宫室建筑和大面积自然湿地。

盛唐长安宫苑布局的最大特点是宫与苑布局的紧密，形成宫城中设内苑，外拥禁苑的形制，以保证在实现严整的都市、皇城、宫城格局和建筑等级制度的同时，使宫城建筑又与自然景观充分结合在一起。❸

唐长安大明宫内有东、西两苑，东苑内有龙首池，宫城北部有太液池。城东南角还有一处著名的园林区，即乐游园、曲江池一带。这里因有个流水屈曲之处，故称为曲江。此处在秦、汉皆有建设，至唐开元年间加以疏凿，从而成为一处胜景。这是从帝王贵族的苑囿转向民众的第一步。❹

后世称唐代自贞元、元和为"中唐"，自中唐，中国封建社会进入了后半期，白居易的"中隐"说❺、"壶中天地"成为中国古典园林在中唐以后的基本空间原则。

两宋的皇家园林在造园思想上延续中唐，北宋著名的大型皇家园林有汴京的金明池。其位于城西郑门外的西北方，池周围有九里余。五代周世宗显德四年（957年）为伐南唐习练水战而开凿此池。后，宋太宗曾于太平兴国七年（982年）临池观看水战演习。宋徽宗政和年间，在池中建殿宇。南宋偏安临安，国力日衰，但围绕西湖形成文化与园林构筑中心，园林规模超过宫殿。

5. 明、清时期

明、清是中国古代社会的最后阶段，也是中国古典皇家园林集大成的时代。明代皇家园林的建设主要集中在宫苑区，永乐定都北京后，明代统治者结合紫禁城的建设，在宫廷区内御苑有宫后苑，建福宫花园。在宫城外皇城内建有东苑、西苑和兔园，位于皇城北部中轴线上有万岁山（清初改称景山），还有北果园、南花园、玉熙宫。在远郊则设有上林苑南海子。明代皇家园林御苑的兴建，是北京地区古代园林史上一个重要的发展时期。有明一代的北京皇家园林很多为前朝遗存下来的，后又有所增益。❻

---

❶ （晋）刘向. 世说新语 [M].
❷ 隋书·食货志 [M].
❸ 王毅. 中国园林文化史 [M]. 上海：上海人民出版社，2005：102.
❹ （日）冈大路. 中国宫苑园林史考 [M]. 北京：农业出版社，1988：89.
❺ "大隐住朝市，小隐入丘樊。丘樊太冷落，朝市太嚣喧。不如作中隐，隐在留司官。"——《中隐》
❻ 赵熙春. 明代园林研究 [D]. 天津：天津大学硕士学位论文，2003.

清代统治者在关外时是"逐水草而居"的游猎民族，"田狩"等马背民族的习惯一直作为满族的"国本"保持着。相对于北京城内的皇宫大内，清代帝王更偏爱"园居"的生活。因此这些位于京郊的皇家园林是紫禁城之外的政治中心。例如顺治时期的南苑，是清入关以后的第一个大型皇家苑囿，顺治皇帝在南苑居住的时间占其在位时间的三分之一，南苑因其三倍于北京城的巨大面积以及湿地生态环境成为清朝狩猎、阅武、军事训练的场所。❶

通过康乾盛世的经营，尤其是乾隆皇帝的系统改造，北京以城市水利和生态建设为依托，建立了一个立体、多层次的城市景观体系。直至今天昆明湖、长河、玉渊潭、三海等水域依然是城市水利工程的枢纽；而点缀其间的园林在城市绿化、生态和文化建设上也继续发挥着重要作用，作为中国传统文化的结晶，它们具有极高的文化价值和社会价值。其中，北京西郊的皇家园林集群与水系的关系极为密切，可以说是将大型皇家园林以湿地为依托的特征发挥到极致之作。下面就将其作为一个实例，具体探讨。

1.2.2 一个实例——北京西郊皇家园林集群

北京西郊皇家园林的建设与北京河、湖水系的关系极为密切，园林的建设与水利建设常常同时进行。表1-1中所列园林大多数为康乾时期所建，所依附的除天然水源外还有人工开凿之水利工程，它们构成了北京西北郊庞大的皇家园林集群（图1-2）。下面就选取香山和玉泉山、钓鱼台行宫、紫竹院行宫四座皇家园林，分别论述它们和北京主要泉流、湖、河水系的关系。

北京西郊主要皇家园林和河湖水系关系表　　　　　　　　　　　　　　　表1-1

北京西郊历史上的主要皇家园林	主要建设年代	主要依附水系
西山八大水院	金章宗年间	北京西山丰富的泉水资源
钓鱼台行宫	乾隆三十八年～四十三年（1773～1778年）	钓鱼台前泉、金口河、钓鱼台河泡（玉渊潭）、南旱河泄洪
紫竹院行宫	乾隆二十六年（1761年）	紫竹院湖泊（曾是高梁河的发源地）
乐善园	乾隆十二年（1747年）	长河
倚虹堂	乾隆十六年（1751年）	长河
泉宗庙	乾隆三十一年（1766年）	长河、八沟、万泉庄一带地下水
圣化寺	康熙二十七年～二十九年（1688～1690年）	长河、八沟、万泉庄一带地下水
静明园	乾隆十五年～二十三年（1750～1758年）	玉泉山泉水
颐和园（清漪园）	乾隆十五年～二十九年（1750～1764年）	玉泉山泉水、昆明湖
静宜园	乾隆九年～十一年（1744～1746年）	双井、碧云寺山泉水
圆明园	康熙四十六年（1707年）始建	瓮山泊、万泉河
畅春园	康熙二十三年（1684年）	万泉河、小长河

---

❶ 王晶．绿丝临池弄清荫，麋鹿野鸭相为友——清南苑研究［D］．天津：天津大学硕士学位论文，2004.

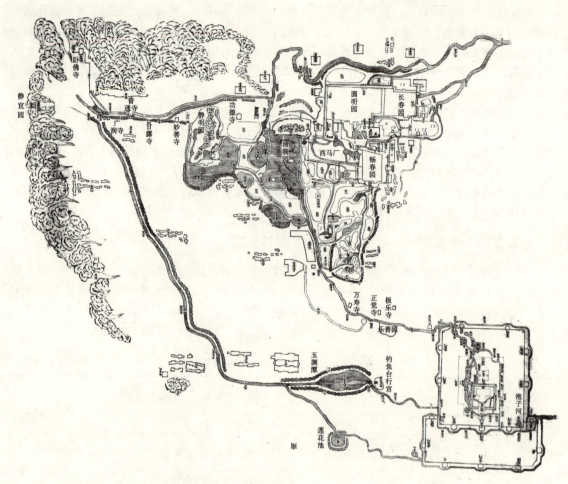

图1-2 乾隆京城内外河道全图（图片来源：中国国家图书馆）

1. 玉泉山、香山与北京西郊丰富的泉水资源

北京西山的地质构造组成主要为有利于存储地下水的奥陶纪灰岩，因此这一带泉水众多。"泉为山之灵"，泉水使园林周围的小环境更加清幽、植被更加茂盛，泉水也给予园林设计更鲜活的内容。早在金章宗完颜璟时，他就在北京西山选择山势幽僻却又富有泉水之地修建了八处行宫园林，称为西山八大水院，分别为：①圣水院，位于凤凰岭，现称黄普院（图1-3）。②香水院，位于妙高峰山麓，现为法云寺（图1-4）。③金水院，位于阳台山，现称金山寺（图1-5）。④清水院，位于阳台山南麓，现称大觉寺（图1-6）。⑤潭水院，位于香山（图1-7）。⑥泉水院，位于玉泉山南麓，传说为芙蓉殿旧址，乾隆时建静明园十六景之芙蓉晴照（图1-8）。⑦双水院，位于石景山的翠微山双泉村北香盘寺，今为双泉寺（图1-9）。⑧灵水院，位于仰山，现称栖隐寺（图1-10）。这八大水院"因泉而建"的特点成为日后北京西郊园林的滥觞。

在这八大水院中，位于香山的潭水院和位于玉泉山的泉水院在后来发展扩大，成为两处著名的皇家园林静宜园和静明园。

图1-3 圣水院(黄普院)

图1-4 香水院(法云寺)

图1-5 金水院(金山寺)

图1-6 清水院(大觉寺)

图 1-7 潭水院

图 1-8 泉水院

图 1-9 双水院（双泉寺）

图 1-10 灵水院（栖隐寺）

玉泉山呈南北走向，纵深约 1300m，东西最宽处约 450m。它的两个侧峰拱伏于主峰南北，与主峰相呼应而构成略似马鞍形状的轮廓，从东面的昆明湖一带看去，山形尤为清丽。

玉泉山的名望不仅在其风景之优美，还在于它那丰沛的泉水。其在地理位置上属于九龙山南翼与平原接触处，这一带除了玉泉山有少量奥陶纪灰岩露出外，其余均被第四纪沉积物所覆盖。玉泉山之灰岩，受强烈断裂作用而上升于地表，灰岩中之喀斯特溶洞水，即沿断层裂隙涌出。❶因此这里的泉眼很多，"沙痕石隙随地皆泉"❷，每遇石缝即迸流如溅雪。其中最大的一组泉眼在山的南麓，泉水从石穴中涌出，聚而为湖。喷出的水柱高达尺许，很像济南的趵突泉，这就是著名的玉泉。以玉泉而得名的"玉泉垂虹"为元、明以来的燕山八景之一。

另一组泉眼在山的东南麓，名叫裂帛泉：

　　泉迸湖底，状如裂帛，涣然合于湖；湖方数丈，水澄以鲜，漾沙金色。❸

---

❶ 钱昂．关于北京市地下水补给来源问题的讨论［J］．水文地质工程地质，1958（5）．
❷ 燕都游览志［M］．
❸ 帝京景物略［M］．

> 裂帛湖泉仰射如珠串，古榆荫潭上，极幽秀。❶

第三组泉眼在山的东面：

> 山有玉龙洞，洞出泉；昔人甃石为暗渠，引水伏流，约五里许入西湖，名曰龙泉。❷

此外，环山和山上还有不少小泉眼。这些大小泉眼的出水量都很旺盛，若把它们汇聚起来，对于供水比较困难的北京来说，确乎是一处不可多得的水源。因此，玉泉山在历来北京的城市供水工程中都占有十分重要的地位，尤其对于北京的众多皇家园林，玉泉山的水源则是其创造水景的重要基础。

香山静宜园建成于清乾隆十一年（1746年），是后世所谓"三山五园"中唯一的纯山地园林，建筑布局在真山真水中展开，不同于全凭叠山、理水的人工园林。同时，香山丰富的森林和水资源又使其成为整个北京城的"养源"之所。

静宜园内的主要水源有两股：南股出自双井泉，向东北经香山寺前知乐濠，再经璎珞岩瀑布，过带水屏山水池，流入宫门外的月河。北股来源于碧云寺卓锡泉，从南墙出寺至静宜园北侧垣墙向东南流，经饮鹿湖、正凝堂水池、昭庙前鱼池、听雪轩前水池、勤政殿月牙河，注入月河。❸

乾隆在《御制麦庄桥记》中提出了"水之有伏脉者其流必长，亦如人之有蕴藉者其德业必广"的观点，并认为玉泉山之水汇入西湖，"引而为通惠"，并不是只借玉泉山一脉之力，而是"会西山诸泉之伏流"，才使其"源不竭而流愈长"。但他同时也看到西山、碧云、香山诸寺的名泉"其源甚壮，以数十计"，却不能被良好地加以利用，"一出山则伏流而不见矣"。为了充分利用香山水源，静宜园从建园之始即着手对水体进行治理和改造，修建引水石渠，至乾隆二十三年（1758年）全面完成。它将南股双井泉和北股卓锡泉引到宫门外月河，又向东至四王府分水龙王庙，在此与卧佛寺水源头泉水汇合，然后东流至玉泉山静明园内，进而注入长河。为了防止西郊水患威胁京城，乾隆在乾隆三十九年（1774年）于香山东开两条泄水河，一条向东北流至安河桥归入清河，最终流入通州以济漕运；另一条向东南流归入钓鱼台，再东流入北京城，最终到达通惠河。乾隆自述开凿这两条泄水河可使"河东民田全免水患，昆明湖水亦无涨溢之虞矣"。

西郊水利工程既解决了西郊稻田、园林、城市生活用水，丰富了通惠河的水源，又防止了水患。咸丰、光绪年间，静宜园两度遭劫，建筑大多倾圮，但园内外水道仍整修不断，保持通畅，其"养源"的作用依然未变。

2. 紫竹院行宫和长河

自元代建大都于北京历经明、清直到今日，长河一直都是都城的供水河道，是城市的重要命脉。过去由于长河成为帝王出游西郊的水路，所以沿河两岸修路、植树，渐成通衢。这其中也包括大量庙宇的修建，明代《帝京景物略》形容道："（长河）岸北数十里，大抵皆别业、僧寺……"。长河两岸很多庙宇随着对西郊园林的开发，成为帝王游览途中的园林行宫。这其中紫竹院行宫的建立既和帝王长河出游这一行为密切相关，又和重要的水利设施广源闸息息相关。

---

❶ 日下旧闻考［M］//长安可游记．
❷ 长安客话［M］．
❸ 香山公园管理处．香山公园志［M］．北京：中国林业出版社，2001．

今北京紫竹院公园大湖是一处天然湖泊，其位于南长河广源闸右岸，水量达10万 $m^3$❶。其不但历史悠久，还曾在北京水系中起到过重要作用。许多学者通过研究，证明其是北京古高梁河的发源地（图1-11）。

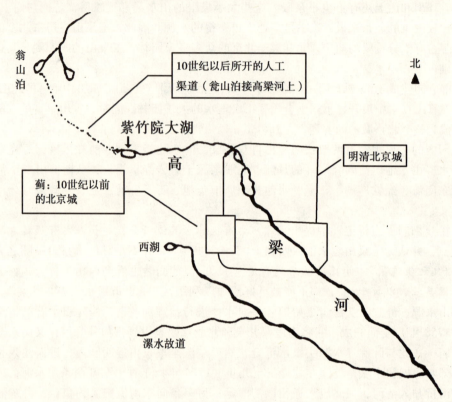

图1-11 未经人工改造的高梁河示意图（图片来源：孔祥利. 北京长河史、万寿寺史 [M]. 北京：荣宝斋出版社，2006）

6世纪初成书的《水经注》载有：

湿水又东南，高梁之水助焉，水出蓟城西北平地，泉流东注……

这里所指的"西北平地"应指紫竹院大湖。

古籍中对紫竹院大湖的记载有：

肃清门广源闸别港，有英宗、文宗二帝龙舟。❷

水经护国仁王寺西，古始广源闸二。❸

护国仁王寺在西直门西七里，至元二十六年（1289年）建。❹

据考，护国仁王寺在今紫竹院公园东北部。在公园西，万寿寺东70m左右存有广源闸遗址。此闸处于海淀台地开口下方，河道至此坡降较大，自开通长河后，此处即应建闸，元代应是在前

---

❶ 紫竹院公园管理处. 紫竹院公园志 [M]. 北京：中国林业出版社，2003：26.
❷ 析津志辑佚 [M].
❸ 析津志辑佚 [M].
❹ 漕河图志 [M].

人基础上重建。❶

明代时皇帝游幸西北郊园林也经过此处。《帝京景物略》有万历皇帝"幸湖（西湖），御龙舟"之事。

清代随着西北郊园林的兴建，皇帝每年均往游览、居住。除了陆路，水路泛舟长河抵达清漪园也是一条频繁使用的路线：

  广源闸座，本朝以来频加修葺。恭值圣驾经行于此地易舟，始达绣漪桥至清漪园。❷

为此，清代先后在闸西的万寿寺建立行宫，又以紫竹院大湖北岸的紫竹禅院作为行宫使用。因广源闸两边水位有高差，其闸口低窄无法过船，因此紫竹院大湖成为皇帝中转换舟及船坞之所。乾隆有诗描述此事：

  广源设闸界长堤，河水遂分高与低，过闸陆行才数武，换舟因复溯洄西。❸

紫竹院行宫是一座明万历年间的庙宇，其风景是随着广源闸建成而形成的。据清光绪十一年（1885年）的《重修紫竹院碑记》记载，最开始紫竹院是万寿寺的下院，乾隆年间在庙中供奉观音大士像，改称福荫紫竹禅院，并在庙西修建了一座行宫。行宫有宫门三楹、倒座六间、折角游廊十五间、正殿五间、二宫门三间，以及上下各九间的报恩楼。报恩楼后长河岸边有两处码头，均由花岗石垒砌而成（图1-12）。乾隆二十六年（1761年）在它的西边仿照苏州建筑形式修造一条"苏州街"，并在此行宫前后，湖泊的四周遍植芦苇，写仿苏州城葑门外朝天桥港汊的水乡风光。由于这里的芦苇引自江南，苇秆比北方的芦苇长得挺拔粗壮，每到秋末冬初，苇秆经霜后呈现出紫黑的颜色，放眼望去，好似一片茂盛的紫竹林，故紫竹院之名得以传开。❹

除紫竹院行宫外，沿北京西郊长河而建的园林还有乐善园、倚虹堂、泉宗庙、圣化寺等。后虽经天灾人祸多数园林面目全非或不存，但直至民国时期，长河两岸还是一派江南水乡景象（图1-13）。

3. 钓鱼台行宫和玉渊潭

今玉渊潭公园和钓鱼台国宾馆所在一带，自三国时

图1-12 紫竹院行宫（图片来源：紫竹院公园管理处. 紫竹院公园志[M]. 北京：中国林业出版社，2003）

图1-13 民国时期长河景观（图片来源：China 1909-1934）

---

❶ 蔡蕃. 北京古运河和城市供水研究[M]. 北京：北京出版社，1987：94.
❷ （清）于敏中. 日下旧闻考[EB/OL]. 卷九十八.《四库全书》网络版.
❸ （清）爱新觉罗弘历. 过广源闸换舟遂入昆明湖沿岸即景杂咏[EB/OL]//清高宗御制诗集. 三集卷九十九.《四库全书》网络版.
❹ 孔祥利. 北京长河史、万寿寺史[M]. 北京：荣宝斋出版社，2006：52.

就是湖池纵横、桑麻葱茏的自然湿地。曹植在《艳歌》中有"出自蓟门北,遥望湖池桑"的诗句。后人也有"原钓鱼台在府西花园村,台下有泉涌出汇为池,其水至冬不竭"❶的描写。金建都北京后,地属大兴府宛平县的钓鱼台一带被划为禁区,供金主游幸:"西郊有地名钓鱼台是金主游幸处"❷。金、元曾三次试图引永定河——金口河水入玉渊潭,但都未能持久。清乾隆三十八年(1773年):

    浚治成湖,以受香山新开引河之水。复于下口建设闸座,俾资蓄泄湖水合引河水。❸

由此可见,钓鱼台行宫的水资源,一方面依靠自涌自溢的泉水汇成沼泽地带以及历史上金口河的补给,另一方面则因受"香山新开引河"之水,而在乾隆年间开挖成河泡。这里的引河是指东南泄水河,就是俗称的南旱河(图1-14)。

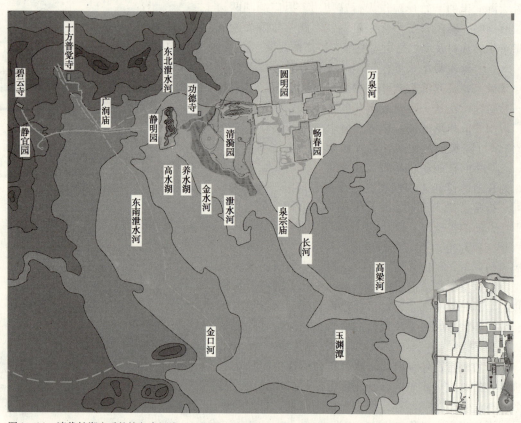

图1-14　清代扩湖之后的钓鱼台河泡(玉渊潭)及西效水利图(图片来源:颐和园保护规划图版)

南旱河是为保护北京香山至玉泉山的输水石槽而修建的一条疏引山洪的河道,旱季河身干涸。乾隆三十八年(1773年)为分减西山洪水,解决京城南护城河水源问题而引卧佛、碧云一带山水入玉渊潭。卧佛寺、碧云寺之水通过石槽汇于今四王府一带的分水龙王庙,一条往东南至玉渊潭

---

❶ (清)于敏中. 日下旧闻考 [EB/OL]. 文渊阁《四库全书》内联网版.
❷ 日下旧闻考 [EB/OL] // 问次斋集. 文渊阁《四库全书》内联网版.
❸ (清)于敏中. 日下旧闻考 [EB/OL]. 文渊阁《四库全书》内联网版.

与钓鱼台前泉水相接,一条往东北最终注入清河。

随着对玉渊潭水资源的运用,钓鱼台也成了清代的皇家行宫。乾隆三十九年(1774 年),清高宗旨:

> 建盖钓鱼台大楼并园内殿宇房屋、亭榭十余处。

至四年以后的乾隆四十三年(1778 年)十二月二十三日,钓鱼台行宫建设工程全部竣工。钓鱼台行宫建成后,乾隆以后的各朝帝后,凡诣西陵或从圆明园致祭天坛等,往返经常停跸于此。

行宫建筑仿江南名园,西北为钓鱼台大楼,登台可望玉渊潭全景,故又称为望海楼。行宫"宫墙周里许,下有水闸,以通湖流。"❶ 行宫大门过桥处是正殿养源斋(图1-15),斋名有"辟湖养水源"之意。《清高宗御制诗》中称:

> 钓鱼台亦水之源,治水因而傍治轩。❷

图1-15 养源斋(图片来源:《玉渊潭公园志》)

点明了其由来。行宫内其他建筑题名也结合临水而建的自然条件,养源斋又西为潇碧轩(图1-16),又西过桥,登石山为澄漪亭。

钓鱼台行宫因附于玉渊潭,建园皆因乾隆朝对西郊的水利建设。类似的西郊园林工程还有清漪园。

综上所述,北京西郊的皇家园林都是以泉、河、湖水系为依托的。在建设上着重生态建设这一思路,在城市生活上往往担负着水利枢纽和生态中心的作用。

---

❶ (清)于敏中. 日下旧闻考 [EB/OL]. 文渊阁《四库全书》内联网版.
❷ (清)爱新觉罗弘历. 题养源斋 [EB/OL]//清高宗御制诗集. 四集卷八十七. 文渊阁《四库全书》内联网版.

图1-16 潇碧轩（图片来源：《玉渊潭公园志》）

1.3 皇家园林和私家园林、国外园林的生态营建思想对比
——以江南私家园林、凡尔赛宫为例

依托湿地资源兴建大型园林，并使其在城市生活中充当重要的角色，这是中国皇家园林营建的优秀传统。中国的私家园林、国外园林在营建时是否也有类似的生态思想呢？下面就以江南私家园林和法国凡尔赛宫园林为例，具体分析两者在生态营建思想上的差异。

1.3.1 江南私家园林

"江南"地区，大致相当于今之江苏南部、安徽南部、浙江、江西等地。明清时的江南，经济之发达冠于全国，农业亩产量最高，手工业、商业十分繁荣，朝廷税赋的近三分之二来自江南。明晚期，城市手工业作坊普遍出现资本主义的经营方式，商品经济、对外贸易的发展促进了商业资本的积累。在全国范围内，江南是资本主义因素率先成长于封建社会的地区，也是人们的价值观念、社会的意识形态最早受到资本主义影响的地区，同时江南也是人才辈出、文人墨客聚集之地，江南的文化教育水平远高于全国其他地方。加上江南水源充足、河湖遍布，自然成为造园的首选地点。❶

---

❶ 赵熙春. 明代园林研究 [D]. 天津：天津大学硕士学位论文，2003：72.

以苏州拙政园为例,其园地"居多隙地,有积水亘其中,稍加浚治,环以林木",❶"地可池则池之,取土于池,积而成高,可山则山之。池之上,山之间可屋则屋之。"❷ 这充分反映出拙政园利用园地多积水的优势,疏浚为池,形成晃漾渺弥的个性和特色。拙政园中部现有水面近六亩,约占园林面积的三分之一,"凡诸亭槛台榭,皆因水为面势",用大面积水面造成园林空间的开朗气氛,形成了"池广林茂"的特点(图1-17)。

虽然拙政园因天然湿地造园,并以水景为胜,但由于其规模和私人性质,它不可能像皇家园林一样对整个城市起到较大的生态、水利作用,水景在私家园林中的审美作用远高于生态作用。

图1-17 清·戴熙《拙政园图》(图片来源:赵熙春.明代园林研究[D].天津:天津大学硕士学位论文,2003)

再如清代北京内城的私家园林中没有活水,园林中的河、湖都是城市水网中的末节,无法对北京水系产生什么作用。私家园林中的动植物也大多因园主喜好而饲养、种植,如被历代文人所喜爱的梅、兰、竹、菊"四君子",在私家园林中的应用主要是借物言志的文人情怀。杭州西湖畔的"放鹤亭"是当年诗人林逋饲养仙鹤之处,诗人养鹤,更多的是表达自己"梅妻鹤子"遗世独立的精神。这与皇家园林中大面积放养动物、栽培植物为城市生活服务的目的是不同的。

1.3.2 凡尔赛宫

与中国皇家园林注重生态建设这一特点相比,西方园林的设计中没有依托湿地资源兴建大型园林的概念,两者的设计思路完全不同。

弗朗西斯·培根曾经写过一篇漂亮的短文《论园林》,文章是这么开始的:

> 无所不能的上帝先为人类造下一个园子,令人类最纯净的快乐得以满足。园林叫人的心灵得到最大的安歇,若没有园林,建筑和宫殿就不过是一些粗俗的手工制作。而人类终会明白,当人长到知晓荣辱、追求华美的年龄,就会想办法建造庄严和精巧的园林,就如同建园才是更了不起的造化一样。

对培根来说,园林很明显是圣经式天堂的再造,良好的园林是高度文明的成就❸。培根强调园林是宫殿和建筑的辅助,园林所表现出的或庄严或精巧的特征,完全是人类创造的成果。

一个典型的例子是与清漪园同时代园林的代表——法国凡尔赛宫花园。它的兴建背景与17世纪巴黎的市民运动有着直接关系,因市民不断暴动以反抗王室,路易十四决定将王室宫廷迁出混乱且喧闹的巴黎城。经考察决定以路易十三在凡尔赛的狩猎行宫为基础建造新宫殿,并为此征购了6.7km²的土地。1667年勒诺特设计了凡尔赛宫的花园及喷泉,花园现存面积为100hm²,以海

---

❶ 王氏拙政园记[D]//赵熙春.明代园林研究.天津:天津大学硕士学位论文,2003.
❷ 归田园居记[D]//赵熙春.明代园林研究.天津:天津大学硕士学位论文,2003.
❸ Charles W. Moore. The Poetics of Gardens [M]. Cambridge:MIT Press,1997:82.

神喷泉为中心,内有1400个喷泉,以及一条长1.6km的十字形人工大运河(图1-18)。路易十四时期曾在运河上安排帆船进行海战表演,或布置贡多拉和船夫,模仿威尼斯运河风光。花园内还有森林、花径、温室、柱廊、神庙、村庄、动物园和众多散布的大理石雕像(图1-19)。

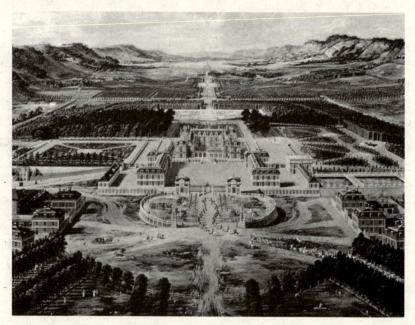

图1-18 凡尔赛宫花园鸟瞰(图片来源:维基百科)

图1-19 凡尔赛宫花园大喷泉(图片来源:张宇拍摄)

由上述描述可见，凡尔赛宫花园对水资源的消耗是惊人的，整个城市为了负担凡尔赛宫奢华的喷泉而苦不堪言。其喷泉用掉的水比整个巴黎还要多，而那时巴黎人经常因为缺水而得病，许多人因此而死。国王的30000名士兵在马利（Marly）建造了由14个巨型水轮、200多个水泵组成的一个大机器，可以从塞纳河向喷水池里输水（图1-20）。在整个巴洛克时代，最先进的水利科学技术不是用于改善城市生活，而是用在皇宫的喷泉上：在马利的最大的水转车（现在仍在运转）和技术先进的大水力泵仅仅是用来为凡尔赛宫花园的喷泉服务的；菲舍尔·冯·埃尔拉赫（Fischer Von Erlach）的蒸汽机首先在奥地利使用，但不是用在矿上，而是用在维也纳贝尔维德雷宫（Belvedere Palace）的喷泉上。

图1-20　马利的水转车和输水渠（图片来源：The Gardens of Versailles）

巴洛克的城市建设，就其形式而言，是当时流行的宫廷中形成的戏剧性场面和仪式的缩影和化身，实际上是宫廷显贵生活方式和姿态的集中布置……皇宫本身就是一个世界，但在这个世界中，一切现实生活中的苛刻严酷全都被缩小了，而一切无价值的东西都被夸大化了。享乐放荡就是应尽的责任，无所事事就是贡献，而诚实工作成了贬黜的一种形式。为了使宫廷能够接受，一种目标或是一种功能必须贴上极度无用无益的标签。❶

巴洛克体系处于双重的交会点。它与理性化的园林和饰有植物题材的建筑立面形成鲜明的对照。人的统治和自然的支配显然还各自独立存在，但是它们相互影响、互相渗透，以达到装饰显赫的目的。❷

从凡尔赛宫的例子，以及学者对巴洛克艺术的分析可见，凡尔赛宫花园的文化出发点就是享乐。这与同时代为"济运"而建的清漪园（颐和园）在总体思路上完全不同。在笔者参与《颐和园文物保护规划》项目期间，与凡尔赛宫顾问、巴黎拉维莱特建筑学院教授阿尔诺·拉法日（Arnauld Laffage）等交流汇报，谈到颐和园在城市中承担的城市供水、农田灌溉、防洪等综合功能时，教授们由衷地表示："颐和园是一个综合体，是真正意义上的园林，与之相比凡尔赛宫仅仅是个花园而已"。

---

❶ （美）芒福德著. 城市发展史（起源演变和前景）[M]. 宋俊岭，倪文彦译. 北京：中国建筑工业出版社，2005：267.
❷ （美）肯尼斯·弗兰姆普敦著. 现代建筑——一部批判的历史[M]. 张钦楠等译. 北京：生活·读书·新知三联书店，2004：2.

总之，在西方园林的建设史上，基本没有生态建设这个思路，大型园林不担负城市水利枢纽、生态中心的作用。近代中国由于在科学技术上落后于西方，"五四"之后，大部分学者将目光转向西方，向西方学习其科学文化。在这种思潮的影响下，对中国园林的本质特点与传统认识不够深入。尤其是对大型皇家园林的认识上，以往的研究往往忽略了其在城市中的生态作用。

第2章 十里青山行画里，双飞百鸟似江南
——清漪园鼎建前的生态环境研究

清漪园鼎建之前，西湖瓮山湿地生态系统与其所依托的西北郊湿地生态系统和北京小平原生态系统是紧密相连的，其相互作用的有机统一成就了西湖瓮山地区独特的山水风貌，经世代农业开发，形成了有如江南水乡的景观风貌，具备了生态与美学结合的天然条件，是乾隆皇帝进行昆明湖湿地优化的重要生态基础。

北京自古以来就有"左环沧海，右拥太行，北枕居庸，南襟河济"的优良地质地貌，而且植被茂盛，河系发达，湖泊沼泽密布，具有丰富的水资源及众多有利于河流、湖泊、湿地形成的地质、水文因素。《朱子全书·地理》记载："冀都正是天地中好个风水，山脉从云中发来，前则黄河环绕，泰山耸左为龙，华山耸右为虎，嵩山为前案，淮南诸山及五岭为第三、四重案。故古今建都之地莫过于冀。所谓无风以散之，有水以届之。"

而西北郊是北京上风上水的地段，自古山川秀丽，气候宜人，辽金以来更是禁"樵采渔弋"❶，只作自然保护性质的开发。同时西北郊泉水和湿地湖泊极为丰富，众多的河流、湖泊和水田形成了宛若江南的水乡景色，这种特殊的自然地貌和地质结构决定了这一地区是北京的水脉上源，是北京城市用水的主要水源地。西北郊作为北京唯一一处山林与湿地生态系统完美结合的区域，适合依托于这样的环境进行生态景观的营建。

清漪园的前身西湖瓮山地区地处西山山前洪积扇前缘，又曾是永定河河道所经之地，是西北郊最大的一片天然湿地，生态环境优良，如此广大的湿地资源在北京极为难得，即使在泉湖纵横的西北郊也绝无仅有。这种绝佳的生态条件，为清漪园的营建奠定了坚实的生态基础。

2.1 北京小平原生态系统的复原性研究

中生代至新生代的地质时期，北京地区经历了复杂的内陆造山运动。这个造山运动萌发于晚三叠世的印支运动，地壳板块在伸展、收缩运动的作用下，形成褶皱变形。在侏罗纪至白垩纪的地质时期，北京地区进入造山运动的兴盛期，即燕山期，人们也称之为"燕山运动"。此时，地壳的活跃运动导致构造变形，形成褶皱和断裂，同时伴有大规模的岩浆侵入，从而奠定了北京的整个地貌和山势的骨架。从开始于距今7000万年前的新生代以来，伴随着喜马拉雅山和青藏高原的隆升，北京地区也出现了断块的差异性升降，北京西北部继续着山岳的隆升。有研究者估计，在整个第三纪阶段，西山区总体上升达1500~1700m，而平原区则处于沉降状态，形成厚达1100~3400m的第三纪沉积层。在海淀地下，第三纪地层起伏不平，六郎庄与中关村之间的落差

---

❶ 元史世祖记［EB/OL］//日下旧闻考.卷八十六.文渊阁《四库全书》内联网版.

达 80m，是一处东高西低的坡地。❶

进入 200 多万年以来的第四纪地质时期，北京的山地仍在不断地隆升，并有加速的趋势❷。在平原区则形成很厚的冲击、洪积地层，它淤平了山前起伏不平的地貌，造就出平缓舒展的北京小平原。

2.1.1 "天地中好个风水"——北京小平原的地形地貌

北京小平原地势平缓，西北高、东南低，三面环山。

西面是层峦叠嶂、葱茏青翠的西山，它由一系列呈北东—南西走向，并且大致平行的褶皱山脉所组成，属太行山脉，古人称之为"神京之右臂"。与平原相接的边缘山地为低山区，一般海拔在 800m 以下，最高的香炉峰有 571m；往西为中山区，山地高度剧增到 1000～2000m，妙峰山 1291m，大洼尖 1210m，猫儿山 1207m，清水涧 1528m，老龙窝 1649m，百花山 1991m，屹立在北京西部边界线上的北京第一高峰东灵山海拔达到 2303m。

北面和东面则是燕山山脉，这是一个镶嵌着若干个山间盆地的断块山地，在地势上，则是由平原呈阶梯逐级上升，而后进入蒙古高原。北部山地海拔一般为 800～1000m，最高峰是延庆的海坨山，海拔 2241m，是北京的第二高峰。

西山与燕山两条山脉在南口附近交会，形成一个向东南展开的半圆形大山弯，人们称之为"北京弯"。这个山弯之间，是由永定河、潮白河、温榆河、拒马河、蓟运河等大小河流及支沟联合作用冲积、堆积而成的小平原❸，人称"北京小平原"。

平原区海拔均在 100m 以下，分"山麓坡积裙"、"山前洪积扇裙"、"冲洪积扇及冲洪积缓倾斜平原"和"扇缘及河道间洼地"四种地形。在四种地形中，扇缘及冲洪积扇前缘或两者之间形成的洼地多形成湖沼湿地（表 2-1）。

平原地貌类型及发育地点❹ 表 2-1

地貌类型	发育地点
山麓坡积裙	分布于山区与平原交界的山麓地带，坡积裙间发育了一些小型洪积扇
山前洪积扇裙	分布于山前大沟谷出口段
冲洪积扇、冲洪积缓倾斜平原	河流由西北向东南流动，河流出山将卵石、砾石等堆积起来，流向下游，形成冲洪积扇及冲洪积缓倾斜平原，如永定河冲洪积扇
扇缘洼地、河道间洼地	为山前冲洪积、冲洪积扇前缘或两者之间形成的洼地，洼地中多形成湖沼，如昆明湖。有些积水洼地成为平原河道的源头，一些古河道残留洼地在历史上曾为沼泽地

2.1.2 "历史上的水乡泽国"——独特的地貌及丰沛的水资源

1. 地表水资源

北京是历史上的北方水乡，河流湖泊密布，水资源十分充沛。区内共有干、支河流 100 余条，

---

❶ 彭兴业，岳升阳，夏正楷等. 海淀文史——海淀古镇环境变迁 [M]. 北京：开明出版社，2009：2.
❷ 鲍亦冈，刘振铎，王世发等. 北京地质百年研究——北京地区基础地质研究的历史与最新成果 [M]. 北京：地质出版社，2001：114.
❸ 赵希涛，孙秀萍等. 北京平原 30000 年来的古地理演变 [J]. 中国科学 B 辑，1984 (6).
❹ 根据北京市地质矿产勘查开发局、北京市水文地质工程地质大队编著的《北京地下水》修改。

分属五大水系，分别为大清河水系、永定河水系、北运河水系、潮白河水系和蓟运河水系（图2-1）。这些河流都发源于西北山地，乃至蒙古高原，它们在穿过崇山峻岭之后，便流向东南，蜿蜒于平原之上，形成了反映地势总倾斜的似扇状水系。其中洵河、永定河分别经蓟运河、潮白新河、永定新河直接入海，拒马河、北运河都汇入海河注入渤海。

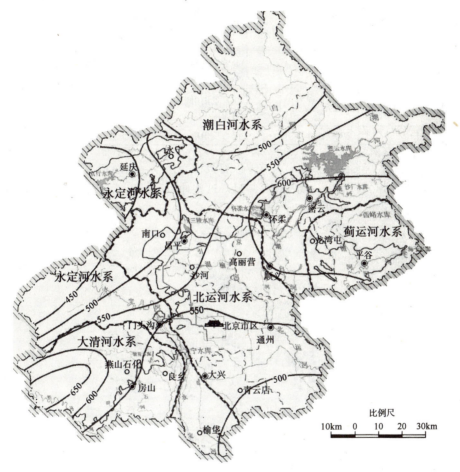

图2-1　北京五大水系流域图（图片来源：北京市地质矿产勘查开发局，北京市水文地质工程地质大队．北京地下水［M］．北京：中国大地出版社，2008）

这五大河流中，永定河与北京城市水利建设，尤其是西北郊园林湿地景观关系尤为密切。

永定河是北京西部最大的河流。永定河流经官厅山峡，至北京石景山出山，最后汇入海河。在晚更新世之前，它上下游的河道是分离的，由石景山出山的水量相对有限，在此之后，上下游贯通起来，由石景山出山的水量随之加大，泥沙的搬运能力大增，它所带来的沉积物覆盖了北京小平原西部起伏不平的地形，形成一片地势平缓的原野。

距今1.2万多年~1万多年前被称作新仙女木事件的最后一次全球性重大降温事件结束之后，是永定河最早的故道古清河形成的时期。当1万余年前气温快速回暖的时候，出现了夏季风降水的频繁震荡，而这种季风气候的变动，引起永定河河流在北京小平原上不断摆动，留下了多条明显的河流故道（表2-2）。

永定河流经的故道表　　　　　　　　　　　　　　表 2-2

年　代	名　称	流经地区
7000 多年前	古清河	从石景山向东北流，经苹果园、西黄村、南平庄、西苑、圆明园、清河镇等地
晚更新世晚期—全新世早期	古金沟河	上起石景山，经杨庄、八宝山和田村山之间，至半壁店。在半壁店以东，古金沟河分为南北两支，北支到积水潭又分为古坝河和古高梁河，南支在玉渊潭附近又分为古蓟河和古莲花河
早全新世晚期—中全新世时期	古漯水	上游侵蚀到八宝山南侧，中游到城区西南角，下游到马驹桥、高古庄、张家湾
稍晚于古漯水	古无定河故道	在石景山附近出山后，经衙门口村南，在卢沟桥与丰台中间向南流
晚于无定河故道	现今永定河河道	出石景山后，向东南方向流过卢沟桥

这些河流故道形成了多级冲洪积扇，范围以石景山为顶点，北面到达清河，南面达到今天的永定河道，东面在通州的北运河一线（图 2-2）。这些冲洪积扇以八宝山、老山为界，以北为永定河老冲洪积扇，以南为新冲洪积扇。

图 2-2　西山山前永定河古河道分布图❶

---

❶ 此图为尹钧科先生依前人成果绘制的永定河古河道示意图，永定河曾留下了四条古河道：古清河、古金沟河、古漯水及古无定河故道。见：尹钧科，吴文涛. 历史上的永定河与北京 [M]. 北京：北京燕山出版社，2005：80.

古河道分布区,地层沉积颗粒粗大,含水层富水性好。在与永定河出山口距离相似的多条永定河故道中,都分布着泉眼和湖沼。其中与北京西北郊关系密切的古清河故道中有西山山水的补充,泉水十分丰富,形成了众多的湖泊河流,如瓮山泊、黑龙潭、万泉庄等;其他流经河道同样形成了众多的湿地湖泊,如古金沟河故道中有玉渊潭、积水潭、紫竹院,古㶟水故道中有莲花池,后期的㶟水故道中有万泉寺,它们南北一线,构成永定河冲积扇上的一条泉水溢出带(图2-3)。这些泉水溢出带全都分布在晚更新世晚期至全新世的永定河故道中,它们的形成与永定河冲积扇的演变密切相关❶,是永定河河道摆荡的结果。

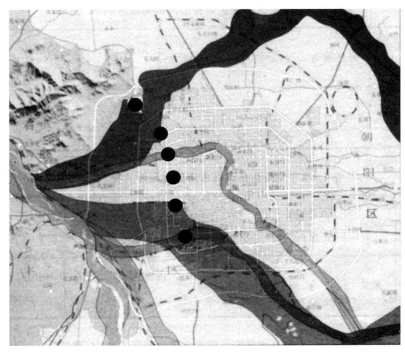

图2-3 永定河冲积扇上的泉水溢出带❷

2. 地下水资源

北京地下水赋存于不同地质历史时期沉积的地层之中,按区域可分为山区和平原地下水类型。各类型地下水的赋存介质见表2-3。

地下水赋存介质表 表2-3

—	地下水类型	赋存含水介质
山区地下水	岩溶裂隙水、基岩裂隙水	岩溶裂隙,沉积岩、岩浆岩、变质岩裂隙
平原地下水	松散孔隙水	松散孔隙(松散沉积物颗粒构成的孔隙网络之中,河流冲洪积作用形成的砂及砂卵砾石中)

---

❶ 彭兴业,岳升阳,夏正楷等. 海淀文史——海淀古镇环境变迁 [M]. 北京:开明出版社,2009:73.
❷ 彭兴业,岳升阳,夏正楷等. 海淀文史——海淀古镇环境变迁 [M]. 北京:开明出版社,2009:73.

1) 山区地下水

（1）岩溶裂隙水

储存并运移于岩溶化岩层中的水称作岩溶水（喀斯特水），岩溶地层的地下水主要赋存于溶蚀裂隙中，称之为"岩溶裂隙水"。北京小平原碳酸盐岩地层出露广泛，岩溶空隙主要包括溶隙、小溶洞、溶孔，组成以溶蚀裂隙为主的岩溶地下网络系统，其中的长城系、蓟县系碳酸盐岩以裂隙含水为主，寒武系、奥陶系碳酸盐岩以溶洞含水为主❶。

北京的岩溶裂隙水包括山区岩溶水、山前岩溶水和隐伏岩溶水。补给方式主要是大气降水入渗补给，排泄方式主要是人工开采和向下游以泉水或补给第四系地下水的方式侧向流出。

在岩溶裂隙水中与西北郊关系密切的是西山鲁家滩——玉泉山山前的岩溶裂隙水。其总体流向为由西及西南的灰岩裸露区沿八宝山断裂向东北方向流动至玉泉山、北京大学一带。在20世纪70年代前玉泉山为天然排泄点，岩溶裂隙水以泉水的形式排出地表。由于永定河流量减少及地下水开采，第四系地下水水位下降，20世纪70年代末干涸，目前地下水排泄主要是人工开采和侧向流出，在玉泉山附近存在岩溶水以顶托形式补给第四系松散孔隙水❷。

（2）基岩裂隙水

基岩裂隙水主要包括风化裂隙水、成岩裂隙水和构造裂隙水，分布于北京的西部、北部基岩山区。其补给来源主要是大气降水和地表水，总体上由北向南、由西向东、由山区流向平原，一部分以泉的形式或泄流的形式向河流排泄，成为地表水，其余部分向平原区径流成为第四系孔隙水的主要补给来源❸。

2) 平原地下水

（1）北京小平原的第四系地质构造

北京第四系地质主要分布于平原区及各大水系河谷地带、山麓地带以及山间盆地中。其沉积类型复杂，山区发育洪冲击相碎屑沉积物与洞穴堆积；山前以残坡积相与洪坡积相的砂、砾石及黏性土为主构成洪积扇或台地；平原则为洪冲击相的砂砾石、黏土、砂质黏土、沿河地带有风成沙丘或沙带。

（2）第四系松散孔隙水

孔隙水赋存于松散沉积物颗粒构成的孔隙网络之中，我国第四系、部分新近系和古近系都富含地下水，但由于后两者富水性差，视为隔水层，故第四系地层中的松散孔隙水为平原区的主要地下水源。

北京平原区第四系孔隙水主要赋存于河流冲洪积作用形成的砂及砂卵砾石中，这是因为其成层性好，易形成连续的含水层。各河流的第四系松散沉积物从冲洪积扇顶部至下部及冲洪积平原地区，含水层颗粒由粗变细，含水层结构由单一层逐渐过渡到多层，地下水位埋深由深变浅（表2-4）。

北京平原区地下水流动的总趋势是由山区向平原、由西北向东南。山前地带径流条件好，由冲洪积扇顶部向中部含水层水力坡度逐渐减小，径流变弱，冲洪积扇下部地下水径流条件变差。

---

❶ 北京市地质矿产勘查开发局，北京市水文地质工程地质大队. 北京地下水 [M]. 北京：中国大地出版社，2008：92-96.
❷ 北京市地质矿产勘查开发局，北京市水文地质工程地质大队. 北京地下水 [M]. 北京：中国大地出版社，2008：92-96.
❸ 北京市地质矿产勘查开发局，北京市水文地质工程地质大队. 北京地下水 [M]. 北京：中国大地出版社，2008：92-96.

第四系孔隙水赋存条件及特征列表　　　　　　　　　　表2-4

冲洪积扇位置	含水层结构	第四系沉积物岩性	含水层类型
顶部	单一含水层	砂卵砾石埋藏浅,一般3~5m或直接裸露地表	潜水,含水层富水性极好。大气降水入渗及河水入渗条件良好,是平原区地下水的主要补给区
中上部	二至三层含水层	砂卵砾石与黏性土互层	由潜水过渡到承压水,富水条件较好
中下部及冲洪积平原	由单、双层结构向下逐渐过渡到多层结构	由砂卵石逐渐过渡到以粗砂、中砂、细砂、粉细砂为主	承压水
山麓坡积群地带	—	坡积、洪积物,岩性为黏性土含碎石砾石	分布不均一,富水性大小不一

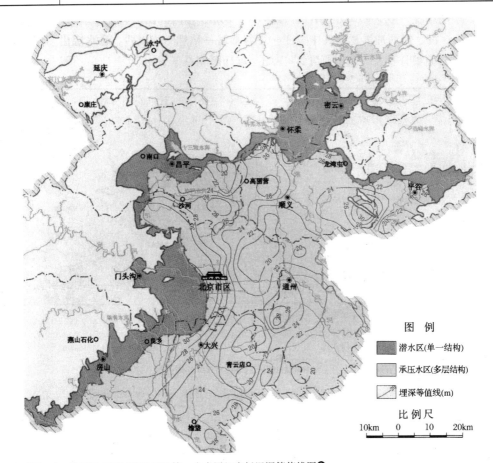

图2-4　单层及多层结构分区及第一含水层组底板埋深等值线图❶

　　第四系地下水的补给来源主要是降水入渗补给,其次是山区侧向补给、农田灌溉补给、河水入渗补给、渠系及城市管网渗漏补给和人工回灌补给。
　　平原区地下水的排泄包括自然消耗和人工开采。自然消耗方式包括地下水溢出、潜水蒸

---

❶ 北京市地质矿产勘查开发局,北京市水文地质工程地质大队.北京地下水[M].北京:中国大地出版社,2008:53.

发、地下水侧向流出等。北京市平原区地下水溢出带主要分布于地下水单一含水层向多层含水层过渡地带，在冲洪积扇溢出带以下，地下水以排泄形式对地表水进行补给，形成地表基流。

与西北郊水系形成密切相关的永定河冲洪积扇的潜水区，分布在昆明湖—莲花池以西地区，为单一结构区，地下水为潜水，该区顶部及中上部砂卵石裸露，含水层为单、双层砂卵石结构，含水层颗粒粗、厚度大、导水性、富水性好，调蓄能力强，地下水资源丰富。昆明湖—莲花池以东地区为承压水区，即多层结构区，地下水由补给区流向排泄区❶（图2-4）。西北郊第四系孔隙水的山区侧向补给主要是通过玉泉山泉和西山诸泉的泉水进行，地下水溢出带位于昆明湖、紫竹院、玉渊潭、莲花池一带。

2.2 西北郊生态系统的复原性研究

西北郊处于西山山脉与平原的交接处，地形上可分为山区、过渡地带和平原，包括海淀区、石景山和门头沟的一部分。西北郊山麓台地与洪、冲积扇十分发育，孤山、残岗、冲沟、洼地比比皆是，显示出山前冲、洪积平原的基本特征，具有有利于地下水存储的独特地质结构。西山秀美的山峦、充沛的水资源形成的良好小气候，小西山及山前湿地构成的生态系统，是北京湿地的独特之处。

2.2.1 "山下平湖水接天"——西北郊的水资源情况

1. 永定河的冲积——地质地貌的演变及湖泊湿地的形成

西北郊坐落于永定河冲积扇上，其地貌的巨大变化（表2-5）与第四纪发生的永定河改道密切相关。

海淀地区地貌演化简表　　　　　　　　　　表2-5

演化时代	地貌演化阶段
第四纪初期的早更新世	低缓的丘陵地带
中更新世早期	受构造运动的影响，冲积平原面积不断扩大，丘陵不断缩小，在昆明湖一带出现了洼地，并有洪积扇和浅湖形成
中更新世中期	昆明湖洼地沿黄庄—高丽营断裂向东北方向延伸，与沙河凹陷连为一体（图2-5）
晚更新世早、中期（十几万年至数万年前）	永定河冲积扇形成时期。北京平原地貌发生重大变化，在永定河的作用下，北京小平原的西部形成了以石景山为顶点的冲积扇地，昔日起伏不平的低缓丘陵隐没于平川之下❷，海淀地区真正进入了平原的发展时期（图2-6）。由永定河形成的沉积地层，在海淀镇北侧的北京大学内堆积厚度达到130m。它由一层层的卵石、砂砾和黏性土构成，硬是把数十米落差的起伏地势淤成了平川
晚更新世晚期（距今1万年前后）	宽达2～3km的古清河由西向东穿过海淀地区的南部，在海淀台地与小西山之间流淌，切割出海淀台地

---

❶ 北京市地质矿产勘查开发局，北京市水文地质工程地质大队. 北京地下水 [M]. 北京：中国大地出版社，2008：51-52.
❷ 李华章. 北京地区第四纪古地理研究 [M]. 北京：地质出版社，1994：108-117.

演化时代	地貌演化阶段
距今 1 万~5000 年	古清河发育时期。在古清河河谷低地中废弃的河湾内出现了小型湖沼。在河道的南岸，今北京大学、清华大学和城府地区分布着多条水沟和小型坑塘。古清河的北面，今肖家河一带，有 7000 多年前就已经形成的古湖沼。 永定河改道之后，它所遗留的低平、宽阔的河床，为湖沼的发育创造了有利条件，海淀地区迎来了湖沼生成与发育的时期。在古清河低地中的河流边滩和废弃的河槽内，开始形成少量带状的小型湖沼，北京大学勺园的古湖泊就是由废弃河槽形成的。沿古清河河道，在玉泉山前、肖家河、中滩村、河南新营和洼里等地，在第四岩性段河流沉积物之上发育有一层厚约 3~5m 的泥炭层，泥炭层顶面接近地表，是古清河废弃河道内的残留湖沼堆积
距今 5000 年以后	现代清河发育时期与沼泽化阶段。 距今大约 4000~3000 年以前，在古清河故道中开始发育出湖沼，约在 3500 年前昆明湖一带出现湖沼。 距今大约 3000~2000 年前是海淀低地中湖沼的成熟时期，湖沼规模达到高峰，形成大面积的水域；古清河故道的西部，也开始了沼泽化的过程，圆明园西北的肖家河发育成大片沼泽；在颐和园、海淀、巴沟、六郎庄、西苑、肖家河、北京大学、清华大学一带，地下约 1.5~2.5m 深处，有着十分广泛的灰黑色淤泥层。 海淀湿地景观特色在这一时期形成

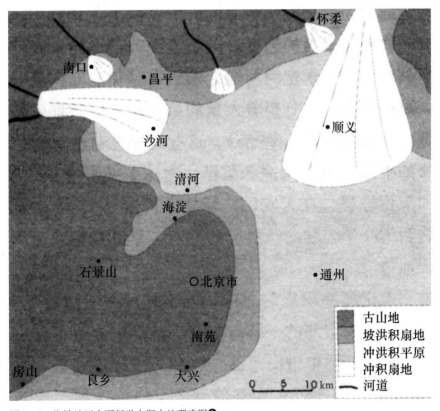

图 2-5　海淀地区中更新世中期古地理略图[1]

---

[1] 彭兴业，岳升阳，夏正楷等. 海淀文史——海淀古镇环境变迁 [M]. 北京：开明出版社，2009：3.

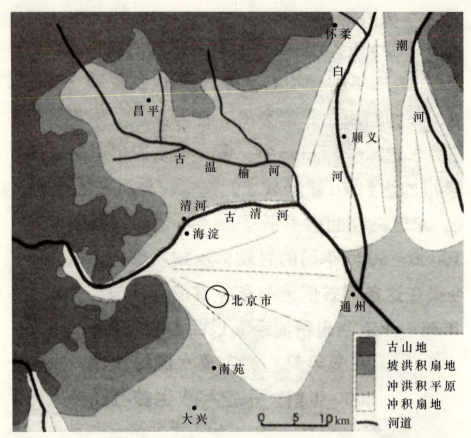

图 2-6 海淀地区晚更新世中期古地理略图❶

海淀地貌演变形成的古清河故道的河床十分宽广，且河床砂砾层厚达 4~8m，又有近在咫尺的西山山水的补充，因而古清河故道中的泉水十分丰沛，易形成分布广泛的水面。但西北郊的河湖水系的形成年代并不久远，除少数河流湖沼可追溯到古清河时期以外，大多数都形成于古清河结束之后。永定河改道后，坐落在永定河故道上的西北郊地区逐渐形成大片湖沼湿地。

2. 天然的水资源涵养地——独特的地质结构

西北郊之所以能够长期维持大量的水面，其根本原因是西北郊具有独特的地质构造。

西北郊地层岩性比较复杂，各类岩石均有出露，岩性大体上可以划分为松散堆积物和基岩两大类。第四纪松散堆积物主要分布在山前平原区，由西向东逐渐加厚，岩性由粗变细，层次由少变多，其厚度从山前的数十米向东南逐渐加厚至 300m 左右，其岩性主要为各类壤土、砂壤土、砂及卵砾石。在西北部地区，第四系主要以单一的砂、卵砾石层为主，这一独特的水源结构不但为西北郊带来了充沛的地下水水源，也使西北郊十分适合作为地下水源涵养场所。海淀区第四纪地层由下至上可划分为六个岩性段❷（图 2-7、表 2-6）。

---

❶ 彭兴业，岳升阳，夏正楷等. 海淀文史——海淀古镇环境变迁 [M]. 北京：开明出版社，2009：3.
❷ 彭兴业，岳升阳，夏正楷等. 海淀文史——海淀古镇环境变迁 [M]. 北京：开明出版社，2009：14.

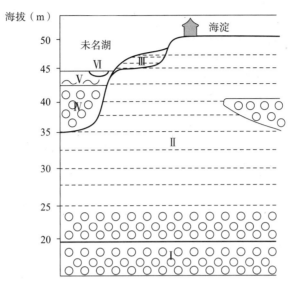

图 2-7 海淀区第四纪地层岩性示意图

海淀区第四纪岩性特征表 表 2-6

岩性段	堆积颗粒结构	埋深	堆积类型	堆积时间	分布
第一岩性段	以砂卵石和砂砾石为主，粉质黏土相对较薄	30~70m	老洪积扇堆积	早于1万年	整个海淀台地
第二岩性段	下砾石层，上覆的粉砂质黏土、粉质粉砂、粉砂层	20~30m	高台地堆积物	早于1万年	整个海淀台地
第三岩性段	粉砂及其上覆的粉质黏土	3m左右（厚度）	低台地堆积物	早于1万年	低台地
第四岩性段	上砾石层，上覆的砂层	4~10m	上砾石层为河床相堆积，之上为洼地中的古河道沉积	1万~5000年	洼地区
第五岩性段	灰色—灰黑色粉质黏土，含较多有机质和腐殖物，许多地段发育有黑褐色的草炭透镜体	2~6m	沼泽沉积	5000~1000年前	洼地区
第六岩性段	—	厚约0.5m	近代湖泥沉积	1750~1999年	未名湖

3. 淀泊湿地的演变

西北郊的河湖水系是 5000 年来发育演变的结果，它在自然发育方面，受到沉积环境和气候的影响，经历了一个由发育、形成、成长，至 1000 年前又逐渐自然衰亡的过程。但在自然衰亡期由于受到人类活动的影响，这一自然过程又被人为扭转，河湖水系又发达起来。由河流到湖沼再到水田、园林的环境演变过程，是西北郊低地中较为普遍的现象。

金元时代以来，西北郊地区经历了多次大规模的水系改造和河渠开凿，河流、湖泊基本失去自然天成的原貌，完全自然形态的河流、湖泊逐渐演变由纯粹的自然形态逐渐演变成半人工的，甚至全人工的形态。原有的自然河流除清河和万泉河的部分河段外,几乎都经过人工改造。大多数湖泊也都是人工开凿,或人工改造而成,我们仅从河、湖岸边堆筑的大量土山就可以感受到其人工改造的程度。其中,在清漪园修筑之前的丹稜沜、清华园和勺园都是以水景取胜的低地园林景观,园中具有大量水面,形成湖塘相连、溪流回绕、稻荷飘香的水乡景色。

元代的丹稜沜是海淀村旁有名的湖泊,万泉河作为丹稜沜的水源,使丹稜沜水域存在了数千年之久。《日下旧闻考》云:"畅春园宫门之南有菱池,俗称菱角泡子者,相传即丹稜沜水❶"(图2-8)。

明代王嘉谟所撰《丹稜沜记》对之记述如下:"沜之大以百顷,十亩潴为湖,二十亩沈酒种稻,其田上上。"可见丹稜沜面积广大,有百顷,水面有十亩,另有二十亩已辟为稻田。后来由于水源减少,丹稜沜不断开辟为稻田、园林,原始的湖泊逐渐变成南北两个小湖。

清华园是西北郊见诸记载的第一座大型园林,其特色是以水为主,明人记述道:"海淀清华园,咸畹李侯之别业也。去都门西北十里。湖水自西山流入御沟,人无得而游焉❷"、"燕中不乏名胜……唯武清侯海淀别业引西山之泉汇为巨浸,缭垣约十里,水居其半❸"。其湖泊之水来于园前的丹稜沜。

勺园地处清华园下游,园址范围大体在今北京大学勺园大楼所在地,园中以水为主,"园仅百亩,一望尽水"。有长堤,园后尽为稻田(图2-9)。

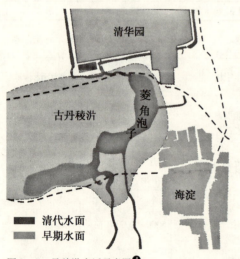

图2-8 丹稜沜变迁示意图❹

图2-9 明末海淀附近水道示意图❺

此外,西北郊的圆明园、畅春园及大量的王府私家园林,诸如熙春园、春熙院、镜春园、鸣鹤园等皆是以水景为主,体现了西北郊的湿地风貌。园林建设已对西北郊环境产生重要影响,西

---

❶ 于敏中等.日下旧闻考 [M].卷七十八.北京:北京古籍出版社,1983:1302.
❷ 于敏中等.日下旧闻考 [M].卷七十九.北京:北京古籍出版社,1983:1316-1317.
❸ 于敏中等.日下旧闻考 [M].卷七十九.北京:北京古籍出版社,1983.
❹ 彭兴业,岳升阳,夏正楷等.海淀文史——海淀古镇环境变迁 [M].北京:开明出版社,2009:94.
❺ 彭兴业,岳升阳,夏正楷等.海淀文史——海淀古镇环境变迁 [M].北京:开明出版社,2009:98.

北郊海淀一带"遥见苍林际天,有溪环之……四面古柳,母虑数百株。绿波粼粼,蒙以翠幄❶。"

在大规模园林建设的作用下,海淀的水域面积迅速增加,甚至出现了与自然气候条件恶化相逆而动的现象。在干旱频发的乾隆时期,形成了水利建设的高潮,甚至开辟出昆明湖这样的大面积水域,从而加强了人对于环境的调节能力。同时各个湿地湖泊之间有机相连,共同组成西北郊庞大的湿地系统,河道堤防得到拓展和加固,区域抵御灾害的能力随之提高。

水域面积的扩大,可以有效改善当地的小气候环境,气温比城市区域明显要低,明人于是有"晓霁全消暑,征凉似近秋"的诗句,赞美海淀夏日清凉的气候。

但是另一方面,由于海淀的大面积水域是靠人工维持的,所以当人的维持能力下降时,水域面积就会缩减。这种情况在近代表现得十分明显,水资源的短缺和生态环境的破坏已经导致西北郊的大量湖泊湿地消失,仅存的几处湿地湖泊也成为完全依赖人工维持的生态孤岛。

4. 西北郊丰沛的泉水资源

永定河改道之后,在永定河故道的河谷低地附近形成了众多的湿地湖沼。这些湿地湖泊的水源补给主要来自三个方面,一是自然降水,二是泉水,三是西山山水,而山水的来源也是降水和泉水,因而降水和泉水是维系当地河湖水系的主要水源。❷

在天然降水方面,西北郊山前地带雨量适中,相对稳定,湿地能及时得到山区地表径流的补充。但总体上与北京小平原的其他区域相比没有特殊之处,保持着相似的降水量。

而海淀之所以能够长期维持大量的水面,除了地势低洼以外,还与当地丰沛的泉水密切相关。由于西北郊处在永定河冲积扇的中上部,第四系沉积物多为砂卵石和砾石,结构单一,粗粒沉积物厚,而外围扇缘地区岩性颗粒细,这种地质结构导致地下水受阻,埋深变小,甚至溢出,由此形成了一个泉水溢出带,呈弧形分布于今昆明湖、紫竹院至右安门附近,直到南苑镇。西北郊泉水溢出地表,主要分布在玉泉山—香山一带,它们为西北郊水源地的形成奠定了基础。

1)玉泉山泉水

玉泉山泉水是西北郊的泉水中水量最大、最为稳定的泉水,也是与西湖瓮山湿地联系最为密切的山泉,同时也是北京宫廷用水和京师漕运的重要水源。

玉泉山泉水来自于隐伏奥陶系灰岩承压含水层,玉泉山灰岩是这一隐伏灰岩的唯一露头处。玉泉并非一口孤立的泉眼,而是玉泉山下由数十口泉眼组成的泉群,地下水以上升泉的形式由此喷涌出来,形成大大小小的泉湖❸(图2-10)。在这些泉眼中,水量最大的是在山的西南麓的玉泉,在较大的水压下,玉泉水头冲出湖面形成涌泉,是金元以来的燕京八景之一"玉泉垂虹"的所在。

作为西北郊主要水源的玉泉山泉水具有丰富的水量和优良的水质。

(1)水量丰富

对于玉泉山泉水的出水量,元人赵著描述说:"燕城西北三十里有玉泉,泉自山而出,鸣若杂佩,色如素练❹"。从具体出水量来看,据1934年《北京河道整治计划》记载,玉泉山泉水群总流量在枯水期可达每秒2m³,丰水期约可两倍于此,1959年8月月平均最大流量达到每秒2.59m³,可见水量之大。

---

❶ 顾绍芬. 游西山记[A]//洪业. 勺园图录考. 引自:宝庵集. 卷十四.
❷ 彭兴业,岳升阳,夏正楷等. 海淀文史——海淀古镇环境变迁[M]. 北京:开明出版社,2009.
❸ 北京市水文地质工程地质公司. 北京泉志[M]. 北京:北京出版社,1983.
❹ 缪荃孙抄. 顺天府志[M]. 北京:北京大学出版社,1982.

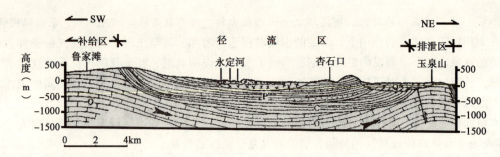

图 2-10 玉泉山泉水的来源

(2) 水质优良

西山多泉,水质甘甜,尤以玉泉山玉泉之水水质甚佳。对于玉泉山的水质,元人赵著称之为"泉极甘洌"❶,清·孙承泽形容它"味极甘美❷"。清代曾用"制银斗较水轻重"的方法对玉泉水质进行测量,"京师玉泉之水斗重一两……济南珍珠泉斗重一两二厘,扬子金山泉斗重一两三厘,则较玉泉重二厘或三厘矣。至惠山、虎跑则各重玉泉四厘,平山重六厘,清凉山、白沙、虎丘及西山之碧云寺各重玉泉一分❸","唯雪水轻三厘,他水无轻于玉泉者❹"。由于玉泉的水质优良,乾隆将之命名为"天下第一泉"。

2) 西山诸泉

海淀地区西部为小西山山脉阳坡,历史上山泉众多,水量丰沛。与玉泉山的平地涌泉不同,这些山泉分布于山坡,大多流至山下即消失于砂石之中,难以成河。乾隆皇帝对此亦有观察:"盖西山碧云、香山诸寺皆有名泉,其源甚壮,以数十计。然唯曲注于招提精蓝之内,一出山则伏流而不见矣❺。"

古人认为西山泉水是玉泉诸水的源头。金人朱澜在五华观碑记中说:"五华山之五华观西北约二三里有泉水出焉,引之以渠,直至飞泉亭,东南流,不逾寻丈,伏而不见,至山趾乃复涌出,环之以堤,渺若江湖,此玉泉之源也"❻。这是关于玉泉之源的最早记述。

人们很早就开始利用海淀附近的西山泉水,而作为大规模的开发利用,则是开始于辽金时期,但利用的重点还只是局限于为寺庙行宫提供水源。它们主要滋养着山间众多的寺庙园林,较少惠及山下的土地。郭守敬主持修筑的通惠河,导西山泉水济大都漕运。明代在寺庙建设上,园林化的趋势十分明显。较大的寺庙中大都利用泉水建起鱼池、荷塘、花圃,缘水建有亭台。时人称赞西山寺庙,"泉从天山落,寺拟画中成"❼,西山寺庙以泉为胜的特点已经形成。

西山泉水即使在乾隆年间的大旱之年也未曾断流,说明西山泉水除来自降水的补给外,还来自地下水的补充。

3) 香山诸泉

---

❶ 缪荃孙抄. 顺天府志 [M]. 北京:北京大学出版社,1982.
❷ 孙承泽. 天府广记 [M]. 北京:北京古籍出版社,1984:535.
❸ 于敏中等. 日下旧闻考 [M]. 卷八. 北京:北京古籍出版社,1983:122.
❹ 吴振棫. 养吉斋丛录 [M]. 卷十八. 杭州:浙江古籍出版社,1985:202.
❺ 于敏中等. 日下旧闻考 [M]. 卷九十九. 北京:北京古籍出版社,1983:1368.
❻ 缪荃孙抄. 顺天府志 [M]. 北京:北京大学出版社,1982:268.
❼ 刘侗,于奕正. 帝京景物略 [M]. 卷六. 北京:北京古籍出版社,1980:252.

香山位于香峪大梁东南麓，海拔557m，在南北两座山梁环抱的山坳中，有众多的泉水分布，对于香山泉水的记述，以金人李晏的《香山碑记》为早："山顶有泉，出自山腹，清洁甘洌，凿高通绝，螭口喷流，下注溪谷❶"。香山泉水的特点在于多处地势较高，分布广泛，其最高的泉水约在海拔300m左右。

香山泉水主要由南北两条断层形成，南面一条在今香山公园东宫门南的山沟处，这一带泉水很多，是香山泉水的主要部分。在香山中部有玉乳泉，乾隆记曰："有泉从山腹中出，清沘可鉴，因其高下，凿三沼蓄之，盈科而进，各满其量，不溢不竭。❷"有绚秋林观音阁下的泉水、朝阳洞泉水、重翠崦龙王堂泉水和玉华岫的玉华泉等。

北面断层在香山与碧云寺间，是香山北部泉水的来源❸，《日下旧闻考》云：(北路泉水)"源出碧云寺，内注正凝堂池中，复经致远斋而南，由殿右岩隙喷注，流绕墀前❹"。

4) 碧云寺卓锡泉

碧云寺初名碧云庵，清乾隆年间对寺庙进行大规模修建，成为今天的规模。卓锡泉（图2-11）位于寺后水泉院内，明代《宛署杂记》记载："寺后有卓锡泉，寺僧因之为亭，泉前有御书为沼堂，前蓄金鱼万计，大者如魴，投之饵可以诱浮，亦奇观也❺。"当时的卓锡泉的水量也是不小的："泉去乎寺，乃声呦呦，越涧而奔焉❻"。乾隆时修筑了石槽，将卓锡泉水引导入玉泉山。

图2-11 碧云寺卓锡泉

---

❶ 缪荃孙抄. 顺天府志 [M]. 北京：北京大学出版社，1982：267.
❷ 于敏中等. 日下旧闻考 [M]. 卷八十六. 北京：北京古籍出版社，1983：1451.
❸ 北京风光 [M]//彭兴业，岳升阳，夏正楷等. 海淀古史——海淀古镇环境变迁. 北京：开明出版社，2009.
❹ 于敏中等. 日下旧闻考 [M]. 卷八十六. 北京：北京古籍出版社，1983：1439.
❺ 沈榜. 宛署杂记 [M]. 第十九卷. 北京：北京古籍出版社，1980：231.
❻ 刘侗，于奕正. 帝京景物略 [M]. 卷六. 北京：北京古籍出版社，1980：246.

5）樱桃沟水源头

水源头在寿安山麓，今桃花沟的山谷中❶。金代在此建有一座五华观，金人朱澜所撰《五华观碑记》称："燕城西北有山曰五华……山腹有平地可起道院，大定二十七年落成……西北约二三里有泉出焉，引之以渠，直至飞泉亭，东南不逾寻丈伏而不见❷。"由此可见，至迟在金代人们已凿渠引水源头之泉水供寺庙使用。水源头泉水出山后通向玉泉山，《天府广记》载："水分二支，一至退谷之旁，伏流地中，至玉泉山复出❸。"

6）万安山诸泉

万安山位于香山南，山半有泉。乾隆年间，在此建宝相寺、宝谛寺和焚香寺等。

7）金山宝藏寺泉

金山宝藏寺位于玉泉山北，金山口旁。清代人记载："寺内有泉，清澄甘润。京师无桂，其自南来者，在他处收育缓终凋，唯玉华山岫与此泉最宜❹。"

2.2.2　"一带西山秀莫穷"——峰峦叠嶂的西山山林环境

西北郊除了拥有丰富的水资源外，大、小西山的山地景观也是生态系统的重要组成部分。西山高度适宜，不仅没有阻碍外界与西湖湿地物质和能量的流动，而且为西湖湿地提供了良好的小气候，是城市湿地建设的理想选址。

西北郊地势西高东低，东部为海拔35～50m的平原，系古永定河冲积扇的一部分，西部山区统称西山，属太行山余脉，山峦起伏，有大小山峰60余座。《宸垣识略》载：

"西山，神京右臂，太行山第八径，图经亦名小清凉也。"又云："太行山首于三危，伏于河，折北而尊为恒山，支亦复岗，毕赴于燕，秩秩然复俪属以东数十百里，入于海上。土人以其西来，号曰西山。"

西山山势西北高峻，层峦叠嶂，耸立云天，但是东南则逐渐降低，在西北与北京小平原接壤处，则是海拔高度不大的低山和丘陵。在西山农场、北安河一带，山势比较巍峨，山坡也比较陡峭。最高峰为阳山，主峰海拔1278.1m，属中山山区。在温泉、冷泉、韩家川及四季青一带的山地属北京西山，山势较低缓，属低山丘陵，一般海拔为400～600米。山地与平原相接的低丘坡地海拔为100m，平原残山有玉泉山、万寿山、田村山等。

整个山势呈南北走向，仅黄道岭处山峦向东稍有延伸至望儿山呈东西走向。因此习惯上以此山为界，山之北称为山后，山之南称为山前，本书的主要研究对象西湖瓮山即位于山前。

山前永定河冲积扇的地貌特征为：由于沿山前的山峦低而短，山势也较缓，因此冲积扇顶部的洪积扇坡短，切沟较小；冲积平原为永定河冲积物所覆盖，但由海淀的万泉庄、六郎庄向北经玉泉、西苑、颐和园再向东至圆明园，大石桥至清河、黑泉一线，为一断续相连的洼地，山前洪积冲积平原地面高程约35～70m；此外，自望儿山向东经海淀乡肖家河北部、东北旺乡的马连洼、上地至东升乡的清河小营一线均为高岗阶地。

---

❶ 彭兴业，岳升阳，夏正楷等. 海淀文史——海淀古镇环境变迁［M］. 北京：开明出版社，2009：69.
❷ 缪荃孙抄. 顺天府志［M］. 北京：北京大学出版社，1982：268.
❸ 孙承泽. 天府广记［M］. 卷三十五. 北京：北京古籍出版社，1984：535.
❹ 麟庆. 鸿雪因缘图记［M］. 北京：北京古籍出版社，1984.

2.2.3 "霁景名山翠滴螺"——丰富的山林湿地植被

北京在过去的 3000 年的气候变化是一个由湿润向干冷演变的总趋势,其中气候演变过程中有三次较为温暖湿润的时期,即秦代(公元前 3 世纪)、东汉(公元前 2 世纪)和唐代(公元 7 世纪)❶。

北京受暖温带大陆性季风气候的影响,形成的地带性植被类型为暖温带落叶阔叶林。由于境内地形复杂,生态环境多样化,致使北京植被种类组成丰富,植被类型多样,并且有明显的垂直地带分布规律。

西北郊气候变化总体上与北京近似,但由于其具有特殊的小气候环境:湿地中的残山与西部落差极大的双重山脉形成了独特的山水景观环境,同时西部外围的高山山脉也挡住了西北的风沙,为小西山和山前湿地创造了温暖、湿润、少风沙的气候环境。这样的生态环境孕育了丰富的动植物生态体系,该地区在 1 万余年来的全新世时期,植物群落的组合随着气候的变迁而发生变化。

根据《海淀文史——海淀古镇环境变迁》中对万泉河及勺园剖面孢粉组合的分析结果❷将西北郊地区气候环境及植被类型总结如下(表 2-7):

西北郊气候环境与植被类型变化分析　　　　　　　　　　表 2-7

时　　期	气候特点	植物种类
早全新世时期	气候较冷	形成以松、栎、榆、桦、藜、蒿为主的森林草原植被群落
距今 8000 年前后	气候显著转暖,进入全新世的大暖期	—
距今 5000 年前后	比较温暖,比今天稍微凉爽;较前期干旱	以松为优势,混生栎、桦、椴、鹅耳枥、胡桃、榛等落叶阔叶树种的暖温带针阔混交林群落。在林下生长有各种小灌木、草本和蕨类植物。在河沟洼地中有水生植物和藻类。较远山区有云杉、冷杉等寒温性暗针叶林
距今 3500~3000 年前	气温明显下降,转为干凉的气候环境	气候不利于森林植被的发育,到距今 3000 年左右,形成以蒿和禾本科植物为主的稀疏的森林草原植被。山区有少量乔木生长,形成以云杉、冷杉为主的针阔混交林
距今 3000~2300 年前	气候明显变化,总体上前期干凉,后期暖湿。在距今 2700~2600 年时(西周寒冷期),气温急剧下降;距今 2500~2300 年时(春秋温暖期),气温又逐渐增高	以松占优势,伴有栎、桦、椴、栗等的针阔混交林,灌木及草本有蒿、禾本科等。距今 2700~2600 年乔木突然减少,距今 2500~2300 年喜暖温的栗树增加,喜寒温的冷杉消失
距今 2300~1500 年	暖湿(后期约距今 1584~1507 年,有一次变干降温的阶段)	前期乔木增加,形成以松为优势,伴有灌木及蒿的针阔混交林。后期距今 1584~1507 年,落叶阔叶树减少,出现了落叶松、冷杉、云杉等寒温性针叶树,以蒿为主的草本植物增多,反映气候向干冷方向转变

---

❶ 资料来源:黄成彦等. 颐和园昆明湖 3500 余年沉积物研究 [M]. 北京:海洋出版社,1996:29.
❷ 彭兴业,岳升阳,夏正楷等. 海淀文史——海淀古镇环境变迁 [M]. 北京:开明出版社,2009:31-49.

续表

时　　期	气候特点	植物种类
距今1500~244年（500~1750年）	温暖、稍干旱	以松、栎、桦、栗、椴为主的针阔混交林明显减少，代之以适应性更强的榆、柏和中华卷柏，还有禾本科植物。至明代，人类活动对植被已有较大的影响，其中最明显的是水稻的种植，形成了湖泊水田为主的植物景观。明末至清代的园林建设时期，在低地中和台地边缘出现了大面积的园林，乔木植被和水域的覆盖面积大量增加，植物种类愈加丰富
1750~1966年	温暖、稍干旱	作为北京地带性植被暖温带落叶阔叶林的主要成分栎树和松树减少，栗、胡桃、榛、槭、榆、鹅耳枥等落叶阔叶树增加，水稻、蕨类减少
1966~1990年	温暖、稍干旱	松树在1966年前后明显增加。近30年人为性对湖泊的保护和水源林的绿化，改变了北京暖温带落叶阔叶林的植被面貌，加速了向杂木林的演替，植物种类显著增加，包括栗、榆、鹅耳枥、槭、桦、栎、桃、朴、椴等在内的落叶乔木和由忍冬、丁香、蔷薇等组成的灌木植物显著增加。其中，漆树科植物升高，与西山及水库区栽种大量点缀景观的漆树科树种有关

2.2.4 "堤下连云粳稻熟"——宛若江南的稻作景观

稻作景观是西北郊湿地景观的重要特色。

北京地区的水稻种植历史十分悠久，《周礼·职方氏》云："东北曰幽州……其谷宜三种。"郑玄注："三种，黍、稷、稻"。可知至少在先秦时期北京地区已经开始种稻了。唐代曾引永定河水种植水稻，人们推测北京西北郊是当时水稻种植的主要地区之一[1]。

至明末，西湖瓮山附近有许多从南方迁来的农人兴修水田，筑堤列塍，养植菱芡莲菰，西北郊水田数量大为增加，成为京西水稻种植的主要地区之一。

明代后期是本地稻作大发展的时期。明万历时人蒋一葵《长安客话》在说到西湖一带的水田开发时云："近为南人兴水田之利，尽决诸洼，筑堤列塍，为蔷为畬，菱芡莲菰，靡不毕备，竹篱傍水，家鹜睡波，宛然江南风气，而长波茫白似少减矣[2]。"

清朝京西的水稻得到几朝皇帝的重视，除民间耕种之外，皇家也在京西一带辟有稻田。康熙五十三年（1714年），在青龙桥设稻田厂，又在功德寺和六郎庄各设官场一处，并在六郎庄、圣化寺、泉宗庙、玉泉山、长河两岸、蛮子营等地拥有官种稻田。

清朝不但在御园周围种植水稻，在园中也开辟了许多稻田。康熙年间，畅春园已有稻田。《养吉斋丛录》称："御园弄田，多雍正、乾隆年间所辟治。如耕云堂、丰乐轩、多稼轩、陇香馆是也"。御园中的大量稻田、荷塘与园林融为一体，形成田中有园、园中有田的水乡景色[3]。

除了水稻，海淀水田还种植荷藕、茭芛、菱角、慈姑等观赏植物或经济作物。如《长安客话》中所描述。

---

[1] 曹子西主编. 北京通史 [M]. 第二卷. 北京：中国书店，1994：258.
[2] 蒋一葵. 长安客话 [M]. 卷三. 北京：北京古籍出版社，1994：50-51.
[3] 彭兴业，岳升阳，夏正楷等. 海淀文史——海淀古镇环境变迁 [M]. 北京：开明出版社，2009：151-161.

海淀的稻作景观，成为南方水乡特色的重要内容之一，西郊水田已经成为人们心目中代表江南水乡景色的景观符号，是海淀不可替代的重要景观特征。傅淑训《玉泉山》诗云："全画潇湘一幅，楚人错认还家"。乾隆也赞美道："十里稻畦秋早熟，分明画里小江南"❶。

2.3　西湖瓮山湿地生态环境的复原性研究

西湖瓮山湿地优良的生态和景观环境，丰富的动植物种类，使得西湖水系的利用在历代备受重视，并形成众多的人文景观，同时与西湖相连的瓮山具备创造山林生态景观和山水联属的风水环境的基础条件，两者相得益彰，成为保障湿地生态和景观的重要基础条件，也成为乾隆改造此地为建园作准备的生态环境基础。

2.3.1　"西北郊最大的天然湖泊"——古昆明湖的生态演变

1. 古昆明湖的形成

古昆明湖水体的形成与古清河故道有密切的关系。千万年前，山间断陷处形成的盆地导引古永定河水从石景山三家店出山后，受到公主坟凸地的阻挡，流向东北方向，通过老山与金顶山之间的豁口，汇合来自香山的流水，流向西北郊的自然洼地——原始昆明湖水域，形成最早的原始湖泊；再继续沿海淀台地西侧流向东北，与温榆河汇合。这一过程中，永定河所携带的大量碎屑逐渐沉积，形成了方圆数百里的冲洪积扇（图2-12）。

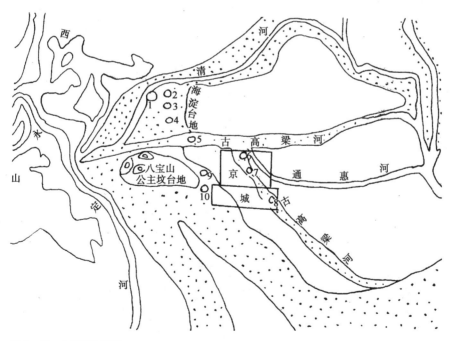

图2-12　永定河冲积扇

---

❶　于敏中等. 日下旧闻考 [M]. 卷一百. 北京：北京古籍出版社，1983：1658.

古昆明湖形成之前，此处是玉泉山山前冲积扇，该冲积扇位于南口山前冲积扇和永定河山前冲积扇之间，即在两个大冲积扇的边缘交会处。大约距今3500年前，即全新世大暖期即将结束的时候，受古清河故道地下水溢出带的滋润，在河漫滩基础上潴成众多的浅水洼地，即原始的浅水湖泊，这是昆明湖的雏形阶段。这个时期的湖泊不大，湖水较浅。

2. 湖泊的演变及湖底的地质构造

根据黄成彦等人对颐和园昆明湖的研究❶，将昆明湖底深5m上下的地层划分为7层（图2-13），各层沉积年代、组成成分和地层厚度总结如表2-8所示。

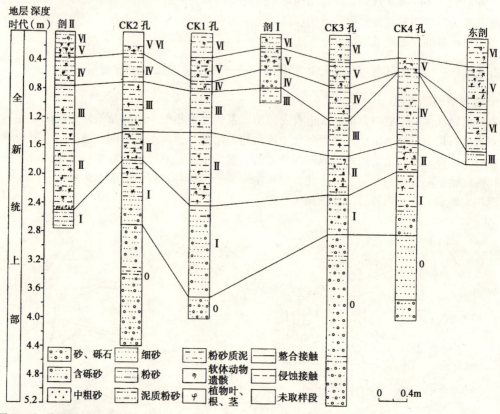

图2-13 昆明湖沉积物划分及对比

昆明湖湖底各层地质特征　　　　　　　　　　表2-8

地层	沉积年代	组成成分	沉积物颗粒变化	地层厚度	湖泊的变化
0 河流相沉积	距今3500年前	松散砂砾	—	2.7m以下	河流冲击形成
Ⅰ 湖沼相沉积	距今3500年前后	含砾粉砂、细砂，底部为含砾中、粗砂层	粒度普遍较粗	1.8m以下	湖泊开始形成时期的沉积，此时，水动力较强，水流不很稳定，气候干凉

---

❶ 黄成彦等. 颐和园昆明湖3500余年沉积物研究 [M]. 北京：海洋出版社，1996：19-23.

续表

地　层	沉积年代	组成成分	沉积物颗粒变化	地层厚度	湖泊的变化
Ⅱ湖沼相沉积	距今3000年前后	粉砂质泥，含有丰富的小型软体动物遗骸和植物碎片	粒度变细	1.4～2.5m	水体扩展，水动力较稳定，气候较为温暖，是湖沼发育的良好时期
Ⅲ滨湖相沉积		粉砂、泥质粉砂互层，含少量动物遗骸和植物碎片	下部粒度变粗，上部粒度变细	0.5～1.7m	下部表明湖泊略有收缩，气候较干燥；上部表明湖面又转为宽阔
Ⅳ湖沼相沉积	距今3000～244年	粉砂质泥或泥质粉砂，含小型软体动物遗骸和较多的植物化石和炭屑	粒度变粗	0.3～1.6m	气候上有一些明显变化，由温湿变为冷干，导致昆明湖南部湖水一度变干，湖泊可能被河流取代
Ⅴ湖沼相沉积	清漪园建成后（1750年）	泥质粉砂，含有大量软体动物遗骸和未炭化的芦苇叶	粒度变粗	0.16～1m	未炭化的芦苇叶表明昆明湖受人为因素作用较大，水体不深，长满芦苇，气候较温暖。大量软体动物表明较大的软体动物大量灭亡，可能与后期灌水有关。本层末期，湖中水体变浅，气候干冷
Ⅵ湖沼相沉积	20世纪60年代中期以后	粉砂质泥	粒度变细	湖底顶～0.4m	此时从密云、官厅水库引水入湖。沉积物经过较长距离搬运，致使一些较粗的沉积物在途中沉留

3. 古西湖的水域范围及周边的湖泊河流

1）古西湖的水域范围

元代，西湖水面北起青龙桥下，东北以略呈S形的西堤为界，西北岸在青龙桥至"大承天护圣寺"一线的高地边缘。瓮山泊由于东西两岸高差较大，因此西岸一般不用筑堤。西湖只有东部湖岸筑有堤坝，它的水面范围当时随着水量大小而进退（图2-14）❶。

对于西湖南岸的边界目前尚证据不足，还只是推测。据《海淀文史——海淀古镇环境变迁》推断："古西堤遗址沿着南湖岛北边向东南伸展而去，顺着这一方向看去，正好与十七孔桥东的廊如亭相对应，那里的颐和园东堤有一个向西的弯曲，而廊如亭南北两边的东堤在建筑风格和走向上存在差异，南面的一段较直，而北面堤坝的南段则有一个向西弯曲的弧形，似乎是为了就合廊如亭南面的堤坝。而十七孔桥本身的走向，也是西偏北方向的，恰与南湖岛旁的西堤遗址方向一致，它应是沿着西堤基址建筑起来的。"建桥前，这段堤坝的南面是西湖或西湖的出水河道，北面是黑龙潭（图2-14）。通常认为，黑龙潭在西堤上龙王庙的东北，能"隔湖一堤而各为水"的地

---

❶ 彭兴业，岳升阳，夏正楷等. 海淀文史——海淀古镇环境变迁[M]. 北京：开明出版社，2009：87-90.

方,正是十七孔桥所在的堤段。因此,西湖时代的西堤由西向东延伸至龙王庙后,并未向南转去,而是继续伸向东南,沿着十七孔桥的方向,直抵今昆明湖东堤,然后再转向南去,与今廊如亭以南的昆明湖东堤相重合,恰巧应了乾隆"西堤此日是东堤"的诗句。❶

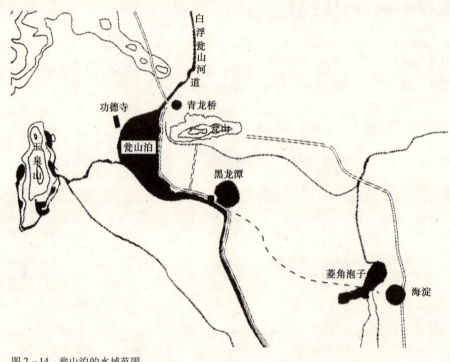

图2-14 瓮山泊的水域范围

2) 西湖附近的湖泊

离西湖近在咫尺的湖泊有黑龙潭和瓮山的山前小河,乾隆拓宽昆明湖时将其与西湖融为一体。

(1) 黑龙潭

黑龙潭是瓮山前的另一处水源,位于现今昆明湖十七孔桥北侧(图2-14),潭旁西堤上建有龙王庙,即今颐和园南湖岛上的龙王庙。《帝京景物略》称:"堤行八九里,龙王庙,庙之旁,黑龙潭,隔湖一堤而各为水❷"。说明当时瓮山泊与黑龙潭隔西堤而望。《珂雪斋集》:"过响水闸至龙潭,树益多,水益阔,是为西湖❸",此"龙潭"也是指黑龙潭。从地势上看,其水应流向海淀附近的淀泊。

(2) 瓮山的山前小河

《帝京景物略》云:"度山前小桥而南,人家旁山,临西湖,水田棋布❹。"《日下旧闻考》引

---

❶ 彭兴业,岳升阳,夏正楷等.海淀文史——海淀古镇环境变迁 [M].北京:开明出版社,2009:87-90.
❷ 刘侗,于奕正.帝京景物略 [M].卷六.北京:北京古籍出版社,1980:287.
❸ 袁中道.珂雪斋集 [M].卷十二.上海:上海古籍出版社,1989:535.
❹ 刘侗,于奕正.帝京景物略 [M].卷六.北京:北京古籍出版社,1980:308.

《山行杂记》云:"(圆静寺)寺门度石桥,大道通湖堤❶。"由山前石桥可知,瓮山脚下有河,其水应从瓮山闸出,经圆静寺前东流。

又有顺天刘效祖《瓮山耶律祠》云其地"溪水泉声细,林深日影迟"❷。在耶律楚材墓旁,可以听到远远的溪水声,说明河水至耶律楚材墓附近,受墓及附近村落所在地势所阻,转向东南,汇入海淀附近的淀泊。耶律楚材墓前的河道可能在颐和园的二龙闸处,该闸是昆明湖东岸最大的引水闸口,有可能是利用了原有的河流故道(图2-14)❸。

4. 湿地植物的演变

在人工开挖之前,昆明湖水面的大小变化与气候密切相关,总的规律是气候干燥,湖面变浅;气候潮湿,湖面变大。同时气候、湖泊水量及人为活动对昆明湖周边山区的植物群落、湖中的水生植物及湿地植物产生重要影响,导致植物环境的不断变化。

根据黄成彦等对昆明湖沉积物中孢粉的研究❹,总结西湖瓮山地区在距今3500年来的气候环境变化、植物变化、湖泊发育如表2-9所示。

西湖瓮山地区气候环境、植物群落及湖泊发育变化表　　　　　表2-9

时　期	气候变化	湖中水生植物	湖泊发育阶段
距今3500~3000年(商代)	干凉	水体处于动荡变化过程中,不利于水生生物的生长和繁衍。水生植物种类单调,只见香蒲	湖泊雏形阶段。此时中国湖泊处于消退的时期,不利于湖沼的形成。在本地区河漫滩上开始形成局部洼地、池沼,水域处于河漫滩向湖沼发展过程中,当时水体还处于变化动荡中
距今3000~2300年(周代)	气候明显变化,总体上前期干凉,后期暖湿。在距今2700~2600年(西周寒冷期)时,气温急剧下降;距今2500~2300年(春秋温暖期)时,又逐渐增高	浮游藻类有所增加,除香蒲外,还有芦苇	湖泊稳定成形阶段。随着气候逐渐转暖,雨量充沛,地下水和四周的泉水❺不断流入洼地,使古清河水量大增,淹没了河漫滩和周围的水潭洼地,形成了一个水域相对稳定的沼泽湖泊,天然湖体基本稳定成形。这时古昆明湖的水源兼有地下泉水和来自玉泉山等处的泉水,湖水量大增,逐渐稳定。同时泉水将众多的冲积扇冲积砂带进湖相沉积物中,直到590年前后,仍有泉水涌出,但已很少携带下伏的沉积砂
距今2300~1500年(秦、汉代)	暖湿(后期约距今1584~1507年,有一次变干降温的阶段)	水生植物有所增加。具有沉水、浮水、漂浮和挺水植物	湖泊变化分为两个阶段: (1)湖泊退缩阶段 距今2300~900年,为湖泊退缩阶段,此时湖区水量减少、湖水变浅、湖面缩小。在距今1050~950年时,湖区曾一度干涸。 (2)湖泊扩张阶段 距今900~244年为湖泊扩张阶段。此时湖区内湖水增加,水体稳定,湖区进入一个宁静浅水湖沼阶段
距今1500~244年(南北朝—明代)	温暖、稍干旱(距今1000年左右出现一段干凉气候)	水生植物最为丰富,同时由于人工种植使湖面减少,水向富营养化发展,微体浮游藻类相应增加	

---

❶ 于敏中等. 日下旧闻考[M]. 卷八十四. 北京:北京古籍出版社,1983:1408.
❷ 刘侗,于奕正. 帝京景物略[M]. 卷六. 北京:北京古籍出版社,1980:309.
❸ 彭兴业,岳升阳,夏正楷等. 海淀文史——海淀古镇环境变迁[M]. 北京:开明出版社,2009:91.
❹ 黄成彦等. 颐和园昆明湖3500余年沉积物研究[M]. 北京:海洋出版社,1996:87-89,111-117,156-158.
❺ 距今2500年时,玉泉山山前泉水大量涌出,泉水东流,丰沛的泉水汇于古昆明湖。

续表

时　期	气候变化	湖中水生植物	湖泊发育阶段
1750～1966年	温暖、稍干旱	人为开辟为皇家园林，周围环境得到某些保护，昆明湖区已停止种植作物，水生植物丰富，盘星藻、槐叶萍、鼓藻、香蒲等大量繁殖，并出现了可能为人工引种的莲和菱	湖泊转为人工湖阶段。对瓮山泊进行人工开挖、扩宽，由天然湖泊转为人工湖泊。此时湖区水源仍主要来自西山一带泉水和原地的地下水补给。后期随着京畿的发展，人类对自然植被的破坏日益加剧，导致松林的减少和地下水的下降，昆明湖缺少了泉水的自然补给。水生植物的增加，使水体向富营养化发展
1966～1990年	温暖、稍干旱	水生植物丰富	西山地区用水量剧增，导致该区泉水流量骤减，昆明湖区地下水位亦骤减，局部地区因缺水而裸露。1966年起，依靠密云水库和官厅水库蓄水补给，维持昆明湖湖体。湖水仍向富营养化发展

2.3.2 "西湖当其前，金山拱其后"——瓮山的形成及生态环境

瓮山自然发育的历史可追溯到距今2.5亿年以前的二叠纪。当时，在海陆交替的震荡状态中，西山一带上升为陆地，地势比较平坦。内陆湖泊发育，气候干燥炎热，形成"红庙岭砂岩"。在距今1亿多年前的燕山运动中，西山一带又经过翻天覆地的巨大变化，造势出峰峦叠嶂的山体形态，伸入小平原的最东端。在地壳变动过程中，剧烈的活动和强烈的腐蚀作用，使西山向东延伸的基本构造框架，分裂成为几个小孤山，即今日的玉泉山和万寿山❶。

今日所见的万寿山最初只是一座普普通通的小山，体既不伟，形更不奇（图2-15），金、元时期因山麓魁大、凹秀似瓮，曾被称为"瓮山"。

图2-15 瓮山原貌效果图

---

❶ 北京市地方志编纂委员会. 世界文化遗产卷—颐和园志 [M]. 北京：北京出版社，2004.

虽然瓮山本身山体并不出众,但其所处的地理环境,则在京西北郊一带占据了得天独厚的优势。孙承泽在《天府广记·瓮山注》❶中描述:

  瓮山在都城西三十里,清凉玉泉之东,西湖当其前,金山拱其后。山下有寺曰圆静,寺后绝壁千尺,石蹬鳞次而上,寺僧淳之晶庵在焉。然玩无嘉卉异石,而唯松竹之幽,饰无丹漆绮丽,而唯土垩之朴。而又延以崇台,绕以危槛,可登可保,或近或远,于以东望都城,则宫殿参差,云霞苍苍,鸡犬茫茫,焕乎若是其广也。西望诸山,则崖峭岩窟,隐如芙蓉,泉流波沉,来如白虹,渺乎若是其旷也。至是茂树回环,幽荫荟蔚,坳洼淳潆,百川所蓄,窅乎若是其深者,又临瞰乎西湖者矣。

  据此,可知古时瓮山所处的地势之胜,山前有湖光澄碧的西湖,西有峰峦苍翠的玉泉山。登上瓮山,远可以东眺都城西望群峰,近可以左俯绿野右瞰平湖。由于与西湖相邻的玉泉山山体轮廓秀美清丽,人们对此处的风景,是将瓮山脚下的西湖与玉泉山并称。元明时期,瓮山、西湖、玉泉山之间形成山水联属,在景观上互为借资。

2.3.3 西湖水系的利用及人文景观的形成

  西湖作为天然原始湖泊,在金元以前仅是被作为引水工程利用,没有形成风景名胜,也未见通航的记载。人为对湖泊环境的开发,始于金代,盛于元明,定型于清,最终使西湖成为支撑北京城市水脉的基础设施,这种改造对西湖瓮山地区乃至西北郊的生态都产生了重要影响。

1. 西湖最早的水利利用——三国车箱渠

  对于西湖一带水利资源的开发,最早可以追溯到魏嘉平二年(250年)开车箱渠,利用原有的古昆明湖区域的古永定河、古清河河道引水灌溉蓟城西、北、东三面土地。

  《水经注》记载道:"使帐下督丁鸿军士千人,以嘉平二年(250年)立遏于水,道高梁河,造戾陵遏,开车箱渠……水流乘车箱渠,自蓟西,北迳昌平,东尽渔阳潞县,凡所润含四五百里,所灌田万有余顷❷。"

2. 瓮山泊与都城水系的沟通——金代高梁河

  金迁都北京后,在现今北海琼华岛建造了一处四围是水的豪华离宫"大宁宫"。此时,随着人口增加,莲花池水已不敷用,金章宗遂开凿长河的前身,即高梁河,以高梁河水系取代了莲花池水系。高梁河上游即为位于都城西北的海淀湿地,它把玉泉山丰沛的水源通过瓮山泊导入大宁宫,成为中都农业生产、漕粮运输的生命线,这使得瓮山泊与都城水系得以沟通(图2-16)。

3. 半人工的水库——元代通惠河

  元灭金后定都北京,以金朝的大宁宫为中心,建成了规模宏伟的大都城。由于大都距江南极远,所需之物资均要通过漕运。为获得更为丰富的水源,至元二十八年(1291年),在督水监郭守敬(图2-17)的倡导下,彻底放弃莲花池,引用水量相对充沛的高梁河水系兴修通惠河❸(图2-18)水利工程,开始了从莲花池水系向高梁河水系的转移。

---

❶ 孙承泽. 天府广记[M]. 卷35. 北京:北京古籍出版社,1984.
❷ 郦道元. 水经注[EB/OL]. 卷十四. 文渊阁《四库全书》内联网版.
❸ 现在的通惠河,一般指从东便门大通桥至通县入北运河这段河道,全长20km。

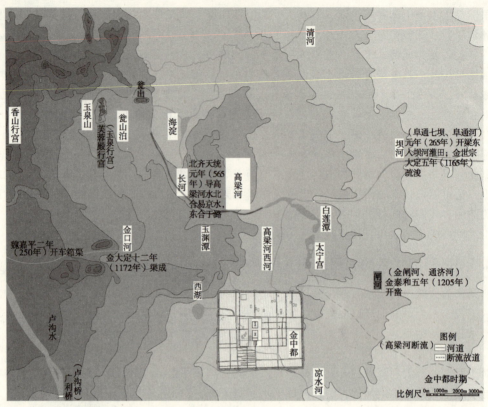

图 2-16　金代高梁河（图片来源：《颐和园保护规划》）

图 2-17　郭守敬（1231～1316 年）

图 2-18　白浮堰位置推测图❶

---

❶ 彭兴业，岳升阳，夏正楷等. 海淀文史——海淀古镇环境变迁［M］. 北京：开明出版社，2009：80.

通惠河从昌平县白浮泉❶到瓮山泊的一段引水渠❷，把温榆河上源诸泉、玉泉山泉水、西山之水大多注入瓮山泊，再由瓮山泊通过长河导至积水潭、中南海，自文明门（今崇文门）外向东，在今天的朝阳区杨闸村向东南折，至通州高丽庄（今张家湾村）入潞河（今北运河故道），全长82km（图2-19）。其中从瓮山泊至积水潭这一段河道在元代称为高粱河❸。为了节制水流，以便行船，在通惠河的主要干线上修建了24座水闸。

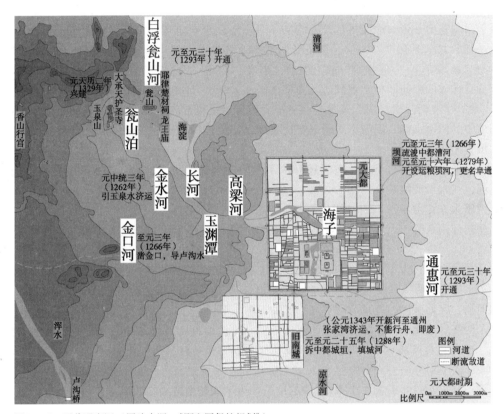

图2-19 元代通惠河（图片来源：《颐和园保护规划》）

通惠河的开凿，使瓮山泊水量大增，这一时期是西北郊历代水源最充足的时期，也是古代昆明湖水域作为自然淀泊的兴盛时期。同时通惠河将瓮山泊纳入京城供水系统，使瓮山泊成为半人工的水库，能够沟通上下游水系，并且可蓄、可泄、可行船通航，正式成为北京城市的水利枢纽，极大地改变了当地的河湖系统。通惠河的开通，使玉泉和西山之水大多流入大都，减少了进入万泉河和清河的地表水量，也减少了海淀地区水灾的影响。

❶ 也称神山泉。
❷ 与今天京密引水渠的走向大体一致。
❸ 古高粱河有两段河道。西段河道是从永定河出山后在石景山附近分出的一条支流，但由于永定河南移，这一段河道逐渐淤塞了。古高粱河东段的具体位置在今紫竹院处，它从紫竹院出来后过白石桥、高梁桥、西直门，到德胜门处分两支，一支继续东流，沿今北护城河一线向东，经东直门坝河入温榆河；另一支向南，由德胜门南下，过今积水潭、什刹海、北海、中南海，穿过长安街，经前门、金鱼池、龙潭湖，出左安门，过十里河村东南，经马驹桥入永定河。据近年对地下埋藏的古高粱河道的探测，最宽处达600m，曾是史前期的永定河故道。

此时，瓮山泊美妙天成的自然景象，吸引了许多达官贵人徜徉其间，炎热的夏季，当朝统治者可"泛舟"沿通惠河直达玉泉山下游湖，常在西湖中游船、避暑、捕鱼、垂钓，湖面游船络绎不绝。因为湖中生长着繁盛的荷花，香气袭人，享有"莲红缀雨"的美名。花开时节，可看到男女老少聚集湖边，踏郊赏湖成为京城百姓生活中一项不可缺少的民俗活动。大都的贵族、官僚，也常常沿湖堤骑马前行，或"买舟载酒"竞相游览西湖。"西湖景"被誉为"壮观神州第一"，成为北京西北部著名的旅游胜地。

由于西湖瓮山一带的优美景色，人们在环湖一带建置寺庙园林。元文宗天历二年（1329年）统治者在湖西北岸修筑的"大承天护圣寺"是一处极为重要的景观，寺庙规模宏伟、建筑华丽，又被称为"西湖寺"。寺前临湖并筑有驻跸、看花、钓鱼三座台阁，元朝皇帝经常来此游幸，是座兼有行宫性质的寺庙园林。曾到过元大都的高丽人，在《朴通事谚解》中对这座寺有很生动的描述："湖心中有两座琉璃阁，远望高接青霄，近看时远侵碧汉"，此两座琉璃阁是大承天护圣寺延伸到湖中的两座水阁，阁与岸之间以石桥相连，景象极为壮观，统治者从大都乘船经高梁河进入西湖可直达水阁❶。

元朝除导引玉泉山水济漕运外，还开辟了专门的渠道——金水河，将玉泉山泉水引入城中，流经宫苑，注入太液池。

4. "玉泉东汇浸平沙"——明代西湖生态景观

明朝建都南京时，大运河停止漕运，白浮瓮山河因30多年无人管理淤塞断流，西湖水体开始萎缩。

明迁都北京后，为了保证通惠河漕运供水，于永乐四年（1406年）八月修整西湖及流经河道，"修西湖景东的牛栏庄及青龙、华家、瓮山三闸"，第二年五月发民丁20万疏浚"西湖景"至通州河道，又修玉河、万泉河等堤岸，增加下游水源。

到了明宪宗成化年间，统治者在通惠河上源——白浮村附近修筑皇陵，派人到昌平元朝引水处踏勘，得出"白浮泉水往西逆流，经过祖宗山陵，恐于地理不利；及一亩泉水经过白羊口山沟，雨水冲截，俱难引外……今会勘得玉泉、龙泉及月儿（虎眼泉）、柳、沙等泉诸水，其源皆出于西北一带山麓，堪以导引，汇于西湖"❷的结论。为了保护皇陵周边的风水，遂将白浮堰废弃，西湖便不能得到山后水源，而且西湖的部分湖水北出青龙桥闸，沿白浮瓮山河道北流，在肖家河附近左转，汇入清河，构成瓮山北面的清河水系（图2-20）。

由于白浮之水的废弃，西湖的水源只能依赖西北郊水量最大的玉泉山泉水，玉泉山泉水作为京城水源就显得尤为重要。

导引玉泉诸水注入西湖的工程，使得玉泉山、瓮山、西湖之间山水连缀，互为借资，景色更加秀丽，有"西湖景"之美称。此期，西湖不仅是京城重要的蓄水库，还浇灌附近的大片农田，又与西堤连成游览胜地，其幽美的湿地生态景色陶醉了众多的游客，被赋予"一郡之胜观"之誉。环湖还出现了"泉液流珠"、"湖水铺玉"、"平沙落雁"、"浅涧立鸥"、"瑕白摇风"、"莲红缀雨"、"秋波澄碧"、"月浪流光"、"洞积春云"、"碧翻晓照"等十处著名的景点，统称为"西湖十景"。

《宛署杂记》称西湖"在宛平县西二十里玉泉山下，泉水潴而为湖十余里，荷蒲菱芡，与夫沙禽水鸟出没隐映于天光云影中，实佳境也。"明·蒋一葵《长安客话》云："西湖去玉泉山不里

---

❶ 北京市地方志编纂委员会. 世界文化遗产卷—颐和园志 [M]. 北京：北京出版社，2004：59-60.
❷ 孙承泽. 春明梦余录 [M]. 北京：北京古籍出版社，1992：1332-1333.

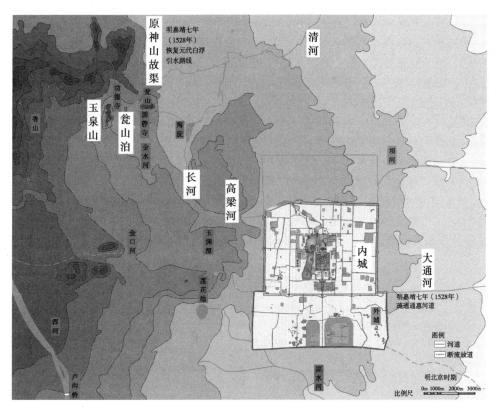

图 2-20　明代水系图（图片来源：《颐和园保护规划》）

许，即玉泉、龙泉所潴。此地最佳，受诸泉之委，汇为巨浸，土名大泊湖。沙禽水鸟出没，隐见于天光云影中，可称绝胜❶"。

与"西湖十景"对应的还有"西湖十寺"，其中的"功德寺"和"圆静寺"最负盛名。

"功德寺"的前身即元代的"大承天护圣寺"。元顺帝至元三年（1337年）八月十五日，大都发生强烈地震，大承天护圣寺神御殿墙壁坍塌。明宣宗宣德二年（1427年）重修该寺，并改名为功德寺。不过，至明嘉靖年间，明世宗谒陵返回途中驻跸功德寺，以"宫殿僭逾"为由撤去寺僧，功德寺自此便慢慢废弃了。

"圆静寺"始建于明朝中叶，耸立于瓮山中部山峰上（今排云殿位置）。在西堤与圆静寺之间是大片水田，有"稻畦千顷"之称。圆静寺虽然没有皇家行宫的奢华宏丽，但其踞山面湖的气势和绝妙的观景方位被后来的园林造景所借鉴。此时自然景观与人文建筑已经十分和谐地融入在一幅天然山水构架中。

由于湖边景色优美，这里也逐渐变成统治者游玩享乐的场所。明宣宗朱瞻基在玉泉山下修建望湖亭以观赏湖边风景，明武宗朱厚照在湖边修筑钓台。明万历十六年（1588年），神宗朱翊钧从十三陵祭陵回銮，临幸西山，登龙舟顺西湖而下，先期派人关闭下流水闸，使水与岸平。一时间，西湖白波森荡，一望十里，非常壮观。

在民间，春四月赏西湖景成为京城风俗，届时，京城男女老少经西堤而云集西湖。堤上"茶

---

❶　蒋一葵. 长安客话[M]. 北京：北京古籍出版社，1980：50.

篷酒肆，杂以妓乐，绿树红裙，人声笙歌，如装如应"，情景极为壮观❶。

5. "凤城西去玉泉头，杨柳长堤马上游"——古西堤的形成及景观

在古代，由于受到瓮山与红石山之间高台地的阻挡，沿西山南麓向东宣泄的洪水在此受阻后，便沿着瓮山西麓转向南去。在山洪的作用下，瓮山西麓生成一条由山脚向南延伸的高地，它挡住了东去的山水，使之汇集成湖。

这条高地给人们的居住提供了可能，1991年昆明湖清淤时发现：在石舫以南、豳风桥以东的大片区域内有辽、金时代的文化遗存，似为一处聚落和墓葬遗迹。"西堤"❷ 也正是沿高地边缘建筑的。由于瓮山前的地势西高东低，高差在2m左右，正是这条长堤的存在，使得西湖的湖水不会顺势流向东部，对北京城西部起到防洪堤的作用。

根据1991年昆明湖清淤时的调查得知，"西堤"位于今南湖岛西北，它由南湖岛西北角向西偏北约20°～30°方向延伸，在玉带桥东约150m处转向西偏北约15°的方向延伸，并在玉带桥东北约100m处与昆明湖西堤汇合，全长700多米❸（图2-21）。

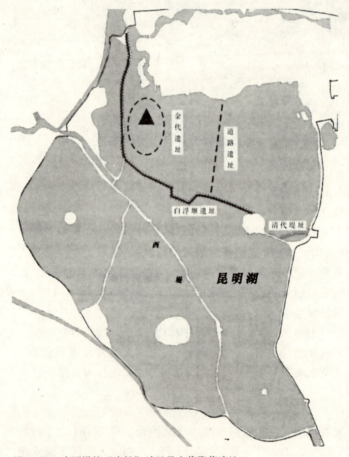

图2-21 古西堤的"木桩"遗址及金代聚落遗址

---

❶ 颐和园管理处. 颐和园志 [M]. 北京：中国林业出版社，2006：104-108.
❷ 由于这条堤位于京城之西，人们称之为"西堤"。
❸ 彭兴业，岳升阳，夏正楷等. 海淀文史——海淀古镇环境变迁 [M]. 北京：开明出版社，2009：81-83.

元代在辽金筑堤的基础上，由龙王庙一带下至广源闸附近重新筑湖堤，时称"十里长堤"（图2-22）。这条位于西湖东岸的"十里长堤"是西湖的重要景观之一，是由大都城外直通西北郊的一条风景游览路线。元代马祖常的《西山诗》中有"凤城西去玉泉头，杨柳长堤马上游"之句，印证了当年西堤的平坦宽阔，堤上杨柳合抱，是游湖赏景的必经之路。

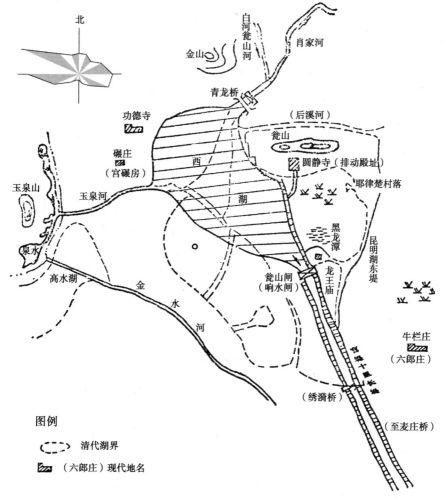

图2-22 元代"十里长堤"位置图

明代时的西堤，景色更为诱人，明人袁中道的《西山十记》中亦曰："每至盛夏之月，芙蓉十里如锦，香风芬馥，仕女骈阗，临流泛觞，最为胜处矣"。画家李流芳的游记中这样描写西堤上的景色："出西直门过高梁桥，可十余里，至元君祠折而北，有平堤十里，夹道皆古柳，参差掩映，一望渺然。西山，与波光上下，远见功德寺及玉泉亭榭。朱门碧瓦，青林翠障，互相缀发，湖中菰蒲寒乱，鸥鹭翩翩，如在江南图画中"❶。

---

❶ （明）李流芳. 游西山小记［M］.

6. 西湖的闸坝

据《明太宗实录》："永乐四年八月，癸卯，北京行部言：宛平、昌平二县西湖景东，牛栏庄及青龙、华家、瓮山三闸水，冲决堤岸百六十丈。命发军民修治❶"。由此可知，西湖旁共有牛栏庄闸、青龙闸、华家闸、瓮山闸四闸，这些闸或位于湖口，或位于堤坝处，使原始的西湖成为一个具备调节水量作用的蓄水湖泊，用以调蓄湖水和浇灌田地，对于当地农业的发展有着重要作用❷。

牛栏庄闸（也称响水闸）距牛栏庄（即今天的六郎庄）较近，即位于西湖南面。该闸是西湖出水口的节制闸，控制着进入长河的入水量，和青龙桥闸一起，使西湖成为具有一定的调蓄能力的水库，发挥着航运、灌溉、防洪的综合作用。

青龙闸是位于青龙桥附近的闸口，作为白浮堰连接西湖的入水闸口，它控制着白浮堰进入湖中的水流量，同时也是西湖的排水闸口，将多余的水排进清河。

明代有华家屯位于瓮山之东，即今之挂甲屯，其址可能在今十七孔桥附近。华家闸可能是因其距华家屯近，或水流流向华家屯而得名。

瓮山闸当因其址近瓮山而得名，可能在今界湖桥处，在此引水，可使水流沿瓮山山脚而行，便于浇灌山前田地，也可能在今玉带桥东原堤坝拐弯处❸。

2.4　北京小平原、西北郊湿地和西湖瓮山湿地三大生态系统之间的关系

从以上对三个生态系统的还原分析可以看出，三大系统水源相连、地貌相通、景观相借，彼此的生态处于动态平衡和良性循环之中，三者之间的生态联系任何一个出现问题必然对其他生态系统产生影响，这种环环相扣、互相依托的状态已经维持了数千年，正是其相互作用的有机统一成就了西湖瓮山地区独特的山水风貌。

2.4.1　北京小平原生态系统与西北郊湿地生态系统的关系

北京小平原西北高东南低的地形，主要河流永定河流经西北郊形成的冲洪积扇地质结构，决定西北郊是北京的水脉上源，是北京水资源最为丰富的地区。而北京小平原的生态一旦被破坏，这种动态平衡就会被打破，必然导致西北郊的生态受到影响，尤其是水源和空气。

如北京小平原其他地区的采水量过大，会导致地表水永定河断流，致使西北郊地下水亏缺，湿地湖泊干涸。而北京小平原的植被破坏也会使西北郊的空气受到影响，导致环境的破坏。

同样，西北郊作为北京近郊区风景生态最为良好的湿地水乡景观，对城区的生态起着重要作用。如果作为北京小平原上风上水的西北郊地区的水源和植被受到破坏，必然导致城区的河流湖泊减少，尤其是作为城市中心区的供水减少，给北京小平原的生态造成影响。

2.4.2　西北郊的山地森林与湖泊湿地生态系统与西湖瓮山湿地生态系统的关系

西北郊的山地森林与湖泊湿地系统的环境是西湖瓮山湿地系统存在的基础。西北郊众多的河

---

❶ 明太宗实录［M］. 卷五十八.
❷ 彭兴业，岳升阳，夏正楷等. 海淀文史——海淀古镇环境变迁［M］. 北京：开明出版社，2009：90-91.
❸ 彭兴业，岳升阳，夏正楷等. 海淀文史——海淀古镇环境变迁［M］. 北京：开明出版社，2009：90-91.

流湿地和大小西山的山地森林生态环境对瓮山西湖地区的生态有着重要影响。

西北郊风景优美，山水兼备，其大小西山山林丰富的植被为西北郊的西湖等众多湿地起到涵养水源、保持水质的作用。而且西北郊一带有西山作为天然屏障，对风沙等不良气候有着抵挡作用，处于这种小气候环境中，必然对西湖瓮山地区的植被及生物具有保护作用；山水相依的环境，森林与湿地共存的生态系统也保证了动物多样的生存环境，有利于动物的迁徙；同时山林丰富的植被种子极易随风飘落西湖瓮山一带，保证了西湖瓮山等地丰富的动植物种类。一旦西北郊这种山林环境遭受破坏，会使一些依赖这些环境的动植物消失，对生物链产生影响，从而改变生态系统的运行。

西北郊的河流、湖泊、稻田景观也为西湖瓮山湿地所依托的重要生态介质，这些景观一旦遭受破坏，而中断了与西湖瓮山的联系，必然导致其成为一个只能依赖人工维护的生态孤岛。

而西湖瓮山生态系统作为西北郊水源的核心，是西北郊最大的水域，也是历年建设的水利枢纽，其破坏必然对西北郊乃至北京的生态造成严重影响。

第3章 玉泉一脉溯源头，湖辟昆明潴众流
——水利与昆明湖生态环境的优化

乾隆对西湖瓮山湿地的利用最先从改善其生态环境着手，他立足于西北郊整体生态与景观的大环境，在充分保护原有生态风格的基础上，力求最大限度地发挥其生态功能，使之成为北京城的水利枢纽和生态中心。

3.1 从生态角度解读乾隆改造西湖瓮山湿地的动机

3.1.1 乾隆皇帝对自然生态观的融合和继承

作为满族统治者的乾隆皇帝，自幼便受到汉族儒学文化和蒙古族游牧文化的影响，形成了多民族融合的自然保护观念。

满族和蒙古族是常年从事狩猎、采集的少数民族，他们"逐水而居"，所居之地多选在距离山林、河水、草原较近的地方，留恋于大自然的真山真水。同时他们时常需要面对各种恶劣的自然条件，深知保护自然资源对于民族生存延续的重要意义，[1] 对于能够给他们庇护，并提供生存环境的青草绿树，有着天然的热爱（图3-1）。

图3-1 乾隆狩猎图

---

[1] 苏怡. 平地起蓬瀛，城市而林壑——清代皇家园林与北京城市生态研究 [D]. 天津：天津大学硕士学位论文，2001.

而在汉文化中，同样有着亲近自然、保护自然的传统。上古时期，人们就萌发了爱护生态、协调人与环境关系的思想。古代的传统生态保护意识主张知常知和，适可而止，不要过分待物，要顺乎自然，合理适度地开发和利用自然资源。同时汉文化还强调欣赏自然，即"天人合一"的生态思想，这种思想主张在自然中寻求自由与精神的寄托，强调人与大自然之间心灵的神会和情感的沟通。

清朝的皇帝保持着满族驰骋山野的骑射传统，不喜欢拘束于宫廷生活，愿意过相对自在的园林生活。例如，乾隆的祖父康熙、父亲雍正一年中大部分时间并不在大内皇宫中居住，而是在行宫及一些皇家园林中居住并处理政务，很多对外活动也是在这些地方举行。这种对自然生态的热爱和重视对乾隆生态观的形成起到了重要作用。乾隆在《静宜园记》中有一段对风景园林的论述："若夫崇山峻岭，水态林姿，鹤鹿之游，鸢鱼之乐；加之岩崖溪涧，芳草古木。物有天然之趣，人忘尘世之怀，较之汉唐之离宫别苑有过之而无不及也。"乾隆认为"天然之趣"远比汉唐时期那种恢弘而不亲和的形式更加高妙，体现了乾隆对自然生态的追求和重视。

此外，清帝十分重视生态环境的保护。例如，康熙将木兰围场划分为若干部分，每年秋猎都选不同于上年的区域，目的是使草场和动物都能够休养生息。乾隆皇帝基于同样的出发点，往往隔一年去围场，并在狩猎中坚持适度原则：

"大庖既云足，颁杀逮仆从❶"，"以故百物滋，取丰留尚富❷"。

乾隆自称"山水之乐不能忘于怀"，对园林的营建十分热衷，从乾隆三年（1738年）到乾隆五十五年（1790年），皇家园林的建设几乎没有间断过。仅以面积而论，这时期新建、改建和扩建的大小园林按面积总计将近4000hm²❸。

西湖瓮山地区的天然山水框架经过改造后成为西北郊唯一一处具有大尺度开阔水面，山环水抱的湿地系统。既然此地的山水环境如此优良，仅仅建置一座大报恩延寿寺是不会满足乾隆的创作欲望的。

乾隆二十六年（1761年）所写的《万寿山清漪园记》中对此进行了承认。全文如下：

《万寿山昆明湖记》作于辛未，记治水之由与山之更名及湖之始成也。万寿山清漪园成于辛巳，而今始作记者，以建置题额间或缓待而亦有所难于措辞也。夫既建园矣，既题额矣，何所难而措辞？以与我初言有所背，则不能不愧于心。有所言乃若诵吾过而终不能不言者，所谓君子之过。予虽不言，能免天下之言之乎？盖湖之成以治水，山之名以临湖，既具湖山之胜概，能无亭台之点缀？事有相因，文缘质起，而出内帑，给雇直，敦朴素，祛藻饰，一如圆明园旧制，无敢或焉。虽然，《圆明园后记》有云，不肯舍此重费民力建园囿矣，今之清漪园非重建乎？非食言乎？以临湖而易山，以近山而创园囿，虽云治水，谁其信之？然而畅春以奉东朝，圆明以恒莅政，清漪静明，一水可通，以为敕几清暇散志澄怀之所，萧何所谓无令后世有以加者，意在斯乎！意在斯乎！及忆司马光之言，则又爽然自失。园虽成，过辰而往，逮午而返，未尝度宵，犹初志也，或亦有以谅予矣。

文中所说"既具湖山之胜概，能无亭台之点缀？"即是说如此优良的山水环境，不配置些建筑实在可惜，表明了乾隆皇帝为建园作准备的意图。但建园的同时也将这座水库划入"禁苑"的范畴予以了保护，从客观上对西北郊的生态起到了保护作用。

---

❶ 乾隆御制诗·放鹿 [Z].
❷ 乾隆御制诗·于木兰作 [Z].
❸ 赵春兰. 周裨瀛海诚旷哉，昆仑方壶缩地来——乾隆造园思想研究 [D]. 天津：天津大学硕士学位论文，1997.

3.1.2 "水利诚以国计民生所关"——帝王对水利的重视

水利对于农业文明的大国来说，可谓头等大事。《管子·度地》云："善为国者，必先除五害，以水为始"，在除害之余，更要兴利，使"水林、薮泽、溪谷足以供其利❶"。显然，治水在春秋时期就已经成为衡量帝王德行的重要标准，并与皇帝的神性有着某种必然的联系，历代帝王对水利建设都十分重视，并以治水标榜自己的政绩。

作为人主中原的清朝统治者，康熙和乾隆对水利都尤为重视。康熙和乾隆南巡的主要目的之一就是勘察水情，治理水患。康熙亲政之初，"以三藩及河务、漕运为三大事❷"。

乾隆自幼受到孔孟之道、程朱理学的滋养，十分关切民间疾苦、百姓冷暖。他屡屡颁布"休养生民"、"爱养元民"的谕令，"唯恐一夫不获其所"，"唯期薄海内外，家给人足，共享升平之福❸"。对于与国计民生直接相关的水利更是十分重视，乾隆即位初年，就明确指出：

> 水利诚以国计民生所关也。自古致治，以养民为本。养民之道，必使兴利防患，水旱无虞，方能使盖藏充裕，缓急可资，是以川泽陂塘，沟渠堤岸，凡有关乎农事，豫筹划于平时，斯蓄泄德宜，潦则有疏导之方，旱则资灌溉之利，非可诿之天时丰歉之适然，而以临时赈恤为可塞责也。❹

乾隆在位时曾多次巡视永定河水利，指示河臣因势利导，河堤应加高加厚，"朕以培厚尚可，加高则堤高而河亦日与俱高，非长策也。其培堤取土类取之堤外，朕谓就近取堤外之土以益堤，堤虽增而地愈下，宜取河中淤出新土，用之则培堤，即寓浚淤之义，似为两得❺"，并下令培植柳树巩固堤防。

西北郊的西湖自金代以来便作为城市生态和水利规划的重要组成部分，但随着西北郊园林需水量和周边稻田的增加，也使供水出现了困难。由于此时西北郊的天然水域早已过了发育期，处于淤积消亡的时期，加上当时气候又相对干旱❻，雨量并不充沛，西北郊的水资源危机凸显。尤其是乾隆初年，随着圆明园、畅春园等大小园林陆续建成，水量消耗与日俱增。当时，园林供水的来源除流量较小的万泉庄水系外，主要依靠玉泉山汇经西湖之水，而后者同时还是供给宫廷用水、接济通惠河上游漕运的主要水源。如果上源被大量截流而去，则不仅宫廷用水不济，漕运也将要受到影响。

另一方面，明末清初西北郊水利设施的失修，导致西湖湖底的"岁久颇泥淤❼"，蓄水量不但不能满足城市发展的需要，而且雨后西湖湖水泛滥，堤岸经常决口，冲毁堤岸，对湖东面的农田及地势较低的畅春园等处构成威胁。

在对西湖瓮山进行生态改造之后，乾隆在诗篇中表明了为了改善水利而进行的昆明湖整治的初衷。在乾隆十六年（1751年）所作的《万寿山昆明湖记》中说："夫河渠，国家之大事也。浮漕利涉灌田，使涨有受而旱无虞，其在导泄有方而潴蓄不匮乎！是不宜听其淤于泛滥而不治"，并

---

❶ 商君书·算地 [M]//北京史研究会编.燕京春秋.北京：北京出版社，1982：87.
❷ 靳辅传 [M]//清史稿·卷二百七十九.
❸ 转引自：郭成康等.乾隆皇帝全传 [M].北京：学苑出版社，1994：176.
❹ 万依.试论弘历的经济政策思想 [D]//赵春兰.乾隆造园思想研究.天津：天津大学硕士论文，1997.
❺ 乾隆御制诗.阅永定河堤因示直隶总督方观承 [EB/OL].文渊阁《四库全书》内联网版.
❻ 昆明湖建成于乾隆十五年（1750年），此时气候偏于干旱，尤其是乾隆七年到十二年（1742~1747年），发生了连续的干旱，乾隆十四年（1749年）仍是春旱。
❼ 乾隆御制诗.西海名之曰昆明湖而纪以诗 [Z].乾隆十五年.

进一步表示此乃"景仰放勋之迹","放勋"即是尧帝。

乾隆二十年（1755年）所作《金牛铭》：

夏禹治河，铁牛传颂。义重安澜，后人景从。制寓刚戊，象取厚坤。蛟龙远避，讵数鼍鼋。潆（wān）此昆明，潴流万顷。金写神牛，用镇悠永。巴邱淮水，共贯同条。人称汉武，我慕唐尧。瑞应之符，逮于西海。敬兹降祥，乾隆乙亥。

文中说明夏禹治水，铸铁牛以镇水患，同样表明了自己效法圣王治水的功绩（图3-2）。

图3-2 位于颐和园东堤的铜牛

同样在昆明湖的命名中，乾隆也表明了自己效仿一代圣王尧帝的治水功绩。记述秦汉时地理故事的《三秦记》曾提到："昆明池中有灵沼，名神池，云尧帝治水时，曾停船于此地"。乾隆皇帝有意识地通过昆明湖的命名，将整治水系工程与唐尧治水的佳话相联系，既赋予昆明湖浓重的神话色彩，也显示自己效法先王圣迹之隆。

3.2 基于湿地保护思想进行的西湖水利环境改善

在以上动机的驱使下，乾隆开始着手对北京西北郊最大的天然湖泊湿地——西湖进行人工化的生态改造，以更大限度地发挥其生态功能。他立足于北京西北郊整体生态环境的改善，从乾隆十四年（1749年）十二月开始，利用冬闲时间，以兴修水利的名义，动用国库银两，雇用民工，在近两个月的时间里，按照预先规划好的方案，开始进行西北部规模最大的一次水系整理工程。不到两个月，西湖这次史无前例的疏浚扩展工程宣告成功，乾隆皇帝御制诗中称"西海受水地，岁久颇泥淤。疏浚命将作，内帑出余储。乘冬农务暇，受值利贫夫。藏事未两月，居然肖具区"❶，就是此项工程的真实记录。

这次疏浚扩展的结果，导进西山泉水，增加了西湖蓄水容量，清除淤泥改善了水质，并修筑了与湿地环境相配套的河道、闸坝等人工调节设施。同时，围绕西湖开垦万亩水田，与皇家园林

---

❶ 乾隆御制诗.西海名之曰昆明湖而纪以诗［EB/OL］.文渊阁《四库全书》内联网版.

融为一体，形成酷似江南水乡的景观。从此，西湖逐渐从地下湖演变成地上湖、天然湖转变成人工湖，湿地生态环境焕然一新，并以3300余亩的辽阔水面，纳入皇家御用湖泊之列。

从本质上来说，西湖的水利环境改善具有重要的生态意义，主要体现在以下三点：

一是引水扩湖后，使昆明湖有了更大的蓄水容量和比较充足的水源，随后进行的高水湖、养水湖、泄水湖和西山石渠等一系列水利工程，对于气候干旱条件下缓解西北郊日益增加的园林和农业需水，抵御自然旱灾，发挥了巨大的作用。

二是改善了当地生态环境。在改造河湖水系的同时，乾隆注重保持西湖自然湿地的景观特色，通过整治西湖，使湖水水质提高、湿地面积增加、绿化覆盖面积扩大，引来了众多野生动物栖息，正如乾隆诗中所说"山水斯增辉，禽鱼得其所❶"。良好的湿地环境也促进了当地小气候的改善，湿地水面的水汽蒸发可以增加空气湿度，在炎热的夏季可使气温降低。据记载，清漪园虽然只距离圆明园1.5km，但平均气温较圆明园前广场低3～4℃。乾隆御制诗中也对昆明湖的清凉环境进行了描述："浸肤水色夏无暑，快意天容雨正晴"❷、"已到清凉无暑处，不妨胜处憩斯须"❸、"雨后明湖生嫩凉，寿峰翠濯水中央"❹。

三是通过闸、堤、坝的建设，使昆明湖成为了可供调控的人工水库，侯仁之先生称其为"北京郊区的第一个人工水库"，对于调节京西水源，抵御洪涝灾害，起到了重要作用。

3.2.1 "新湖之廓与深两倍于旧"——增大蓄水量

1. 拓展西湖、扩大蓄水容量

挖湖工程将西湖向东扩展，将昔日位于西堤之外的黑龙潭没入湖中，黑龙潭旁的龙王庙成为湖心岛，湖水南出绣漪桥，经长河流入都城，致使原来的浅水湖泊、沼泽连为一片，使湖面面积大幅增加，拓展了蓄水容量。

疏浚改造之后的昆明湖北达万寿山脚下，西接玉河，南接长河，东达畅春园西墙，周岸达30余里，面积是原来的两三倍以上。乾隆在《万寿山昆明湖记》碑记中记述了挖湖的过程：

> 就瓮山前，芰苇茭之丛杂，浚沙泥之隘塞，汇西湖之水都为一区……新湖之廓与深两倍于旧。

对于拓湖的水量，乾隆极为满意，在诗中写道："石坝金河泄余水，天然洪泽那堪伦"❺，表明了改造之后的昆明湖相对于原始湖泊水量的壮观之势。

虽然昆明湖的深度增加了近一倍，但在挖湖过程中却没有破坏湖底的地质结构。由于古清河故道湮废的时间只有数千年，河床砂砾层上的覆土并不很厚（在海淀镇大约有2m多厚，在圆明园一带只有1m多厚），开挖湖泊、河道时很容易挖到砂砾石层。海淀园林的湖泊在开凿时似乎都注意到这一点，除了遇到局部过高的砂砾石层外，湖底很少挖入砂砾石层，避免了湖底结构的破坏，这从湖旁堆叠的土山可以看到，土山中很少有大量的砂砾石存在。

由于这一原因，拓深后的昆明湖水深往往也只有数十厘米，仅能满足吃水很浅的平底船通行，而且有些河段要下闸蓄水才能放船。这样做不仅有利于水生植物的生长，同时也可避免山体的砂化，有利于陆地植被的生长，是一种生态治湖的方法。

---

❶ 乾隆御制诗.万寿山新斋成 [EB/OL].文渊阁《四库全书》内联网版.
❷ 乾隆御制诗.昆明湖泛舟 [EB/OL].文渊阁《四库全书》内联网版.
❸ 乾隆御制诗.高梁桥放舟至昆明湖沿途即景杂咏 [EB/OL].文渊阁《四库全书》内联网版.
❹ 乾隆御制诗.昆明湖泛舟 [EB/OL].文渊阁《四库全书》内联网版.
❺ 此诗句镌刻于颐和园内绣漪桥北不足百米处的昆仑石碑上.

2. 修筑高水湖、养水湖与泄水湖

昆明湖水面扩大后,水位有所降低,为保证湖西面较高田地的用水,同时增加蓄水能力,在西湖的西面,玉泉山之下又开了"高水湖"、"养水湖"和"泄水湖",以停蓄湖水,保障水源的充分利用(图3-3)。

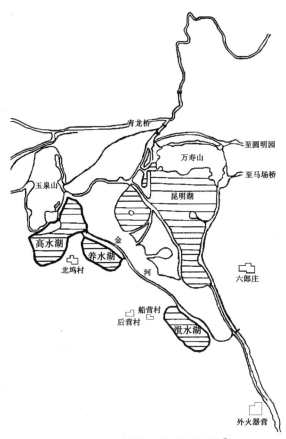

图3-3 清代高水湖、养水湖、泄水湖位置图❶

高水湖位于玉泉山东南,是乾隆利用原来的零星小河泡开凿成的一个浅水湖,《日下旧闻考》称:"静明园宫门五楹,南向……前为高水湖❷。"高水湖比昆明湖水位高,水源来自湖底泉眼和玉泉山泉。乾隆为把高水湖之水汇注于昆明湖而在玉河西端开凿一条短渠与之连通,但高水湖的地势略高于玉河,因此在短渠与玉河的交接处建闸桥一座以节制流量、稳定高水湖的水位。这样,高水湖之水在灌溉京西农田后,可经玉河进入昆明湖中。同时玉河两岸又获灌溉之利而陆续开辟为稻田,乾隆二十四年(1759年)《影湖楼诗序》云:

迩年开水田渐多,或虞水不足,故于玉泉山静明园外接拓一湖,俾蓄水上游,以资灌注❸。

此湖即指高水湖。

---

❶ 北京市社会科学院2005年课题. 北京西北郊水源地涵养与保护对策研究报告 [R]. 2005:9.
❷ 于敏中等. 日下旧闻考 [M]. 卷八十五. 北京:北京古籍出版社,1983:1412.
❸ 于敏中等. 日下旧闻考 [M]. 卷八十七. 北京:北京古籍出版社,1983:1472.

养水湖在高水湖东南,源于高水湖,经东南入金河。《日下旧闻考》载:

> 影湖楼在高水湖中,东南为养水湖,具蓄水以灌稻田。复于堤东建一空闸,泄玉泉诸水流为金河,与昆明湖同入长河❶。

可见,养水湖是金河的"调节闸"。

养水湖下游还有一座蓄水池——泄水湖(又名水泡子),水从养水湖出,经过泄水湖,泄于南长河。泄水湖能够排掉金河多余的水,防止南长河决溢,又能灌溉长河以西的水田。

高水湖、养水湖、泄水湖和昆明湖一起,共同构成了一个多级的蓄水系统,以便最大限度地利用玉泉山泉水,充分体现了"次第蓄泄"的思想(图3-4)。

由于昆明湖、高水湖、养水湖和泄水湖的修建,水面由六郎庄直抵玉泉山下,形成烟波浩渺之势,山水、园林、稻田相映成趣,水乡特征愈加明显。

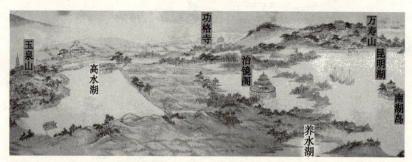

图3-4 京畿水利图中的高水湖与养水湖

3.2.2 "湖辟昆明潴众流"——增加水源

乾隆在阔湖之前,大臣们曾对昆明湖水源问题向乾隆进谏,《万寿山昆明湖记》记载:

> 因命就瓮山前,芟苇茭之丛杂,浚沙泥之阻塞,汇西湖之水都为一区。经始之时,司事者咸以为新湖之廓与深两倍于旧,踟蹰虑水之不足。

这里的"司事者"即担心昆明湖面积扩大后水源不足,引起湖水过快蒸发而干涸的大臣们。

这种担心是有依据的。自从明代白浮泉废弃之后,昆明湖蓄积的水源主要来自玉泉山诸泉。当时有名称的泉有30多处,总溢出流量达$2m^3/s$,尽管当时玉泉山的出水量还很大,但是因为水源有限,昆明湖水位还是有所下降。

对此,乾隆在工程开始之前,曾派人详细考察通惠河的水源情况,并撰写了《麦庄桥记》一文。文中谈道:

> 寸之伏脉者其流必长,亦如人之有蕴藉者其德业必广……如京师之玉泉汇而为西湖,引而为通惠,由是达直沽而放渤海。人但知其源出玉泉山,如志所云巨穴喷沸随地皆泉而已。而不知其会西山之伏流,蓄极溢涌,至是始见,故其源不竭而流愈长……盖西山、碧云、香山诸寺皆有名泉,其源甚壮,以数十计。然唯曲注于招提精兰之内,一出山则伏流不见矣❷。

文中强调西湖水源除来自玉泉山泉眼之外,尚有西山的"伏流"可资利用,而且"蓄极溢

---

❶ 于敏中等. 日下旧闻考 [M]. 卷八十五. 北京:北京古籍出版社,1983:1427.
❷ 于敏中等. 日下旧闻考 [M]. 卷九十九. 北京:北京古籍出版社,1983:1638.

涌",水量甚壮。但西山泉水出山后,潜伏地下,如不加以引导就会白白浪费。

基于这样的认识,乾隆在扩湖以后,于乾隆三十八年(1773 年)冬,着手开始修整玉泉山、西山一带的泉眼和水道。开始将西山诸泉与玉泉山泉水汇合后引至昆明湖中,导入昆明湖的西山泉脉除香山碧云寺、卧佛寺的泉水外,还有香山的双清泉、飞泉、玉华泉等,皆是自元代起即享有盛名的清泉,不仅满足了昆明湖的水量,亦保证了昆明湖的水质,正如乾隆诗云:"*玉泉一脉溯源头,湖辟昆明潴众流*"❶。

乾隆采用修筑石渠(图 3-5~图 3-7)的方法导引西山诸泉。石渠的建筑方法是在长石条上凿出凹形水槽,一块块衔接起来构成水渠,石槽上再覆盖大石块,以保证水的清洁。石渠在广润庙以上筑于地面,经过荷叶山至玉泉山之间的地段时,由于地势逐渐低下,为保持水流高度,以便供静明园内使用,遂在平地上筑起石墙,水槽架于墙顶,遇道路处,则于墙上开门,人从渠下行❷。

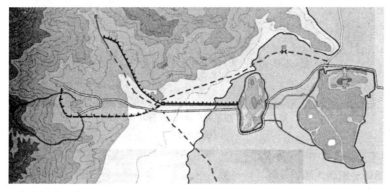

图 3-5 清代石渠示意图

图 3-6 清代石渠遗址(一)

---

❶ 乾隆御制诗. 高梁桥进舟达昆明湖川路揽景即目成什 [Z]. 乾隆十六年.
❷ 彭兴业,岳升阳,夏正楷等. 海淀文史——海淀古镇环境变迁 [M]. 北京:开明出版社,2009:101-102.

图3-7 清代石渠遗址（二）

长达10多里的石槽，引香山碧云寺、卧佛寺诸泉水流首先汇集到玉泉山，为静明园景观提供了水源。

> 练影堂、挂瀑檐诸水源，一自香山碧云寺出，一自卧佛寺后引注，经妙喜寺导入园中，汇为湖，与玉泉合流，出水城关，同会高水湖❶。

与玉泉合流的西山泉水部分从山前小湖经北面入昆明湖。《日下旧闻考》称：

> 西山泉脉随地涌现，其因势顺导流注御园以汇于昆明湖者，不唯疏派玉泉已也。其自西北来者尚有二源：一出于十方普觉寺之水源头；一出于碧云寺内石泉；皆凿石为槽以通水道。地势高则置槽于平地，覆以石瓦；地势下则于垣上置槽，经普通、香露、妙喜诸寺夹垣之上，然后入静明园，为涵漪斋、练影堂诸胜❷。

另一部分引入水位较高的高水湖，灌溉农田之后由西堤涵洞流进昆明湖。

石渠将这些出山后即潜伏地下的水流汇集起来，用于园林和蓄水，是一项十分成功的水利设施。

3.2.3 "宜晴镜碧漾澄鲜"——改善水质

西湖由于久未治理，淤泥梗塞，水质较差。经过清挖河底淤泥、局部拓宽河道和整理泊岸的工程，既保证了输水、通航的通畅和附近的农田灌溉，也大大改善了水质，加上昆明湖的水源皆是来自玉泉和西山泉水，水质优良，造就了昆明湖水质的清澈明净。

乾隆在御制诗中多次咏颂昆明湖水质的清澈，如《昆明湖上》："储泽疏流利下田，宜晴镜碧

---

❶ 于敏中等. 日下旧闻考［M］. 卷八十五. 北京：北京古籍出版社，1983：1420-1421.
❷ 于敏中等. 日下旧闻考［M］. 卷一百一. 北京：北京古籍出版社，1983：1672.

漾澄鲜❶";《昆明湖上》:"湖上春深好,漪澜倍艳清❷";《泛舟昆明湖遂至玉泉》:"霜落沧池彻底清,延缘一棹泛昆明❸";《冰泮》:"冰泮昆明湖,溶溶新水漾❹"。

清漪园以昆明湖为核心,其园名"清漪"的命名正是根据昆明湖之水波纹的清澈而来,可见水质之优良,《清漪园即景》云:"山称万寿水清漪,便以名园颇觉宜❺"。

3.2.4 "为闸为坝为涵洞"——昆明湖的水利枢纽地位

昆明湖具备了一个人工水库的库容和充足的水源,又通过科学地设置闸坝控水体系和疏通周边的河道,使昆明湖最终成为北京的水利枢纽,从而将京西北部的皇家园林群体网络成一个具有包括蓄水、灌溉、养殖、泄洪、输水在内的多种功能的生态景观水系。

1. 闸坝控水体系

解决水源问题之后,大臣们又对水涝问题有所担心,《万寿山昆明湖记》:"及湖成而水通,则汪洋潆汸,较旧倍盛,于是又虑夏秋汛涨或有疏虞。"

乾隆对此自然是早有准备,《万寿山昆明湖记》:"今之为闸为坝为涵洞,非所以待汛涨乎?非所以济沟塍乎?非所以启闭以时使东南顺轨以浮漕而利涉乎?"乾隆通过在昆明湖设置闸坝、涵洞来控制进水和出水,使昆明湖成为一座蓄水、灌溉、排洪设施完备的水库,再通过万泉河、长河等河道流到北京的各个角落,其原有的湿地系统也被较好地保留了下来。

东堤的修筑是在旧堤"西堤"❻基础之上建成的(图3-8),昆明湖往东拓展之后就利用这

图3-8 颐和园东堤

---

❶ 乾隆御制诗. 昆明湖上 [Z]. 乾隆十五年.
❷ 乾隆御制诗. 昆明湖上 [Z]. 乾隆十八年.
❸ 乾隆御制诗. 泛舟昆明湖遂至玉泉 [Z]. 乾隆十七年.
❹ 乾隆御制诗. 冰泮 [Z]. 乾隆二十五年.
❺ 乾隆御制诗. 清漪园即景 [Z]. 乾隆三十一年.
❻ "西堤"是康熙时为防卫地势较低的畅春园免受西湖水患泛滥而修筑的。

条旧堤加固、改造而成为湖东岸的大堤。东堤强度很大,主要起到水坝的作用,乾隆二十九年(1764年)作《西堤》诗说明此事原委:"西堤此日是东堤,名象何曾定可稽。展拓湖光千顷碧,卫临墙影一痕齐。刺波生意出新芷,踏浪忘机起野鹭。堤与墙间惜弃地,引流种稻看连畦。"

乾隆十八年(1753年),为了使雨季湖水骤涨时能够将多余的水及时排泄,乾隆命人在昆明湖的西北端修筑一条泄洪干渠连接于北面的清河,使昆明湖水流经万寿山的西麓向北泄入清河。同时在干渠上设一青龙闸(图3-9)控制水量,此闸被乾隆称之为"昆明湖之尾闾",是至关重要的溢洪枢纽,由内务府委派官员专门管理。清代的青龙桥闸是对明代的继承,《日下旧闻考》称:"青龙桥闸之制,今仍其旧❶。"但此时的水利工程,青龙桥闸所承水源已扩展至香山、卧佛寺一带,其一包括经石槽引自香山、卧佛寺诸泉汇至玉泉山分而北流的泉水,其二是流经北旱河的沿途山水。

为了让昆明湖发挥灌溉作用,在昆明湖和长河东侧的堤坝上,开有数座泄水口(图3-10),以坝、闸、涵洞控制昆明湖东流的水量,用于向畅春园、圆明园、西花园、圣化寺等园林引水,并浇灌六郎庄一带的稻田。这样,昆明湖东堤以东、畅春园西墙以西的一大片低洼地得以受灌溉之利而开辟为水田,这就是乾隆诗中所谓"堤与墙间惜弃地,引流种稻看连畦❷"。

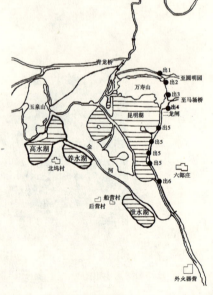

图3-9 三山五园图中的青龙桥　　　　　　　　　图3-10 昆明湖的出水口

建于乾隆四十七年(1782年)的"二龙闸"位于东堤中部,是昆明湖东面最大的出水闸口。水闸由前闸后桥两部分组成,位于湖堤岸处砌成八字形分水式暗洞并安设水闸(图3-11),当

---

❶ 于敏中等. 日下旧闻考 [M]. 卷一百. 北京:北京古籍出版社,1983:1657.
❷ 乾隆御制诗. 西堤 [Z]. 乾隆二十九年.

闸板提起后，湖水导入两孔石桥下面流向园外❶。石桥原在颐和园东大墙之外，1984年颐和园东墙外移，此桥圈在了墙里（图3-12），二龙闸外的荷花池（图3-13）是用作蓄水和少量泄水用的。

图3-11 位于东堤上的二龙闸涵洞

图3-12 二龙闸涵洞东面的石桥

---

❶ 北京市地方志编纂委员会. 世界文化遗产卷 颐和园志[M]. 北京：北京出版社，2004：229.

图3-13 荷花池

二龙闸泄出之水流东入马厂,分为两支:一支南流,绕行于马厂西、南、东三面;另一支沿马厂北部东流,复分一支北流,至自得园(御马圈)东墙外转而北流,流入圆明园西、北护园河。主流向东,过水闸,入马厂东北面的河泡。河泡北岸设高水闸,引水北流,入圆明园西南角之进水闸,是圆明园的主要水源,同时也是连接昆明湖水系和圆明园水系的主要河道。高水闸北流之水在入圆明园之前分水东出马厂东墙,在马厂墙外又分为两支,一支往东南入扇子河,一支往东流经圆明园宫门前,为圆明园南护园河。河泡南出水口之水与马厂南部北来之水合,东经畅春园北墙外注入万泉河(图3-14)。

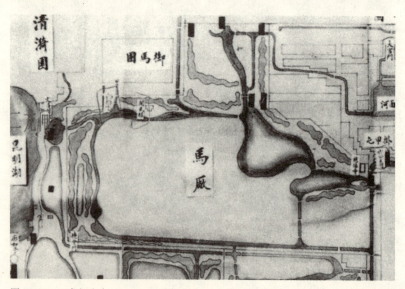

图3-14 二龙闸出水口

万寿山后溪河东端有三个出水口：一支从后溪河北岸出颐和园北墙外，沿墙外道路北侧东流，汇入圆明园西墙外的护园河（图3-15）；一支经霁清轩出东垣，东流与北墙外河道合，流向圆明园福海（图3-16）；一支从惠山园（谐趣园）南水闸南流，出惠山园至东宫门前月牙河处，又南流与马厂水相会。这些河水最终都汇入万泉河，流向清河（图3-17～图3-20）。如《日下旧闻考》记载："万寿山后溪河亦发源于玉泉，自玉河东流，经柳桥，曲折东注。其出水分为三，一由东北门西垣下闸口出；一由东垣下闸口出，并归圆明园西垣外河；一由惠山园南流出垣下闸，为宫门前河，又南流由东堤外河，会马厂诸水，入圆明园内❶。"

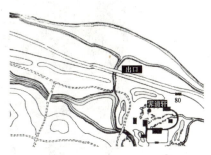

图3-15 后溪河北岸出口水道图❷

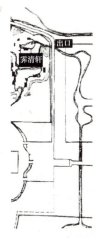

图3-16 后溪河出霁清轩水道图❸

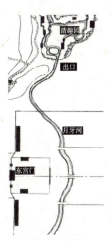

图3-17 谐趣园出口水道图❹

图3-18 谐趣园出水口水道现状图（一）

图3-19 谐趣园出水口水道现状图（二）

---

❶ 于敏中等. 日下旧闻考［M］. 卷八十四. 北京：北京古籍出版社，1983：1404.
❷ 修改自：乾隆时期清漪园万寿山平面图［M］//清华大学建筑学院. 颐和园. 北京：中国建筑工业出版社，2000：20.
❸ 修改自：乾隆时期清漪园总平面图［M］//清华大学建筑学院. 颐和园. 北京：中国建筑工业出版社，2000：19.
❹ 修改自：乾隆时期清漪园万寿山平面图［M］//清华大学建筑学院. 颐和园. 北京：中国建筑工业出版社，2000：20.

图3-20 后溪河流向谐趣园的进水口玉琴峡

2. 周边的河道

河道与清漪园关系密切，不仅本身起到改善生态景观的作用，也是保持清漪园水流畅通的重要介质，是维持昆明湖湿地景观的重要媒介。这一时期的主要河渠有：玉河、长河、金河、清河、万泉河、小长河、马厂河以及石渠和南、北旱河等，以及离清漪园稍远的万泉河、马厂诸河、六郎庄水系。

1) 玉河

玉河（图3-21）是连接玉泉山泉水与昆明湖之间的河流。玉泉山水流量较大，只要下游具备成河条件，就可以形成河流。历史上，玉泉山与西湖形成年代接近，随着西湖的缩小，玉河逐渐增长[1]。

---

[1] 彭兴业，岳升阳，夏正楷等. 海淀文史——海淀古镇环境变迁[M]. 北京：开明出版社，2009：103.

图 3-21 玉河

元代，郭守敬开玉泉水以通漕运，玉河得到治理。玉河虽然只有 2.5km 长，却是海淀地区最重要的水源河道之一，玉泉山水通过它输入到海淀低地中来，为当地水乡景色的形成提供了水源。清代，在玉河上建起了水闸和船坞，高水湖建成后，又成为高水湖通往昆明湖的河道。

清代的玉河两岸稻田密布，拥有风景如画的耕织图稻田农桑景观，吴振宇《养吉斋丛录》："玉泉汇为玉河，河旁皆稻田"。沿途还拥有和谐自然的生态美景，孤蒲丛生，柳树垂河，蝉声鸣鸣。

乾隆御制诗中对玉河沿岸景色进行了大量描绘（表 3-1）。

乾隆御制诗中对玉河景色的描述　　　　　　表 3-1

诗　名	年　份	诗　句
《泛舟玉河至静明园三首》	乾隆十七年（1752 年）	"两旁溪町夹长川，稚稻抽秧千亩全"、"绿香云里放红船"
《泛舟昆明湖遂至玉泉》	乾隆十七年（1752 年）	"依旧孤蒲沙渚畔，只是些子是苍然"
《自玉河泛舟至玉泉山即景杂咏》	乾隆二十年（1755 年）	"柳眼将舒弱自扶，水村山墅接川途"
《玉河》	乾隆二十年（1755 年）	"伊轧橹声知近远，菜花黄里度红舟"
《玉河泛舟》	乾隆二十年（1755 年）	"玉带桥西放舸舟，新蝉叫树绿荫稠"
《自玉河放舟至石舫》	乾隆二十四年（1759 年）	"桂棹兰桨初耐可，堤杨溪藻已怀鲜"
《高粱桥放舟至昆明湖沿途即景杂咏》	乾隆二十九年（1764 年）	"几湾过雨菰蒲重，夹岸含风禾黍香"
《自高粱桥进舟由长河至昆明湖》	乾隆三十年（1765 年）	"柳岸忽闻嫩簧响，始知复育化成蝉"、"沿堤垂柳复高榆，浓绿荫中牵缆纤"

2）长河

长河古称"高粱河"，发源于平地泉（现今紫竹院湖），后经金、元、明、清几百年的人工改造，成为北起瓮山泊，南至西直门北高粱桥，长达 30 余里的人工河流。长河不但是北京历史上改造自然和利用自然的一项水利科技成果，也是京城通往西郊风景区的重要观光路线和文化景观河道。

金代修建琼华岛大宁宫时，为取得较大水量，引玉泉水与发源于紫竹院小湖的高粱河汇合，通过原高粱河河道流到白莲潭去。清《宸垣识略》记述，"（高粱河）在西直门外半里，为玉河下游，玉泉山诸水注焉。高粱，其旧名也。自高粱桥以上，谓之长河"。元代修通惠河河道，又对其加以挖掘疏通，并建成广源闸、白石闸、高粱闸等闸坝。长河作为通惠河水利工程的一部分，明清代一直沿用。

清乾隆年间开凿昆明湖后，由于长河以东巴沟低地的平均高度要在昆明湖和长河普通水位以下，为防河水东溢，在绣漪桥至长春桥的一段河道东岸修建堤坝，堤坝上建有四座闸涵，可为六郎庄、巴沟地区的水田和园林供水，对城市防洪、供水、灌溉、运输、美化环境起着重要作用。

为了控制长河水量，乾隆年间重新整修了广源闸、白石闸、高粱闸三座水闸。

广源闸是长河从绣漪桥出来后的第一道水闸，位于紫竹湖西侧、万寿寺门前，初建于元至元二十六年（1289年）。乾隆《沿缘即景杂咏》诗云："广源设闸界长堤，河水遂分高与低。过闸陆行才数武，换舟因复溯洄西"。可见，皇帝后妃们到西郊风景区常在此处换乘龙舟。

白石闸在广源闸下游两公里处，紫竹院的东侧，又称广源下闸。此闸既可控制水流，周边生态景观优良。《日下旧闻考》记载："真觉寺前临桥，桥临大道，夹道长杨，绿荫如幕，清流映带，尤可取也。"

白石闸东三里许的高粱闸是金代古闸，元至元二十九年（1292年）重建，元元贞元年（1295年）命名为会川闸。高粱闸是长河的终点，在桥西设有控水闸，调节长河入京城的水量。高粱桥北畔建有绮虹堂船坞，乾隆每由昆明湖坐船到此，都换乘马车回宫。

长河水流清澈见底，堤岸绿树成荫、河边稻田密布、芦苇丛生，蝉声鸣鸣，生态环境十分优良。乾隆在其御制诗中对于长河的生态自然景观进行了大量描写（表3-2）。

乾隆御制诗中对长河生态景观的描绘　　　　　　　　　表3-2

诗　名	年　代	诗　句
《长河进舟至昆明湖》	乾隆二十年（1755年）	"今岁真饶十分幸，往来常看黍如油"、"点缀茶亭复酒家，川途廿里一帆斜。最怜阿那沙汀畔，芦荻萧萧已作花。疏剔泉源治水田，鳞塍蔚绿闸河边"、"岸虫入听不为喧，晓露荷香数里繁"
《高粱桥泛舟至昆明湖之作》	乾隆十七年（1752年）	"长河舟进趁晨凉，两岸蝉声榭露苍"
《凤凰墩放舟由长河进宫川路揽景杂咏》	乾隆十九年（1754年）	"几曲川途绿柳堤，遥闻钟磬出招提"
《高粱桥进舟达昆明湖川路揽景即目成什》	乾隆十六年（1751年）	"白芷青蒲蹙浪花"
《自长河泛舟至万寿山杂咏八首》	乾隆三十四年（1769年）	"一水溯洄堤两边，接堤陆垄复溪田。麦收黍稻均芃茂，慰矣因之倍惕然"

由于其优良的生态环境，长河两岸园林、庙宇云集，历史人文景观丰富，是都人踏青的场所之一。

《日下旧闻考》引《帝京景物略》对长河景物加以描述，"水从玉泉来，三十里至桥下，夹岸高柳，丝垂到水，绿树绀宇，酒旗亭台，广亩小池，荫爽交匝。岁清明日，都人踏青，舆者、骑者、步者，游人以万计。浴佛日、重午，游亦如之。"❶

---

❶ 于敏中等. 日下旧闻考 [M]. 卷九十八. 北京：北京古籍出版社，1983：1628.

《宛署杂记》描写长河四月初八浴佛会的热闹景象，"倾城妇女，无长少竞往游之。各携酒果音乐，杂作河之两岸，或解裙扎柳为围，妆点红绿，千态万状，至暮乃罢"。[1]

3) 金河

金河（图3-22）起于高水湖和养水湖，东南流，经清漪园外，至火器营北泄水湖，水泡子中建有湖心楼，水由湖东滚水坝出，汇入长河。

4) 西北郊御园护园河道

海淀御园凡建于平原上都或多或少建有护园河道（表3-3），此种河道建设开始于畅春园。

西北郊园林的护园河道　　　　　　　　　　　　　　　　　　表3-3

御园	护园河道情况
清漪园	在北墙外建有河道（图3-23）
畅春园	园南部、西部和北部的部分地段有护园河道
圆明园	周围有比较完整的护园河道系统
长春园	周围有完整的护园河道
绮春园	部分护园河道
熙春园	借助了万泉河作为它东部和南部的护园河道
西花园	南面和西面有河塘和河

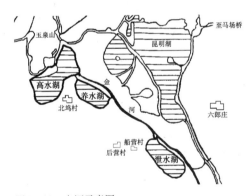

图3-22　金河示意图

图3-23　北宫门外护城河（翻拍自老照片）

3.2.5 "今则水田日辟矣"——强化稻田水乡景色

清代皇帝的圣王思想，强调以农为本，对当地农业十分提倡和支持，不但在园林周围开辟了大面积的稻田，而且将水稻种进了御园之中，形成园林与田园水乡景色融为一体，从而构成了京西稻作景观与园林景观交融的文脉特征。

在乾隆建清漪园之前，昆明湖周边的青龙桥—六郎庄—功德寺附近设置了多处种植水稻的御田，甚至康熙南巡回来还带来江南的先进耕作施肥技术，并在实践中对水稻的品种进行改良，生产出优质高产的"京西稻"。

---

[1] 宛署杂记[M].卷17.

乾隆修建清漪园后，水田有所增加，乾隆《万寿山昆明湖记》曰："昔之海甸无水田，今则水田日辟矣"。此时，昆明湖周边分布着上千公顷的稻田、荷田，它们构成了清漪园的自然景观要素（图3-24）。

图3-24　玉泉山下的稻田（20世纪40年代）

在昆明湖东面，在昆明湖东堤外与畅春园大墙之间仍有空地，于是"引流种稻看连畦"，其地点即在六郎庄旁。湖水流经东堤二龙闸泄水口灌溉东堤外的大片稻田，形成了一处浅泊荷花池，用于生产莲藕。

在清漪园东南，原为泄洪形成的沼泽地，也开垦成大片稻田，这些农舍水田，不仅与颐和园皇家园林景观遥相呼应，相映成趣，而且起到涵养昆明湖水源的作用。

昆明湖之西，即昆明湖与玉泉山之间的低地，早年曾是瓮山泊水域，后逐渐开垦为稻田。《日下旧闻考》记清漪园西之织染局："又西隔玉河皆稻田，河水自此西接玉泉为静明园界。"从侯仁之主编的《北京历史地图集》可以清楚地看到，在清代，静明园与清漪园之间有大片湿地。

乾隆对昆明之水灌溉稻田十分重视，《写琴廊纪事》载："玉泉山阴别有泉源，大小不一，汇为平湖，由迤北三孔闸东泻者为高水湖，其山南天下第一泉，乃跨突涌出为平湖，由五孔闸东泻者为低水，二水河流为玉河，归昆明湖以资灌溉。御园周围高地稻田不下千顷，实总资灵源利益也❶。"《昆明湖泛舟》诗注云："疏治昆明湖，本为蓄水以资灌溉稻田之用，每年春夏之交，湖水率减数寸，盖因稻田日多，以济雨水或缺也。林丞但知守湖水尺寸而不计灌溉，此有司之见，严禁不许。"对于只顾园林景色而不顾农业生产的做法，是乾隆严厉禁止的❷。

---

❶ 御制诗集[M]. 卷八十九//《四库全书》.
❷ 彭兴业，岳升阳，夏正楷等. 海淀文史——海淀古镇环境变迁[M]. 北京：开明出版社，2009：151-162.

3.3 昆明湖湿地生物多样性营建

湿地是一个复合的生态系统，丰富的生物多样性是维持湿地生态景观的重要因子。湿地中生物多样性远远高于城市，湿地为动物栖息提供了必备的条件：充足的食物、安全的水源和相对不受干扰的环境。自然化的种植模式、乡土化的植物选择、连续的景观格局、多样化的生境为生物创造了健康、安全的栖息空间。

营建湿地生物多样性是昆明湖湿地改造的重要内容。园中植物种类的选择、配置、意境及养护方式，园中动物的种类、出现地点、生态特征等都具有鲜明的象征意义及生态意义，并与环境完美融洽。清漪园的这种湿地景观在乾隆描写动植物的诗句中体现得十分充分（表3-4）。

乾隆御制诗中关于湿地动植物的描写　　　　表3-4

诗　　名	年　　份	诗　　句
《凤凰墩放舟由长河进宫川路揽景杂咏》	乾隆十九年（1754年）	"青蒲白芷欲浮波，柳态花姿即渐多"
《昆明湖上》	乾隆十九年（1754年）	"泼剌银漪擢鱼戟，间关绿荫挪莺梭"
《泛舟至玉泉山》	乾隆十九年（1754年）	"醉鱼逐侣翻银浪，野鹭迷群仵绿蒲"
《自玉河泛舟至昆明湖登石舫溪路沿揽杂咏得诗八首》	乾隆三十八年（1773年）	"虽迟绿苇还白芷，已有翔鸿及浴凫"
《昆明湖泛舟》	乾隆十六年（1751年）	"秋入沧池潋玉波，蓼花极渚晚红多"
《昆明湖上》	乾隆十七年（1752年）	"忘机鱼鸟情何限，倒映楼台影几层"
《三月三日昆明湖中泛舟揽景之作》	乾隆十八年（1753年）	"新蒲嫩芷昆明水，淡日轻烟上巳天"、"南淀飞来凫雁满，笑予未免近生怜"
《凤凰墩放舟自长河进宫之作》	乾隆十八年（1753年）	"满川绿芷漪纹细，隔岸青鞯露气浮"
《自石舫进舟由玉河至静明园溪路浏览即景成短言三章》	乾隆十九年（1754年）	"一棹明湖倚舰轻，经冬凫雁任纵横。芦丛亦可安栖啄，笑彼潇湘迈远征"
《湖上杂咏》	乾隆十九年（1754年）	"绿柳红桥堤那畔，鸳（rú）鹅鸥鹭满汀州"
《昆明湖泛舟》	乾隆二十年（1755年）	"凤池春水碧溶溶，雁已回翔鱼未喁"
《冰泮》	乾隆二十五年（1760年）	"鸥凫与鸿雁，容与翱翔状。或立恋薄冰，或泛喜清浪"
《昆明湖泛舟拟竹枝词》	乾隆二十五年（1760年）	"冻解明湖漾绿波，新蒲回雁识春和"、"鸡鹉鸥鹭浴还飞，曾未传宣放水围"
《雨后昆明湖泛舟即景》	乾隆二十九年（1764年）	"桥边鹭羽骞蒲渚，堤外鱼鳞润稻塍"
《昆明湖泛舟》	乾隆三十一年（1766年）	"岸柳已藏黄鸟畘，桨兰微带翠萍牵"
《昆明湖泛舟杂咏》	乾隆三十二年（1767年）	"晴霁柳塘复菁湾，岸临舟舣便登山"
《昆明湖泛舟即景杂咏》	乾隆三十三年（1768年）	"凫雁鸳鹅不避舟，湖宽天阔任优游。笑他寒俭称高逸，说到无心狎野鸥"

3.3.1 "六桥西畔藕花多"——湿地植物景观

1. 昆明湖湿地植物种类

关于昆明湖的湿地植物（包括周边的万寿山）种类，可以从1991年对昆明湖清淤时进行的植物孢粉测定中推断，也可以从《奏销档》、《匠作则例》、乾隆御制诗等文献记载中推断。此外，从现存的古树名木、楹联匾额中也可以为植物的种类、栽植形式和位置提供证据。

1）研究报告

根据《颐和园昆明湖3500余年沉淀物研究》对昆明湖底的沉积物植物孢粉的分析，可以了解当时昆明湖中及周边的植物种类。据研究，万寿山、昆明湖地区的植物、植被历史上分属于79个植物科属（附件1）。1750年以前，该地区植物以松、柏、榆、杨为主，而1750~1966年间，增植了栗、胡桃、槭、菱、莲等植物。

2）《奏销档》、《匠作则例》

另据乾隆三十三年（1768年）《奏销档》92卷记载，圆明园、万寿山的树种如下：

果松、罗汉松、马尾松、菠萝树、柏树、槐树、木兰芽、明开夜合、千松、苦梨树、枫树、家榆树、山桃树、山榆树、杨树、山杏、红梨花、西府海棠、花红、山兰枝、山丁、千叶杏、珠子花、碧桃、紫丁香、千叶李、白丁香、黄绶带、青信树、垂杨树。

乾隆三十一年（1766年）圆明园万寿山《匠作则例》中，罗列了40余种花果树木，包括：

马尾松、柏树、罗汉松、千松、红梨花、大山里红、白丁香、红丁香、白日红、棣棠花、文官果、鸳鸯桃、杨树、大山杏、小山杏、山桃、柿子、核桃、马英花、兰枝花、白梅、红梅、白碧桃、红碧桃、千叶杏、黄刺玫、探春花、垂柳、珍珠花、梨子树、沙果树、栗子、梅花、碧桃、迎春花、梧桐、楸树、樱桃、梨花、苹果、西府海棠、芍药等。

3）乾隆御制诗

乾隆御制诗共提到植物40余种，具体种类及栽植地点见附件2。

4）古树名木

颐和园现有的古树名木，是从乾隆时期至道光、光绪时期陆续栽植的，基本上延续了清漪园时的植物景观骨架和脉络（表3-5），根据"颐和园古树名木分布图"（图3-25），我们可以从它们的分布和搭配推知乾隆在建清漪园时所要表达的植物景观意向。

颐和园大墙内古树分布一览表　　　　　　　　　　　　　　　　　　表3-5

位置	树种名称									
	柏树		油松		白皮松		国槐	楸树	桑树	玉兰
	一级	二级	一级	二级	一级	二级	—	—	—	—
万寿前山	21	924	7	26	1	2	4	6	1	1
万寿后山	10	253	49	144	1	11	2	—	—	—
后湖	3	6	8	26	—	2	—	—	—	—
藻鉴堂	—	10	—	—	—	—	—	—	—	—
南湖岛	—	38	—	—	—	—	4	—	—	—
五圣祠	—	5	—	—	—	—	—	—	—	—
知春亭	—	17	—	—	—	—	—	—	—	—
合计	34	1259	64	198	2	15	10	6	1	1

根据"颐和园古树名木分布图"以及现场调研数据而得

5）楹联匾额

清漪园众多的匾额，即建筑的名称都是以植物进行命名的，如云松巢、藕香榭、丁香院等，可以推知当时该地的植物种类；而楹联则是对该处景观环境的进一步说明，其中提到植物的数量也颇多，如道存斋楹联"绿竹成荫环曲径，朱栏倒影入清池"。

2. 昆明湖湿地植物的种植设计

乾隆对于昆明湖湿地的规划主要是采取了保留原植物生态环境、因地制宜补栽植物、注重植物意境营建、并承袭古人审美习惯、营造人工与自然相结合的森林群落的方法。

图 3-25 颐和园古树名木分布图

1）保留原植物生态环境

昆明湖的前身西湖，历史上主要是以荷花和堤柳之盛而著称当时。在元时湖中便有荷塘，是北京西北郊著名的风景区。明时更是"莲花千亩"、"盛夏之月，芙蓉十里，堤柳丛翠"、"长堤五六里，堤柳多合抱"。

对此乾隆在扩展昆明湖水域时，注意保持原西湖瓮山的植物生态环境，延续了西堤与瓮山泊原有的柳桃间种、荷藕连天的植物景观。通过控制昆明湖水位，尤其是西堤以外的泉河区，湖水较浅，利于水生植物的种植和生长，乾隆有诗曰："西湖花较东湖盛，六桴因之过练桥"、"东湖水深鲜滋荇，西湖水浅多种莲"。同时继续保持昆明湖周围与农田景观融为一体的水乡风格，湿地周边的建筑物，如水村居、蚕神庙、延赏斋等，体量、规模、特色、风格也与周边稻田景观相互协调，各种湿地植物茂盛生长，没有人工的干预，富有自然的意境。

2）因地制宜补栽植物

在保持昆明湖历史植被的同时，乾隆也在昆明湖区补种了大量的水生植物，而改造的重点则是在万寿山周围。在清漪园兴建之前，瓮山的林木并不茂盛，明时人称瓮山是一座"土赤坟，童童无草木"的秃山，明时人刘效祖咏瓮山耶律楚材祠的诗中亦有"迢递荒山下，披荆拜古祠"的句子。到明末修建瓮山上的仁慈庵，寺院两旁的椿树虽已种植成行，但不算繁茂。乾隆修建清漪园时，元代瓮山的原始植被已经踪迹全无，万寿山上的生态群落即以明为基础。

乾隆在补栽植物时兼顾了适地适树和兼顾季相两个栽植原则。

清初陈淏子所著《花镜》总结中国古典园林植物配植尊重花木生长习性、适地栽植的原则："草木之宜寒宜暖，宜高宜下者，天地虽能生之，不能使之各得其所，赖种植时位置之有方耳。"乾隆皇帝因地制宜地选择松、柏、槐、栾等地方性树种，在山前溪畔因地制宜进行配置——前山栽植耐盐碱、瘠薄而又喜阳的侧柏，后山栽植喜微酸性、耐阴的油松，在后山后溪河栽种松槲混交林，模拟西山天然植被的生态群落。

同时为了保持季相美，乾隆还广植了山桃、山杏、海棠、梅、石榴等花木，以达到"使四时有不谢之花，方不愧名园二字"的目的，再现了《花镜》中的"梅呈人艳、柳破金芽、海棠红媚、兰瑞芳夸、梨稍月浸、桃浪香斜"的春景、"榴花烘天、荷盖摇风、杨花舞雪、乔木郁葱、群葩效实"的夏景、"云中桂子、月下梧桐、篱边丛菊、沼上芙蓉、霞升枫柏"的秋景以及"枇杷垒玉、蜡瓣舒香、窗外松筠、茶苞含色"的冬景，形成种类繁多、交映成辉的植物群落。

3）注重植物意境营建

清漪园作为皇帝御苑，其园林植物空间亦处处体现其主人的地位和思想，园林植物配置与花木造景的特点具有深刻的文化内涵和道德寓意，因此又注重植物景观意境的营造。

追求内圣修身、外王治世的仁君之道的乾隆皇帝，在自己御苑的缔造过程中，不仅因袭了传统文人园林的"柳眼梅心"、"汀兰白芷"、"竹籁伏绿"、"菊盈篱落"的清雅之赏，更看中"天目古松"、"殿庭槐楸"所暗喻的王者之风的情结缔造。在万寿山东麓宫殿区、排云殿建筑群、南湖岛龙王庙建筑群、耶律楚材祠等有施政、祭祀功能的建筑群中，植物配置以松柏作为首选，并成行逐列栽种，强化君臣等级意向。

4）承袭古人审美习惯

《花镜》有云："有名园而无佳卉，犹金屋而鲜丽人；有佳卉而无位置，犹玉堂之列牧竖"。清漪园植物的配置上，因袭了古人的审美习惯（表3-6）。

古人对植物审美与清漪园中植物的栽法 表3-6

植物	文献记载的栽植方法	出处	清漪园栽法	御制诗名
梅	栽梅绕屋、锄岭栽梅	《园冶》	梅情依屋暖	《睇佳榭》
	置盆盎中者，极奇	《长物志》	盆梅尚号温	《道存斋》
玉兰	宜种厅事前	《长物志》	古树皆栽于厅前院内	
桃	种之成林	《长物志》	山白桃花可唤梅	《题惠山园迭前韵》
	非盆盎及庭除物，池边宜多植	《长物志》	临临依水数枝开	《题惠山园迭前韵》
	横参翠柳	《花镜》	柳绿及桃红，弗久应至耳	《留佳亭》
荷花	宜植池岸	《长物志》	藕在深泥讵解香	《藕香榭口号》
柳	更须临池，柔条拂水	《长物志》	堤柳黄金袅	《题绘芳堂》
槐、榆	人多庭前植之	《花镜》	墀前两古树，嘉荫一庭含	《嘉荫轩》
竹	种竹宜筑土为垄，环水为溪	《长物志》	渭竹环临水，岩楼出竹梢	《赋得山色湖光共一楼》
枣	民虽不由田作，枣栗之实，足食于民	《战国策》	竹篱风送枣花香，渔舍蜗寮肖水乡（田边）	《自玉河泛舟至石舫》
山松	宜植土冈之	《长物志》	凋绿蔚老松鬣	《新正万寿山》
	松唯灵木，形寄青峦	《松赞》		
楸树	国朝殿庭，唯植槐楸	《朱子语类》	庭下种楸树	《写秋轩》
			仁寿殿前三棵，玉澜门前对偶两棵，排云门前一棵	
白皮松	植堂前广庭，或月台之上，不妨对偶。斋中宜植一株，文石为台	《长物志》	佛香阁前对偶两棵，多宝塔、须弥灵境院落对植	
牡丹、芍药	文石为栏，参差数极	《长物志》	国花台向阳堆石栽种	
	须栽高敞向阳之所	《花镜》		
海棠	宜种背阴阶砌	《长物志》	寿堂、仁寿殿等院落中	
	宜雕墙峻宇，或凭栏	《花镜》		

5）营造人工与自然相结合的森林群落

万寿山的森林群落不同于完全自然化的西山森林，也不同于大内御苑内人工堆山上的完全园林化的植物配置，其典型特点是"融人工匠意与自然造化于一体"，即森林栽培与园林种植相结合的栽培方式。这种森林景观的营建，突出季相与林相，造景手法与私家园林侧重在一花一木的姿态色香不同。

万寿山由于是在几乎秃山的情况下绿化的，因此从林相上来说是人工林，尽管其吸取了西山山林的配置方式，具有复层混交的群落结构，同时也注重野味，但由于其栽植受到主观需要的限制，不可能做到像西山的天然林或次生林那样具有复杂结构的美。

3. 植物景观的配置情况分析

经过绿化后的清漪园的植物配置，按照史料的记载，大体上是：按不同的山水环境而采用不同的植物素材，大片栽植以突出各地段的景观特色，渲染各自的意境；在时间上既注重季相变化，又保持终年常青。"满山松柏成林，林下缀以繁花，堤岸间种桃柳，湖中一片荷香"是当年清漪园植物景观的最好概括。

1）万寿山区

万寿山上植物群落的人工种植，始于乾隆十五年（1750年），经过多年的栽植和从外地移植树种，逐步形成了郁郁葱葱的大片针叶松、柏和由落叶、阔叶乔木树种组成的杂木林，改变了原瓮山"童童无草木"的面貌，终于使瓮山这座"濯濯童山"变成了"叠树张青幕，连峰灒翠螺❶"的繁茂景色。

当时，万寿山北面大有庄的西北，辟有林场苗圃，名松树畦，供应清漪园及宫廷各处所需树木。乾隆御制诗有"黄山新移来，童童低枝松❷"、"高下移植五鬣松，郁葱佳气助山容❸"、"松有落叶者，乃在兴安北……我命带跟移，培土平固密❹"等句，说明清漪园在造园之初不仅自己培养树木，也有部分是从外地移植过来的，甚至从黄山千里迢迢运抵京城。后来乾隆在乾隆二十九年（1764年）、乾隆三十二年（1767年）又有御制诗"新松欣与旧松齐❺"、"林风翻翠处凭槛❻"句，描述万寿山上的植物在清漪园修建近20年时已经培育成景。

作为颐和园景观布局的重点，万寿山以常青的松柏统一了整个山体，这不仅因为松和柏是当地植物生态群落的基调树种，四季常青，岁寒不凋，可作为"长寿永固、高风亮节"的喻意，而且在色彩对比关系上也颇具科学性，古松柏暗绿的色调在亮度上处于中性偏暗的层面，其凝重的色调最宜大片成林栽植作为山体色彩的基调，它与殿堂楼阁的红垣、黄瓦、金碧彩画形成的强烈的色彩对比，更能体现出前山景观恢弘、华丽的皇家气派，同时暗绿可与烟霞雾霭中的山峦呈明暗虚实的对比，增加了景深，丰富了画面的层次（图3-26）。

在描写万寿山的御制诗中，譬如"松柏参差得径曲❼"、"松风宛是昨年闻❽"、"阳崖土润生芳草，阴巘雪余皴古松❾"等描写松柏的诗句很多，可以看出当年是在万寿山广植松柏，这是由于松柏岁寒不凋，向来被认为是"长寿永固"的象征，深受封建帝王喜爱。而且可以看出是在山

---

❶ 乾隆御制诗. 首夏万寿山 [Z]. 乾隆二十年.
❷ 乾隆御制诗. 小松 [Z]. 乾隆二十年.
❸ 乾隆御制诗. 新春万寿山即景 [Z]. 乾隆二十三年.
❹ 乾隆御制诗. 落叶松 [Z]. 乾隆二十二年.
❺ 乾隆御制诗. 云松巢 [Z]. 乾隆二十九年.
❻ 乾隆御制诗. 雨后万寿山 [Z]. 乾隆三十二年.
❼ 乾隆御制诗. 新正万寿山即景 [Z]. 乾隆三十三年.
❽ 乾隆御制诗. 万寿山即景 [Z]. 乾隆二十二年.
❾ 乾隆御制诗. 诣畅春园问安后遂至万寿山即景杂咏 [Z]. 乾隆二十年.

图3-26 万寿山植物景观

的阴坡栽植松树,从而形成"前山柏、后山松"的山体格局。根据颐和园现有的一二级古树名木分布表也可以看出,万寿山基调树种为油松、侧柏,分布为前山多侧柏、后山多油松,且多在建筑周围种植;一级油松多集中于后溪河南岸和后山中御路两侧,从万寿山西麓贝阙城关绵延至东麓谐趣园西,均有分布;一级侧柏多见于前山建筑周围,例如云松巢、佛香阁;名贵树种如白皮松则分布于佛香阁建筑组群、花承阁等园林、佛寺混合建筑群。

在青松翠柏形成的绿色的海洋中也掩映着其他一些落叶树种,像梅、柳、楸树、元宝枫、梧桐、桃花、槐树、桂花等,如乾隆诗句描述:"梅心柳眼动相关❶"、"花气宜过雨,梧风最引秋❷"、"桂是余香矣,莲真净色哉❸"、"岩枫涧柳迟颜色❹"、"柳绿桃红色争媚❺",这些植物的点缀,使万寿山增添了季相变化的美,也为整座园林增添了生机和灵气。

前山植物配置

万寿山的前山以体现旷远开阔的景观为目的,它的植物景观着重突出气势与神韵,植物的种植以柏树为主,间植松树。

从古树名木分布图中可以看出前山的主要建筑大报恩延寿寺的植物配置以松柏为主,这是为了体现乾隆建清漪园是为太后"延寿报恩"的立意,借鉴"松为百木之长,而柏与松齐寿"的蕴意,万寿山前山脚下的古柏多沿游览路线规整列植,体现庄重风格,山麓侧柏群生,油松、白皮松散布其间,有效地强化了山形水态,烘托中轴线上的排云殿、佛香阁建筑组群,突显松柏常青、万寿延年之皇家气魄。

长廊将园内前山一线各个景点有机地联系起来,由古树名木分布图可知,长廊两侧的植物配置主要以柏为主,在两旁分别沿廊种植三排柏树。在植物的点缀下,长廊宛如镶嵌在绿色海洋中的一条游龙,更加突显了廊本身的精巧和秀丽。

前山的听鹂馆是乾隆为其母亲观戏听曲所建,需要体现清幽高雅的气氛,故植物配置上以竹

---

❶ 乾隆御制诗. 新春万寿山即景杂咏 [Z]. 乾隆二十一年.
❷ 乾隆御制诗. 新秋万寿山 [Z]. 乾隆二十一年.
❸ 乾隆御制诗. 仲秋万寿山 [Z]. 乾隆二十一年.
❹ 乾隆御制诗. 新春万寿山即景 [Z]. 乾隆二十三年.
❺ 乾隆御制诗. 山阴 [Z]. 乾隆二十三年.

丛景观为主。乾隆御制诗中描述："亦有精舍竹林❶"、"夏仲树连青❷"、"几层背树叠浓青❸"，可见此处附近有竹林，且浓荫密布。听鹂馆门前背山面水，乾隆当时利用小气候栽植了北方不易生长的竹子。清遥亭与听鹂馆相对，山色湖光共一楼紧邻听鹂馆，相关诗句"渭竹环临水，岩楼出竹梢❹"、"竹令人远名谈在❺"，也验证了此处竹丛环水的景象。

　　写秋轩（图3-27）意为秋色入画之轩，乾隆诗中描述："庭下种楸树，中人能尔为❻"、"雨后山风飒尔吹，野芳绕砌露华滋❼"、"湛湛晞阳露气浮，丁星杂卉护阶稠❽"，可见此轩清漪园时前后遍植楸树等供观秋叶的树木，是观赏秋色的风景点，并且此处野花杂卉遍布。每年仲秋时节，写秋轩四周洋溢着浓浓的秋意，凭栏送目，一片金黄。画中游西侧借秋楼，意为借得秋意之楼，与此处意境近似，亦是以观赏秋景得名，诗中云"窗挹波光庭种楸，一天飒景在高楼❾"、"楼前种楸树，疏叶翻风开❿"。

图3-27　写秋轩

　　云松巢（图3-28）也是直接以植物命名的景点，意为"依托白云青松之居"，表示此地是文

---

❶ 乾隆御制诗. 听鹂馆 [Z]. 乾隆二十五年.
❷ 乾隆御制诗. 戏题听鹂馆 [Z]. 乾隆二十九年.
❸ 乾隆御制诗. 听鹂馆 [Z]. 乾隆三十一年.
❹ 乾隆御制诗. 赋得山色湖光共一楼 [Z]. 乾隆二十三年.
❺ 乾隆御制诗. 清遥亭 [Z]. 乾隆五十六年.
❻ 乾隆御制诗. 写秋轩 [Z]. 乾隆二十年.
❼ 乾隆御制诗. 写秋轩口号 [Z]. 乾隆二十九年.
❽ 乾隆御制诗. 题写秋轩 [Z]. 乾隆三十年.
❾ 乾隆御制诗. 借秋楼 [Z]. 乾隆二十九年.
❿ 乾隆御制诗. 借秋楼 [Z]. 乾隆三十三年.

人雅士隐居的场所。乾隆诗"童童众松围，中有书轩在❶"，点出云松巢在古松林的掩映之下，也衬托出此屋的古朴。

图3-28 云松巢

养云轩是长廊北侧的第一座院落，门前临葫芦河，葫芦河被众多柏树环绕，池中栽有荷花。院门前乾隆御笔所题匾额"天外是银河烟波宛转，云中开翠幄香雨霏微"和"群玉为峰楼台移海上，众香是国花木秀人寰"中的"香雨"、"众香"固然是指佛国，但与门前荷花的香气也不无联系。而院中东厢匾额"随香"，则更清楚地表明了轩前葫芦湖内荷花飘香的意境。

无尽意轩位于养云轩之西，此院墙有玻璃什锦窗，可纳万景，故名"无尽意"。院门前临荷塘，乾隆诗："昼窗竹籁伏中绿，镜浦荷香雨后红❷"，从窗可看到院外栽有竹丛，门前的荷花飘香。根据古树名木分布图，院外还有古桑树一株。

位于乐寿堂后山坡的含新亭意为"蕴含清新春色之亭"，周围植物必然以能体现春色为主。乾隆诗句："柳眼花心虽迟待，依韦生意已宜人❸"，表明此处栽有柳树和春季开花的植物。

位于万寿山东部的益寿堂，有着延年益寿的主题，植物布置也应体现这个主题。正殿"松春

---

❶ 乾隆御制诗. 题云松巢 [Z]. 乾隆三十五年.
❷ 乾隆御制诗. 无尽意轩 [Z]. 乾隆二十三年.
❸ 乾隆御制诗. 含新亭 [Z]. 乾隆三十九年.

斋"暗喻青松和椿树，比喻长寿。殿东配殿楹联"栏外初篁含绿箨，阶前嫩柳茁青梯"，表明栏门之外有青竹，阶前有浓密的春柳掩映着石径。

后山植物配置

万寿山后山后湖碧水萦回、古松参天、景色幽雅，空间、尺度、风格与前山迥然不同。后湖在空间和尺度上都与前湖形成明显的对比，更加幽静、宜人。后湖临水的岸边多用旱柳、绦柳、元宝枫、小叶朴、栾树、榆树等耐水湿的种类，也有山桃、合欢、连翘等观花树种点缀其中，形成优美的林冠线。颐和园后湖清澈幽静的水面、朦胧的倒影、多姿的小桥、斜出的枝条，在山回路转之间创造出一幅幅醉人的图画。

位于北侧中轴线上的须弥灵境建筑群体量庞大，布局严整，华丽璀璨，其周围的植物配置十分巧妙：通过密植大量松柏类常绿树，形成满山苍翠的景观，把藏式宗教建筑的氛围渲染和烘托出来。

赅春园是一处位于后山的遗址建筑，毁后未重建。赅春园顾名思义，是以观赏春季景观为主，因此柳树、春天开花的花灌木等体现春季的植物不可缺少，乾隆有诗句描写："讵谓富花柳❶"、"万紫千红归静观，春光原可一言赅❷"。清可轩是赅春园的主题建筑，其部分建筑建于岩石之中，从"萝径披芳馨❸"、"竹秀石奇参道妙，水流云在示真常❹"、"步蹬拾松枝❺"、"石壁育仙茅❻"、"夏屋含凉幂岩壁，芳馨仙草翠纹铺❼"、"壁上苔茵四时翠❽"的描述可以看出，此处屋外有紫藤、竹径、松树，岩壁上则充满仙茅、苔藓，体现出隐逸和清凉的气氛。香岩室乃是赅春园中一处天然岩洞，乾隆诗曰："居以水月相，原即薝葡域❾"，薝葡即栀子花，宜种佛室中，可能此处曾以盆栽养殖。赅春园东侧钟亭下有水沟曰桃花沟，从命名可知当时应是桃树布满沟旁，每到春天，桃花盛开，"赅春"之意更浓。

苏州街是位于后湖中段一处模仿江南水乡风情的景点，湖面曲折蜿蜒，时狭时阔，似有迂回无尽之感。两岸大部分是以富有江南风情的竹子形成的背景，其上种植毛白杨、刺槐、油松、栾树等乔木，形成较为郁闭的空间，增加了景深。

嘉荫轩（图3-29）位于后溪河北岸，因有古槐而建此轩，故而得名。乾隆诗云："高槐阅岁有嘉荫，傍树开轩具四邻❿"、"蔚前两古树，嘉荫一庭含⓫"，说明此处不但槐荫蔽日，而且位置和棵数也暗含其中。同样以槐荫为主要景点的静佳斋位于后山构虚轩园中，"潇洒山斋号静佳，日长无暑荫高槐⓬"，此处树荫葱茏，槐荫密布，体现乾隆"以静为佳"的气氛。

---

❶ 乾隆御制诗. 赅春园 [Z]. 乾隆二十五年.
❷ 乾隆御制诗. 赅春园 [Z]. 乾隆二十八年.
❸ 乾隆御制诗. 清可轩 [Z]. 乾隆十八年.
❹ 乾隆御制诗. 清可轩 [Z]. 乾隆十九年.
❺ 乾隆御制诗. 清可轩 [Z]. 乾隆二十六年.
❻ 乾隆御制诗. 清可轩 [Z]. 乾隆二十六年.
❼ 乾隆御制诗. 清可轩 [Z]. 乾隆二十七年.
❽ 乾隆御制诗. 题清可轩 [Z]. 乾隆四十年.
❾ 乾隆御制诗. 题香岩室 [Z]. 乾隆二十五年.
❿ 乾隆御制诗. 题嘉荫轩 [Z]. 乾隆二十二年.
⓫ 乾隆御制诗. 嘉荫轩 [Z]. 乾隆二十九年.
⓬ 乾隆御制诗. 静佳斋口号 [Z]. 乾隆三十三年.

图3-29 嘉荫轩

  位于后溪河北岸山峦松林中的翠籁亭，是在亭中赏风吹松籁之声的景点，亭处于松树、槲树和柏树的掩映之下。乾隆诗云："一亭松槲间，槲凋松蔚翠❶"、"乔柏丛中一小亭❷"，点明翠籁亭旁松槲林杂植，群柏环绕之景。

  此外，在后山绮望轩、构虚轩、清可轩、静佳斋、绘芳堂、澹宁堂及万寿山西的石舫处室内还摆放盆梅作为点缀，有诗句分别为："初春此意尚其遥，几缶古梅花始试❸"、"无色阶前渐草绿，有

---

❶ 乾隆御制诗. 翠籁亭 [Z]. 乾隆五十三年.
❷ 乾隆御制诗. 翠籁亭 [Z]. 乾隆三十二年.
❸ 乾隆御制诗. 绮望轩 [Z]. 乾隆五十四年.

心盆里逮梅红❶"、"盆梅未放荣，缘弗攻以火❷"、"欲稀迟堤柳，绽蕊唯盆梅❸"、"盆玉梅霏白，岸金柳摇黄❹"、"砌草露生意，盆梅喷静馨❺"及"忽见盆梅棐几侧，恰如安福（鲈名）泛江南❻"。足以见盆梅在清漪园中应用之繁。

2）昆明湖区

原西湖一带向以垂柳、荷花之盛著称，清漪园保留了这个特色，在沿湖的堤岸增植柳树，湖中的大部分水面广莳荷花，西北的水网地带岸上广种桑树，水面丛植芦苇，水鸟成群出没于天光云影中，呈现一派天然野趣的水乡情调。

荷花自元代以来就是西湖的名胜，曾享有"莲红缀雨"的美名，是昆明湖的主要水生植物品种。荷花代表纯洁，出淤泥而不染，是君子之德的象征，乾隆在十一岁时曾在避暑山庄的"观莲所"背诵《爱莲说》，深得祖父康熙喜爱，对莲花有着深厚的感情，在御制诗中也是浓墨重彩的对昆明湖的荷赞不绝口，有形容荷花容貌颜色之美的，"白水平拖如匹练，红莲绣出几枝花❼"、"绿叶撑如油碧伞，红葩擎似赤琼杯❽"；有欣赏荷花香气的，"荷香清胜麝，稻色绿于油❾"、"莲叶莲华着意芳，风过香气满池塘❿"；有雨后欣赏荷花上悬挂的露珠的，"满湖出水芙蓉照，正是晨凉泻露时⓫"；还有赞赏荷花品格的，"污泥不染植亭亭，为识花馨识藕馨⓬"。荷花尤以练桥之西最为壮观，堪比杭州西湖的曲院风荷，"练桥右畔景偏殊，琳地霞天别一区。便是南巡坐来舫，那更曲院忆西湖⓭"。

由于西堤的分界，使昆明湖的东湖和西湖水位不同，水位较浅的西湖荷花栽植得更多，长势也更好，乾隆诗云："东湖水深鲜滋苇，西湖水浅多种莲⓮"、"西湖花较东湖盛，六桥因之过练桥⓯"。与东湖不同，西湖岸边没有堤坝的限制，逐渐成为浅滩，一派江南水乡湿地景象，菰、香蒲、芦苇、水蓼、蒲苇、白芷、泽兰等浅水植物品种十分茂盛，诗中描述云："秋月菰蒲万顷烟⓰"、"蓼花极渚晚红多⓱"、"青蒲白芷带沙渍⓲"、"依旧孤蒲沙渚畔⓳"、"满川绿芷漪纹细⓴"、

---

❶ 乾隆御制诗. 构虚轩 [Z]. 乾隆三十六年.
❷ 乾隆御制诗. 清可轩 [Z]. 乾隆二十九年.
❸ 乾隆御制诗. 静佳斋 [Z]. 乾隆三十五年.
❹ 乾隆御制诗. 绘芳堂 [Z]. 乾隆四十年.
❺ 乾隆御制诗. 题澹宁堂 [Z]. 乾隆二十九年.
❻ 乾隆御制诗. 石舫 [Z]. 乾隆四十年.
❼ 乾隆御制诗. 绣漪桥 [Z]. 乾隆二十五年.
❽ 乾隆御制诗. 昆明湖泛舟观荷之作 [Z]. 乾隆三十四年.
❾ 乾隆御制诗. 昆明雨泛六韵 [Z]. 乾隆二十年.
❿ 乾隆御制诗. 泛舟昆明观荷效采莲体 [Z]. 乾隆二十三年.
⓫ 乾隆御制诗. 昆明湖泛舟观荷 [Z]. 乾隆三十年.
⓬ 乾隆御制诗. 藕香榭二首 [Z]. 乾隆二十五年.
⓭ 乾隆御制诗. 昆明湖上赏荷五首 [Z]. 乾隆二十四年.
⓮ 乾隆御制诗. 挹清芬室得句 [Z]. 乾隆四十六年.
⓯ 乾隆御制诗. 昆明湖泛舟观荷之作 [Z]. 乾隆三十四年.
⓰ 乾隆御制诗. 晓春万寿山即景八首 [Z]. 乾隆十九年.
⓱ 乾隆御制诗. 昆明湖泛舟 [Z]. 乾隆十六年.
⓲ 乾隆御制诗. 初夏万寿山杂咏 [Z]. 乾隆二十一年.
⓳ 乾隆御制诗. 泛舟昆明湖遂至玉泉 [Z]. 乾隆十七年.
⓴ 乾隆御制诗. 凤凰墩放舟自长河进宫之作 [Z]. 乾隆十八年.

"芦丛亦可安栖啄❶"、"汀兰岸柳斗青时❷"。

乾隆还在西堤（图3-30）沿岸补植桃柳，以"溪湾柳间栽桃"的植物配置手法，造成桃柳相间，桃红柳绿的江南景色，至今在西堤上还保存着北京最大的古柳群落。乾隆诗句云："千重云树绿方吐，一带红霞桃欲燃❸"、"出绿柳荫知岸远，入红莲路荡舟轻❹"、"花将放蕊明思雨，柳已舒条暗蕊烟❺"、"山桃报道烂如霞❻"，红桃绿柳相映成趣。同时堤上靠近耕织图处还有榆、竹、枣树等树种，御制诗中描述："沿堤垂柳复高榆❼"、"竹篱风送枣花香❽"。西堤上更是有直接以植物命名的柳桥和桑苎桥，点名了桥旁的植物景观。位于柳桥和练桥之间的景明楼（图3-31），建筑高迥，是欣赏植物的绝佳场所，诗云："汀兰岸芷晴舒暖，绿柳红桃风拂柔❾"，岸边桃红柳绿、岸芷汀兰，并可欣赏两湖荷花。

图3-30　西堤桃柳

---

❶ 乾隆御制诗. 自石舫进舟由玉河至静明园溪路浏览即景成短言三章 [Z]. 乾隆十九年.
❷ 乾隆御制诗. 昆明湖泛舟作 [Z]. 乾隆三十一年.
❸ 乾隆御制诗. 昆明湖泛舟之作 [Z]. 乾隆二十年.
❹ 乾隆御制诗. 雨后昆明湖泛舟骋望 [Z]. 乾隆二十五年.
❺ 乾隆御制诗. 雨后昆明湖泛舟骋望 [Z]. 乾隆二十五年.
❻ 乾隆御制诗. 湖上杂咏 [Z]. 乾隆十九年.
❼ 乾隆御制诗. 自高梁桥进舟由长河至昆明湖 [Z]. 乾隆三十年.
❽ 乾隆御制诗. 自玉河泛舟至石舫 [Z]. 乾隆三十三年.
❾ 乾隆御制诗. 景明楼 [Z]. 乾隆二十年.

图 3-31　景明楼

　　湖中之洲岛的植物布置也有零星记载，或可根据景点立意进行推断。

　　如知春亭岛，立意是以春景为主，表达冰雪消融之后，春归大地之意，要求最先感受春意，最先传达春的信息。因此，在植物造景上以最能体现春天到来的柳为主，沿岛种植旱柳、绦柳及碧桃，能够很好地表达出"知春"的主题。

　　从古树名木分布图中，可以看出南湖岛上植有大量的侧柏、桧柏和国槐。从月波楼楹联"一径竹荫云满地，半帘花影月笼纱"可知楼前小径洒满竹荫。鉴远堂楹联"竹坞移琴穿径远，松亭觅句过桥迟"，暗示鉴远堂在竹丛围合之下。南湖岛是以月宫仙境为主题的岛屿，配置竹很符合这种人间仙境的意境。

　　藻鉴堂岛上柏树、柳树最为密集，岛上有挹清芬室和春风啜茗台两处以荷为主题的景点。挹清芬室取荷之清香，周围水面荷花繁盛，乾隆时常到此"涉江采芙蓉❶"。而春风啜茗台为二层楼阁，高踞山冈，乾隆在此品尝用荷露煮的三清茶，"竹炉妥帖宜烹茗，收来荷露清而冷❷"。

　　小西泠岛上的荇桥从桥名即可得知桥下荇花泛水，冉冉飘香，而桥旁匾额"霏香"也印证了此点。

　　3）宫廷区

　　东宫门勤政殿院落是清漪园中唯一一处理政务的场所，从古树名木分布图可知，树种多选用松、柏、槐、楸（图3-32），借典经史，比德朝纲，植物配置亦中规中矩，排列有序。油松殿前矗立犹如帝王在朝，侧柏东西分列恰似文武两厢，楸树当庭栽，国槐对偶植，充分体现皇家园林的威仪雍容，也符合古人对此类建筑的植物布置规律，如：

　　《朱子语类》云："国朝殿庭，唯植槐楸"；

---

❶ 乾隆御制诗. 挹清芬室得句［Z］. 乾隆四十六年.
❷ 乾隆御制诗. 题春风啜茗台［Z］. 乾隆三十四年.

《论语·八佾》曰:"(社稷之木)夏后氏以松,殷人以柏";

《花镜》记载:"松柏古虽并称,然最高贵者,必以松为首";

北宋韩纯全的《山水纯全集》更是指出:"松,公侯也,为众木之长;柏,若侯相也"。

图 3-32 仁寿殿古楸树

乐寿堂的植物风格主要是体现生活情趣,以花卉为主,最为有名的是玉兰(图 3-33)。玉兰在颐和园中的历史超过了 250 年,其中乐寿堂前的玉兰是乾隆亲自从南方引进的珍贵花木,皆因乾隆及其母亲喜爱生长在南方的玉兰花,引种后花开时香气袭人,被称为"玉香海",为清漪园中著名景观。此外推知院中还有芍药、海棠等观赏花木,如"只有勺园一片石,宜人常逻紫芙蓉❶"及"恰报庭前绽海棠,弄珠风韵腻人芳❷"(图 3-34)。

玉澜堂(图 3-35)院落作为书屋以观荷和赏竹为主,在清漪园时期,玉澜堂院落的东西厢房都是开敞通透的,西面昆明湖九道弯处栽有大量荷花,东面土山上栽有大量竹丛,御制诗《霞芬室》中的"淡然书室俯荷渚,香色入观更入闻❸"和正殿玉澜堂楹联"渚香细裛(yì)莲须雨,

---

❶ 乾隆御制诗. 乐寿堂即目 [Z]. 乾隆二十三年.
❷ 乾隆御制诗. 雨后御园即景 [Z]. 乾隆十七年.
❸ 乾隆御制诗. 霞芬室 [Z]. 乾隆五十四年.

图3-33　乐寿堂玉兰

图3-34　乐寿堂海棠

图 3-35 玉澜堂

晓色轻团竹岭烟",就是描写这种荷花香气扑面和竹岭烟霞的植物景观。两个配殿的命名也都与荷花有关,霞芬室是玉澜堂的东配殿,意为霞光映照下的荷花散发香气之室,乾隆皇帝曾在此召词臣宴饮赋诗。由于其东侧土山上栽植竹丛,其两副楹联均与竹子有关:"扫廊帚借竹梢风"、"窗外影摇书案上",前者意为竹梢来风做了扫廊的扫帚,后者则描写窗前竹影摇动于书案之上。西配殿藕香榭意为荷花芳香之榭。御制诗中描述为:"荷叶方田田,荷花尚有待。檐楣题藕香,四时曾弗改❶"、"淤泥不染植亭亭,为识花馨识藕馨❷",可以看出此殿是院中观荷闻香的最佳地点,从诗句"汤泉早卉瓷瓶供,岂不居然是藕香❸",还可以看出当时瓶载荷花已经有所应用。此外,还有槐树、牡丹、石榴等乔木和花卉作为点缀,如藕香榭的楹联"绿槐楼阁山蝉响,青草池塘彩燕飞",夕佳楼楹联"锦绣春明花富贵,琅玕画静竹平安",及御制诗《玉澜堂即景》中的"榴虽度节芳犹艳,柳弗梳风影更深❹"等,可以想象出院落绿槐掩映、牡丹馥郁、石榴火红的景象。

4) 惠山园

园东北秀丽精巧的惠山园是仿江南无锡寄畅园而建,植物景观一派江南风韵。乾隆在园中增种荷、柳、白芷、芦苇、蒲草等水长汀生之品种,在湖间溪畔的植物选配中延续岸芷汀兰、红荷青蒲的水乡特色(图 3-36)。

在惠山园面积较大的水塘中,栽植了大量的荷花,乾隆作了如《惠山园荷花》❺、《惠山园观荷花》❻ 等专门吟咏惠山园荷花的诗,可见惠山园荷花的繁盛。池塘岸边则是遍植绿柳,如御制

---

❶ 乾隆御制诗. 藕香榭 [Z]. 乾隆五十一年.
❷ 乾隆御制诗. 藕香榭二首 [Z]. 乾隆二十五年.
❸ 乾隆御制诗. 藕香榭 [Z]. 乾隆三十八年.
❹ 乾隆御制诗. 玉澜堂即景 [Z]. 乾隆五十年.
❺ 乾隆御制诗. 惠山园荷花 [Z]. 乾隆二十九年.
❻ 乾隆御制诗. 惠山园观荷花 [Z]. 乾隆二十五年.

图3-36 现谐趣园（惠山园）的古松、柳树和荷花

诗所云："淡月银蟾镜，轻烟丝柳堤❶"。为体现江南风情，还大量栽植了江南园林中常用的油松、梅花、山桃、桂花、菊花、芍药等，如乾隆诗句"风松入操古，春鸟和音谐❷"、"松是绿虬低欲舞，石如白凤仰疑骞❸"，体现了此处松的古朴和形态的奇特；"山白桃花可唤梅，依依临水数枝开❹"，体现了惠山园内桃花、梅花交相辉映，临水而植的美景。澹碧斋楹联"芝砌春光兰池夏气，菊含秋馥桂映冬荣"，则点出了此处的四季植物景观变化：仙草点缀着春色，兰花散发着夏季的清香；菊花含有秋天的芬芳，桂花映着冬天的草木。其匾额"兰熏桂馥"，也说明此处飘逸着兰花、桂花的芳香。"径入紫芙蓉，石林重复重❺"，是描写此处的芍药。

从御制诗中还可得知植物栽植的位置，如《载时堂》："阶俯兰苕秀❻"，说明此处原来栽有凌霄。就云楼："竹素今兮古❼"、"万年藤绕宜春苑"，说明此处有万年古藤环绕着，并且有竹丛。知鱼桥："拨刺文鳞动绿蒲❽"、"新苗苹蒲意总闲"，吟咏的是知鱼桥处岸边的香蒲和苹。

园中建筑内还布置有盆栽的山茶和梅花，称为"唐花"，如《惠山园》："玉蕊山茶古干梅，唐花不较地争开❾"。

惠山园北的玉琴峡是一个只有一米宽、十几米长的峡谷，两岸巨石夹峙，水声潺潺，不绝于耳。石上有石刻题曰："松风"、"萝月"，前者表明此处峡边风过，松声如乐；后者体现此处紫藤

---

❶ 乾隆御制诗. 题惠山园八景有序 [Z]. 乾隆十九年.
❷ 乾隆御制诗. 再题惠山园二首 [Z]. 乾隆十九年.
❸ 乾隆御制诗. 题惠山园 [Z]. 乾隆二十五年.
❹ 乾隆御制诗. 题惠山园迭前韵 [Z]. 乾隆二十年.
❺ 乾隆御制诗. 再题惠山园二首 [Z]. 乾隆十九年.
❻ 乾隆御制诗. 题惠山园八景有序 [Z]. 乾隆十九年.
❼ 乾隆御制诗. 题惠山园八景有序 [Z]. 乾隆十九年.
❽ 乾隆御制诗. 再题惠山园二首 [Z]. 乾隆二十年.
❾ 乾隆御制诗. 惠山园 [Z]. 乾隆二十年.

映月，体现了朴素、自然的清凉环境。

5) 耕织图

乾隆皇帝十分重视农桑，对耕作桑蚕的描写也很多。当时清漪园无西墙，西湖泊与园外水田蒲苇相接，水流交错，一派江南水乡情调。乾隆曾多次在诗中提到麦、麰、稻、禾、黍、桑等农作物，如"略因游目图耕织，始得宽怀阅麦禾❶"、"绿荫蔼蔼接桑麻❷"、"新秧插遍缫新丝❸"等。

除农作物外，桃、柳、桑、枣、杨、白芷、芦苇、香蒲等植物在此处应用较多，体现了水村农居的江南水乡特色。如御制诗中的"柳岸风前朝爽度❹"、"图非柳绿与花红，耕织勤劳体验中❺"，表明了此处一派桃红柳绿的景观；主要建筑水村居处："径多红花护，屋有绿杨围。驱马稻秧布，育蚕桑叶肥❻"、"墙外桃花才欲绽，岸傍绿柳已堪攀❼"、"丁星杂卉侵阶紫，飒丽垂杨蘸渚青❽"，描写出水村居旁杨、桑、桃花、杂卉环绕的一番江南村野景象；延赏斋："湿岸生春芷，新波下野凫❾"，则表明在浅水岸旁种有白芷；《自玉河泛舟至石舫》中的"竹篱风送枣花香❿"描绘了昆明湖西岸竹篱斜倚、枣树飘香的农家特色。

乾隆在园西面模拟乡村生活，构筑耕织图、水村居等建筑群，并结合植物配置创造绿杨绕屋、桑林毗田、青篱环茨、绿柳如烟的村舍景观，亦是帝王心怀百姓疾苦的象征。表3-7中列出了乾隆通过"观稼"体现此生态美创作意象的诗句。

园中与农桑审美直接关联的景点　　　　表3-7

建筑名	乾隆诗文内容	诗文名	创作年份
绿畦亭	常年艰致足春水，水足今春秧插齐	《绿畦亭》	乾隆二十五年（1750年）
绿畦亭	观稼因之筑小亭，春冰铺泽满畦町	《绿畦亭口号》	乾隆五十三年（1788年）
清可轩	开窗亦北向，满谷禾黍稠	《清可轩题壁》	乾隆三十二年（1767年）
构虚轩	纵目望苑外，绿畴蔚每每	《构虚轩》	乾隆三十六年（1771年）
西堤	堤与墙间惜弃地，引流种稻看连畦	《西堤》	乾隆二十九年（1764年）
畅观堂	畅观观于何，溪田水均浇	《畅观堂》	乾隆三十四年（1769年）
怀新书屋	稻田虽迟插秧候，意托怀新恒在兹	《怀新书屋》	乾隆三十二年（1767年）
睇佳榭	蔚绿稻塍不愁水，凭栏今日始知佳	《睇佳榭》	乾隆三十一年（1766年）
绮望轩	麦畴及稻畦，秋夕将春晓	《绮望轩》	乾隆十八年（1753年）
就云楼	近雨沾禾晴晒麦，层楼就乃幸心闲	《题惠山园八景——就云楼》	乾隆五十六年（1791年）

---

❶ 乾隆御制诗．雨后万寿山 [Z]．乾隆二十年．
❷ 乾隆御制诗．夏日昆明湖上四首 [Z]．乾隆二十三年．
❸ 乾隆御制诗．耕织图 [Z]．乾隆二十一年．
❹ 乾隆御制诗．题耕织图 [Z]．乾隆二十九年．
❺ 乾隆御制诗．耕织图 [Z]．乾隆三十六年．
❻ 乾隆御制诗．水村居 [Z]．乾隆三十一年．
❼ 乾隆御制诗．水村居 [Z]．乾隆三十四年．
❽ 乾隆御制诗．水村居 [Z]．乾隆三十六年．
❾ 乾隆御制诗．题延赏斋 [Z]．乾隆三十二年．
❿ 乾隆御制诗．自玉河泛舟至石舫 [Z]．乾隆三十三年．

3.3.2 "野鹭迷群伫绿蒲"——湿地动物景观

昆明湖优良的湿地景观环境，吸引着各种动物在水中肆意游乐。昆明湖保存着北京地区较完整的历史湖相地质沉积，《颐和园昆明湖3500余年沉积物研究》表明：历史上湖中有鱼类、软体动物、介形虫、硅藻等水生生物上千种，是北京城近郊区水生生物物种最丰富的城市湖泊。同时颐和园还是北京城近郊区鸟类多样性最丰富的地区，早在明代文人笔下就描绘有"平沙落雁"、"浅涧立鸥"、"瑕白摇风"等以鸟类或植物为主的自然景观。

乾隆在其御制诗中，提到的有在湖面飞翔的野鸭、野鸥、天鹅、大雁、鹭，水中游荡的鱼，山林中飞翔的黄鹂、喜鹊、蝴蝶、蜻蜓，林间隐匿着的蛙、蝉、蟋蟀，耕织图中人工饲养的鸡、猪、鸭，甚至还有蠓、肖翘等细小的生物（附件3）。可见清漪园中的动物种类分布以昆明湖湿地为核心，主要是天然的飞禽类，这与森林环境较多的香山、避暑山庄等大量养殖鹤、鹿等有所不同。

由于清漪园优良的湿地生态环境，即使到冬天也有大量的大雁、野鸥等鸟类在这里过冬（图3-37）。如乾隆诗中的描述，《玉澜堂》："暖起浮霄蠓，宽栖度岁鸿（雁鸿之类有栖迟度岁弗去者）❶"；《对鸥舫》："过冬鸥雁聚冰寻❷"。

图3-37 颐和园动物景观

---

❶ 乾隆御制诗．玉澜堂［Z］．乾隆三十八年．
❷ 乾隆御制诗．对鸥舫［Z］．乾隆三十九年．

第4章 台榭参差金碧里，烟霞舒卷画图中
——清漪园生态美学的营建

西湖瓮山湿地从以自然为主的生态环境向融入诗情画意和园林意境的清漪园的升华，是一个园林化创作的过程。

清漪园修建之前，乾隆的造园热情处于一个高峰期和活跃期。自乾隆元年（1736年）即位，意气风发的乾隆便在乾隆二年（1737年）至乾隆九年（1744年）扩建圆明园，完成圆明园四十景；乾隆十年（1745年）至乾隆十二年（1747年）扩建香山行宫，完成静宜园二十八景；乾隆九年（1744年）至乾隆十九年（1754年），兴建盘山静寄山庄，完成静寄山庄十六景。但这些行宫御苑始终不够完美，都或多或少存在缺陷，自持甚高的乾隆必然不满足于这些扩建工程。

而在对西湖瓮山湿地的生态改造基本完成之后，万寿山昆明湖地区的生态得到极大提升，具备了进行园林美学升华的条件。深谙造园的乾隆随即开始在这片经过生态改造的风景区中融入人文诗情画意的营建，以体现园林化的生态艺术之美。经过此番改造，瓮山西湖湿地最终成为了一座生态和自然美高度结合的大型自然山水园，完成了"自然湿地—农业湿地—园林湿地"的递进演变（图4-1、图4-2）。

4.1 诗情画意和造园技艺——清漪园的创作机构

清漪园的园林创作机构是由乾隆及其御用的文人、画师和当时中国最优秀的匠师共同完成的，前者负责方案设计，后者负责工程营建。正是这种设计与施工队伍的有机结合，才最终完成了清漪园的园林艺术升华，实现了清漪园建筑与山水环境的完美融合。

方案设计队伍由乾隆为首的文人、画师等组成，他们确定了治水、扶农、造园三位一体的造园策略，并对清漪园的营建提出创意，依据园中不同部位山水景观的特点因地制宜地将诗情画意融入其中。

词臣画家和画院处、如意馆的画家通过作画为乾隆提供造园的图像意象，南书房翰林依据环境创作匾额楹联，他们协助乾隆皇帝共同确立清漪园的立意（表4-1）。

乾隆的园林规划智囊团　　　　　　　　　　　表4-1

部　门	作　用
词臣画家	通过作画承担清漪园规划的立意。词臣画家大多进士出身，这些人都是当时宫廷内最杰出的知识分子，学识丰富，并在作画和鉴赏等方面都有独特的见解，如董邦达
画院处、如意馆画家	通过作画承担清漪园规划的立意。据《国朝院画录》载，乾隆时在宫廷充过绘士的有唐岱、舍昆、丁观鹏、张为邦、金廷标、张宗苍等，约有四五十人，并有欧洲来的郎世宁、艾启蒙等人
南书房翰林	为皇帝提供咨询、题咏唱和的文人墨客，如于敏中、汪由敦

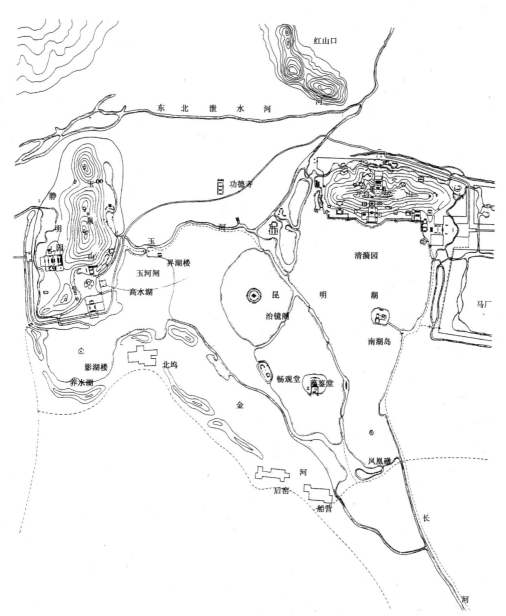

图 4-1　清漪园总平面图（图片来源：清华大学建筑学院. 颐和园 [M]. 北京：中国建筑工业出版社，2000）

102　颐和园生态美营建解析

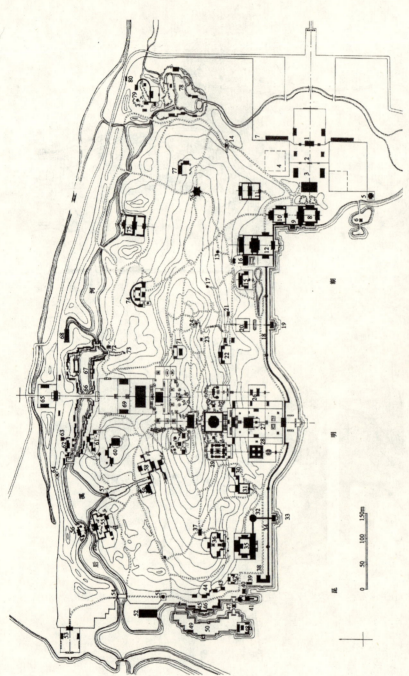

图 4-2　清漪园万寿山平面图（图片来源：清华大学建筑学院.颐和园[M].北京：中国建筑工业出版社，2000）

1—东宫门；2—二宫门；3—勤政殿；4—荟膳房；5—文昌阁；6—知春亭；7—进膳门；8—玉澜堂；9—夕佳楼；10—宜芸馆；11—怡春堂；12—乐寿堂；13—含新亭；14—赤城霞起；15—养云轩；16—乐安和；17—养秀亭；18—长廊东段；19—对鸥舫；20—无尽意轩；21—意迟云在；22—写秋轩；23—重翠亭；24—千峰彩翠；25—转轮藏；26—慈福楼；27—大报恩延寿寺；28—罗汉堂；29—宝云阁；30—邵窝；31—云松巢；32—山色湖光共一楼；33—鱼藻轩；34—长廊西段；35—听鹂馆；36—画中游；37—湖山真意；38—石丈亭；39—浮青树；40—寄澜堂；41—石舫；42—蕴古室；43—小有天；44—延清赏；45—西所买卖街；46—"邀"观堂；47—荇桥；48—五圣祠；49—水周堂；50—小西泠；51—湖岛（长岛）；52—北船坞；53—如意门；54—半壁桥；55—绮望轩；56—看云起时；57—澄碧亭；58—陂春园；59—味闲斋；60—构虚轩；61—绘芳堂；62—嘉荫轩；63—妙觉寺；64—通云；65—北宫门；66—三孔桥；67—后溪河买卖街；68—后溪河船坞；69—须弥灵境；70—云会寺；71—善现寺；72—云辉；73—南方亭；74—花承阁；75—云绘轩；76—昙花阁；77—延缘轩；78—惠山园；79—霁清轩；80—东北门

工程营建队伍则主要由样式房工匠担当。他们长期主持宫苑、坛庙、陵寝、府邸等皇家建筑的设计，参与了建筑工程从选址到施工的全过程。他们不但能以精美的各类画样（即图纸）（图4-3）和烫样（即模型）来充分表达其创作藻思，也谙熟风水，每遇宫苑、陵寝等建筑选址规划，实际都要与钦派风水官员同赴实地相度风水，还要绘制专门的风水地势图样，并据以进行规划设计。

样式房根据方案设计团队的立意，对园内风水进行勘察，根据环境设计出具体施工方案和方法，呈给皇帝进行审阅，经过批准后便展开工程的营建。由于地位的限制，这些匠师们的营造技法虽可以通过留下来的工程档案管窥一斑，但丰富的意匠却很少能见诸文字，我们今天就只能通过大量工程图来解读。

4.2 诗画意境在清漪园造园中的体现

中国山水诗、山水画和中国古典园林一脉相承，其实质都是对大自然的高度概括与浓缩。历史上文人、画家参与造园更是蔚然成风，所谓"善画者善园，善园者善画"，园林的营建在很大程度上受到造园者对于山水诗和山水画的理解的影响。正是乾隆及其文人画师对中国山水画和山水诗的娴熟掌握，才能将这种诗情画意在清漪园的营造中体现出来，成为营造园林意境的灵感源泉。

乾隆皇帝自幼受到良好的汉文化教育，对于诗画的兴趣也是十分浓厚。每次出游都带上宫廷画师，遇到好的景色便画下"携图以归"，而且其本身对绘画也有着较强的鉴赏和审美能力。乾隆曾对宫中所藏的《富春山居图》（图4-4）题跋55处，其中在乾隆十一年（1746年）一年内竟题了八次，而且出外巡游也携带此卷。乾隆还曾对此图卧游，如在乾隆初年的一次题识中说："宿雨初晴，琐窗尘静，展阅此卷，忻然有会。登万仞山，读万卷书，行万里路者，恐不如我坐游所得多耳。"足见乾隆对于绘画的热爱。

在清漪园中，大量体现江南风景的画意被模拟到园景之中。

浩瀚广袤的昆明湖，尤其是雨后烟雾弥漫，神似"烟波浩渺，烟水迷蒙"的潇湘画意，因此被乾隆皇帝在御制诗中借题吟咏。乾隆二十年（1755年）《即事四首》诗云："昆明万顷镜光开，烟意空濛泛艇来。比似潇湘米家画，可能兼有玉山裴"；乾隆二十年（1755年）《昆明雨泛六韵》云："荷香清胜麝，稻色绿于油。活画潇湘意，浑成河汉游"；乾隆二十年（1755年）《昆明雨泛》云："森森银竹度空寒，润意西山隐翠峦。不是米家书画舫，潇湘何事等闲看。"甚至在十七孔桥的对联上也指出："烟景学潇湘，细雨轻航暮屿；晴光总明圣，软风新柳春堤"，形容湖水仿若潇湘云水的暮雨迷蒙景象。

元代赵孟頫的画作《荷亭消夏图》、《归舟风雨图》、《水村图》、《画亭纳凉图》也被模拟到园中。如乾隆二十三年（1758年）作《雨中泛舟至玉泉山》"咫尺烟宫路不纡，轻舻苑外候斯须。子昂安得传神笔，好作归舟风雨图"，比拟《归舟风雨图》意境；乾隆二十一年（1756年）作《雨后万寿山二首》"耕织图常揽，而非赵子昂"和乾隆十八年（1753年）作《昆明湖上》"钩筊兴桑陌，耰耡治水田。底须命采绘，孟頫画横前"，取自《水村图》意境；乾隆二十三年（1758年）作《景明楼赏荷》"名称借得范家语，景概移来赵氏图"，取自赵孟頫的《画亭纳凉图》意境；乾隆二十年（1755年）作《凤凰墩》"拂席一时憩，开窗四面凉。如观子昂画，饶是益清香"，取自赵孟頫的《荷亭消夏图》意境。

五代画家董源、元代画家黄公望的画意也在清漪园中有所体现。乾隆四十年（1775年）《冰床至石舫登岸》诗云："诗意咏南山，画趣参北苑。一以天机畅，一以几暇遣"，"北苑"即指董

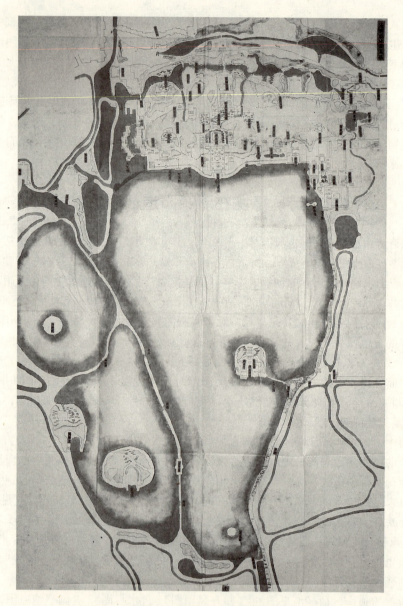

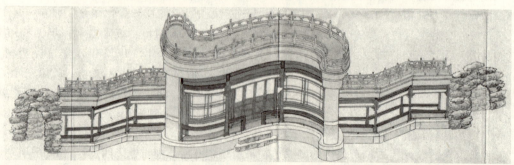

图 4-3 样式雷颐和园相关作品（清漪园地盘图样、福荫轩立样）（图片来源：《样式雷图档展》）

图4-4 《富春山居图·剩山图》

源❶;在治镜阁岛外城的北门题额上有"北苑春山",形容从治镜阁向北望去的万寿山宛如董源笔下的《春山图》;宝云阁门殿匾额"浮岚暖翠"源自元·黄公望的《浮岚暖翠图》,图卷描绘了富春江两岸风光。

除了对画的热爱之外,乾隆还喜欢作诗,"若三日不吟,辄恍恍如有所失❷"。据统计,他在位60年间,所作的诗多达41800多首,其中吟咏清漪园的御制诗就多达1500余首。对于这些诗文乾隆自己曾说:

几务之暇,无他可娱,往往作为诗古文赋。文赋不数十篇,诗则托性寄情,朝吟夕讽。其间天时农事之宜,莅朝将事之典,以及巡幸所至,山川名胜,风土淳漓,莫不形诸咏歌,纪其梗概❸。

乾隆及其文人画师对古诗的驾驭能力使得诗意在清漪园中能够得到恰到好处的体现。如夕佳楼就取自陶渊明的《饮酒》:"结庐在人境,而无车马喧。问君何能尔,心远地自偏。采菊东篱下,悠然见南山。山气日夕佳,飞鸟相与还。此中有真意,欲辨已忘言。"从夕佳楼在夕阳西下之际,西望西山群峰,夕霭萦回,水面水气缭绕,飞鸟盘旋,此处意境比诗境更胜一等,乾隆诗云:"山气横窗水气浮,揣称名署夕佳楼。漫云津逮陶彭泽,还觉当前胜一筹❹。"

云松巢取意李白诗《登庐山五老峰》:"庐山东南五老峰,青山削出金芙蓉。九江秀色可揽结,吾将此地巢云松"。李白一生数次游览庐山,并以云松为伴,隐居下来。而清漪园中的云松巢恰处于山坳,四围松柏苍苍,雨后云烟缭绕,景色最合题意。

西堤六桥之一的镜桥取意李白诗《秋登宣城谢朓北楼》:"两水夹明镜,双桥落彩虹"。由于

---

❶ 董源曾任北苑副使,世称董北苑.
❷ 清高宗御制诗初集·跋[M].
❸ 初集诗小序[M]//御制文初集.卷11.
❹ 乾隆御制诗.夕佳楼[Z].乾隆二十二年.

西堤自镜桥开始往南逐渐孤悬于大湖之中，两侧水面变得辽阔，景观欣赏重点从近水岸转为大水湖景，因此有此意境。乾隆《镜桥》诗云："落虹夹水江南路，人在青莲句里行❶"。

此外西堤景明楼取意范仲淹《岳阳楼记》："至若春和景明，波澜不惊；上下天光，一碧万顷。"长廊邀月门取自李白《月下独酌》："花间一壶酒，独酌无相亲；举杯邀明月，对影成三人。"

4.3 以清漪园为核心的西北郊三山五园整体构图之美

清漪园的构图布势是在充分考察西北郊整体环境的情况下，按生态原则从西北郊整体园林大环境的视野着手而进行的规划设计。清漪园的兴建使西北郊的园林构图更加完整，另外在造园的过程中，创作机构也充分考虑了清漪园与西北郊的景观联系。

4.3.1 清漪园的兴建使西北郊的园林构图更加完整

在清漪园兴建之前，在瓮山泊的西面和北面建有静明园、静宜园，东面建有圆明园、畅春园，这四座园林虽然各具特色，但始终不尽完美。圆明园、畅春园是平地园，园中有水无山，虽然以写意的手法缩移摹拟江南水乡风致的千姿百态而作集锦式的大幅度展开，但由于缺乏天然山水的基础，并不能完全给人以身临其境的真实感受。而香山静宜园和玉泉山静明园是山地园，静宜园有山无水，静明园以山景而兼有小型水景之胜，但两者都缺少开阔的大水面。

而在四园的构图中心位置是西北郊最大的天然湖瓮山泊，周围山青水媚、风景秀丽，它与北面的瓮山所形成的北山南湖的地貌结构，加上西北部西山、玉泉山等重峦叠嶂的山脉环抱，不仅有良好的风水朝向，气度也十分开阔。

乾隆在通盘考虑西北郊整体生态环境之后，在自然山水框架里，建成以清漪园为核心的景观轴线，将三山五园连通起来（图4-5），形成"平地起蓬瀛，城市而林壑"的西北郊园林大环境。

图4-5 三山五园位置关系图

在这幅巨型山水画卷中，清漪园始终处于景观中心和生态中心的地位，可以从三山五园图（图4-6）、京杭道里图（图4-7）、京畿水利图（图4-8）三幅图中看出。

---

❶ 乾隆御制诗．镜桥［Z］．乾隆二十年．

图 4-6 三山五园图

图 4-7 京杭道里图（局部）

图 4-8 京畿水利图（局部）

1. 三山五园图

三山五园图原稿为光绪二十三年（1897年）后常卯绘制，虽然此时三山五园大部分已毁，但此图是以还原鼎盛时三山五园为目的的。从画面中可以看出，构图中清漪园处于三山五园中的核心地位。

2. 京杭道里图

京杭道里图是一幅地图与绘画相结合的杰作，已知现存两份，均无年代题记。该图能够较真实地反映清漪园修建之前西北郊的山形水系，是昆明湖水域作为京杭大运河重要组成部分的有力证据[1]。

---

[1] 张龙. 颐和园样式雷建筑图档综合研究 [D]. 天津：天津大学博士学位论文, 2009.

3. 京畿水利图

京畿水利图是乾隆中期清宗室弘旿依据乾隆相关北京城市水利的御制诗文和实地考察所绘，此画面从玉泉山开始，绘其水流源自西山，聚于昆明湖，流经长河，于城东南入通惠河、潞河，经北运河接海河入渤海，反映了昆明湖在清代北京城市水利工程中的枢纽地位。

4.3.2 清漪园与西北郊的景观联系

清漪园不但在总体构图上体现了立足于西北郊整体生态的思想，而且在借景方面也进行了充分的考虑，使园林更易于融入周围环境。

当时的清漪园，四面都是农田，东、南、西三面利用昆明湖水作为天然屏障而不设园墙，仅在园北万寿山的东、西和北面（即在文昌阁、宿云檐两座城关之间）设有园墙。

这样，清漪园四面景色便皆可融入园中，乾隆诗句"东挹鳞塍望秋稔❶"、"北看黛巘入云间❷"、"西望香山犹十里❸"就是描写在园中欣赏周围的自然美景，西面可观重峦叠嶂的西山和林木青葱的玉泉山及山上的玉峰塔（图4-9），北面可远借田野及隐约山峦，园南与东南绿野田畴，一马平川。此外，昆明湖阔大的湖面可"入影西山叠翠微❹"，形成虚实相生的生态美景。由于园西玉带桥附近是乾隆从昆明湖水路前往玉泉山静明园的必经之路，而玉泉山脚下是一幅田野农夫耕耘、村庄袅袅炊烟、湖畔芦苇菖蒲、水禽自由飞游的江南景象，为使这些景色收入园中，乾隆在园西仿江南水乡建造耕织图景区，作为园林与田园的过渡空间，将沿途的人文与生态景色一脉相连。

图4-9 颐和园西望景色

---

❶ 乾隆御制诗.万寿山清漪园即景[Z].乾隆四十一年.
❷ 乾隆御制诗.万寿山清漪园即景[Z].乾隆四十一年.
❸ 乾隆御制诗.仲夏万寿山[Z].乾隆三十六年.
❹ 乾隆御制诗.雨后昆明湖上杂兴四首[Z].乾隆二十七年.

位于万寿山西北侧的红山口是西山的余脉,主峰高出地面约50m,前湖往西开拓越过万寿山,则外湖和西北水域一带,就能够收摄红山口双峰而构成与万寿山近景相呼应的完整的风景画面,是颐和园园外的另一处借景(图4-10)。

乾隆甚至还专门在园中设置了观赏景点去欣赏周围景色。由于清漪园水面辽阔,但万寿山体稍显低矮平常,故远借周围群山融入园中增加山势,从园内看去,万寿山与周围群峰一脉相承,起伏舒展的山脊,将浩瀚的天际与万寿山昆明湖嵌合得天衣无缝,形成朝晖暮霭、色彩斑斓的绚丽风景。如昆明湖东侧的书楼"夕佳楼"语出陶渊明诗句"山气日夕佳,飞鸟相与还",就是欣赏西山夕霭的楼阁。乾隆在诗中进一步

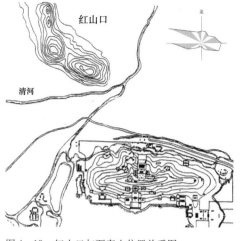

图4-10 红山口与万寿山位置关系图

对楼名作了解释,"楼窗对西山,因得夕佳号❶"、"书楼临湖斋,西望极空阔。玉泉及香山,层层画瓶若❷"。表达儒家"仁者乐山"的"爱山楼"可观赏燕京八景之一的西山晴雪,乾隆诗句云:"楼对西山号爱山,玉屏展处镂屏颜。帝京八景名诚副,咏以易思获以艰❸。"位于万寿山山脊的千峰彩翠城关,则可登临观赏石景山、翠微山一带层峦叠嶂的山势。

除了群山,园中观赏周围稻田之所更是随处可见,如万寿山南麓"观稼因之筑小亭❹"的"绿畦亭"、万寿山北麓观看"绿野铺禾候,黄云酿麦时❺"的绮望轩、"开窗亦北向,满谷禾黍稠❻"的清可轩。

4.4 "山称万寿水清漪,便以名园颇觉宜"
——清漪园山水改造的美学基因

4.4.1 "山环水抱"——对山水关系的美化

在漫长的历史时期内,瓮山和西湖的地貌环境不断变迁,两者的位置关系不断变化,到乾隆年间修清漪园时,基本上是一种山东湖西的自然状况(图4-11)。

根据明人对圆静寺的描写可以判断这种湖山关系。《春明梦余录》载:"寺门度石桥,大道通湖堤。门内半里许从左小径登台,精兰十余。右精舍一间,据山面湖❼。"文中所说的圆静寺由助圣夫人罗氏建于明弘治七年(1494年),大致在瓮山南坡的中央部位(今万寿山中心排云殿的位置)(图4-12),此时,瓮山泊的主体在玉泉山东,瓮山的西侧,沿湖东岸的大堤"西湖堤"正

---

❶ 乾隆御制诗.夕佳楼[Z].乾隆四十一年.
❷ 乾隆御制诗.夕佳楼[Z].乾隆四十二年.
❸ 乾隆御制诗.爱山楼[Z].乾隆四十二年.
❹ 乾隆御制诗.绿畦亭口号[Z].乾隆五十三年.
❺ 乾隆御制诗.绮望轩即目[Z].乾隆五十年.
❻ 乾隆御制诗.清可轩[Z].乾隆三十三年.
❼ 孙承泽.春明梦余录[M].北京:北京古籍出版社,1992.

对着圆静寺。山的西半部临湖,水面宽阔,东西宽度在 500m 以上,而南北两端水面渐窄,由玉泉山鸟瞰瓮山泊,"见西湖水明如半月❶"。山的东半部则面临一片平畴田野。

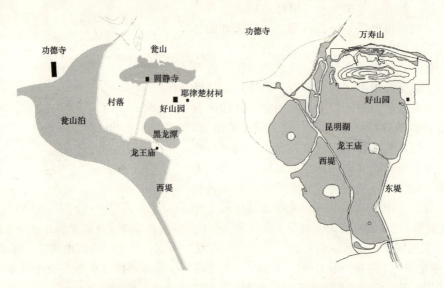

图 4-11 拓湖前后山湖的格局变化

图 4-12 圆静寺与瓮山西湖位置复原图

---

❶ 孙承泽. 春明梦余录 [M]//袁中道. 裂帛湖记. 北京:北京古籍出版社,1992:1302.

可以看出，万寿山的山体比较低矮，也不够延展；昆明湖的水面大致为东南斜向的狭长形状，山与水的关系有些疏离。这种湖山关系显然是不符合美学观点的。

"山环水抱必有气"，这是传统风水的一条重要定律，这种美是自然的、和谐的、柔秀的、令人愉悦的。

为了完善这种风水地形，乾隆对湖山关系进行了改造，消除原西湖与瓮山"左田右湖"的尴尬局面。

一是将湖面向东、向北大大扩展，一直抵达万寿山的东麓和南坡，把西山一带的泉水全部汇入新疏浚的湖中，湖的西北端收束为河道；二是将挖出来的土方堆在山的东半部，在很大程度上改善了山的形状，并对万寿山进行了大面积的绿化；三是绕经万寿山西麓把水引向山后，形成后溪河与前湖相连，达到"山环水抱"的格局；四是将开凿后溪河的挖湖土方堆筑于前山东端及后溪河北岸，改造局部的山形；五是修筑了东桃花沟和西桃花沟两个山涧，把山涧的水引入新凿的后溪河（图4-13），形成了一种涓涓细流汇为巨浸的完整水系结构。

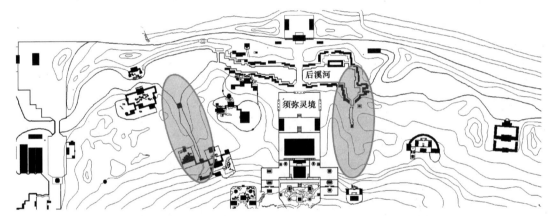

图4-13　万寿山东西桃花沟位置示意图

这种水绕山转、山因水活、山嵌水抱的地貌结构，不仅符合讲求阴阳虚实的园林布局的要求，也符合园林维系水土平衡的需要，堪称中国传统造园艺术史上的经典之作、神来之笔。

4.4.2 "面水背山地，明湖仿浙西"——对杭州西湖的写仿

1.《西湖图》的绘制——昆明湖改造之前的准备

西湖在中国人的心目中是近乎完美的山水，符合古人对自然美的审美取向，苏轼曾有"欲把西湖比西子，淡妆浓抹总相宜"的诗句，足见对其赞誉之高（图4-14）。而昆明湖在元代就颇似杭州西湖，《顺天府志》记载："西湖景，在玉泉山东，其湖广袤约一千余顷。旧有桥梁、水阁、游船、市肆、蒲苇莲荷，似江浙西湖之盛，故名。"

在完成阔湖堆山之后，由于西湖瓮山地区与杭州西湖的地理环境较为相似，具备写仿的条件，为了进一步以杭州西湖为蓝本进行山水优化，乾隆十五年（1750年）二月，乾隆皇帝命宫廷画师董邦达❶绘制《西湖图》长卷（图4-15），四月图成。

---

❶　董邦达的绘画风格属于吴苑画派，吴苑画派继承了"元四家"的绘画传统，深受乾隆皇帝的喜爱，成为清代绘画的主流。

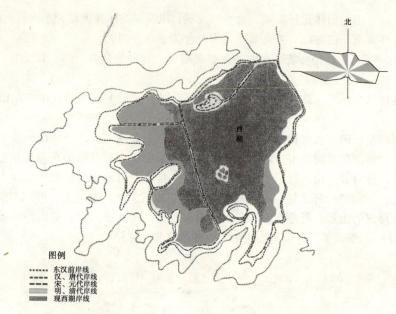

图例
东汉前岸线
汉、唐代岸线
宋、元代岸线
明、清代岸线
现西湖岸线

图4-14 杭州西湖轮廓变迁图

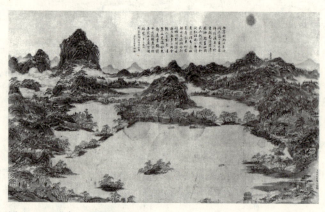

图4-15 董邦达《西湖图》

乾隆为之题诗曰：

昔传西湖比西子，但闻其名知其美，夷光千古以上人，岂有真容遗后世。
未见颜色贵耳食，浪以湖山相比拟，湖山有知应不受，须翁何以答吾语。
吁嗟吾因感世道，臧否雌黄率如此，岂如即景写西湖，图绘真形匪近似。
岁维二月巡燕晋，留京结撰亲承旨，归来长卷已构成，俨置余杭在棐几。
十景东西斗奇列，两峰南北争雄峙，晴光雨色无不宜，推敲好句难穷是。
淀池❶水富惜无山，田盘山好诎于水，喜其便近每命游，具美明湖辄遐企。
北门学士家临安，少长六一烟霞里，既得其秀忘其筌，呼吸湖山传神髓。
此图岂得五合妙，绝妙真教拔萃矣，明年春月驻翠华，亲印证之究所以。

---

❶ 指代乾隆九年（1744年）完工的圆明园。

在诗中，乾隆认为董邦达的作品写实程度较高，并表达了自己对西湖十景和南北双峰的喜爱。同时联系圆明园和蓟县盘山的造园条件——圆明园有水少山，蓟县盘山有山少水❶，透露出要在近畿写仿杭州西湖的设想，并表达次年要亲自南巡去"亲印证之"。

迫不及待的乾隆没等到次年"亲印证之"，便依图开始了以造园为目的的拓湖：乾隆十五年（1750年）十一月二十七日《奏为约估昆明湖工程需用银两数目事》记载曰：

修建昆明湖西湖，遵旨派郎中富贵……监看修理，除挖开湖面土方另行详奏外。今约估得……❷另"乾隆十五年十一月二十七日修建昆明湖西湖"❸。从奏折中可以看出，使湖面轮廓整体上更接近于杭州西湖的西部水域在乾隆十五年（1750年）十一月二十七日就已经开挖。

2. "以我为主"的写仿

乾隆从乾隆十六年（1751年）第一次南巡后，将其中意的江南景色"绘图以纪之"，以真山水的杭州西湖湿地景观为蓝本开始着手对昆明湖进行园林化的改造。

乾隆利用昆明湖与杭州西湖十分相似的地理环境（即同样处于群山环抱、山水相依的绝佳地带），在原有西堤北段的基础上，向南延伸至昆明湖的南端，并在其西侧挖湖、筑岛。乾隆仿照杭州西湖的苏堤，在昆明湖西部重新修筑了一道纵贯南北的长堤，取名西堤，西堤的位置和走向也与苏堤基本相同。堤上仿杭州苏堤六桥建造六座形态互异的桥梁，桥下有涵洞，实现了分区蓄水，保持了东西湖水的宣泄与沟通。

经过改造的湖面，轮廓及长宽比例与杭州西湖极为相似，杭州西湖水面南北长3300m，东西阔2800m；昆明湖南北长1900m，东西阔1600m。两者长宽比例都接近1.18∶1（图4-16）。

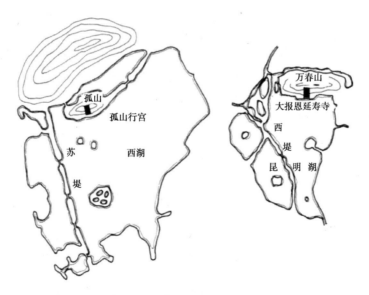

图4-16 颐和园昆明湖与杭州西湖比较

---

❶ 由于静寄山庄是高差明显的山地园，土质利于存水，拥有山泉"活水"，但开阔的水面则很少，乾隆道："田盘千溪万涧不可数计，然喷涌石罅沙渚间，或入地而伏流，故不能汇而为池。"
❷ 中国第一历史档案馆，奏折，档号：05-0109-033。
❸ 中国第一历史档案馆，奏折。

在对杭州西湖的写仿中，乾隆不拘泥于杭州西湖的具体形态，而是求神似而非形似，在似与不似之间反映仿建对象的基本特征。这种写仿，与其说是名景模拟，莫若说是依据当地自然环境的再创造。乾隆真正感兴趣的是当地的山水环境，而不是具体景点的生硬仿建，其根本目的是为了优化瓮山西湖的山水关系，这使得作为皇家苑囿的清漪园在气势、意境和功能上都与作为民间风景名胜区的杭州西湖有着较大差别。如在湖山关系上，万寿山和昆明湖与孤山和西湖的位置关系类似，但万寿山却在清漪园中起着全图构图中心的作用，这与孤山有着本质的不同；西堤在形制和功能上也与苏堤不同，西湖的苏堤特点是堤长且直，堤形变化较少，亭设于堤上，而西堤的堤形自然弯曲，亭设于桥上；湖中三岛的位置也与西湖不同，更趋分散。

此外，昆明湖中的洲岛堤岸上也存在着大量写仿江南景色的景点，如写仿无锡大运河黄埠墩的凤凰墩、写仿惠山寄畅园的惠山园、写仿西湖蕉石鸣琴的睇佳榭、写仿湖南岳阳楼的景明楼、写仿江南水乡的耕织图、写仿杭州孤山西泠桥的小西泠❶等。这些写仿同样秉承着"以我为主"的思想，如在对凤凰墩的建造中，乾隆明确表示"渚墩学黄埠"，这是因为无锡锡山之阳的黄埠墩四面临水，与凤凰墩环境相似，黄埠墩是这种水口处理极好的佳例。其他诸如惠山园写仿寄畅园是因为万寿山的山脚环境与惠山脚下的环境极其相似，故借鉴了其对于山脚的处理。总之，这种写仿的目的皆是以尊重环境为前提，通过景观在环境中的巧妙嫁接，来优化或修补当地的自然环境。

4.4.3 "山名扬万寿，峰势压千岚"——万寿山的改造

1. 群山环抱的天然平远之势

清漪园的主体万寿山源于西山的一支余脉，地处北京西北部连绵峰峦的腹心地带，附近泉水丰沛，湖泊罗布，形成远山近水彼此烘托的优美的自然风景。

纵观其周围峦头形势，西山属太行山余脉，北部的军都山属燕山山脉，而太行、燕山均属昆仑山北龙山系，可谓"来脉悠远，绵延万里"。风水中以"得水为上，藏风次之"，祖山来脉悠远，蜿蜒万里，不仅气势壮大富有生气，而且"远者龙长，得水为多"❷。

西山山脉自南向北，浩浩而来，形成主山之势，西山余脉自香山始兜转而东，止于万寿山后的海拔308m的金山（宗山），从而形成了一道拱列于这个平原西、北面的天然屏障。

乾隆在御制诗《近西轩漫题》中有"万寿山龙脉，原自西山来❸"之句，表明西山作为龙脉的意象。

在万寿山的西北方向，西山及其余脉在万寿山的周围形成群山环绕之势。万寿山西面是海拔约100m的玉泉山，南北走向，与万寿山一横一竖构成近景山体。

再西的小西山主脉，由东而西山体逐渐升高，东面是海拔308m的金山，突起于玉泉、万寿两山之间，西面是位于卧佛寺后海拔574m的三柱香和香山公园内海拔575m的鬼见愁，香山西面的小西山最高峰克勤峪海拔798m。它们由近及远，层层而高，错落有致，构成山体的第二个层次。

在这些山峰的后面，是中山山体的大西山山脉，向西眺望，由近及远层峦叠起，海拔在1200m以上，构成山体的第三个层次。

---

❶ 小西泠与杭州孤山西泠桥的位置十分相似，而且都是一岛两桥与山相连，前者为西泠桥与断桥，后者为九曲桥与荇桥。
❷ 呼海艳，弓弼，何红芸等. 浅析中国古典园林中的风水观 [J]. 安徽农业科学, 2008, 36 (3)：1028-1029, 1045.
❸ 乾隆御制诗. 近西轩漫题 [Z]. 乾隆五十六年.

万寿山周围山外有山,层峦叠嶂的立体轮廓线,增加了风景的深度感和距离感,在景观上符合中国画论透视法的平远之势。

2. 万寿山山体的改造

虽然万寿山周围具有丰富的山体层次,但万寿山本身却离人们理想中的山体形象相去甚远。万寿山山形并不雄伟,缺乏高远和深远之势。尤其前山呆板平直,缺少流动感,峰势孤山壁立,缺少层次,如浑然大块,需要进行加工、修饰和调整。

瓮山的人工改造开始于乾隆十五年(1750年)。乾隆在瓮山自然山石的基础上,或利用清淤的泥土堆培、或人工叠石造势、或在山上配置建筑和绿化对原始山体进行改造,不仅保持了天然山体的地形,也符合中国人生态审美观中理想山体的形象(图4-17)。

图4-17 修整山形后的瓮山复原图

1)保留原始山石

乾隆将瓮山部分原始山石刻意裸露,局部延续瓮山原貌,以体现山的气势,同时也增加了山的野趣。这种做法集中在万寿山前山中部山腰至山顶一带,如荟亭南侧凸出地面的黄石,餐秀亭后侧的断崖以及周边的山石等(图4-18)。

2)培土修整山形

利用清淤、拓湖之土就近堆培山体,既美化了万寿山的形态,同时也解决了清淤泥土的堆放和运输问题,节省了人力物力。土培山体分布较广,遍布万寿山,其中以前山东麓、后山、后河北岸的土丘最为突出。

以土覆盖原始瓮山增加了山体的起伏和变化。将疏浚山前西湖挖出的泥土,堆补在山的东麓,造成中高、东、西趋于平缓对称,平面如"蝠"形的山形,培土后的万寿山东西长约1100m,南北最宽处480m，最高处海拔约109m，相对高度55m，基本上具备了高远和深远之势。同时用泥土有选择性地覆盖山体上裸露的丑陋岩石，使得前山裸露的原始岩石较多，后山则堆土较厚，除中部外，很少看见裸露的山石。

图4-18 万寿山前裸露的自然山石（图片来源：《颐和园保护规划》）

现在的万寿山依然能看到曾经堆土的痕迹，如处于半山腰的挡土墙和木桩篱笆等固土设施。挡土墙多位于山体落差较大的部位以及与建筑临近部位；木桩篱笆分布范围较广，成线性层层跌落布置（图4-19、图4-20）。

图4-19 后山西部人工山体的挡土墙和篱笆（图片来源：《颐和园保护规划》）

图 4-20　景福阁南侧人工山体的挡土篱笆和裸露的自然山石（图片来源：《颐和园保护规划》）

同时在后溪河北岸，利用开凿后河的泥土堆砌长约 1000m、高 6～10m 不等的土山。其作用有三。一是可以增加万寿山的深远感。北土山系东西走向，与万寿山和后溪河的走向一致，显得与万寿山浑然一体，且北岸假山岸脚凹凸、山势起伏的处理与南岸真山取得呼应，仿佛前者是后者的延伸。虽然北土山与万寿山大小悬殊，但由于万寿山北坡较缓，山麓较宽，却并不显得突兀。二是增加了万寿山的平远感。在向北的方向上，万寿山、北土山、北宫门外的砂山、万寿山北 1500m 处的红山口和其后的金山一起构成连绵起伏之势，突出幽邃平远的气氛。三是可将逼近河道的宫墙隐蔽起来，起到障景的作用，以保持山水环境的天然之趣，同时与南侧的万寿山形成"两山夹一水"的山涧溪河形象（图 4-21）。

图 4-21　利用开凿后河的泥土堆山

3) 置石、配置建筑以增其势

除了用土培瓮山，乾隆还采用置石和配置建筑的方法增加山势。乾隆结合原有的自然山石，在某些重点地段，辅以叠石以增其势。

万寿山前山中部陡峭，明代已有圆静寺和高台的建置，乾隆就近利用产自西山的黄石间以青石，在佛香阁塔台之东、西、北三面顺应坡势堆叠假山石，北面做成盘曲的磴道通往山顶，东西则堆砌山石、上置五方阁和转轮藏两组建筑，与当中的巨大塔台一起突显山势的雄伟（图 4-22）。

图 4-22　佛香阁两侧的人工叠石凸显了山的气势（图片来源：《颐和园保护规划》）

此外，园中还有画中游结合自然山石而掇的两层假山，前山东部"燕台大观"的天然山石，扬仁风的假山，后山须弥灵境、云会寺、善现寺一线的人工叠石，智慧海、绮望轩等地的人工叠石（图 4-23）。后山的叠石与原有裸露的黄石完美结合，自由流畅，既突出了山石环境的雄伟，又不失自然，与后山幽谧的气氛协调一致，如霁清轩清琴峡的人工叠石与天然巨石的结合突显峡谷的深邃幽谧。

图 4-23　后山智慧海一带的人工叠石强化山的气氛（图片来源：《颐和园保护规划》）

除了置石增势，乾隆还采取了配置建筑增势的方法。为增加万寿山的高远之势，乾隆一是利用前山平缓舒展、浩波千顷的气势，在山脊、山麓和山坳的不同部位修筑建筑，仿照镇江金山"望山且无山，胜似包以物"的形式和意境采取"因山筑室"、"以寺包山"的方法增加山势，修饰万寿山呆板的外形轮廓，使山凹、山脚、山坡和山巅层次更加清晰。二是将前山山脚到昆明湖水面的御道宽度控制在平均约50m（最宽处约90m、最窄处约20m）的范围内来控制视距，使观赏者在前山山脚下仰望万寿山的距离较近，尤其是高出万寿山顶数十米的佛香阁会产生山高水远、气势非凡的高远之势。而从较远的水面上观看，由于湖面的高差要比陆地低，因此山势也有所增高。

在后山则是利用了山的北坡峰峦起伏、道路婉转、地势狭长的特点，采用镇江焦山"山包寺"的建筑布置形式。建筑布置灵活而自由，数量稀少隐蔽、清幽深邃，注重亭台掩映，树木栽植繁茂，形成富于自然山林的风致和意境，保持与后溪河北岸的土山风格统一。

4）堆筑土山延续山脉

利用土石假山配置在万寿山山脉尽头，产生仿佛万寿山的余脉之感，主山有次山陪衬，也符合"主峰最宜高耸，客山须是奔趋"的画理。

惠山园池北岸的假山与园西侧万寿山的气脉相连，仿佛是西侧山脉向西延伸的余脉。

勤政殿后的土山则采用土石结合的方法营造山的气势，用青石包砌、用清淤泥土堆叠而成的山体，遮挡行政区和勤杂区，一直延续到玉澜门以南，就像万寿山西侧山脉在东部向南延伸的余脉（图4-24）。

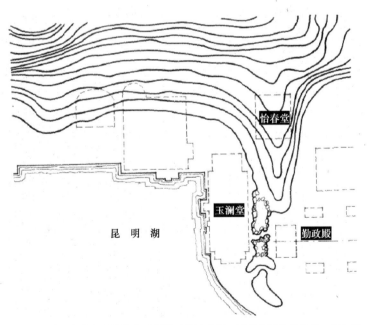

图4-24 前山东麓之余脉堆筑示意图（图片来源：清华大学建筑学院. 颐和园[M]. 北京：中国建筑工业出版社，2000）

从清代样式雷图"颐和园地盘画样"上看，北宫门以北堆有砂山，对宫门一带呈环抱状，砂山既可屏蔽宫门以北混乱的环境，又可以将砂山的山形与远处的西山山脉连成一体，形成山体的过渡。该山后来被铲除，使风水格局遭到破坏。

4.4.4 "花浮香锦绣,楼隐画蓬瀛"——昆明湖的改造

昆明湖拓宽、清淤之后,乾隆通过堤岛分割湖面、创造昆明湖水的"三远"效果、引水入山等创作丰富水景的手法来加强昆明湖水景的生态意象。

1. 堤岛分割增加层次

"大分小聚"是理水的基本原则。大面积的水面要采取"分"的手法,即将水面割裂成大小不统一的几块。完成"分"的手段是"隔",水中布置岛、堤、汀、桥等进行"隔",不但能增加湖面的层次,形成虚实相间的画面,避免水体"一览无余",同时又组织了湖面的空间。

昆明湖东西最宽处3360m,南北最宽处3960m,总面积达205.31hm^2,偌大水面,如不进行分割,很容易产生"一览无余"的缺点。为了增加水面的层次,乾隆通过修筑西堤及支堤将扩展后的湖面分为大湖、西南湖、西北湖三个形状不同的水域,各湖泊主次分明,各具特色。

同时为体现君主神性的形象,乾隆就地取材,用挖湖的泥土在每一湖中堆筑出一座岛屿,模拟神话传说中的海山三仙山。三座岛屿大小不等,呈鼎足之势,即今日的南湖岛、藻鉴堂岛和治镜阁岛。

大湖126.05hm^2,宽千米以上,湖底标高在海拔47.5~48.5m,与万寿山前山的轴线相对,更突出了昆明湖主体水域的地位。湖中建"南湖岛"为湖的中心岛屿。同时利用十七孔桥连接南湖岛,又将大湖分为既隔断又连透的南北两部分,南半部的中心有小岛凤凰墩,北半部近西北岸有小岛"知春亭",南端收束于绣漪桥而连接长河。形成了从南湖岛起始,过十七孔桥,经东堤北段,折而西经前山,再转南循西堤而结束于大湖南端绣漪桥的一条漫长的螺旋形"景观环带"。为了不破坏玉泉山和西山两处借景画面的完整性,在西堤以西没有建置体量过于高大的建筑物。环带上的景点都具有几百米甚至几千米的观赏视距,它们或疏或密,依山面水,各抱地势,人工匠意与天成山水浑然一体,犹如一幅奇长无比的山水画卷展现在人们眼前。

西部湖泊藻鉴堂湖、团城湖宽约五六百米,分别以藻鉴堂和治镜阁作为内聚景域的中心,前者建筑疏朗,后者整体成圆形城堡,上建多层的楼阁。

湖中的众多岛屿还体现了古人的风水观念。由于万寿山的南面缺少山的庇护,故乾隆利用与万寿山正中相对的南湖岛作为案山的形象,再直对往南的藻鉴堂、凤凰墩为朝山的形象。这样便形成基址的对景,形成基址前方远景的构图中心,使视线有所归宿,避免了"穴前无山,则一望无际为前空",亦起到丰富风景层次感和深度感的作用(图4-25)。

由于堤岛的分隔,使本身具有"阔远"之势的昆明湖增加了层次,水面景观更加丰富,具备了"迷远"和"幽远"之势(图4-26)。昆明湖清秀神奇的自然风韵与流光溢彩的宫殿遥相辉映,展现了帝王苑囿雍容磅礴的气势与仙山琼阁般的画境。

2. 山水结合,创作丰富的自然水景

在水体规划上,乾隆还引水入山,形成沟、谷、涧、壑等不同的山间自然景观。

在后山,根据地势造山谷、山涧来密切山水联系,正如清画家笪重光《画筌》中所谈:"山到交时而水口出,山脉之通,按其水径,水道之达,理其山形。"承接后山的两道山涧——东桃花沟和西桃花沟,山涧仿佛源头,潴而为后溪河,再经由港湾的穿插而汇聚于浩瀚的大湖。这一涓涓细流汇为巨浸的典型天然水系的全面缩影,构成一个有源有流的完整天然水景形象。

在玉琴峡,利用地形高差,使后湖水分层次跌落至惠山园湖中,不易察觉水之源头,是利用中国山水画的立意取势而造就的一幅"风壑云泉"的立体山水画,创造出了清潭幽幽、曲涧叮咚、飞瀑寒泉的水的交响诗。

后山北麓的后溪河宛若襟带，是一条近千米的狭长水带。两岸在土山的夹峙之下，深远无尽，时而水面开阔，时而收聚甚至形成峡口。利用这一收一放把后湖河道的全程障隔分为形状各不相同的水面，使漫长的河身增加了开合变化的节奏，成为园内的一处富有情趣、最引人注目的水景。

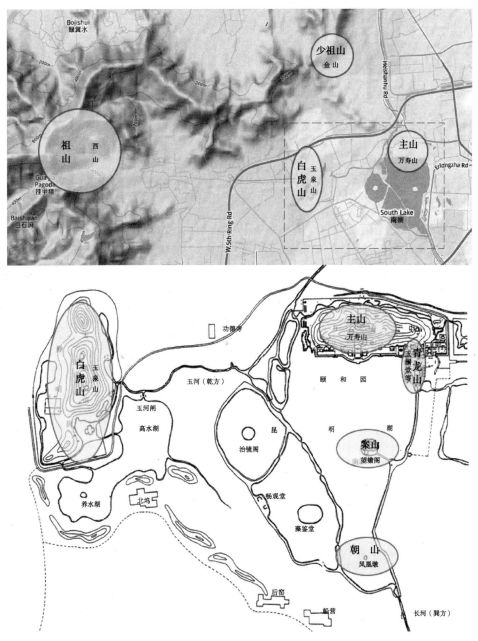

图4-25 清漪园风水格局图

图4-26　从昆明湖南端向北望去，堤岛分割使昆明湖尽显幽远之势

3. 利用地形掩映水之源头

在入水口建玉带桥和出水口建绣漪桥，利用拱桥掩映水源的来去，达到"疏水若为无尽，断处通桥"的迷远意境。

4. 符合古人审美的水流方向

昆明湖水源来自西北方（乾方）的玉河，出于东南方（巽方）的长河，这个水系源流所表现的形象，大体符合风水先生的"后天八卦"（图4-27）之源，即符合水来自乾方（西北方），出于巽方（东南方），山居于坎方（北方）为最佳的要求。

图4-27　后天八卦图

4.5 "意在笔先"——清漪园景观的建造次序研究

中国古典园林中山水园林化的特征之一就是建筑的布置，它是从自然到人工的过渡，正如陈从周先生对中国园林的定义："中国园林是由建筑、山水、花木等组合而成的一个综合艺术品，富有诗情画意"。山水、花木都属自然环境，惟有建筑最能体现诗情画意的意境，而中国园林最为重要的精髓就是自然环境和建筑的有机结合。

在"参天地，赞化育"的自然观影响之下，清漪园通过楼台的点缀山水，使建筑的错彩镂金与山水形成美丽的天然图画，人工景观要素与自然景观要素互相资借。正如藕香榭西侧楹联所写："台榭参差金碧里，烟霞舒卷图画中"，体现了建筑与山水的完美融合。

4.5.1 匾额楹联对工程的指导

园林在动工之前，清漪园的创作队伍就根据山水景观特色定出了园内大部分景点的主题立意，并以"题名匾"的形式书写出来，这使得园中建筑能够因地制宜地与环境相融合。

清漪园的匾额分为题名匾和抒意匾。题名匾就是为景观或建筑题名的匾额，标以"轩"、"堂"、"榭"、"楼"等字。由于园林建筑大多因景而建，因此这里的观赏主体并非建筑自身，而是建筑之外的景观环境。中国传统造园强调"意在笔先"，园林在动工之前，造园者首先要在大格局上构思立意，为园林建设提供规范和指导，通常以题名匾的形式来表现。

抒意匾是对题名匾的补充发挥，常悬挂于题名匾之后以及室内，与楹联密切配合，相当于"横批"。题名匾常常定于建园之前，而抒意匾则悬于建园之后。

清漪园的主要景点名称大都拟题于建园之前，可以看出乾隆在修筑清漪园时充分考虑到了"意在笔先"这一造园原则，各景点的主要观赏点、观赏目标及观赏角度、距离等都在考虑范围之内。

完成阔湖堆山之后，乾隆十五年（1750年）三月十三日乾隆下旨：改金海为昆明湖、瓮山为万寿山。五天后他接着宣布了具体的湖区景观主题，并制作匾额楹联，清宫档案记载：

（乾隆）十五年三月十八日，太监刘成来说，首领文旦交御笔宣纸匾文："月波楼"、"澹会轩"、"鉴远堂"、"云照兑泽"各一张，"万里一三时"宣纸对一副。传旨：将"月波楼"做木胎石面字匾，其"澹会轩"、"鉴远堂"做油木匾。先画样呈览，准时再做。再"云照兑泽"匾文并对子一副，俱做一块玉璧子匾对，外镶一寸绫边。钦此。

这是迄今为止发现的清漪园最早的匾额记载[1]，主要是体现南湖岛月宫仙境的点景建筑匾额，清漪园的园林化由此拉开序幕。

"（乾隆）十五年十二月二十日，员外郎白世秀来说，太监胡世杰传旨：万寿山大佛殿将来做九边四样铜字匾悬挂：其配殿并余者殿上应挂之匾，做金线如意斗式四样字匾；随工做行宫内俱做黑漆阴纹金字匾。钦此。"

颐和园以祝寿为主题，延寿寺悬挂"四样字"龙匾，配殿及附属建筑悬挂如意铜匾，其余景点采用"黑漆"木匾，可以看出全园布局的主次分明。

乾隆十六年正月初九日太监刘成来说，首领文旦交御笔宣纸匾文：绿天深处、无尽意轩、

---

[1] 夏成钢. 湖山品题——颐和园匾额楹联解读［M］. 北京：中国建筑工业出版社，2009.

看云起时、湖山真意、春风啜茗台、意迟云在、水木自亲、虑澹清漪、清辉镜朗、灵现祇园、慧日重轮、莲座盘云、蕴真赏惬、芳辉澄照、云雍化城、留佳亭、鱼藻轩、写秋轩、道存斋、餐秀亭、夕佳楼、乐寿堂、寻云亭、宜芸馆、赅春园、寄澜亭、瞰碧台、含新亭、翠缨房、石丈亭、听鹂馆、云松巢、文昌阁、黄叶亭、绿畦亭、对鸥舫、小西泠、养云轩、花承阁、秋山亭、水周堂、味闲斋、昙华阁、清漪园、清遥亭、玉澜亭、六兼斋、重翠亭、霞芬室、藕香榭、知春亭、近西轩、邵窝、蕴古、奇秀、含绿、古情、随香、贝阙。

这批匾额的制作，表明在乾隆第一次南巡之前，就已经有了对全园大部分景点的设计意象，这种意象是在察看山水环境之后根据山水环境的特点来决定的，乾隆将这种意象以匾额的形式描述出来，再吩咐样式房根据此意象设计建筑及改造局部地形，使建筑能够因地制宜地与环境相融合。

这种"意在笔先"和一气呵成的设计方式使清漪园成为一个不可分割的园林整体。这点可以从清代皇家园林的景点提名中得到佐证。清代皇家园林大都以若干景命名，如圆明园四十景、避暑山庄七十二景，而唯独清漪园没有这种景点题名。其原因在于乾隆突出的是大山大水的唯一一景，他把清漪园当成了一幅完整的山水画长卷来处理，使观赏者的视点始终处于一个整体环境的意象，而不是一个个割裂的空间组合，以此来保证山水画面的连贯性。

4.5.2 重点建筑营建的先后次序

如《园冶》所说："然物情所逗，日寄心期，似意在笔先，庶几描写之尽哉"，清漪园的兴建正是遵循"意在笔先"的设计原则开始营建的。

乾隆十九年（1754年）闰四月九日，内务府大臣苏赫纳奏请增加清漪园管理人员奏折的"副件"：《清漪园总领、副总领、园丁、园户、园隶、匠役、闸军等分派各处数目清册》，记载了清漪园截至乾隆十九年（1754年）间已建成的建筑物名称：

山前一路：大宫门、朝房、茶膳房、军机处、内务府各衙门各项朝房、二宫门、勤政殿、配殿、值房、文昌阁、寄澜亭、进膳门。

中段：大报恩延寿寺，东边小庙、写秋轩、无尽意轩、意迟云在、千峰彩翠、重翠亭、罗汉堂。东段：水木自亲、乐寿堂、寻云亭、宜芸馆、近西轩、道存斋、夕佳楼、玉澜堂、藕香榭、霞芬室、怡春堂、餐秀亭、川泳云飞、养云轩、乐安和、自大报恩延寿寺至西边石丈亭一带游廊、鱼藻轩、敞厅、八方亭、画中游、湖山真意、石舫。

山东面：霁清轩、惠山园、赤城霞起。

山后一路：中段：赅春园、清可轩、味闲斋、蕴真赏惬、北楼门。

东段：花承阁、六兼斋、莲座盘云、澹宁堂、昙花阁、东北门。

西段：绮望轩、看云起时。

山西面：五圣祠、贝阙、西宫门、水周堂、买卖街铺面房、延清赏。

湖南一路：广润祠、鉴远堂、月波楼、大八方亭、望蝉阁、凤凰墩、景明楼、藻鉴堂、湖西南点景亭座、村庄房间、耕织图殿宇、机房养蚕房❶。

同时根据天津大学张龙的硕士论文《济运疏名泉，延寿创刹宇——乾隆时期清漪园山水格局分析及建筑布局初探》中清漪园主要建筑的建成年代可以看出乾隆对不同景点的需求程度（表4-2）。

---

❶ 中国第一历史档案馆，内务府清册。

清漪园主要建筑建成年份　　　　　　　　　　　　　　　　　　　　　　　　　　　　表 4-2

建筑名称	建成年份	位　　置	作　　用
东宫门一带			
耶律楚材祠	乾隆十五年（1750年）	位于昆明湖东岸，东堤东侧	缅怀忠良，保护古迹
勤政殿	乾隆十六年（1751年）	平地建筑，其前为东宫门，后为障景所堆假山	清漪园的主入口和核心宫殿，其朝政功能仅为象征性
前山东段			
玉澜堂、宜芸馆	乾隆十六年（1751年）	山脚建筑，御制诗中称为"水堂"、"溪堂"，位置"俯平湖"	奉母游园，在此办理政务
怡春堂	乾隆十六年（1751年）	山脚建筑，御制诗中称为"溪堂"，背山面水	礼佛功能性建筑。奉圣母休息，并方便问安
乐寿堂	乾隆十六年（1751年）	山脚建筑，"光绪十三年清单"关于这组建筑的重建有记载："水木自亲1座5间，绿天深处1座5间，慈澹清漪1座5间"❶。东穿堂殿"绿天深处"后改为"舒华布实"，西穿堂殿改为"仁以山悦"	具有居住意象的点景建筑，并不承担实际的居住功能
乐安和、扬仁风	乾隆十六年（1751年）	山脚建筑，为山地御园	点景建筑
养云轩	乾隆十九年（1754年）	位于万寿山"山坡"、"岩半"，御制诗中称为"岩室"，位置"据山近水"，依山布置，庭院有高差	点景建筑
赤城霞起	乾隆十九年（1754年）之前	清漪园东部前山与后山的分界节点	城关，转换景观
前山中段			
大报恩延寿寺	乾隆十六年（1751年）	建于山腰，下有高台座，强调与昆明湖的密切联系	与祝寿相关的建筑，延寿寺塔建成于乾隆二十五年（1760年）
写秋轩、寻云亭、观生意、瞰碧台、圆朗斋一组建筑	乾隆十九年（1754年）	位于山腰平地，倚山构建，位置背山面水	点景建筑，修饰山形
无尽意轩	乾隆十九年（1754年）	位于山脚，依山构建，"背山面水"，称为"岩轩"	点景建筑，修饰山形
重翠亭	乾隆十九年（1754年）	位于山体上下两端陡峭山体之间，视线开阔，内供文殊菩萨一尊	观景、礼佛
长廊	乾隆十九年（1754年）	位于山脚近湖处	万寿山前联络线
前山西段			
听鹂馆	乾隆十六年（1751年）	位于山脚，称为"山斋"、"山馆"	乾隆陪母听戏之所
山色湖光共一楼	乾隆十九年（1754年）	位于山脚，称为"岩楼"	临湖建筑，在长春园思永斋临湖有一座同名楼阁
云松巢、邵窝、绿畦亭	乾隆十九年（1754年）	处于山势渐趋平缓之处（山坳），倚山而建，背山面水	点景建筑

---

❶ 王道成．颐和园修建年代考 [M]．

续表

建筑名称	建成年份	位置	作用
画中游（澄辉阁、借秋楼、爱山楼）	乾隆十九年（1754年）	位于听鹂馆上方，处于山腰，地势高迥，称为"山阁"，是万寿山西南坡的转折部分，山体陡峭，成景位置极佳，适合俯视昆明湖	与山体结合紧密，修饰山体
清音山馆（湖山真意）	乾隆十九年（1754年）	万寿山山脊西端点	修饰山形
荇桥、石舫、五圣祠	乾隆十九年（1754年）	位于万寿山西侧山脚	点景，渲染"小西泠"的江南民俗氛围
水周堂	乾隆十七年前（1752年）	石舫西北小岛上	观景建筑
延清赏、小有天、斜门殿、穿堂殿、蕴古室	乾隆十九年（1754年）左右	位于万寿山西侧山脚	仿杭州汪氏园，以赏石为主
后山中段			
赅春园、味闲斋	乾隆十九年（1754年）	两者分布于桃花沟两侧，北临中御路，是位于山谷，前临丘壑、背倚石崖的山地小园林。高差共约15m，分三个高程，能够较好地融于前平后峻的自然地势	位置隐约深邃，建筑与山岩紧密结合。园内清可轩和留云的室内南壁都是裸露的岩石，自然与人工混为一体。
须弥灵境	乾隆二十三年（1758年）	从山顶延伸至山脚	怀柔蒙藏之用。其姊妹建筑承德普宁寺在乾隆二十年（1755年）动工，乾隆二十二年（1757年）建成
构虚轩	乾隆二十二年（1757年）	位于赅春园东北人工堆起的山峦上，南望可总览后大庙和赅春园，东可目及多宝塔，西看玉泉山，北俯嘉荫轩、买卖街	以构虚轩楼阁为中心的小园，这座小园高敞开朗，是后山的主要建筑
绘芳堂、金粟山	乾隆二十二年（1757年）	位于山坡台地上，距河而建	后山点景建筑
嘉荫轩	乾隆二十二年（1757年）	位于后溪河北岸，位置高迥，与后溪河北岸的人工山峦相结合	点景建筑，与绘芳堂隔水相望
寅辉	—	南依万寿山，北距断崖，西临深涧，东面是曲折的小路，在地形、环境等方面与真正的城关极为相似	城关建筑
后山西段			
宿云檐	乾隆十八年（1753年）	山脚	城关建筑，供奉关帝，与文昌阁供奉的文昌帝君形成"文武辅弼"寓意
绮望轩	乾隆十八年（1753年）	建于假山石堆之上，前临溪水后依山，主体建筑绮望轩高建在临湖山石洞之上，与看云起时相望	与山地结合的建筑，收敛清幽
看云起时	乾隆十九年（1754年）	位于后溪河北岸，与人工山峦相结合	与"绮望轩"隔河相望，形成后溪河的一处峡口
后山东段			
花承阁、六兼斋	乾隆十九年（1754年）以前	位于山腰，倚山而筑，建于半月形砖砌高台上	佛教建筑

续表

建筑名称	建成年份	位　　置	作　　用
澹宁堂、云绘轩、延绿轩、随安室	乾隆十九年（1754年）以前	位于山坳，北临后溪河，河面开阔，南面万寿山，静谧清幽	含有缅怀祖父康熙之恩的寓意
昙花阁	乾隆十九年（1754年）以前	位于山脊之东端点，地势居高临下	佛教建筑
惠山园、霁清轩	乾隆十九年（1754年）	位于后山东段山脚	仿无锡寄畅园的小园林
昆明湖区			
耕织图	乾隆十六年（1751年）	位于西堤以西，以稻田水乡为特色。乾隆十六年（1751年）六月传达关于耕织图水村居设计的指导思想："合其形势，或二三间、三四间不等，布成村落，以标幽致，即于该匠役房间空间之地，种植桑株以养丝蚕，如此则匠役等既得楼止之地，而村居蚕桑点缀于山水之间，益着园亭之盛也！❶"	为乾隆体现重农思想的景点。景区种植大片稻田，与其西的稻田景观连为一体，同时其"官种稻田"也供宫廷使用
文昌阁	乾隆十九年（1754年）	位于昆明湖东岸	东堤重要的景观建筑；城关建筑
知春亭	乾隆二十五年（1760年）	位于知春亭岛上	观景点；分隔湖面
治镜阁	乾隆二十六年（1761年）	位于治镜阁岛上	昆明湖西南区域重要的景观焦点
望蟾阁	乾隆十九年（1754年）	南湖岛上重要的建筑，岛上的龙王庙是乾隆的祈雨场所	体现月宫仙境寓意的建筑
畅观堂	乾隆三十年（1748年）之前	位于藻鉴堂湖西岸人工堆筑的山坡上，在清漪园一角，仿西湖蕉石鸣琴的布置	视野开阔，西可望西山玉泉山，北可望治镜阁、耕织图，东可望昆明湖，南可望百亩稻田
藻鉴堂	乾隆十八年（1753年）	位于藻鉴堂岛上	分隔湖面，岛上有代表茶文化的春风啜茗台
凤凰墩	乾隆十六年（1751年）	位于凤凰墩岛上	乾隆水路来清漪园最先到达之处，同时有分割湖面的效果
西堤六桥、景明楼	乾隆十八年（1753年）	位于园西，仿杭州西湖苏堤而建	作为堤坝起到分割水面的作用，利用桥下涵洞调节水深，同时是重要的交通和观景路线
十七孔桥、廓如亭	乾隆十九年（1754年）	位于东堤中部	东堤上重要的空间转折点连接南湖岛，分隔湖面
后溪河买卖街	乾隆二十六年（1761年）—乾隆二十九年（1764年）	位于后山溪谷底部	仿江南商铺，供皇帝游乐

从表4-2的分析可以看出，园中建筑主要依据功能需求和成景需要分三个时间段建立。

---

❶ 中国第一历史档案馆，奏销档。

一是挖湖堆山后即开始建造，在乾隆十六年（1751年）左右完成，这类建筑包括与拓湖密切相关的南湖岛、耕织图、凤凰墩，与大寿庆典相关的大报恩延寿寺、怡春堂、乐寿堂，与历史遗迹保留有关的耶律楚材祠、龙王庙，与修整山形密切相关的听鹂馆及与咨政有关的玉澜堂、宜芸馆等建筑。可以看出乾隆把治水、祝寿、勤政放在造园立意的第一位。

二是在乾隆十八年至十九年（1753~1754年）以前完成，属于清漪园的早期建筑。这些包括前山大量起到修整山形作用的建筑，如养云轩、无尽意轩、昙花阁等；后山地形独特的山地园林，如赅春园、味闲斋、澹宁堂、绮望轩、看云起时等；以及万寿山东西两侧的建筑及湖西建筑。这些建筑对于修整万寿山山形起到重要作用，同时也包括大量体现帝王心斋的文人园。

三是在乾隆二十二年（1757年）以后建造完成，包括后溪河买卖街，后山体量巨大的须弥灵境建筑群、构虚轩，以及后山的金粟山、嘉荫轩，及湖中体量较大的治镜阁等。这些体量较大的建筑容易破坏后山的幽静气氛，很有可能是先前未经过规划而后来由于突发事件而筹建的。如后溪河具有江南水镇风格的买卖街建于乾隆二十六年（1761年）以后，这可能与乾隆三十年（1765年）奉母第四次南巡之前，当时其母年事已高，不便再去江南，故深谙孝道的乾隆在御苑中建此街市。而须弥灵境建筑群是乾隆效仿其祖康熙安定喀尔喀蒙古之后在多伦诺尔会盟建汇宗寺的先例，在承德避暑山庄与清漪园中先后修建。

4.6 工程与造景的结合实例——颐和园的排水系统

颐和园的山体是以"石山培土"的形式进行改造的，因此雨水的冲刷极易造成水土流失，并将淤泥带入昆明湖中；此外，众多的木质建筑也需要防止雨水的浸泡，因而颐和园的排水系统是经过精心策划的，其不但能够与地形、山石结合形成景观，而且也起到蓄水、净化水质等生态作用，可以说是工程、生态、造景的完美结合。

整个颐和园中的水通过巧妙的排水设计，全部汇入了山前的昆明湖和山后的后溪河，而后溪河则是与昆明湖相连通的，最终通过闸口排出园外。

4.6.1 万寿山前山的排水系统

颐和园前山排水的最大特点就是与置石的完美结合，利用山体地形设置排水道路或通过明渠进行排水，通过拦、阻、蓄、分、导等地面排水方式将雨水引导入昆明湖中。

颐和园中多余的地表水大多是利用地面、明沟、道路边沟进行排放，结合造景设置成种类丰富的排水道。为了保护岸坡结合造景，一般排水道的设置都低于路面，道路两边设小排水沟，形成水道（图4-28）。园内很多地方可以看到用山石布置成峡谷、溪涧，落差大的地段还可以处理成跌水或小瀑布，这不仅解决了排水问题，而且丰富了园林地貌景观，还具有上下山磴道的使用功能，无水时为旱道，有水时变水道，可谓多种功能融于一身（图4-29、图4-30）。

1. 置石挡水

万寿山上随处可见的置石，形态各异的造型不但能起到造景的作用，还可以作为"挡水石"有效地降低了水流的动能。通过降低水流的流速，控制水流的流向，保证它们能够顺利地流入排水沟。同时也大大减少了山脚水土流失的可能性：在排水道方向和高差上出现变化时，水的流速大，表土土层往往被严重冲刷甚至毁坏路基，在台阶两侧或陡坡处置石挡水可以有效地减少冲刷（图4-31~图4-35）。

图4-28 排水道边坡的太湖石与黄石置石

图4-29 下山的磴道具有造景和排水的多重功能

图4-30 排水道两侧的挡土墙做成了假山样式,增加山林野趣

图4-31 挡水石不但可以控制弯角处水流的方向,而且也打破了路面的单调

图 4-32 山体路面陡峭处的挡水石

图 4-33 挡水石与建筑镶隅的结合

图 4-34 在道路中间置石减缓水流速度

图 4-35 极具景观价值的挡水石

2. 置石分水

万寿山山间除了这些比较大的挡水石之外,还分布着一些细长高耸的石头,这些散点放置的石头虽然不能直接阻碍水流的下冲,但可以将大股的水流分成小股的水流,起到了分流的作用。

3. 护土筋

护土筋(图4-36)的作用与挡水石相仿,一般沿山路两侧坡度较大或边沟沟底纵坡较陡的地段敷设,用砖或其他块材成行埋置土中,使之露出地面3~5cm,每隔一定距离(10~20m)设置3~4道(与道路中线成一定角度,如鱼骨状排列于道路两侧)。护土筋设置的疏密主要取决于坡度的陡缓,坡陡多设,反之则少设。它们在山路上可以防止径流冲刷,在一定程度上保持了水土。除了采用上述措施外,还可在排水沟底用较粗糙的材料(如卵石、砾石等)衬砌。

图4-36 护土筋

由于从山上流下的雨水携带大量的泥土,为了防止泥沙流入湖中造成淤泥的沉积,在前山与昆明湖之间布置了葫芦河,从前山排下来的雨水先流进葫芦河,再通过暗道(管道)流入昆明湖。由于有了葫芦河这条屏障,使携带泥沙的雨水在河中沉淀,大大减少了昆明湖出水口阻塞的危险,也减少了昆明湖中的泥沙淤积量,保障了昆明湖的水质。同时,葫芦河优美的造型也增色了颐和园的景观。与此类似,在无尽意轩前也有一个作为"蓄水池"的方形水池,这些水池与昆明湖的水位保持一致(图4-37、图4-38)。

4.6.2 万寿山后山的排水系统

主要是后山,是与前山截然不同的另一种给水排水系统。通过在后山中轴线左右两侧各布置一个涧谷:桃花沟和寅辉城关沟,利用排水沟形成的"无水涧壑"把水汇到北面的后溪河中,在承担排水功能的同时,也是后山的重点景观。

图4-37 前山养云轩前的蓄水池

图4-38 前山无尽意轩前的蓄水池

桃花沟(图4-39、图4-40)长约100m,沟底较宽,平均坡度为7°。两谷横切山脉,破腹而出,丰富了万寿山的形体,增加了深远层次,同时也带活了后溪河水。在下雨时,既可以观赏涧水,又可以听取落水之声,当时赅春园的众多景点都与该处沟谷有关,如澄碧亭是观赏溪流的景点,钟亭则是欣赏流水之声的景点。在桃花沟上游,设置了大量的树木和条石(图4-41、图4-42),并形成了一个个台地来减缓水流的冲击。为了承接和缓冲从山上汇聚下来的大量雨水的冲击力,后溪河在桃花沟下设置成喇叭口的形状(图4-43),形成后溪河最宽广的部分,借以缓冲巨大的水流速度,同时在造景上也起到视觉收放的效果。

图 4-39 桃花沟示意图

图 4-40 桃花沟位于赅春园钟亭的部分

图 4-41 桃花沟上游减缓水流的树木及条石（一）

图 4-42 桃花沟上游减缓水流的树木及条石（二）

图4-43 桃花沟下苏州街的喇叭口设置

位于后山东侧的寅辉城关（图4-44）的排水与桃花沟相呼应，长约120m，沟底较窄，平均坡度大于9°，同样与后溪河相连。相对桃花沟来说，寅辉处的排水落差更大些，气势更加宏伟。从山上流下的水流先汇聚到汇水区，集中后再流入蜿蜒的排水沟中（图4-45），最后汇入后溪河（图4-46）。

图4-44 寅辉城关

图4-45 蜿蜒的排水沟

图4-46 寅辉城关桥边的置石也充分考虑到了朝下排水的功能,仿佛屋顶的排水设置

4.6.3 院落排水

为防止雨水对建筑的影响,前山的建筑大都用院墙将院落围合起来,通过"挡"的形式引导水流,将雨水挡在庭院之外(图4-47)。

图4-47 扬仁风院落与山体之间的排水路

对于有高差的庭院，如养云轩（图4-48～图4-50）、排云殿等，采取的是逐层排水的方式，即从庭院较高处向低处排水，最后通过低处的水井排出院外。如养云轩上层院落通过设置围栏，围挡底部有排水孔，直接向下层排水。最后，通过院内的排水井连通院墙外侧的排水口将雨水排出院外。

图4-48　养云轩上层院落与下层院落中的围挡，围挡下有排水孔

图4-49　围挡下的排水孔

图 4-50　两层院落中的排水道

对于高差很小的庭院，如乐寿堂、玉澜堂等，大都是依靠地面高差，使雨水顺级低流，如在玉澜堂、宜芸馆的庭院中都有一条十字形的道路，十字的中心正是院子的中心，通过道路的巧妙设计，院子变成了中间高、四周低的结构，水流顺着地面高度，流入了四周的排水井里，通过暗管排至院外（图 4-51～图 4-53），最终排入昆明湖中。

图 4-51　玉澜堂院落四角的排水井

图 4-52 院落墙外的排水口

图 4-53 院落中的排水井通过暗道连接昆明湖堤岸的排水口流入湖中

4.7 "千尺为势，百尺为形"——清漪园空间布局之美

清漪园空间布局遵循着"千尺为势，百尺为形"的传统规律。"百尺为形"的布局特点符合人体的视觉感受，是一种富于人情味的适宜尺度，园中的建筑大都遵循这一尺度要求。而"千尺为势"的外部空间布局，以人体的视距特点为依托，对园林的空间尺度起着普遍的控制作用，这样的尺度模数在清漪园相邻单体建筑与水体的分割中被广泛应用。

4.7.1 宜人的建筑尺度

对于"百尺为形"的基本尺度规定，按中国古尺，从周尺到康熙朝的量地官尺，折算公制约为23~35m。作为近观时的视距标准，正与现代建筑理论中以看清人的面目表情和细节动作作为标准的近观视距限制基准甚为契合。

"百尺为形"的空间尺度规定，对单体性的空间构成，还具有体量尺度的制约意义，即如建筑单体或建筑局部空间划分，面阔、进深与高度一般也应以百尺为限。由当代理论可以知道，这也正是建筑体量不失之于"尺度超人的夸张"而富于人情味的合宜尺度，这一规定也符合限制视觉的科学性。

清漪园虽然具有真山真水的大环境，但就其单体建筑而言，其外部空间构成的基本尺度，大多数都遵循了"百尺为形"的原则，即以不超过23~35m来控制各单体建筑的进深、面阔及竖向高度。

就平面而言，园中几个大尺度建筑面阔最大的为勤政殿33.20m，而乐寿堂为29.70m，玉澜堂为19.15m，排云殿为22.60m，望蟾阁为22.40m；进深勤政殿为18.20m，乐寿堂为12.38m，玉澜堂为7.04m，排云殿为18.55m，望蟾阁为9.02m，都远远控制在"百尺"以下。

从高度而言，只有佛香阁（高41m）、须弥灵境超过了"百尺"（图4-54），其余建筑均在35m以下，如比较重要的用于政治活动的建筑勤政殿高5.53m，玉澜堂高3.47m，大报恩延寿寺大雄宝殿（今排云殿）高4.76m，七层宝塔多宝琉璃塔高17.6m。

在众多的院落中，近观视距也莫不遵循着"百尺为形"的规则，如从仁寿门到仁寿殿，从玉澜门到玉澜堂，从宜芸门到宜芸馆，从水木自亲到乐寿堂间的距离都在20~30m之间。这样以百尺为限，在百尺以近观看高度控制在百尺以内的建筑，观赏角为仰角45°左右，这正是在外部空间设计中普遍应用为近距离观看建筑个体，并倾向于观看建筑局部、细节的一个限制视角。在水平方向上，人的最佳视角在60°以内，一般以水平视角在54°时为设计中的最佳视角，而这恰恰正是面阔百尺的建筑在视距百尺观看时的水平视角，这样的尺度安排符合人体的生态视域空间，使空间和建筑的大小比例自然合理。

作为主景建筑的佛香阁高41m，加上地面高程42m，总共高出地面约80余米，远远超过了"百尺为形"的限制，但佛香阁、须弥灵境这些尺度超人的建筑物，是作为媚神、礼佛之用的，具有宗教的性质，正如王其亨教授所言是"神的空间"[1]，不过是借其超然的体量尺度，来装点以

---

[1] 王其亨. 风水形势说和古代中国建筑外部空间设计探析[M]. 风水理论研究. 第2版. 天津：天津大学出版社，2005：140-168.

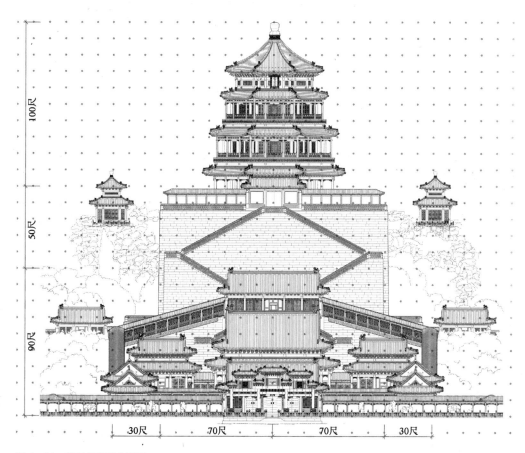

图 4-54 佛香阁尺度分析图

人的空间为主体的御苑,以此来作为构图中心控制万寿山和昆明湖。

4.7.2 外部空间布局

"千尺为势",一般用于限定大范围建筑群体的空间设计及远视视距,也同样具有科学性,能对园林的空间尺度起着普遍的控制作用。"千尺"合现代尺度230~350m左右,这一尺度对局部园林环境的控制使人们活动的主要范围处于能够愉快胜任的步行距离内。就当代理论分析,合于人的尺度,即百尺为形的建筑或其他景观形体,在千尺之远观看时,视角为6°,这正是人眼最敏感的黄斑视域;同时也正是当代建筑外部空间设计中的一个重要极限视角。实际上,当视角小于6°时,空间的景观效果,尤其是空间围合效果,将明显消失,趋于空旷,并产生疏远感❶。

在外部空间构成的视距控制方面,景点、建筑群的空间范围通常控制在"千尺"之内,相邻单体建筑的距离最大也在350m之内。清漪园最大的景点大报恩延寿寺建筑群,其南北进深也仅

---

❶ 王其亨. 风水形势说和古代中国建筑外部空间设计探析 [M]. 风水理论研究. 第2版. 天津:天津大学出版社,2005:140-168.

为210m，东西面阔160m，这似乎与皇家园林追求宏大的思想格格不入，但这种尺度控制恰恰能给人舒适的心理感受和适宜的视觉体验。

同时，清漪园中相邻单体建筑间距也以"千尺为势"而限定，这样便使百尺为形的单体建筑既能相互独立，又有机统一，不显空旷。如西堤六桥与景明楼一起将西堤分成七段，每段均在300m左右，这种"千尺为势"的空间分割同时也与人的愉快步行距离相一致。这种尺度理论在水体的划分中同样适用，如颐和园后溪河长约1000m的河道依收放序列可以分为六段：一段，过半壁桥后的放和绮望轩峡口的收；二段，桃花沟外大水面的放和西部苏州街的收；三段，东部苏州街的放和寅辉东部山脚的收；四、五段，皆以山脚后退造成水的放，以桥跨水面造成收；六段，东部水尽处湖水的聚和流入惠山园水口的收。每一次收放的间距都在大约200m之间，这一进一退造成山随水转（图4-55）。

图4-55 后溪河收放关系示意图

由于清漪园面积较大，尤其昆明湖甚为辽阔，为使大报恩延寿寺能控制更大的湖面面积，必须使其远观视距超出千尺限外。故对此乾隆采取了两种处理手法。一是"积形成势"、"聚巧形而展势"，即以多样化的单体建筑的百尺之形，通过巧妙的空间组合，使之在远景上聚而成势或展而成势，大报恩延寿寺就通过组合佛香阁、五方阁、转轮藏、多宝殿等建筑使之成为整体，从千里之外观赏大报恩延寿寺组群的目标扩大数倍。二是"驻远势以环形"、"形乘势来"、"形以势得"，即在远景上，借万寿山的山势和人造石基来烘托主体建筑佛香阁，以获得远观上宜人的空间艺术效果，使其避免过远产生空旷感（图4-56）。

但即使通过烘托后的大报恩延寿寺，万寿山制高点佛香阁宝顶高出湖面80余米，其有效空间控制范围，也只是以佛香阁为中心周围800～900m左右的地带，这一区域恰好覆盖了西至玉带桥、东至南湖岛十七孔桥以北的湖面，再远则模糊不清，成为虚景和衬托。

由于中国园林以建筑为中心而成景，建筑物是观赏对象的主体。根据周维权教授对大型园林中的视距研究，视点（观赏点）与观赏对象（建筑物或建筑群）之间的绝对关系，也就是视距的具体尺寸如下：一般情况下，视距小于200m时，人们能够看清单体建筑物。在200～700m之间，能够看清个体建筑物的轮廓。在700～1200m之间，只能看清建筑群，其中的个体建筑物已经模糊不能辨识。视距若大于1200m，则只能约略辨识建筑物的轮廓了❶。

为了保证超过大报恩延寿寺观赏视距的湖面也有景可观，需要对湖面进行分割。通过设堤分湖，湖中置岛，岛上筑高阁——大湖南湖岛之望蟾阁、凤凰墩之会波楼、西南湖藻鉴堂岛之春风

---

❶ 周维权. 颐和园的排云殿佛香阁［M］//颐和园建园250周年纪念文集. 北京：五洲传播出版社，2000：63-79.

图4-56 佛香阁（大报恩延寿寺）建筑群通过"聚巧形而展势"扩大控制范围

啜茗台、西北湖治镜阁岛之治镜阁，对湖面分而控之。通过这些聚势、化势的手段使得80%以上的湖面控制在山岛之下。同时不断出现的形势转化极大地丰富了昆明湖的景观层次，形成了富有动感的空间场所。为在行进的过程中展现山、岛、建筑的形势转换，在大的山水空间中产生步移景异的景观效果，东西两堤在走向及其建筑经营上被进行了缜密的推敲。

南湖岛十七孔桥，把昆明湖分成南北两个区域，减弱了昆明湖的磅礴之势。大湖北水域内及其四周大部分地域，都具有观赏前山和南湖岛的合适的视觉标准。而大湖的南半部是一个狭长形的水域，最宽处仅600m，最窄处300m，长约1100m，由于超出了观赏万寿山前山主体建筑大报恩延寿寺的视距范围，从南湖向北望去，万寿山及大报恩延寿寺不再作为主体景观。从东堤最南端绣漪桥到凤凰墩附近，该段走向为北偏西20°左右，万寿山完全被屏蔽，此段游赏近景为400m左右处凤凰墩岛上的凤凰楼，远景则为桃红柳绿的西堤和连绵不绝的西山。经过凤凰墩处的转折点行进方向发生改变，视线也由西山方向转到正北的南湖岛和其后的万寿山，距离大约为800m的廓如亭、十七孔桥、南湖岛的亭桥岛建筑群组合成为观看的主景，万寿山则为背景。继续前行到达廓如亭附近，则进入了全园构图中心大报恩延寿寺的视距范围，成为观赏重点（图4-57）。

同样，西堤从最南端柳桥到景明楼为南北走向，万寿山在西堤垂柳中若隐若现，此时观赏的主景为藻鉴堂岛，视距范围为600m以内，能看清岛上的单体建筑的轮廓。继续前行，从景明楼到玉带桥则方向转变，视线向西偏26°，以高阁治镜阁为观赏主景，玉泉山和西山群峰为背景。经过玉带桥则方向又转向正北，进入了万寿山大报恩延寿寺的控制范围（图4-57）。

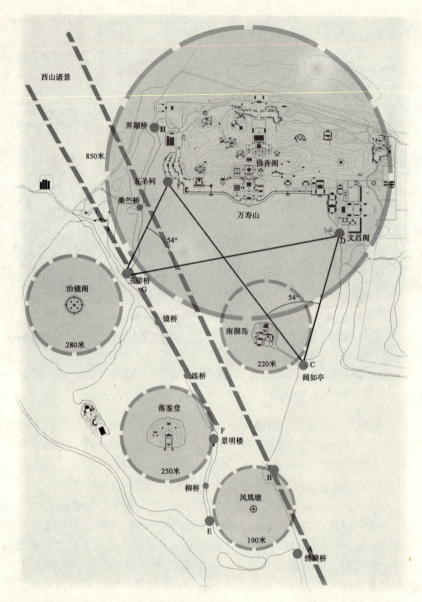

图 4-57　颐和园东堤、西堤走向分析示意图

4.8 "寻云遂至云深处，云与亭浑不可分"
——清漪园中的虚景营建之美

园林中利用由大自然的变化和景物的配合而成的日出朝霞、晓星夜月、烟雨朦胧等虚景是和中国画一脉相承的，是一种独特的造景手法。园中最有特色的虚实结合莫若于建筑与气象的结合，犹如画境，给人无尽的想象空间。正如钟惺在《梅花墅记》中所说："升眺清远阁以外，林竹则烟霜助洁，花石则云霞乱彩，池沼则星月含清，严晨肃月，不缀暄妍。"

天高云影的虚景营建是清漪园造园之美的一个重要方面。清漪园中在特殊的位置布置了众多建筑，适时地将大自然的气象变化组合到园林中来，使"虚景"为我所用。

4.8.1 云烟雾霭

天地生命运转在气，气之化而云烟雾霭，得云烟则行四时之真气，造化之妙理，在氤氲流荡中合于宇宙精神。云烟使静止的物运动起来，山水画经常用云烟来表现动感，体现生命精神，因此中国山水画有"烟云"之代称，山水画家常被称为"耕烟人"。元人张养浩在《雁儿落带得胜令·退隐》中曾生动形象地描述了云与山的亲密关系："云来山更佳，云去山如画。山因云晦明，云共山高下。"

清漪园中与此云烟相关的景点建筑最多，除了体现这种如梦如幻、若有若无的生态画境美效果外，还体现了乾隆喜云祈雨的愿望。

养云轩（图4-58）背倚万寿山，门临葫芦河，意为"云遮雾绕之轩"。轩处山凹，是一处藏风聚气之所，轩前的葫芦河也加强了自然成雾的效果。每当秋雨过后，晨夕雾气最为可观。乾隆诗云："名山多奇境，平陵构疏轩。轩中何所有，朝暮绕云烟❶"。

图4-58 养云轩

---

❶ 乾隆御制诗．养云轩［Z］．乾隆二十年．

云松巢位于万寿山前山山坳中，意为"依托白云青松之居"，名称源自李白《望庐山五老峰》诗"九江秀色可揽结，吾将此地巢云松"。此地白云和青松相互为伴，云藏松里，松被云遮，环境幽寂。乾隆诗云："云出松根松覆云，浓青淡白互氤氲[1]"、"松披云为衣，云驾松为乘[2]"。

寻云亭位于前山山腰，意为"欣赏云雾景观之亭[3]"。乾隆诗云："寻云遂至云深处，云与亭浑不可分[4]"。

停霭楼位于园中园绮望轩内，在主体建筑绮望轩南，为二层小楼。乾隆解释"霭为云容"，乾隆诗云："西山一带停春霭[5]"、"面水背山聊构筑，朝岚夕霭坐间收[6]"，暗指云霭来自西山一带，以傍晚观看为佳。

留云室位于后山赅春园内，建筑依山岩悬空而建，仿金陵永济寺，由于悬在高处，取意为"留得云聚之阁"。

袖岚书屋位于后山山峦构虚轩内，此地高敞开朗，山屋面西而建，为欣赏西山景色，在屋西窗安装了玻璃。建筑名称意为"山气缭绕如在襟袖之间"。乾隆诗云："林岚相环抱，云霞与往还[7]"、"烟霞呼吸碧霄通，即境每来致不同[8]"。

云绘轩位于后溪河东部澹宁堂一组建筑中，意为"烟云如画之轩"。轩地处水际山坳，烟云时聚时散，如自然云气图绘山水。乾隆诗云："几缕春云散复凝，丰隆绘事可称能[9]"、"常时云绘轩，原自出想象。今朝云绘轩，云绘果有状[10]"。

宿云檐城关位于石舫之北，意为"暮云归宿檐间"，这里城关高耸，落日夕晖，暮云萦绕，仿若归宿檐际。乾隆诗云："英英渰渰写檐深，山下应知望作阴。分付秋云权此宿，莫教飞去便为霖[11]"。

通云城关位于后溪河北岸，意为"通往烟云缭绕的仙境"。"云"在古代常与仙境联系在一起，故给人以无尽的遐想。

就云楼（图4-59），位于万寿山东麓惠山园内，为惠山园八景之一。"就云"意为"近云，与云亲近"。建筑东近溪水，西对松山，每至晨夕云岚涌起，早晚四时景物变化不同。乾隆诗云："抗岭岑楼，每当朝暮晦明，水面山腰云气蓬勃，顷刻百变[12]"。

4.8.2 雨雪

园林中的雨常常起到破实为虚的作用，从而创造出空灵缥缈、朦胧淡远的审美意境。清漪园

---

[1] 乾隆御制诗.云松巢[Z].乾隆二十九年.
[2] 乾隆御制诗.云松巢[Z].乾隆五十二年.
[3] 夏成钢，湖山品题——颐和园匾额楹联解读[M].北京：中国建筑工业出版社，2009：212.
[4] 乾隆御制诗.寻云亭[Z].乾隆二十五年.
[5] 乾隆御制诗.停霭楼[Z].乾隆四十一年.
[6] 乾隆御制诗.停霭楼[Z].乾隆二十三年.
[7] 乾隆御制诗.袖岚书屋[Z].乾隆三十三年.
[8] 乾隆御制诗.袖岚书屋[Z].乾隆三十五年.
[9] 乾隆御制诗.云绘轩[Z].乾隆二十五年.
[10] 乾隆御制诗.云绘轩[Z].乾隆三十四年.
[11] 乾隆御制诗.宿云檐[Z].乾隆三十三年.
[12] 乾隆御制诗.题惠山园八景有序[Z].乾隆十九年.

图 4-59 就云楼在嘉庆十八年（1813年）改称瞩新楼

在雨中的景色显得空濛清新，乾隆多次写到雨后的万寿山及雨中荡舟昆明湖，颇具画意。如《雨后万寿山三首》："雨后山容总濯如，日常几暇试临诸❶"。《雨中泛舟至玉泉山》："西山云势晓平铺，雨脚俄看落碧湖，耐可冲烟木兰荡，乘凉兼欲畅清娱……子昂安得传神笔，好作归舟风雨图❷"。

由于满族兴起于白山黑水之间，故清帝对雪有着深厚的感情，众多皇家园林中都有以雪为主题的景点，如避暑山庄康熙三十六景之一的"南山积雪"、香山静宜园燕京八景之一的"西山晴雪"等。雪可以产生画意，使园林显得白雪皑皑，银装素裹，犹如仙境；此外，雪也是丰年的瑞兆，可以对田野滋培，使冬麦滋长。乾隆尤爱清漪园万寿山的雪景，并借景观赏园西面的"西山晴雪"，如《即事四首》："望雪心忱得雪喜，吾心忱喜总因民……比似潇湘米家画，可能兼有玉山裴❸"。《新正万寿山》："匼匝西峰屏是玉，祥占沍胜为怡颜❹"（图 4-60）。

4.8.3 晨曦落日

观日升和日落是历代画家常画的题材，旭日的升和落给天地万物都染上了一层金色，十分壮观。尤其在清漪园中，金色的光辉笼罩在昆明湖面上，金光闪闪，神秘莫测。

夕佳楼意为"观赏夕阳佳景之楼"，语出晋·陶渊明《饮酒》："山气日夕佳，飞鸟相与还"。建筑为二层临湖小楼，向西望去，夕阳落山之际，阳光照在昆明湖上，金光闪闪，美轮美奂。乾隆诗云："山气横窗水气浮，揣称名署夕佳楼❺"、"西山当户画屏排，想象斜阳悦可怀❻"。

---

❶ 乾隆御制诗．雨后万寿山三首［Z］．乾隆二十四年．
❷ 乾隆御制诗．雨中泛舟至玉泉山［Z］．乾隆二十三年．
❸ 乾隆御制诗．即事四首［Z］．乾隆二十年．
❹ 乾隆御制诗．新正万寿山［Z］．乾隆二十六年．
❺ 乾隆御制诗．夕佳楼［Z］．乾隆二十二年．
❻ 乾隆御制诗．夕佳楼口号［Z］．乾隆三十三年．

图4-60　颐和园、玉泉山、西山雪景

寅辉城关在须弥灵境之东,选址在一条山谷的入河口,关名为"敬迎晨辉"之意。

霁清轩(图4-61)高踞小山岗之上,向北可远眺田畴沃野。霁清轩为乾隆雨雪晴后赏景之所,乾隆诗云:"一片霁光铺旷野,三间清赏俯崇岩❶"、"冠巘构三楹,来欣霁景清❷"。

图4-61　霁清轩

---

❶ 乾隆御制诗. 霁清轩 [Z]. 乾隆三十三年.
❷ 乾隆御制诗. 题霁清轩 [Z]. 乾隆四十一年.

4.8.4 月色

中国人自古喜爱月色，月亮常伴随着神话传说和神仙世界。古人称月色可以"移世界"，清戏曲家张大复在《梅花草堂笔谈》中记述说：

"邵茂齐有言：'天上月色能移世界。'果然，故夫山石泉涧，梵刹园亭，屋庐竹树，种种常见之物，月照之则深，蒙之则净。金碧之彩，披之则醇；惨悴之容，承之则奇；浅深浓淡之色，按之望之，则屡易而不可了。以至河山大地，邈若皇古；犬吠松涛，远于岩谷；草生木长，闲如坐卧；人在月下，亦尝忘我之为我也。"

园林中借月色来增色景致的例子很多，如杭州西湖十景的"平湖秋月"，中南海的"待月轩"、拙政园的"与谁同坐轩"等。

清漪园的南湖岛（图4-62）即为模拟月宫仙境的景点，其中的望蟾阁和月波楼更是直接点出了赏月的主题。

图4-62 月宫仙境南湖岛

望蟾阁意为"仰望月宫之阁",阁高三层,位置较高,具有"迥且虚"的观赏条件,但乾隆以赏月为题建此景点却只是想象,从未夜游到此。乾隆诗云:"望蟾最宜夕,而我未曾到❶"、"望蟾或晓或于晚,而我晓晚无来时❷"。

月波楼意为"映照着月光波影之楼",楼高两层,地势高迥,乾隆诗云:"登楼则后湖之水在我几席。月夕涌金荡漾堤影苍茫,几不知为前后湖矣❸"、"囧圆宝月印波心,殊胜光明契净深❹"。

---

❶ 乾隆御制诗. 望蟾阁 [Z]. 乾隆二十五年.
❷ 乾隆御制诗. 望蟾阁作歌 [Z]. 乾隆六十年.
❸ 乾隆御制诗. 月波楼 [Z]. 乾隆十五年.
❹ 乾隆御制诗. 月波楼二首 [Z]. 乾隆二十一年.

第5章 问泉哪得清如许，为有源头活水来
——清漪园生态环境下的儒学基因

清漪园生态意境的营建与园主人乾隆的人生观、价值观有着密切的联系，是主客观共同作用于生态的产物，并通过园中的环境营建体现出来，将清漪园的生态建构提高到一个新层次。乾隆的哲学思想受汉文化的儒学影响颇深，产生了儒学式的生态意境审美，而在清漪园的生态营建中应用最为广泛的则是"内圣外王"思想和"生命精神"思想，他反映着乾隆的个人生态观和精神感悟，这也是清漪园内在的本质特征之一。

5.1 乾隆的儒学思想

儒学起源于春秋时期，经过历代的发展，与道家、禅宗不断地相互碰撞、融合，尤其经过宋明理学新鲜思想的灌输，已经发展到成熟阶段，被奉为正统思想。

为了缓和满汉民族矛盾，清朝统治者十分重视对汉文化的推崇和汲取。清皇族汉文化素养极高，尤其在文学艺术方面，能诗善画，有"宗室代有伟人"的称誉。

努尔哈赤少年时即"好看三国、水浒二传，自谓有谋略"❶；皇太极把汉文化教育作为皇族教育来巩固政权；而顺治则明确确定了利用儒家思想作为教化的工具。

康熙即位后，选择"独尊朱子之学"，并将其定为儒学"正传"，作为治国之术。康熙上尊孔孟、下崇理学，大力提倡"真理学"，严厉抨击和惩治"假理学"、"伪道学"，要求自己和大臣们行守"理"、经世致用❷。《圣祖实录》载："（康熙）非六经、语、孟之书不读，非濂（周敦颐）、洛（二程）、关（张载）、闽（朱熹）之学不讲。"康熙在濂、洛、关、闽四学中，又独重朱子之学。

乾隆6岁便开始接受儒学教育，深得理学精髓。他先后受业于翰林院庶吉士福敏、朱轼、蔡世远等人。福敏一生"服膺程朱理学"，在他指导下，乾隆13岁前便已熟读《诗经》、《尚书》、《易经》、《春秋》等儒家经典和宋儒著作；朱轼"是著名的理学家"，向乾隆灌输了儒家的政治思想和道德规范；蔡世远"是一个崇拜宋儒的纯正理学家"，向乾隆灌输治国平天下的历史经验和教训。乾隆在怀念已作古的"三先生"时曾说"于轼得学之体，于世远得学之用，于福敏得学之基"。❸

在清朝历代先王和众理学名师的影响下，造就了乾隆以儒家的理学思想作为基础的内圣外王的人格理想和政治抱负，同时还培育了他卓越的文学艺术修养。综观乾隆一生，他的言行不出程朱理学左右，他将"理"视为万物的主宰，认为"理"主宰了日月星辰的运行、寒暑四时的变

---

❶ 杜家骥. 清代的皇族教育 [J]. 故宫博物院院刊, 1990 (2).
❷ 康熙政要 [M]. 卷十六//崇儒学第二十七.
❸ 唐文基, 罗庆泗. 乾隆传 [M]. 北京：人民出版社, 1994: 4.

化，还赋予了人以仁义礼智的本性（图5-1）。

图5-1 乾隆皇帝书生像

由于历代皇帝对汉文化和理学的重视和推崇，宋明理学自然成为了清代的正统哲学。作为"官方意识形态"，理学固然有维护封建统治的作用，但其作为当时的一种正统哲学，吸收了佛、道思想的养分并实现了对于孔子儒家学说的继承和超越，是对儒、佛、道三家思想的彻底融合；同时理学的美学思想还在秉承儒家宣扬"仁"与"礼"道德品格的美、佛家以观照内心为起点的思想、道家以崇尚自然为美的基本精神，达到将三家美学思想融会贯通的境地。

5.2 古典园林与生态意境审美

中国古典园林与生态意境审美相伴相生。生态意境是生态与人格精神的交相呼应，是把人的主观审美思想融入到生态意境的创造之中。而中国古典园林主张师法自然，注重生态意境的营造，园林中寄托了造园者的人生观与价值观。这种生态意境的营建将园林实体深化，并将园林的生态建构提高到一个新的层次。

中国哲学重视内心世界与客观事物的辩证关系，注重意境的创造，如道家崇尚自然和对仙境的追求；儒家尚礼和森严的等级观念；佛家主张色空脱尘、对极乐世界的向往等。

在山水画领域，同样讲究以形传神，力求将作品提高到更深的精神层面。"写意"与"传神"

等手法备受重视，文人绘画强调"萧条淡泊之意，闲和严静之心"，把"逸格"推为艺术的最高风格。山水画家投身于大自然，"搜尽奇峰打草稿"，"立万象于胸怀"，其宗旨是师法自然而不模仿自然，重在写意，作品是画家寄寓自己思想情感和思辨观念的产物，是具有意境美的艺术品，给人以丰富的联想和无尽的回味。

园林创作也受到这种意境审美的影响。生态意境在园林中体现着人与自然、人与人的和谐，体现着造园者对于园林生态环境的理解。这种生态意境审美一方面可以通过景物的布置体现出来，如按照山水画画论进行的山水改造，按照风水学布置的建筑尺度、空间尺度，按照植物美学及生态原则布置的植物规划等；另一方面则需要通过上升到哲学的高度，即通过意境将生态美表达出来，含蓄地点出了主要景点的特色及造园者的用意，又隐藏着造园者的人生观、价值观及文化修养。这种生态意境美，需要通过人与自然的融合，产生触景生情、寓情于景、情景交融的心理活动才能体会。

中国古典园林主张师法自然，注重生态意境的营造，无论是筑屋凿石、叠山理水，还是植物栽种，都寄托了丰富的情感、哲理与联想，用景物具体、鲜明、生动的形象，诱发观者内心的共鸣，强调客观物象与主观情感的统一。

这种思想在宋代以后的皇家园林中体现得尤为明显，如宋徽宗营造的艮岳，就是先前经过周详的规划设计，选址和布置都体现了生态意境原则，"它把大自然生态环境和各地的山水风景加以高度的概括、提炼、典型化而缩移摹写"❶，园林中更是融入了浓郁的诗情画意，与之前的皇家园林模山范水的风格截然不同。同时园林在审美尺度上趋向"小型化"，不求模山范水，只需满足于象征性的点缀，"一峰则太华千寻，一勺则江湖万里"、"微尘中见大千，刹那间见终古"，层峦叠嶂、长河巨泊都在想象中形成，体现了"壶中天地"的空间原则。

5.3 儒学思想指导下的清漪园生态意境的营建

清漪园生态意境的创作是在儒学思想的指导下完成的。乾隆通过把礼乐复合思想、"内圣"和"外王"的精神在清漪园中物化，使得清漪园具备了灵魂；同时把儒家的生命精神融入到园林之中，使清漪园的山水、动植物、建筑、四季景观的变化处处体现"鸢飞鱼跃"的生命精神。

5.3.1 "乐之道归焉"——清漪园礼乐复合的构图美

《礼记·乐记》："先王之制礼乐……大乐与天地同乐，大礼与天地同节"。制礼作乐是整合天人关系的重要手段，是艺术化的政治制度。古代的明君贤圣都懂得礼乐在社会政治中的作用，只有礼乐兼备，才能得天下而治。

"礼"是起源于自然崇拜、建立在对自然的认识基础上的人类社会秩序和伦理道德规范，其包括三个方面：其一是祭祀文化，其二是人际往来中各种重要活动的礼节，其三是联系于宗法伦理的社会等级关系与道德行为规范❷。

"乐"是包括音乐、舞蹈、诗歌等早期表演艺术的总称。"乐"最根本的作用乃是促进自然和谐运行，进而解决人类自身的生存需要。儒家将"乐之道"放到天地运行当中，与整个自然生态环境的和谐息息相关，它追求宇宙万物的和谐之美，追求"作乐以应天"，是园林等古代艺术中

---

❶ 周维权．中国古典园林史［M］．第三版．北京：清华大学出版社，2008：284.
❷ 张慧．先秦生态文化及其建筑思想探析［D］．天津：天津大学博士学位论文，2009.

体现的艺术生命精神，这是儒学对"乐"之作用的深刻认识。在某种意义上说，"乐"的作用较"礼"更为重要，因为它"由中出"，是人们"主体意识"的反映。古时天子往往指派专门的官员到各诸侯国观其乐，以了解国风国情，作为政教设置的依据。❶

园林作为承载礼乐文化的综合艺术，是艺术政治的实现方式。在皇家园林中，"乐"的精神则必然随着"制礼作乐"的统治方式，深刻地贯彻在园林的形式和内容里。利用"乐"来缓和"礼"造成的紧迫感。上古时期，就有作为游乐形式之一的"王渔"之乐；商有纣王"乐戏于沙丘"的苑台；周有"与民同乐"的文王之囿。此时的皇家园林，"圣人举礼乐"以求人际、社会、天人谐和的象征意义，表现得尤为突出。

清漪园作为皇家园林，依然采取了礼乐复合型的布置模式，成为中国礼乐文化的载体。在宫廷区、大报恩延寿寺及后山四大部洲采取了严整的对称式布局，强调中轴线的"礼"制；同样在园中布置了龙王庙、耕织图、蚕神庙等雩祭、躬耕、亲蚕的祭祀场所，强调与天对话，祈求风调雨顺，保障农业生产的顺利进行和国泰民安。而园中更多的则是体现以"乐之道"为最高理想和终极目标的自然式山水及体现生命精神的自然景观，其所承载的"乐"的内容和形式，都较从前有了极大的丰富（图5-2）。

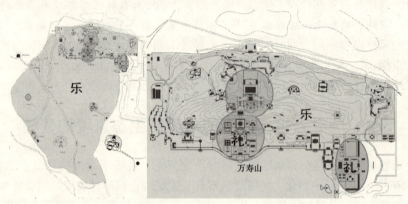

图5-2　清漪园礼乐文化示意图

5.3.2 "内圣"与"外王"的统一——清漪园帝王心斋的作用

"内圣外王"一词最早见于《庄子·天下》："是故内圣外王之道暗而不明，郁而不发"。另在《天道》篇也有："静而圣，动而王……此之谓大本大宗，与天和者也"的论述。"内圣外王"是指具有圣人的才德，对外实施王道。

内圣属于哲学层面的心性之学，注重有关世界观和人生观的问题；外王则属经世之学，体现在政治伦理问题以及某些因时制宜的具体对策❷。宋明理学把心性之学和经世之学有机结合起来，将内圣和外王统一起来，强调二者结成的一种体用相依的关系，即以心性之学作为经世之学的理论基础，以经世之学作为心性之学的价值取向。

饱读儒家经典的乾隆对此感悟颇深，他通过生态意境的营建，把清漪园作为帝王的"心斋"

---

❶ 张慧. 先秦生态文化及其建筑思想探析 [D]. 天津：天津大学博士学位论文，2009.
❷ 赵春兰. 周神瀛海诚旷哉，昆仑方壶缩地来——乾隆造园思想研究 [D]. 天津：天津大学硕士学位论文，1998.

和精神空间，作为颐养精神、陶冶性情、涵养持心的理想场所，其园林景观的体现远非只有"虽由人作，宛自天开"的自然美景，而是用园林中的山水、植物、建筑的空间组织，营造出一种精神环境，体现象外之象、景外之景，蕴涵着乾隆的文化素养和哲学理想，并寄托着乾隆的政治情感，这反映了皇家园林不同于其他类型园林的独特生态意境。

1. 内圣

乾隆没有仅仅把清漪园当作娱游的场所，而是借助园林景物意境的营造，反复表达、述说自己的圣人理想、君子之德，体现自己治心、修身的王者之道。通过追求文人雅士的生活状态来提升道德修养，体现自己琴棋书画、文韬武略皆精的圣人境界；通过标榜先贤精神来体现自己圣人的素养和情操，并从中汲取必要的哲学素养和政治教益，来体现天地之大德化育万物，体现君王之德配天地合人心。乾隆曾在《圆明园后记》中谈及对皇家园林的看法："夫帝王临朝视政之暇，必有游观旷览之地。然得其宜，适以养性而陶情；失其宜，适以玩物而丧志"。

1) "即寻常题咏，亦必因文见道"——澄怀观道

自魏晋以来，山水成为人们体道、悟道、畅神的依托，南朝画家宗炳就说，"山水以形媚道而仁者乐"、"山水质有而趣灵"，最高的美应当与"道"相通相合。自然山水是道的外化，在创作过程中具体的景和抽象的情相互生发而成，由此及彼产生很多联想，所谓"象外之象"、"味外之旨"，以自然载道，才可能触及。

乾隆通过寄情山水的实践活动取得与大自然的自我协调，通过事物去追求哲理，并对之诉诸情感；结合理论去深化对自然美的认识，去发掘、感知自然风景构成的内在规律。乾隆提出"即寻常题咏，亦必因文见道"、"即吟咏之遗音，得心意之所存，使闻之者足以感发兴起"，强调这种寓情于景、情景交融的过程。在清漪园中的众多景点都体现了这种"澄怀观道"的思想，观景的背后隐藏着更为深刻的主题。

玉澜堂的"玉"和"澜"是一对矛盾的概念，湖面冰冻谓之"玉"，湖面解冻才有"澜"（图5-3），半水半冰谓之"泮"，乾隆诗句云："冰凝那得澜，镜铺原似玉❶"、"凝静与流动，寓妙各适适❷"。乾隆通过观看湖水在同一时间的不同形态产生感悟，并由之联想到动与静、有与无等一系列相悖的哲学概念。在小西泠处的澄鲜堂则主要体现了由冰和水的相互转化悟得的世间万物的变化之理，"凭观悟得盈虚理，一息一消信有征❸"。

儒家重视珍惜时间，《论语》讲："子在川上曰：逝者如斯夫，不舍昼夜"，后人多用来指时间像流水一样不停流逝，感慨人生世事变幻无常，亦有惜时之意。瞰碧台则通过观看景物的变化表现出这种时间流逝的意境，乾隆《瞰碧台》诗云："光阴不相让，有如白驹骤；寄语为学人，及时勉穷究❹"、"副名景亦来转眼，试看分阴与寸阴❺"、"流阴诚迅哉，分寸曾无空；碧来弗几时，瞰仍转眼送❻"。长廊上的留佳亭，乾隆作诗云："设如红紫酣昌昌，转觉可怜亦何妙❼"，表达了时间变换的道理，悟出"花开终须有花落"，佳景并不一定是在万物最美的时候的真谛。

---

❶ 乾隆御制诗. 玉澜堂 [Z]. 乾隆四十七年.
❷ 乾隆御制诗. 玉澜堂 [Z]. 乾隆三十六年.
❸ 乾隆御制诗. 澄鲜堂 [Z]. 乾隆五十七年.
❹ 乾隆御制诗. 瞰碧台 [Z]. 乾隆四十七年.
❺ 乾隆御制诗. 瞰碧台 [Z]. 乾隆五十二年.
❻ 乾隆御制诗. 瞰碧台 [Z]. 乾隆五十四年.
❼ 乾隆御制诗. 留佳亭 [Z]. 乾隆五十一年.

图 5-3 昆明湖的"玉"与"澜"

石舫（图 5-4）则体现名与实的关系。乾隆从玉泉山乘舟到清漪园，到石舫岸边"舣舟"，由石舫之命名体会哲理——石舫虽然称"舫"，但并不是真正的"舫"，但确有舫的功能，名实虽殊，因此事物的名和实往往有不相符的地方，如乾隆《石舫》诗云："金刚四句分明注，一切无非强与名❶"、"因之一晌生清会，名实从来曷有常❷"。

图 5-4 石舫

---

❶ 乾隆御制诗. 石舫 [Z]. 乾隆二十六年.
❷ 乾隆御制诗. 石舫三首 [Z]. 乾隆三十六年.

圆朗斋、清音山馆则体现"触目会心"的意境。《世说新语》曾记载:"简文帝入华林园,顾谓左右曰:'会心处不必在远,翳然林水,便有濠濮间想也,觉鸟、兽、禽、鱼,自来亲人'"。佛家偈云:"一花一世界,一树一菩提",用心去观赏景物,可以在平常中见伟大。乾隆《圆朗斋》诗云:"触目会心无尽藏,化机岂止在鱼鸢❶"、"智仁乐并兼,会心在俛仰❷"。《清音山馆》诗云:"音岂在娱耳,清实足怡心。鸟试声不繁,花含芳未深❸。"

含新亭(图5-5)体现《易经》中"贞元一气"的道理,体现造化的无私,如《含新亭》云:"一气春和物被均,虚亭独得号含新❹",《含新亭口号》云:"春来物物总含新,大造无私泽被均❺",《含新亭有会》云:"试看色色形形者,造物鸿功物被均❻"。停霭楼则体现乾隆引经据典区分"岚"和"霭"的穷理思索,如《停霭楼》诗云:"霭乃云之容,岚乃山之气❼"。

图5-5 含新亭

---

❶ 乾隆御制诗. 圆朗斋[Z]. 乾隆三十二年.
❷ 乾隆御制诗. 圆朗斋[Z]. 乾隆四十一年.
❸ 乾隆御制诗. 清音山馆[Z]. 乾隆五十五年.
❹ 乾隆御制诗. 含新亭[Z]. 乾隆三十八年.
❺ 乾隆御制诗. 含新亭口号[Z]. 乾隆四十七年.
❻ 乾隆御制诗. 含新亭有会[Z]. 乾隆五十三年.
❼ 乾隆御制诗. 停霭楼[Z]. 乾隆四十七年.

2)"仁者乐山,智者乐水"——比德思想

君子比德的美学思想,是中国古典园林创作的重要思想来源之一。孔子以山水比拟为人格,"仁者乐山,智者乐水。知者动,仁者静。知者乐,仁者寿"(《论语·雍也》)。智者乐于治世,如流水一样不知穷尽,仁者喜欢像山一样安固,滋养万物,孔子把仁智与动静、乐寿、山水结合,定位了后世园林和游览的社会学意义。康熙在《避暑山庄记》中也曾提到这种比德思想,"玩芝兰则爱德行,睹松竹则思贞操。临清流则贵廉洁,览蔓草则贱贪秽,此亦古人因物而比兴"。

这一儒家仁智观的美学观念在清漪园中屡次体现,通过山水环境体现仁智、动静、乐寿、圆朗等美德。

清漪园中的乐寿堂位于万寿山南,背临昆明湖东北角,是乾隆母亲去大报恩延寿寺礼佛休息的场所。御制诗《乐寿堂》记载:"向以万寿山背山临水,因其堂阅'乐寿堂'。屡有诗,后得董其昌《论古贴》知宋高宗内禅后,有乐寿老人之称,喜其不约而同,因以名宁寿宫书堂,以侍倦勤后居之。"乐寿堂前后兼有山水,又与祝寿相关,故乾隆把乐寿与仁智、动静联系起来,体现"知者乐,仁者寿"的意境,如《乐寿堂》云:"山水知仁德,知乐仁者寿❶"、"是处足山水,题名寓知仁❷"、"静协仁之趣,动唯知者闲❸",《题乐寿堂》云:"智者乐而仁者寿,读书人义大都披❹"。

圆朗斋(图5-6)是写秋轩的附属建筑,取意乾隆对《论语》中"仁者乐山,智者乐水"所作的进一步阐释:"圆乃仁之端,朗实智之始❺",即山代表仁者,而仁者又是圆的开头;水代表智者,而智者又是朗的开始;斋建于山水间,二意兼有。乾隆在御制诗中论述了圆朗和仁智的关系,"圆者仁之象,朗者智之用❻"、"圆实仁之体,朗则智之象❼";以及圆和朗不可分割的相互关系:"朗舍圆邻凿,圆非朗近委。二不可偏废,斯诚相济美❽"。

图5-6 圆朗斋

---

❶ 乾隆御制诗.乐寿堂[Z].乾隆二十四年.
❷ 乾隆御制诗.乐寿堂[Z].乾隆三十三年.
❸ 乾隆御制诗.乐寿堂[Z].乾隆三十二年.
❹ 乾隆御制诗.题乐寿堂[Z].乾隆五十四年.
❺ 乾隆御制诗.题圆朗斋[Z].乾隆五十七年.
❻ 乾隆御制诗.题圆朗斋[Z].乾隆四十八年.
❼ 乾隆御制诗.圆朗斋[Z].乾隆四十一年.
❽ 乾隆御制诗.题圆朗斋[Z].乾隆五十七年.

爱山楼（图5-7）位于画中游建筑群中，是一个依山而建的二层楼阁，也是体现"仁者乐山"的意境，并由此"仁"联系到大自然赋予万物、大公无私的"仁"。乾隆《爱山楼》诗云："爱山即乐山，率寓仁者意。设使留意山，毫厘千里异。堞花尚未芳，岩林亦待霽。因之观未形，了识万物备。物我与天人，赅之一仁字❶"。

图5-7　爱山楼

---

❶ 乾隆御制诗. 爱山楼 [Z]. 乾隆三十七年.

3)"试看君子名,几曾易千载"——先贤精神

乾隆尊孔崇儒,信奉理学,清漪园园林意境的营造中无不体现着理学先贤精神。

廓然大公

宋代理学家程颐、程颢提出的"廓然而大公,物来而顺应"是理学的一个重要命题,以"廓然大公"为君子之学的内涵和依据,奠定了理学美学的理论基础和时间基础。"廓然大公"代表着一种顺应自然、超越自我的精神。这种公私观来源于孔子,孔子认为"公则悦",即公正、为公会使人心悦诚服。二程的"廓然大公"吸取早期儒家"天下为公"的思想,并将这种为公思想的来源归结为自然界,认为为公的观念,不过是效法天地、自然界大公无私的规律。深谙理学思想的乾隆在清漪园中通过创造意境来表达对"天下为公"思想的继承和发展,如园中最大的亭廓如亭(图5-8),表面上由于视野开阔,可四面观景,故名"廓如",但深层在表达"廓然大公"之意,其《廓如亭登岸》诗云:"设以廓如名责实,大公却与我心投❶"。在万寿山南麓的圆朗斋,乾隆也表达了这种大公无私的社会伦理,诗云:"俯仰入澄观,心与天地广。廓然应物来,淳风庶可仿❷"。

图5-8 廓如亭

孔颜之乐

《论语·雍也》记载孔子称赞颜回,"贤哉,回也!一箪食、一瓢饮,在陋巷,人不堪其忧,回也不改其乐。"

乾隆在清漪园万寿山前山西部山脚上建有邵窝(图5-9),形式古朴,位置隐逸,乾隆有诗云:"固以朴雅胜,名之曰邵窝❸"。邵窝的命名,取自理学大师邵雍在苏门山中的隐居之处"安乐窝"。邵雍,字尧夫,谥康节,据《宋史·邵雍传》记载:"雍少时,自雄其才,慷慨欲树功

---

❶ 乾隆御制诗.廓如亭登岸[Z].乾隆四十八年.
❷ 乾隆御制诗.圆朗斋[Z].乾隆十八年.
❸ 乾隆御制诗.邵窝[Z].乾隆三十三年.

名，于书无所不读，始为学，即艰苦刻厉，寒不炉，暑不扇，夜不就席者数年……虽平居屡空，而怡然有所甚乐……雍岁时耕稼，仅给衣食，名其居安乐窝，因自号安乐先生。"❶

邵雍以隐居和不以物累、安乐逍遥著称于世，与孔颜安贫乐道的志向不移和曾点浴沂的潇洒超脱相呼应，受到乾隆的敬重。乾隆在《邵窝》中多次表达和赞扬邵雍这种与大自然融为一体的超脱精神，即"以物观物"的思想，如"安然乐山水，雅契尧夫意❷"、"凭栏试观物，还似对尧夫❸"。

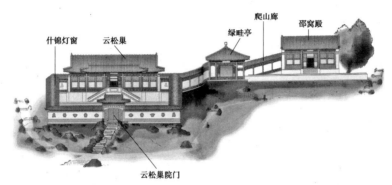

图 5-9　云松巢、邵窝殿南立面图❹

但乾隆的大隐思想显然与邵雍的隐逸思想不同，乾隆诗中云："因以邵窝名，境似志则殊。安乐一身彼，安乐万方予❺"。乾隆身为君临天下的帝王，有着使天下万民安乐的责任，而此处仅是作为自己"避喧听政"和缅怀先贤的场所，归隐与勤政在乾隆身上得到协调和统一。

莲溪乐处

周敦颐毕生以廉洁为追求的品格，并于此自得其乐，淡泊名利、雅好山林，他的《爱莲说》云："予独爱莲之出淤泥而不染，濯清涟而不妖，中通外直，不蔓不枝，香远益清，亭亭净植，可远观而不可亵玩焉"，体现了追求儒家君子品格的旨趣和情操。

《爱莲说》成为沟通康熙、乾隆祖孙情感的桥梁，乾隆晚年作诗回忆说："忆幼龄经读爱莲，莲溪义解圣人前"。清漪园中的藕香榭、抱清芬室就表达了乾隆追求这种君子之德的意境。藕香榭、抱清芬室都是观赏荷花的绝佳位置，乾隆在满池的荷花中见到的是中正清直的君子之德，乾隆《藕香榭》诗云："然而藕之香，奚妨四时在。试看君子名，几曾易千载❻"；《抱清芬室得句》诗云："凭窗清芬何自抱，徒教辜负其名贤❼"。

4）"愿为君子儒，不作逍遥游"——士人文化

受理学的影响，中国古代士文化占主导地位。为了笼络士人阶层，乾隆重视中国的传统文化，虚心接纳和深入学习儒家文化，执政后仍勤学不息，遂成一多才多艺之君，就文化素养而言，历

---

❶ 赵可昕. 川泳与云飞，物物含至理——清代皇家园林中的理学精神[D]. 天津：天津大学硕士学位论文，2001.
❷ 乾隆御制诗. 邵窝[Z]. 乾隆三十八年.
❸ 乾隆御制诗. 邵窝[Z]. 乾隆四十一年.
❹ 姚天新. 中国遗产之旅——颐和园[M]. 郑州：大象出版社，2005：174-175.
❺ 乾隆御制诗. 邵窝[Z]. 乾隆二十八年.
❻ 乾隆御制诗. 藕香榭[Z]. 乾隆五十一年.
❼ 乾隆御制诗. 抱清芬室得句[Z]. 乾隆四十六年.

代帝王除乃祖康熙之外,无人可望其项背。

乾隆以一介"书生"自名,曾作诗言志"愿为君子儒,不作逍遥游",对于藐视读书人的言行,很不以为然。有一次,他针对某些督抚用"书生不能胜任"或"书气未除"参奏属员,严厉驳斥说:

"人不读书……有不可求药者……朕唯恐人不足当书生之称,而安得以书生相戒乎!若以书生相戒,朕自幼读书宫中,讲诵二十年,未尝少辍,实一书生也……至于'书气'二字尤其贵,沉浸酝酿而有书气,更集义以充之,便是浩然之气。人无书气,即为粗俗气、市井气,而不可列为士大夫之林矣"。❶

从这段话中可以看出,乾隆不但把自己当做一介书生,而且认为没有书气不能"列为士大夫之林"。

所以,在园林营建中,书房就成为园林的重要组成部分。凝聚中国古代造园理论精华的《园冶》"屋宇篇"开篇就提到了,"凡家宅住房,五间三间,循此第而造,惟园林书屋,一室半室,按时景为精"。自诩为"平生喜读书"的乾隆将这种"耕山钓水,养性读书"的书斋情结体现在皇家园林的营建中。在园林美景中设置书房,成为乾隆的理想生活方式和造园方式。

在清漪园中有着书斋之称的建筑多达十余处,分布在全园各个角落,使全园富有浓郁的书香意境。

园中书屋大多位置绝佳,"临清溪,面层山,树木蓊蔚,既静以深",以满足其读书的嗜好与追求文人雅趣的愿望,如清漪园中紧邻勤政殿的书堂玉澜堂和宜芸馆(图5-10)院落,处于背山面水的绝佳地带,不但可以"书堂小坐俯昆明"❷,而且可以"淡然书室俯荷渚,香色入观更入闻❸"。

图5-10 宜芸馆的"芸馆"就是书斋之意

---

❶ 清高宗实录[M]. 卷5//赵春兰. 周裨瀛海诚旷哉,昆仑方壶缩地来——乾隆造园思想研究[D]. 天津:天津大学硕士学位论文,1998.
❷ 乾隆御制诗. 题玉澜堂[Z]. 乾隆三十五年.
❸ 乾隆御制诗. 霞芬室[Z]. 乾隆五十四年.

此外，各种书屋都有不同的特色，体现不同的意境，有怀念其少年时读书之所，如清漪园中的长春书屋，即取意乾隆少年时在圆明园中的读书之所"长春仙馆"。乾隆《题长春书屋》云："书屋长春到处名，日知无忘旧时情❶"，并勉励自己"讵宁游览图娱志，不息自强厉以诚"。而位于畅观堂附近的怀新书屋，由于建在昆明湖南部西岸的土山上，地势高迥，当时又没有西墙的遮拦，能观赏到西部农夫耕耘，可以给苦读之中的乾隆以灵感，"棐几披芸聊弃暇，佳篇恰是读柴桑❷"。

乾隆不仅喜读书、爱作诗，对琴棋书画可谓样样精通，也继承了士人的那种超脱、宁静、恬然、淡泊。除了建置书屋，清漪园中以吟诗、作画、抚琴、书法为主题的景点不胜枚举，如"流泉出峡奏清琴，却匪宫商与石金❸"的清琴峡、"壁间石刻，翠墨留香❹"的墨妙轩、"点笔题诗，幽寻无尽❺"的寻诗径、"程棨双图弆御园，此教泐石列前轩❻"的延赏斋、"山巅屋亦可称台，小坐偷闲试茗杯❼"的品茗之所春风啜茗台。此外，园中的题名、匾额、楹联、碑刻、石刻等也都体现了乾隆深厚的士人文化造诣和书法功底。

5) "见素抱朴，少思寡欲"——尚朴思想

尚朴的思想，最早源于道家。老子倡导"见素抱朴，少思寡欲"、"天下有大美而不言"，认为素朴是最美的，人为的雕饰反而是不美的。庄子主张"法天贵真"，赞美"天籁"，认为"淡然天极而众美从之"、"素朴而天下莫能与之争"。

中国的文人也崇尚朴素含蓄之美。在色彩上，追求水墨形式，有意无意，若淡若无，"藏文章，散五彩"，将五彩的世界以纯水墨出之，明暗浓淡，点染成画。淡雅的色彩是符合士大夫的审美需求的，如元代绘画"高逸"的最高峰——倪瓒，他在人生绘画的后期作画几乎绝少用色，甚至连一颗红色的印都不盖，整个画以简制胜。

乾隆对这种朴素节俭的美德极其重视，早在先于清漪园建造的静寄山庄中就体现出来。乾隆《钦定盘山志》云："行宫以'静寄山庄'名，崇俭德也。皇祖时筑山庄于热河以避暑，不雕不绘，得天然之胜。今兹纵广不及其半，而朴略如之。"

朴素的思想不仅可以使建筑与园林山水完美融合，呈现出儒雅、清新、精致、隽秀的江南园林气韵，而且与帝王崇尚勤俭的思想不谋而合。在清漪园中，除了中轴线的大报恩延寿寺、须弥灵境等佛教建筑用琉璃瓦装饰外，其余建筑均体量较小，不施绚丽的色彩，式样也讲究素雅，布局随意活泼，富于人情味。即便是其中用于政治活动的宫室勤政殿，体量尺度也远不及大内皇宫隆重恢弘。乾隆在御制诗中多次以"朴"和"疏"描述建筑，如《养云轩》："名山多奇境，平陵构疏轩❽"；《无尽意轩》："疏轩无尽意为名，结揽山清复水明❾"；《袖岚书屋》："书屋朴而幽，冰箪如予待❿"；《云绘轩》："朴轩构其间，云与为绘事⓫"。

---

❶ 乾隆御制诗. 题长春书屋 [Z]. 乾隆三十八年.
❷ 乾隆御制诗. 怀新书屋 [Z]. 乾隆三十年.
❸ 乾隆御制诗. 清琴峡 [Z]. 乾隆二十九年.
❹ 乾隆御制诗. 题惠山园八景有序——墨妙轩 [Z]. 乾隆十九年.
❺ 乾隆御制诗. 题惠山园八景有序——寻诗径 [Z]. 乾隆十九年.
❻ 乾隆御制诗. 延赏斋 [Z]. 乾隆三十四年.
❼ 乾隆御制诗. 春风啜茗台 [Z]. 乾隆二十六年.
❽ 乾隆御制诗. 养云轩 [Z]. 乾隆二十年.
❾ 乾隆御制诗. 无尽意轩 [Z]. 乾隆二十八年.
❿ 乾隆御制诗. 袖岚书屋 [Z]. 乾隆二十九年.
⓫ 乾隆御制诗. 云绘轩 [Z]. 乾隆三十五年.

6)"山馆因何名听鹂,梨园兹向奉慈禧"——百善孝为先

在传统中国社会,孝道备受儒家文化推崇,是人伦之始、众德之本。乾隆亦以"百善孝为先"的道德观念约束自己,对母亲钮祜禄氏极其孝顺,让她在饮食和游乐方面得到最好的物质享受。乾隆上万首的御制诗中,有不少是称颂生母钮祜禄氏养育之恩的,其中充满了发自内心的真挚感情。钮祜禄氏病逝后,乾隆悲痛欲绝,当即剪发、穿孝服、住草庐,一昼夜水米不进❶。乾隆原本有写诗的癖好,但在生母去世后的一年之内,诗兴大减,几乎没写什么诗作。

清漪园的建园主题之一就是为母祝寿、体现孝道,最直接的就是万寿山的命名和主体建筑大报恩延寿寺的修建。他在《万寿山大报恩延寿寺碑记》中写道:"……粤乾隆辛未之岁,恭遇圣寿六裘诞辰,朕躬率天下臣民,举行大庆礼,奉万年觞,敬效天保南山之义,以瓮山居昆明湖之阳,加号万寿,创建梵宫,命之曰大报恩延寿寺……以为礼忏祝嘏地……以兹寺为乐林、为香国,万几之暇,亲奉大安辇随喜于此。前临平湖,则醍醐之海也。后倚翠屏,则阿耨之山也。招提广开,舍利高耸,则琉璃土而玉罂台也……"。乾隆把大报恩延寿寺比作佛经中的梵天乐土为母祝寿,表达了所谓"以孝治天下"的寓意。

此外,园中的乐寿堂和益寿堂也都体现了这种祝寿的意境。乐寿堂是乾隆为其母亲钮祜禄氏祝寿准备的寝宫,以"仁者寿"为意境造景。乾隆《乐寿堂》诗云:"彩胜春光丽,罗图物意昌。都将祝慈豫,福复永绵长❷"、"山翠水波鲜,高堂燕喜便。诚堪乐永日,益祝寿如川❸"。此外,用作给乾隆母亲欣赏春景的怡春堂和听戏的听鹂馆(图5-11),也都有"百善孝为先"的意境,如《怡春堂》诗云:"勤政殿左侧,怡春向额堂。所为奉慈豫,于是赏韶光❹",《听鹂馆》有诗云:"山馆因何名听鹂,梨园兹向奉慈禧❺"。

图5-11 听鹂馆

---

❶ 唐文基,罗庆泗.乾隆传[M].北京:人民出版社,1994.
❷ 乾隆御制诗.乐寿堂[Z].乾隆三十一年.
❸ 乾隆御制诗.乐寿堂[Z].乾隆三十一年.
❹ 乾隆御制诗.怡春堂有感[Z].乾隆五十二年.
❺ 乾隆御制诗.听鹂馆[Z].乾隆五十六年.

2. 外王

如果道德修养论是"内圣",治国论则是"外王"。清漪园中的"外王"主要体现在"勤政爱民"、"怀柔蒙藏"及"普天之下莫非王土"的意境之中。

1)"观人念民穷,观己省私起"——勤政爱民

勤政体现了盛世帝王的精神追求。清朝自康熙开始,首先于西苑避暑听政,命名议事殿堂为"勤政",其后雍正帝与圆明园议事殿也以"勤政"为名。乾隆重视仁义道德的作用,认为"治天下者,以德不以力。故德盛者王,德衰者灭",其即位后沿用其名并定位制度,以示勤于国计民生大事,游苑不忘勤理政务,先后于香山静宜园、承德避暑山庄、清漪园建立勤政殿。清漪园勤政殿楹联云:"念切者丰年为瑞,贤臣为宝;心游乎道德之渊,仁义之林"、"义制事礼制心,检身若不及;德懋官功懋赏,立政唯其人",表达了乾隆对仁义道德、自我约束的重视和对贤臣的渴求。

清漪园中众多景点虽名为观景,实则隐藏着勤政爱民的帝王智慧,如位于万寿山西的旷观斋,向西望去,西山和稻田景观一望无际,乾隆虽欣赏其"驰望殊空旷,兴怀无边际"的景观,但更为重要的是,表达了"泰山岂不高,一指当前蔽❶"、"观人念民穷,观己省私起❷"的情怀。

在万寿山西水中央的水周堂,乾隆将此处隐喻姜子牙垂钓之处,体现求贤若渴的意境,如《水周堂》吟道:"渭滨倘可期,将从钓者访❸"。

在湖中三岛之一的治镜阁,乾隆诗云:

"湖中峙城阁,向题曰治镜。是盖有二义,申之以斯咏。一曰镜古治,善政与恶政。一曰镜今治,敬胜及怠胜。敬则其政善,民安而俗正。怠则其政恶,君骄而臣佞。敢不戒其怠,犹恐驰兹敬。求治忌太速,亦足滋为病。无逸而有为,永言励吾行❹。"

治镜阁(图5-12)字面上的意思是指楼阁四围水明如镜,但乾隆在此表达的是另外两层意思,其一是勉励自己要以古为镜,进行善政;其二是要勤政、无逸。

位于西堤上的景明楼可从景名直接体现出这种勤政爱民的意境,景明楼意境取自《岳阳楼记》,建筑形式亦仿岳阳楼。乾隆诗云:

"一堤杨柳两湖烟,中界高楼翼蒼然。入画来疑到蓬阆,引舟去不限神仙。云霞流朋东西映,天水空明上下鲜。津逮原从仲淹记,与归吾亦缅前贤❺"

乾隆标榜这种"先天下之忧而忧,后天下之乐而乐"的爱民精神,并发出"后乐唯同民,先忧亦仅我"的感叹。

位于乐寿堂西的扬仁风,建筑形状呈扇形,出处与"谢安赠扇"有关,体现"清风"的寓意。典故出自东晋袁宏之语"辄当奉扬仁风,慰彼黎黍"。乾隆诗云:

"为轩如扇样,对景与题名。拟欲仁风遍,非图暑气清。怨咨方在念,怀保要唯诚。持赠纶巾者,休夸用智精❻。"

"仁风"与"薰风"同意,为舜帝弹《南风》之歌,其歌词中"南风之薰兮,可以解吾民之

---

❶ 乾隆御制诗. 旷观斋 [Z]. 乾隆五十年.
❷ 乾隆御制诗. 节后万寿山旷观斋作 [Z]. 乾隆五十八年.
❸ 乾隆御制诗. 水周堂 [Z]. 乾隆二十一年.
❹ 乾隆御制诗. 题治镜阁 [Z]. 乾隆五十年.
❺ 乾隆御制诗. 景明楼 [Z]. 乾隆二十六年.
❻ 乾隆御制诗. 赋得扬仁风 [Z]. 乾隆二十六年.

忧兮；南风之时兮，可以解吾民之愠兮"，表达了乾隆仁政爱民之心，同样的景点也出现在其他皇家园林，如避暑山庄之延薰山馆、来薰书屋，圆明园之迎薰亭，北海之南薰，瀛台之迎薰亭等处。

此外，园中乐安和表达的寓意是"然乐安与和，在民非在吾。民失和与安，吾乐岂良图❶"；味闲斋体现的是"周书无逸是吾师，岂不图闲闲岂宜❷"、"闲以养心斯受庆，闲而姿欲必招殃❸"；蕴古室体现的是"朴屋三间蕴古真，偶观题额想前人。虽然大宝箴成诵，可得无惭彼所陈❹"；鉴远堂体现的是"近或有所蔽，鉴远岂易言❺"；石舫体现的是"载身昔喻存深慎，盘石因思永奠安❻"，这些无不体现着乾隆仁政爱民的政治寓意。

2)"所期归政七年后，静坐其中阅梵书"——重教怀柔

图 5-12　治镜阁烫样

清王朝在意识形态上尊崇儒家的理学作为封建统治的精神支柱，但出于政治上的目的，对佛、道两教也积极保护、扶持。清初，顺治、康熙、雍正三帝都崇信佛教，乾隆的母亲钮祜禄氏也是一个虔诚的佛教信徒，因而乾隆在少年时便已接受佛教文化的滋养。乾隆虽不迷信佛教，但钻研佛经，既是为了修身养性，如乾隆在赅春园中的修佛石室香岩室作诗云："清可轩依岩作壁，香岩室竟洞为庐。所期归政七年后，静坐其中阅梵书❼"；更是为了怀柔蒙藏，如乾隆晚年在《喇嘛说》中指出修建诸多佛教建筑的真实想法："若我朝之兴黄教，则大不然。盖以蒙古奉佛，最信喇嘛，不可不保护之，以为怀柔之道而已。"以乾隆深厚的佛学修养，中年以后更是多次在诗文中强调儒释同理，殊途而同归，以此来保护佛教免受儒家传统理学的冲击。

清漪园兴建时的政治军事形势决定了当时的政治宗教政策。明末，强盛一时的蒙古分裂为漠南蒙古、漠北蒙古和漠西蒙古，漠南蒙古在清军入关前已归附了清朝，漠北蒙古（时称喀尔喀）经康熙的三次率兵亲征亦已归附。唯有漠西蒙古（时称厄鲁特）在准噶尔部的统领下雄踞西北，有问鼎中原的野心和实力。其兵锋所指，一是南向西藏，挟持达赖和班禅以号令众蒙古，一是东向喀尔喀蒙古和漠南蒙古以完成蒙古统一大业，进而与清廷角逐整个中国的统治权。双方争夺的焦点是对西藏、特别是对藏传佛教领袖达赖喇嘛的控制权，谁控制了西藏和达赖喇嘛，谁就控制了笃信藏传佛教的实力强大的蒙古部落。因此，控制和笼络藏传佛教的信徒以争取未叛蒙古诸部

---

❶ 乾隆御制诗. 题乐安和室 [Z]. 乾隆五十四年.
❷ 乾隆御制诗. 题味闲斋二首 [Z]. 乾隆二十九年.
❸ 乾隆御制诗. 味闲斋口号 [Z]. 乾隆四十一年.
❹ 乾隆御制诗. 蕴古室口号 [Z]. 乾隆二十四年.
❺ 乾隆御制诗. 题鉴远堂 [Z]. 乾隆三十五年.
❻ 乾隆御制诗. 石舫 [Z]. 乾隆二十一年.
❼ 乾隆御制诗. 香岩室口号 [Z]. 乾隆五十三年.

的支持是战事成败的关键。

清漪园开工五年后,乾隆二十年(1755年),准噶尔部叛乱,西北战事又起,政治军事形势非常严峻。乾隆二十年乾隆帝出兵西征伊犁,生擒准噶尔首领达瓦齐,乾隆二十二年(1757年)再次西征,讨伐降而复叛的准噶尔首领阿睦尔撒纳,阿睦尔撒纳叛逃俄国❶(图5-13)。

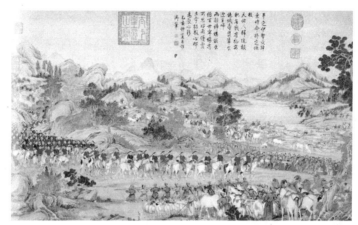

图5-13 伊犁受降图(图片来源:《平定伊犁回部战图册》)❷

战时,为了笼络蒙藏诸部,乾隆下令分别在清漪园后山与河北承德建造形制相同的汉藏混合式寺庙,即清漪园后大庙和承德普宁寺,后大庙自此便牢牢地占据了万寿山后山的中央部位❸。后大庙建筑群(图5-14)采取汉藏混合式建筑,以须弥灵境佛殿为中心,分布有四大部洲、八小部洲、日月光台、四梵塔等汉藏佛教建筑,烘托出佛国净土的氛围。按佛教所说,须弥山是世界的中心,日月在山两侧东升西降。须弥山下有大海环绕,依次有七重海、七重山。七重山外是大咸海,海外有铁围山。咸海四周分布着四大部洲,每大部洲旁又有两小部洲,共八小部洲。采用这种形制,正反映出乾隆作为统一的多民族国家帝王的魄力和气概。

图5-14 四大部洲建筑群

---

❶ 王鸿雁. 清漪园宗教建筑初探[J]. 故宫博物院院刊, 2005(5): 219-245.
❷ 清史图典[M]. 第六册.
❸ 清史图典[M]. 第六册.

除了后大庙，清漪园中宗教建筑可考的还有15处，约占全园建筑总数的1/5。佛儒道建筑在清漪园中同时出现，在乾隆的心中必然体现了一种"致中和"的生态意境（图5-15）。

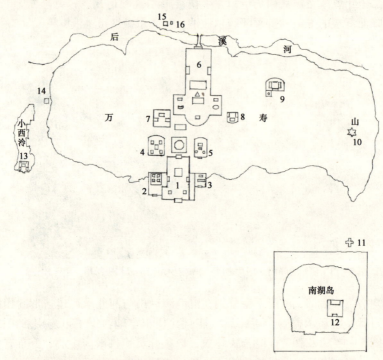

图5-15　清漪园宗教建筑分布图❶
1—大报恩延寿寺；2—罗汉堂；3—慈福楼；4—宝云阁；5—转轮藏；6—后大庙；7—云会寺；8—善现寺；9—莲座盘云佛殿和多宝佛塔；10—昙花阁；11—文昌阁；12—广润灵雨祠；13—五圣祠；14—宿云檐；15—妙觉寺；16—花神庙

3)"普天之下莫非王土，率土之滨莫非王臣"——天国仙境

清漪园对天国仙境的仿建，来源于早期的"海上三仙山的传说"。《前汉书·郊祀志》记载："此三神山者，其传在渤海中，去人不远，盖尝有至者，诸仙人及不死之药，皆在焉。其物、禽兽尽白而黄，金银为宫阙。未至，望之如云；及到，三神山反居水下，水临之患；且至，则风辄引船而去，终莫能至云。"

据传，早在公元前4世纪的战国时期，齐威王、燕昭王都派人入渤海求此三神山。秦始皇统一全国后，东巡至海上，方士们大事渲染东海神山，于是派遣徐福等率3000童男童女入海，去求取三座神山上的仙药。但徐福一去不回。秦始皇求之不得，只得在咸阳挖长池，引渭水，中间堆筑蓬莱山，以求神仙降临。随后，汉武帝在长安建章宫，《史记·封禅书》记载："其北治大池，渐台高二十余丈，名曰'太液池'，池中有蓬莱、方丈、瀛洲、壶梁，像海中神山、龟鱼之属。"

清漪园昆明湖中的南湖岛、治镜阁、藻鉴堂的排列就是"一池三山"模式的典型反映（图5-16）。南湖岛上的主要建筑"望蟾阁"、"月波楼"，在潋然生烟的湖面上，宛如虚无缥缈的琼

❶ 王鸿雁. 清漪园宗教建筑初探 [J]. 故宫博物院院刊，2005 (5)：219-245.

楼玉宇,题名更勾起人们对月宫仙境的遐想,整个意境的营造,利用"宇宙观"、"模拟天象"表达外王思想,强调"君权神授"、"君权神佑"及"普天之下莫非王土"的王者之气。

图 5-16　颐和园"一池三山"立意图

同样的意境在圆明园的海岳开襟和方壶胜境中也有表达。
"沧池漾漾蛟龙窟,中耸玉台规宝月。
祖洲之草琪树枝,袭芳笼影水精阙。
周裨瀛海诚旷哉,昆仑方壶缩地来。
八琅云璈底须奏,松风揭听尘襟开。
芥舟只需坳堂水,溟渤何劳千万里?
得其环中游物外,枣叶须弥皆一理。
我之所戒在求仙,海岳寄兴属偶然。
保合太和励体乾,时乘六龙以御天❶。"
在方壶胜境中,乾隆诗写道:

---

❶ 乾隆二十四年御制. 海月开襟歌 [Z]//日下旧闻考. 卷83.

"海上三神山,舟到风即引去,徒妄语耳。要知金银为宫阙,亦何异人寰?即境即仙,自在我室,何事远求?此方壶所以寓名也。"

可以看出,清代皇家园林这种体现天国仙境的意境与秦皇汉武显耀自己"振长策而御宇内"及"求长生不死的渴望"不同,其外王的气魄与志向,比以往任何一个时代的君主都更加顺畅地表达出来。

5.3.3 儒家生命精神对造园的影响

"生命精神"让乾隆在有限的园林中看到了无限的生命境界,是清漪园生态营建的升华。

1. 从"重视生命"到"生命精神"

1) 重视生命

对生命的关怀与重视是中国古代思想文化中的重要组成部分。古人热爱生命,重视"生生之德"。在中国哲学看来,宇宙不仅仅是一个机械的物质场所,而且包含着一种生命精神。

古人认为天地自然和人都以生命为其根本特点,即"生之谓性"。《周易·系辞上》说:"生生之谓易",《系辞下》又说:"天地之大德曰生"。杨雄《太玄》说:"天地之所贵曰生"。及至宋明,张载曰:"以生物为本者,乃天地之心也❶",朱熹曰:"某谓天地别无勾当,只是以生物为心❷。"

在中国哲学看来,天地自然乃至人本身均以"生"为其根本特点,维护生命、保全生命,使生命生生不息、绵延不绝,是人们应该遵循的最高道德准则,是天地间最大的美德。

2) 万物平等

古人认为,万物都有自己存在的意义和价值,万物都是平等的,没有贵贱高下之分,更不存在人类高于自然之说。他们将人与自然置于一个生命共同体,并将自我融合于自然之中,以平等的方式去关爱所有生命与无生命的物种,这是人与自然朴素生态智慧的表达。

道家的创始人老子说:"故道大、天大、地大、王亦大,域中有四大,人居其一焉。❸"他认为宇宙万物都是平等的,人只是四域之一,并不比其他的东西更高贵;人既不是独立于自然界的抽象存在,也不是自然界的主宰者,而只是大自然的一部分。

庄子生态美学《齐物论》认为,人与草木禽兽一样,都是自然机变中的普通一环,没有什么本质的不同,庄子指出:"天地与我并生,而万物与我为一"、"凡物无成与毁,复通为一"❹。

但是这种观物要从"道"的角度观物,而不能以"己"观物。因为从人的角度来看,人与万物是不同的,比物要高贵得多。但从"道"和天地宇宙这个角度来看,人和物的差异难以分辨,人与万物都是天地的一部分。正如其所说:"以道观之,物无贵贱。以物观之,自贵而相贱。以俗观之,贵贱不在己。以差观之,因其所大而大之,则万物莫不大;因其所小而小之,则万物莫不小"❺。

在人与自然之间,庄子既不主张以人类自我为中心,也不赞同以自然界为中心,而是认为人是天地之间万事万物中的一员,应与万物保持一种平等关系,从天人相合上展开审美体验。"吾在

---

❶ 张载集 [M].
❷ 朱子语类 [M].
❸ 老子·二十五章 [M].
❹ 庄子·齐物论 [M].
❺ 庄子·秋水 [M].

于天地之间，犹小石小木之在大山也。方存乎见少，又奚以自多！计四海之在天地之间也，不似礨空之在大泽乎？计中国之在海内，不似稊米之在大仓乎？号物之数谓之万，人处一焉；人卒九州，谷食之所生，舟车之所通，人处一焉；此其比万物也，不似豪末之在于马体乎？❶。"

3）仁民爱物

儒家的孟子提出"君子之于物也，爱之而弗仁；于民也，仁之而弗亲。亲亲仁民，仁民而爱物"❷。儒家以仁为本，讲"亲亲、仁民、爱物"，把自然万物（包括禽兽草木，也包括高山大川、风雨霜雪、日月星辰等一切自然物景观、过程及环境）都看做亲人一般。

4）生命精神

两宋的理学家们大都酷爱山水，或隐居，或优游，以"自然"载道，在自然中"尽性"。在"天人合一"的思维模式之下，这种对山水的热爱之情，必然导致理学家们体悟到自然中的生命精神，进而产生"万物之生意最可观……人与天地一物也❸"的生态审美意识。

张载的"民胞物与"继承了儒家传统的"仁民爱物"的思想，他在《西铭》中提出"乾称父，坤称母，予兹藐焉，乃混然中处。故天地之塞吾其体，天地之帅吾其性。民吾同胞，物吾与也"，道出了人与人、人与万物息息相通、血肉相连的内在联系。

朱熹一生除讲学著述，大部分时间都在徜徉山水中度过。他一生酷爱山水旅游，留下大量的旅游诗篇，在旅游中托景言志，触景议论，借景抒情，表达他"乐而忘死"的"平生山水心"。朱熹说，"千葩万蕊争紫色，谁识乾坤造化心"❹、"那个满山青黄碧绿，无非天地之化流行发现"❺，他在万紫千红中见到"造化"与"天真"之功，在满山青黄碧绿中发现了"天地之化流行"，在微小的事物中见到了广漠的宇宙，体会到了自然界的云飞月落和物运时移，在平常的生活中发现了无穷的世界。

邵雍的"以物观物"是理学观生意的重要内容，"夫所以谓之观物者，非以目观之也。非观之以目，而观之以心也。非观之以心，而观之以理也❻"、"以目观物，见物之形；以心观物，见物之情；以理观物，见物之性❼"。

2. 山水画与山水园林中的生命精神

哲学中的生命精神，在文学艺术领域得到了广泛的重视和应用，使文学艺术的审美观念始终带着强烈的生命气息，"生命精神"不仅是艺术作品的生命力和创造力，还是艺术的本原。

中国画理论家和画家始终把"气韵生动"，而不是"应物象形"放在第一位，说明了中国山水画重气势、重神韵的审美特征。北宋山水画家郭熙从审美角度对山水画理论作了全面透析。他的《林泉高致》写道："山以水为血脉，以草木为毛发，以烟云为神采，故山得水而活，得草木而华，得烟云而秀媚"，在他看来，山是有生命的，水也是有灵性的，山水、植物、动物给人带来的生命美感，使人精神愉悦，身体健康，延年益寿，获得生命精神。清初石涛《画语录》从哲学角度对山水画作了深刻的本质概括，并在《画语录·山川章第八》中集中表现了他关于山水的美

---

❶ 庄子·秋水 [M].
❷ 孟子·尽心上 [M].
❸ 程氏遗书 [M]. 卷十一.
❹ 朱熹. 春日偶作 [M].
❺ 朱子语类 [M]. 卷116.
❻ 观物篇 [M]//皇极经世绪言. 卷六.
❼ 观物篇 [M]//皇极经世绪言. 卷六.

学思想，石涛以"生活"（生是动词，"活"即活现、生动）的态度来看待山川自然，将山川自然看成是具有生命力的博大载体，看成是"天地之形势"，将风雨晦明看成是山川之气象，纵横吞吐则是山川之节奏，山川成为一种天地之中有生命的博大机体。"风云者，天之束缚山川也。水石者，地之激跃山川也"。山川形态变化是"天之权"、"地之衡"安排的结果，但要把握山川的"形神"，必须一画贯之。

受中国画的影响，在古典园林中，这种生命精神的表现更加具体而强烈。清代画家沈宗骞云："天下之物，本气之所积而成。即如山水，自重岗复岭，以至一木一石，无不有生气贯乎其间❶。"在造园家看来，不论是有生命的鸟兽虫鱼、花草树木，还是无生命的河流山川，都共通着宇宙大生命，都给人一种精神寄托。人们游乐其中的时候，也能体验生命之美。

因此，中国园艺家在造园时，必然考虑到对山、水、花、石等元素的处理方式。例如在处理造园之石的时候，讲究瘦、漏、透的原则；处理水的时候，一定要曲折；处理花木的时候，必然树影婆娑。园林之中总有漫溢的生机在花树山水、亭台楼阁中流动，体现出优游回环、流转不已的大化生机，这些正是园艺家对生命精神的追求在园林中的体现，也是园林生态美的一种表达方式。

3. 清漪园与"观生意"的生命精神

受到中国传统生态思想的影响，乾隆欣赏自然风光，留恋山水胜景，他曾说，"山水与我有宿缘，每遇佳景辄欢畅❷"，"我非山中人，爱说山中话，行遇好山水，自觉心中快❸"。同时，受理学"鸢飞鱼跃"生命精神的影响，乾隆在清漪园的规划营建中，把"生命精神"融于造园之中。

首先他把万物都看做有生命的物体加以保护，如在扩建昆明湖时尽量保持其原始的湿地风貌，在满足生态功能的情况下，不人为破坏生态环境；同时对西堤的古树进行保护；对瓮山培土绿化，注重保持其天然形态。

在乾隆的诗句中，还可以看到他对动植物的关注、对四时景色的留意，就连"绿草"、"青苔"这种微不足道的景物也反复成为其吟咏对象（表5-1），足见乾隆对其观察之细，感悟之多，对生命精神之重视。

乾隆御制诗中对自然景物的吟咏　　　　　　　　　　　　　　　表5-1

御制诗中描写的物体	诗　句
蓼、荷花	"已欣蓼穗深添色，却惜荷花暗减香"❹
柳树、花树	"放眼柳条丝渐软，含胎花树色将分"❺
大雁、鱼	"湖阔还存过冬雁，春来已陟负冰鱼"❻
莺、燕	"林煦莺迁木，泥香燕贺居"❼

---

❶（清）沈宗骞. 芥舟学画编 [M].
❷ 题唐岱重溪烟霭便面 [M]//乐善堂全集. 卷17.
❸ 唐寅山静日长图 [M]//乐善堂全集. 卷18.
❹ 乾隆御制诗. 昆明湖泛舟 [Z]. 乾隆二十年.
❺ 乾隆御制诗. 仲春昆明湖上 [Z]. 乾隆二十三年.
❻ 乾隆御制诗. 新正万寿山 [Z]. 乾隆二十年.
❼ 乾隆御制诗. 仲夏万寿山 [Z]. 乾隆十八年.

御制诗中描写的物体	诗　　句
四时景色	"轻烟新润霭清和，霁景名山翠滴螺"❶
四时景色	"玉镜平铺雪未消，轻烟丽日凑初韶"❷
草	"迩来春色夫如何？乍见山阳绿草多"❸
草	"阳崖土润生芳草，阴巇雪余皴古松"❹
青苔	"石壁满意凉，苔色欬岑锁"❺

其次，清漪园中体现着乾隆"民胞物与"的生态思想。乾隆曾说，"帝王之政，莫要于爱民，而爱民之道，莫要于重农桑，此千古不易之常经也"❻。作为一国之君，乾隆的重农思想是由祖辈传习下来、根深蒂固的，因而不可避免地渗透到造园活动中来。"稻已分秧蚕吐丝，耕忙已复织忙时"❼ 的耕织图，就是他"参天地，赞化育"的思想在园林建设中的印证。

比如，反映乾隆心系农民，对农作物收成担忧的御制诗句：

"望雪心忧得雪喜，吾心忧喜总因民"❽。

"三时晴雨评量意，今日舒眉为我农"❾。

最为重要的是，乾隆还通过清漪园的营造，把这种生命精神体现在体悟"鱼跃鸢飞"、"川泳云飞"的"观生意"之中，通过观察、体悟自然现象，领略到生命的内涵。这种"观生意"反映了一种大化流行、生生不息的生命精神。"观生意"作为乾隆的园林观的体现，表达了理学宇宙观、人格观与审美观的统一，他以诗意的态度和审美的眼光通过"观生意"，将有限的园林空间点化成无限的境界，将实在的园林景物升华为生机活泼与人心妙然相通的对象，从而将理学的天地无边广阔、自然无穷变幻、万物生机盎然，以及同人浑融凑泊、高度融合的宇宙意识以园林的方式呈现出来，正如其御制诗中描述的：

"春秋足风月，飞跃有鸢鱼❿"。

"书斋映水清，水清亦来映。光光两相射，究以孰为镜。辨见八还中，微心七处竟。鸢鱼付不知，云飞而川泳⓫"。

"鸡鹅鸥鹭裕还飞，曾未传宣放水围。讵是饰辞助生气，也缘观物任天机⓬"。

4. 清漪园生命精神的原型

清漪园造园所体现的生命精神的理论基础，即生命原型，包括明、远、新、适、圆五个方面，

---

❶ 乾隆御制诗. 雨后万寿山 [Z]. 乾隆二十年.
❷ 乾隆御制诗. 新春万寿山即景杂咏 [Z]. 乾隆二十一年.
❸ 乾隆御制诗. 仲春万寿山杂咏六首 [Z]. 乾隆十九年.
❹ 乾隆御制诗. 诣畅春园问安后遂至万寿山即景杂咏 [Z]. 乾隆二十年.
❺ 乾隆御制诗. 清可轩 [Z]. 乾隆二十四年.
❻ 题宋人蚕织图 [M] // 御制诗三集. 卷68.
❼ 乾隆御制诗. 耕织图口号 [Z]. 乾隆三十一年.
❽ 乾隆御制诗. 即事四首 [Z]. 乾隆二十年.
❾ 乾隆御制诗. 孟秋万寿山即景杂咏四首 [Z]. 乾隆二十五年.
❿ 纳翠轩口号 [M] // 御制诗三集. 卷12.
⓫ 映清斋 [M] // 御制诗四集. 卷6.
⓬ 乾隆御制诗. 昆明湖泛舟拟竹枝词 [Z]. 乾隆二十五年.

涉及其对光明境界的追求、在生命距离中追求美感、园林创作中所奉行的独特生命创新精神、独特的审美愉悦观以及生命整体观❶，展现了园林创作中对生命精神的重视。

1) 诠"明"，艺术的光明境界

光明意味着生存，也意味着内在生命，这在中国古代思想史上留下了深刻的印迹：八卦中有离卦，离是火的象征，而"离者，丽也❷"，它有两层意思，一是美丽，一是附丽。就美丽说，火乃至光明意味着美。

光明意味着归复生命的本明。《老子》十六章云："夫物芸芸，各复归其根。归根曰静，静曰复命。复命曰常，知常曰明。"万物纷然，只是其表象，而其根源则渊默、永恒而光明朗照，人应虚静自处，消解一切束缚，归复万物之中。

光明是对自我生命的回归，让认识主体灵光四耀的生命之光去映照万物，则是对事物的"观照"。"观照"是审美认识的一种方式，是以心去照，而不是靠外在的感官，如庄子所说的："无听之以耳而听之以心，无听之以心而听之以气"，气即光明澄澈之心。通过观照，意象便在光亮中诞生，去除物我之间的一切冲突。通过体悟使心灵达到光明的境界，可以扩展心空，提升性灵，可以澄怀味象，消除人物之对立，达到"万物静观皆自得"的境界。唐岱《绘事发微》："丘壑融会胸中，自得六法三品之妙，落笔腕下眼底一片空明，山高水长，气韵生动矣。山高水长在一片空明中诞生。"

在清漪园的营建中，这种以生命之光去"观照"万物的生命精神也有所体现。乾隆深知理学"天人之际"的宇宙观，借助园林形象，通过调动园林中的泉石山水、禽鱼花木等一切因素，达到强化和再现"天人和合"的哲学观点，如在清漪园长廊布置的两个水榭对鸥舫和鱼藻轩，乾隆有诗云："凭生适其适，是即造物量❸"、"自缘观物化机寓，相狎宁希隐者流❹"、"野鸥四时对，适然任翔鸶❺"、"物各适其适，时唯迁不倦。跃潜喻合道，动静性俱天❻"。这些诗句表面是观鸥和观鱼，其实是通过"观生意"来"寓意于物"，从"鸢飞鱼跃"中领悟自然界的云飞月落和物运星移，领会"物适其性"的深刻哲理，领会"活泼泼的生命精神"，进而以廓然大公之胸襟体察天下一统、静观万物、俯察庶类的快感。这样，乾隆通过生命之光观照万物的同时，也在光明中提升了性灵，达到了物我两忘的生命精神境界。

2) 辩"远"，艺术的生命距离观

中国哲学认为，人所以能克服局限和渺小，在很大程度上，在一个"远"字，故中国古代士人要"散远襟"、"致远意"、"希远致"。"远"在这里是指一种心灵之远，是对自然距离的超越，如唐诗僧皎然所说："非谓森森春水，杳杳春山，乃意中之远"，是一种"心灵之远"、"境界之远"。它以生命为中心，通过距离来展开生命，在距离中净化生命。

明代的董其昌《画禅室随笔》中论述道："'虚室生白，吉祥止止'。予最爱斯语，凡人居处洁净无尘溷，则神明来宅，扫地焚香，萧然清远，即妄心亦自消磨。"董其昌以萧然清远之心为生命的最高境界，这样的心灵超越时空，正是海阔天空无穷大。

清漪园也把"远"作为生命审美的理想境界，处处体现着"远"所带来的生命精神。

---

❶ 参照：朱良志. 中国艺术的生命精神 [M]. 修订版. 合肥：安徽教育出版社，2006.
❷ 周易·说卦 [M].
❸ 乾隆御制诗. 对鸥舫 [Z]. 乾隆二十九年.
❹ 乾隆御制诗. 对鸥舫 [Z]. 乾隆三十年.
❺ 乾隆御制诗. 对鸥舫 [Z]. 乾隆三十六年.
❻ 乾隆御制诗. 题鱼藻轩 [Z]. 乾隆五十六年.

一是山水之远。清漪园的山水改造遵循了中国画的透视理论，在万寿山的改造中，通过加高山势、修整山形、借景其他山脉达到高远、深远、平远的"三远"；通过扩宽、分割、掩映昆明湖达到水的"三远"，即迷远、阔远、幽远。通过山水改造，克服了静止，使得自然流转变化，成为活生生的生命实体，使造园者的意象思维神游物外，进入广袤的宇宙空间，进入画境，以此来寄托性灵。

　　二是通过登高望远来表达远的意境。明·祁彪佳《寓山注》云："阁以'远'名，非第因目力之所极也，盖吾阁可以尽越中诸山水，而合诸山水不足以尽吾阁，则吾之阁始尊而踞于园之上……以远故尽入楼台；千叠溪山，以远故都归帘幕。若夫村烟乍起，渔火遥明，蓼汀唱欸乃之歌，柳浪听睍睆（xiànhuǎn）之语，此远中之所孕合也。"祁彪佳以自己命名的远阁谈起，阐述远的意味，达到超乎园林范围外的造化生机之远。乾隆在清漪园中布置了登高望远的绿畦亭、构虚轩、畅观堂等建筑，并不仅仅是为了望远而建，而是通过"远"来再观照生命，通过"远"来游心万物，通过"远"来实现物我交融，表达自己忧国忧民的心境，如乾隆在《题畅观堂》诗中说，"揽景真宜畅远眺，循名更复廑深思。从来熟读韦编语，观我观民慎在兹❶"。园中以"远"命名的"鉴远堂"位置优越，"（广润）祠旁建屋数宇，开窗纵目，一碧万顷，因题名鉴远堂❷"，乾隆建此堂并不是为了远观昆明湖的一碧万顷，而是为了提醒自己要勤政爱民，明察秋毫，如乾隆在《鉴远堂有会》中说："水监亦云可，坦荡含虚明。即景非畅观，怵然廑衷情。远固不易鉴，近尤可畏增。一指设当前，泰山失峥嵘。冕旒虽蔽目，未形视宜精。察察岂为佳，恢恢良足称❸"。

　　3）论"适"，艺术的生命愉悦观

　　北宋郭熙在论山水之美时，曾谈到两种审美观照心理，一是可行可望，一是可居可游。可行可望是耳目之娱、视听之娱，它虽也是一种审美活动，但终是局外人的目光，显得不那么纯粹。可居可游是在发现人与大自然根本亲和后所获得的一种会心的愉悦，它不是局外人，而是全身心的投入，心为之动，身与之适。还有一种更高级的愉悦，在《林泉高致》中，郭熙谈到当体验进入高峰阶段时，"目不知毫素，手不知笔墨"，此时，"万虑消沉，则佳句好意，亦看不出，幽情美趣，亦想不成"，时空似乎凝固成一个无，只有深层的生命在跃动，主体已感觉不到快乐，但又经历了最大的快乐，这是无乐之乐。

　　作为"适"的三种愉悦观在清漪园的景物布置中有所体现。

　　第一种是带有生理和伦理倾向的审美愉悦，清漪园中的山水、花木、建筑满足了乾隆游赏的基本功能，并将乾隆的人格理想体现在园林之中，如儒家的伦理思想，宋明的理学思想和乾隆的士人思想，这些都在山水的布置、花木的选择、建筑的营建中体现出来。体现这种愉悦的有乐寿堂、景明楼、邵窝等景点。

　　第二种愉悦，如宋·郭若虚说："每宴坐虚庭，高悬素壁，终日幽对，愉愉然不知有天地之大、万物之繁，况乎惊宠辱于势力之场，料得丧于奔驰之域哉？"此排除社会的、生理的欲望，放心于物外者，是一种自然的愉悦。徜徉于清漪园的山水间，欣赏鸢飞鱼跃、川泳云飞、四时交替来体味广阔自然中的天地万物，人不再是带有功利的人，而是完全融入自然，寓意于物，在园林的拳石勺水、花香虫鸣中"观止"、"忘机"，"究天地合一之源"。

　　第三种即为忘情物我的忘乐之乐，忘却愉悦的终极愉悦。此时主体进入孤立绝对的境界之中，

---

❶ 乾隆御制诗. 题畅观堂［Z］. 乾隆三十一年.
❷ 乾隆御制诗. 鉴远堂［Z］. 乾隆十五年.
❸ 乾隆御制诗. 鉴远堂有会［Z］. 乾隆二十八年.

自我性灵获得了彻底的解放，这是一种彻底的适意。清漪园中的意迟云在轩（图5-17）和知鱼桥即表现了这种浑然物化的意境。"意迟云在"出自杜甫《江亭》："水流心不竞，云在意俱迟"，意为心没有产生与流水竞争的冲动，看到云朵也同样感到舒缓悠闲。此处使游赏者意境完全与流水和云朵融为一体，处在以物观物的角度，心随物往，心随物化。而知鱼桥（图5-18）则典出《庄子·秋水篇》："庄子与惠子游于濠梁之上，庄子曰：'鲦鱼从容是鱼之乐也'，惠子曰：'子非鱼安知鱼之乐？'庄子曰：'子非我，安知我不知鱼之乐？'"庄子与鱼物化为一体，故能感受到鱼之乐，此种忘适之适的境界是一种至乐，是"适"的最高境界。

图5-17　意迟云在轩

图5-18　知鱼桥

4）议"新"，艺术生命的创造精神

生命精神中的"新"是一种生命的创造。这种创新精神把观物作为艺术创作的起点，没有外在感性生命的作用，就无法发现自己的真实自我。王羲之诗云："群籁虽参差，适我无非新。"诗人融入忘怀物我的无差别境界之中，到自然生命中寻求创意，自然生命在主体的观照中焕发新的生命，而主体也在自然的撞击中回到生命之所，通过对物的真实生命的发现而发现真实的自我，打开创造的闸门。

清漪园之所以在清代皇家园林中独树一帜，自然与其创新的生命精神息息相关。如果单从外表来看，清漪园似乎存在着大量的模仿，但如果仔细分析，却是"似同而实异，似是而实非"，在模仿中体现着创新精神。譬如清漪园在总体上是在模拟杭州西湖，尤其是在对整个山形水系的改造上，与杭州西湖极其相似，但实则是"略师其意，不舍己之所长"，其写仿只是利用了昆明湖与杭州西湖所处环境的相似性，而有选择性地汲取了杭州西湖风景之精粹，但在景物的布置上和意境的体现上却有自己独特的韵味，体现出皇家园林的独特气势，同时这也是乾隆在自然生命中寻求创意，使自然生命在创造主体的观照下焕发新生的结果。

5) 说"圆"，艺术中的生命系统观

"圆"是中华民族文化的一个重要精神原型，它蕴涵着中华民族的宇宙意识和生命精神以及朴素的辩证思想。"圆"是艺术生命产生之根源，易学以太极之圆为天地之大本、万物之宗府。太极本无形，却含有化生万物之理，动而生阳，静而生阴，阴阳相摩相荡，万物于是生焉。这种"圆"推崇生命的整体感，重视充满圆融的生命呈露，万物都是一个自在圆足的生命整体，即：天下一太极，而物物一太极，物物均有内在的理，而内在的理是有共通的，自一物可观万物。"圆"具有运转不息的生命精神，如唐·司空图的《二十四诗品》最后一品名《流动》，其辞曰："若纳水輨，如转丸珠。夫岂可道，假体如喻。荒荒坤轴，悠悠天枢。载要其端，载闻其符。超超神明，反反有无。来往千载，是之谓乎！"诗中说明了天地的精神像水车和丸珠一样变动不居、生生不息，人要参天地赞化育，融入到万物皆流的生命秩序中去。

清漪园的营建中很重视这种循环往复的生命精神，在园中融入了大量表现这种生命精神的四季景观，以"参天地赞化育"的眼光感受生命的运转，如含新亭"万物都含新，一亭先契妙❶"，"虚亭何似似方寸，妙理生机蕴个中❷"；写秋轩"可知圆盖本无私，玉露金风又一时❸"；赅春园"试看苞含甲孛处，千红万紫个胚胎❹"，"四序首春元善长，六爻交泰地天心❺"，"触景悟天倪，夫岂在红紫❻"；知春亭"璇玑循环运四时，东皇一气百昌怡。春来有象由无象，亭付无知为有知❼"。

5. 四季变化——清漪园生命精神的轮回

1) 四季变化与生命精神

中国传统文化将时间和生命联系在一起，时间被理解为变易、流动的节律，以流动的时间去统领万物，四时模式突出的不是一个时间展开的序列，而是生命变化的模式，是对于生命的思考。

中国文化建立了以四时为主的四大生命板块。《史记·太史公自序》引司马谈云："夫春生、夏长、秋收、冬藏，此天道之大经也。"四时反映了自然生命发展的四个阶段，每个季节都有独特的生命特征。中国哲学认为，生命是一个有秩序的过程，若打破这种秩序，就等于撕裂生命的整体联系，将其变成僵死的片段，正如《春秋繁露·天容》所说："天之道有序有时"。

---

❶ 乾隆御制诗. 含新亭 [Z]. 乾隆二十四年.
❷ 乾隆御制诗. 含新亭 [Z]. 乾隆二十八年.
❸ 乾隆御制诗. 写秋轩 [Z]. 乾隆二十四年.
❹ 乾隆御制诗. 赅春园得句 [Z]. 乾隆二十九年.
❺ 乾隆御制诗. 赅春园 [Z]. 乾隆三十一年.
❻ 乾隆御制诗. 题赅春园 [Z]. 乾隆三十四年.
❼ 乾隆御制诗. 知春亭 [Z]. 乾隆五十年.

四时模式作为一种生命模式，表达出一种对生命的关注，它对中国人的时间观念、生命精神产生深刻的影响。古人重视四时，通过四时感受生命变化的节奏，感受春生、夏长、秋收、冬藏的变易过程。在《文心雕龙·物色篇》中，刘勰首先并明确提出了物感说，从时令变迁到阴阳变化全面论述了物与人的相感，"春秋代序，阴阳惨舒，物色之动，心亦摇焉。"陆机在《文赋》中云："遵四时以叹逝，瞻万物而思纷。悲落叶于劲秋，喜柔条于芳春。"

在中国画中，画家通过了解不同时间段的不同生命特点，了解生命运转的内在脉络，才能使作品传神（图5-19），如北宋郭熙说："春山澹冶而如笑，夏山苍翠而如滴，秋山明净而如妆，冬山惨淡而如睡。"又说："春山烟云绵联，人欣欣；夏山嘉木繁阴，人坦坦；秋山明净摇落，人肃肃；冬山昏霾翳塞，人寂寂。"这些论述成为后代画家表现季节、反映生命精神的标版。

园林也体现着重视四时变化产生的生命精神。时间模式在园林中以独特的形式存在着，四时不同，景物也不同。扬州个园以四季假山表达着对四时的关注。春山以石笋、修竹为主题，翠竹秀拔，竹石鲜丽，竹影婆娑中似乎可见"春山澹冶而如笑"；夏山以麦灰色湖石堆叠，山顶秀木苍翠，繁荫如盖，山前池中夏季有艳开的睡莲，可谓"夏山苍翠而如滴"；秋山以黄石为主面对夕阳，黄石擅北方之雄，奇伟嶙峋，山洞交错，空气的流动中顿感"秋风萧瑟天气凉"，谓"秋山明净而如妆"；冬山用白色宣石，又称雪石，似积雪未消，显"冬山惨淡而如睡"，所在庭院亦以白矾石作冰裂纹铺地，并植蜡梅、天竹。

图5-19 四季山水图（南宋·刘松年绘）（上左：春；上右：夏；下左：秋；下右：冬）

2）清漪园中的四季变化与生命精神

在清漪园的营建中，乾隆极其重视生命精神在园中的体现，通过运用大自然景色的四季变迁，营造春夏秋冬景观，体现生命之道，如体现春天的有知春亭、贻春园、怡春堂、长春书屋、含新亭、留佳亭、怀新书屋；体现夏天的有藕香榭、寄澜亭；体现秋天的有写秋轩、借秋楼、秋水亭；体现冬天的有清遥亭。

乾隆、嘉庆等吟咏清漪园的御制诗中真实记录了清帝一年四季游园的所见所闻，写出了清漪园的这种四季轮回的生命精神（图5-20）。将其诗篇对照二十四节气可以分析出当时清漪园中山水、动物、植物、农耕等景象的季相变化，探寻出清漪园暗含的生命精神韵律。

图5-20　颐和园寒暑图

春季景观
"悦心白雪遍敷滋"——孟春

《礼记·月令》载："（孟春）东风解冻，蛰虫始振，鱼上冰，獭祭鱼，鸿雁来。"立春时节，天气逐渐回暖，东风吹拂，冰雪开始融化。春雨在不经意间落下，万物开始复苏，鱼儿不时跃出含冰的水面；雨水时节大雁开始从南方飞回北方，植物开始萌动，大地渐渐开始呈现出一派欣欣向荣的景象。

此时气温还较低，清漪园依然是一幅白雪皑皑的天然图画，遍地白雪覆盖在湖光山色之间，树上枝头的雪在阳光的照耀下闪闪发光，清漪园呈现出一片光明境界，体现了雅洁的生命美。如诗中记载："凝眺青山皆入画，悦心白雪遍敷滋❶"、"雪留层岭林光洁❷"、"雪点树枝光皎洁❸"。

以松柏为代表的植物傲立雪中，"苍松傲冻耸屏颜❹"，松柏的深绿色与银白的雪互相映衬，保持了色彩的丰富和生命的活力，体现了"岁寒，然后知松柏之后凋也"的坚贞品格。

隆冬已经消去，阳气初萌，万物已在冥冥之中开始复苏。万寿山在一片静寂中孕育生机，阳坡树上悬挂的冰雪逐渐融化，如诗句记载："未昌山色渐愔愔❺"、"苔色林光渐袅怡❻"、"阳林珠

---

❶ 嘉庆御制诗. 新春万寿山 [Z]. 嘉庆八年.
❷ 嘉庆御制诗. 新正万寿山 [Z]. 嘉庆十七年.
❸ 嘉庆御制诗. 新春万寿山 [Z]. 嘉庆二十三年.
❹ 乾隆御制诗. 节后万寿山即景得句 [Z]. 乾隆五十年.
❺ 乾隆御制诗. 新春万寿山清漪园即景 [Z]. 乾隆三十八年.
❻ 乾隆御制诗. 新春万寿山即景杂咏 [Z]. 乾隆二十一年.

缀欲垂颗，阴岭玉铺未化皑❶"。

昆明湖冰也逐渐融化，呈现出"清漪全未放清漪，冰镜依然数顷披❷"、"烟意波容已绝胜❸"的将泮状态，冰冻的湖面发出漾漾的银光，融化的水面出现阵阵清漪在冰间流动，蒙蒙的烟笼罩在湖面。

植物开始酝酿复苏，"花柳六桥方蕴酿，较于红绿雅相应❹"、"积雪依然培岸柳❺"、"依稀梅蕊图江国❻"，表明此时的植物虽然根部依然覆盖着厚厚的积雪，但柳树已经露出金黄的嫩芽，桃花绽出红红的花蕾，梅花也开出了美丽的花朵。田垄中积雪下也长出麦芽，"鳞塍玉润麦芽纽❼"，到处都体现着生命的蠢蠢欲动。

野鸭、野鸥、大雁已经在消融的冰上嬉戏，湖中的鱼也游到冰面之上，如诗中描述："冲寒野鹜掠波轻❽"、"凫鸥高下喜冰消❾"、"湖阔还存过冬雁，春来已陟负冰鱼❿"。

"如酒新波万顷翻"——仲春

《礼记·月令》载："(仲春) 始雨水，桃始华，仓庚鸣，鹰化为鸠。"惊蛰，春雷响动，惊动了万物，蛰伏、冬眠的动物开始苏醒并活动，桃花开放，黄鹂开始鸣叫；春分大雁回飞，雷乃发声并出现闪电。

进入仲春，清漪园不再是一片白色寂静，万物已经开始酝酿生机。此时阳气进一步萌生，在阳光的照耀下，园中的积雪和昆明湖的冰纹大部分融化，呈现出"晴晖送暖涣冰纹⓫"的景象。而由于春雨的滋润，湖中水位上升，呈现"如酒新波万顷翻⓬"的流动生命美。

桃柳进入了观赏期，"已看绿柳风前舞，恰喜红桃雨后开⓭"，由黄变绿的柳丝在东风的吹拂下飘荡，桃花在春雨后开放，一片桃红柳绿。稻田里也铺满了绿油油的麦芽，雨后天空放晴，在阳光的照耀下格外清新，如"润塍铺麦芽，连垄含曦霁⓮"。

"爆如雷启蛰⓯"，雷声惊醒了沉睡的动物，园中的松鼠等动物开始活动。

"花识清明齐放陌"——季春

《礼记·月令》载："(季春) 桐始华，田鼠化为鴽(rú)，虹始见，萍始生。"清明，清洁明洁的意思，此节气泡桐、牡丹开花，雨后的天空出现彩虹。谷雨时节雨水增多，有利于谷类农作物的生长，水中的浮萍也开始浮上水面。

季春时节，清漪园生气方盛，气温进一步回暖，大多数草木开始茁壮生长。

---

❶ 乾隆御制诗. 新春万寿山 [Z]. 乾隆三十四年.
❷ 乾隆御制诗. 节后万寿山清漪园即景 [Z]. 乾隆五十七年.
❸ 乾隆御制诗. 新春万寿山 [Z]. 乾隆二十六年.
❹ 乾隆御制诗. 新春万寿山即景 [Z]. 乾隆二十三年.
❺ 乾隆御制诗. 节后万寿山清漪园作 [Z]. 乾隆五十六年.
❻ 乾隆御制诗. 新春万寿山 [Z]. 乾隆十八年.
❼ 乾隆御制诗. 节后万寿山清漪园作 [Z]. 乾隆五十六年.
❽ 道光御制诗. 新春万寿山作 [Z]. 道光五年.
❾ 乾隆御制诗. 新正万寿山即景 [Z]. 乾隆三十三年.
❿ 乾隆御制诗. 新正万寿山 [Z]. 乾隆二十年.
⓫ 乾隆御制诗. 仲春昆明湖上 [Z]. 乾隆二十三年.
⓬ 乾隆御制诗. 仲春万寿山杂咏六首 [Z]. 乾隆十九年.
⓭ 乾隆御制诗. 仲春万寿山即景 [Z]. 乾隆二十九年.
⓮ 乾隆御制诗. 望霁清轩有作 [Z]. 乾隆六十年.
⓯ 乾隆御制诗. 道存斋 [Z]. 乾隆二十九年.

昆明湖水完全融化，明亮如镜倒映着世间万物，诗句"碧镜光中拖曲堰❶"描写出昆明湖曲折的堤岸在如碧镜的湖中显出倒影。此时清漪园中春雨频繁，滋润着园中万物，一幅烟雨蒙蒙的梦幻景象，完全消融的湖中水位逐步上升，可以乘船欣赏园中的湖光山色，如诗中描述："润溉园林小雨余，烟光畅好暮春初❷"、"山增润意湖增涨❸"、"好趁春波试放船❹"。

植物开始生长，园中一片绿色的海洋，"绿云丛里出高楼❺"，各种亭台楼阁与树丛相互掩映，体现出生机。此时桃花逐渐凋落，但堤上的杏花次第开放，湖中的香蒲、白芷、浮萍也长出水面，柳枝低垂仿佛就在桥上笼罩，如诗中描写："飞扬白絮定何谓，飘堕红英有底能❻"、"绿杨堤间杏花红❼"、"新蒲嫩芷昆明水❽"、"花识清明齐放陌，柳笼烟霭近低桥❾"；农田则是一派繁忙景象，丰沛的雨水使麦芽得以灌溉滋润，诗中描述："宿雨滋塍畔❿"、"溪畔室闻鸣织杼，岸傍田见起耕锄⓫"。

此时"南淀飞来凫雁满⓬"、"鹂时乃季春⓭"，去南方过冬的野鸭和大雁重新飞回清漪园中，黄鹂也开始鸣叫，园中呈现百鸟争鸣的生命迹象。

夏季景观
林扉又觉绿荫繁——孟夏

《礼记·月令》载："（孟夏）蝼蝈鸣，蚯蚓出，王瓜生，苦菜秀。"立夏标志夏天开始，农作物渐将借温暖的气候而生长；小满标志着秋麦成熟。

从诗句"游山宜雨后⓮"、"湖漾思波涵水碧⓯"、"湖水新添涨⓰"、"雨后明湖潋涨痕⓱"、"西山螺翠绿波涵，聚散云容天蔚蓝⓲"，可以看出四月雨水频繁，湖水渐涨，湖波荡漾，而雨后则是一幅清新的水态山容。昆明湖时常一片烟雨蒙蒙的景象，"棹入轻烟忽不见，数声伊轧远犹闻⓳"，万寿山此时则是一幅"夏山苍翠而如滴"的生命画面，万物进入快速生长的阶段。

描述植物的诗句，如"树铺嘉荫趁山青⓴"、"花坞渐看红意减，林扉又觉绿荫繁㉑"、"山

---

❶ 乾隆御制诗. 暮春恭奉皇太后游万寿山清漪园 [Z]. 乾隆三十三年.
❷ 乾隆御制诗. 恭奉皇太后游万寿山清漪园即景得句 [Z]. 乾隆三十一年.
❸ 乾隆御制诗. 暮春恭奉皇太后游万寿山清漪园 [Z]. 乾隆三十三年.
❹ 乾隆御制诗. 自昆明湖泛舟进宫 [Z]. 乾隆十七年.
❺ 乾隆御制诗. 暮春恭奉皇太后游万寿山清漪园 [Z]. 乾隆三十三年.
❻ 乾隆御制诗. 暮春万寿山 [Z]. 乾隆二十年.
❼ 乾隆御制诗. 自昆明湖泛舟进宫 [Z]. 乾隆十七年.
❽ 乾隆御制诗. 三月三日昆明湖中泛舟揽景之作 [Z]. 乾隆十八年.
❾ 乾隆御制诗. 自玉河放舟至玉泉山 [Z]. 乾隆十八年.
❿ 乾隆御制诗. 三月三日昆明湖中泛舟揽景之作 [Z]. 乾隆十八年.
⓫ 乾隆御制诗. 恭奉皇太后游万寿山清漪园即景得句 [Z]. 乾隆三十一年.
⓬ 乾隆御制诗. 三月三日昆明湖中泛舟揽景之作 [Z]. 乾隆十八年.
⓭ 乾隆御制诗. 戏题听鹂馆 [Z]. 乾隆三十八年.
⓮ 乾隆御制诗. 首夏万寿山 [Z]. 乾隆二十年.
⓯ 嘉庆御制诗. 首夏清漪园 [Z]. 嘉庆六年.
⓰ 乾隆御制诗. 雨后万寿山二首 [Z]. 乾隆二十一年.
⓱ 乾隆御制诗. 四月朔日进宫斋戒，自昆明湖进舟至万寿寺，川路晓烟未泮，麦畴宿雾犹浓，触景成欣，援毫得句 [Z]. 乾隆十五年.
⓲ 乾隆御制诗. 长河放舟进宫之作 [Z]. 乾隆十九年.
⓳ 乾隆御制诗. 初夏万寿山杂咏 [Z]. 乾隆二十一年.
⓴ 嘉庆御制诗. 首夏清漪园 [Z]. 嘉庆六年.
㉑ 乾隆御制诗. 浴佛日万寿山作 [Z]. 乾隆十八年.

花未歇芳❶"、"迭树张青幕，连峰濯翠螺❷"、"六桥堤畔菜花黄，影入漪澜锦七襄❸"、"长堤几曲绿波涵，堤上柔桑好养蚕❹"、"青蒲白芷带沙渍❺"、"菜花（油菜）欲败柳吹棉❻"，可以看出，万物繁茂，树木已能形成嘉荫，春花植物渐渐凋落，西堤处的油菜花一片金黄，堤上桑叶成熟。

在稻田区，秋麦已经成熟，水稻开始分秧扦插，一片绿油油的景象。蚕也开始上箔，鸣机声阵阵，如诗中描述："满期麦秋逮稔时❼"、"白蚕才上箔，绿稻欲分秧❽"、"昆明增水稻田滋❾"、"新蚕已分箔，初秧绿针攒❿"、"桥边鹭羽骞蒲渚，堤外鱼鳞润稻塍⓫"、"稻畦麦垄绿芊芊⓬"。

描述动物的诗句，如："只有昆明太空阔，破烟几点下闲鸥⓭"、"小艇寻常狎鹭群⓮"、"林翠藏鸟声，嘲哳复间关⓯"、"醉鱼逐侣翻银浪，野鹭迷群仁绿蒲⓰"、"绿荫渐密莺梭急，浅浪初平燕翦轻⓱"、"忘机鱼鸟情何限，倒映楼台影几层⓲"、"清和渐觉绿荫稠，初听林间黄栗留⓳"、"绿树浓荫高下披，栗留北去已多时⓴"，成群的野鹭、野鸥、鱼在湖中嬉戏，山林中到处都有鸟鸣，黄鹂、燕子在林间穿梭。

由于四月是个需水的重要时节，乾隆数次到龙神祠祈雨，并在望蟾阁盼雨，"兹因请雨灵祠叩，祠侧高阁聊临之㉑"。

远峰群濯翠如鬟——仲夏

《礼记·月令》载："（仲夏）螳螂生，鵙（yuán）始鸣，反舌无声，鹿角解，蜩始鸣，半夏生。"芒种时节，大麦、小麦等有芒作物种子已经成熟收获，稻子、晚谷、黍、稷等夏播作物也正是播种最忙的季节。夏至蝉儿开始鸣叫，半夏、木槿两种植物逐渐繁盛开花。

由于仲夏时节气温逐渐炎热，雨水充沛，此时清漪园的意象大多是雨后清凉的景象，乾隆的诗篇中大部分也是描写雨后清漪园景象的，如《仲夏万寿山清漪园》："近沼已增玉为毂，远峰群

---

❶ 乾隆御制诗. 雨后万寿山二首 [Z]. 乾隆二十一年.
❷ 乾隆御制诗. 首夏万寿山 [Z]. 乾隆二十年.
❸ 乾隆御制诗. 初夏万寿山杂咏 [Z]. 乾隆二十一年.
❹ 乾隆御制诗. 初夏万寿山杂咏 [Z]. 乾隆二十一年.
❺ 乾隆御制诗. 初夏万寿山杂咏 [Z]. 乾隆二十一年.
❻ 乾隆御制诗. 泛舟至玉泉山 [Z]. 乾隆十九年.
❼ 乾隆御制诗. 望蟾阁迭昨岁韵 [Z]. 嘉庆元年.
❽ 乾隆御制诗. 雨后万寿山二首 [Z]. 乾隆二十一年.
❾ 乾隆御制诗. 雨后万寿山昆明湖揽景得句 [Z]. 乾隆五十三年.
❿ 乾隆御制诗. 自玉河放舟至玉泉山 [Z]. 乾隆十八年.
⓫ 乾隆御制诗. 雨后昆明湖泛舟即景 [Z]. 乾隆二十九年.
⓬ 乾隆御制诗. 长河放舟进宫之作 [Z]. 乾隆十九年.
⓭ 乾隆御制诗. 初夏万寿山杂咏 [Z]. 乾隆二十一年.
⓮ 乾隆御制诗. 初夏万寿山杂咏 [Z]. 乾隆二十一年.
⓯ 乾隆御制诗. 自玉河放舟至玉泉山 [Z]. 乾隆十八年.
⓰ 乾隆御制诗. 泛舟至玉泉山 [Z]. 乾隆十九年.
⓱ 道光御制诗. 策马至香山教场阅兵毕至万寿山侍皇太后膳 [Z].
⓲ 乾隆御制诗. 昆明湖上 [Z]. 乾隆十七年.
⓳ 乾隆御制诗. 戏题听鹂馆 [Z]. 乾隆二十六年.
⓴ 乾隆御制诗. 听鹂馆戏题 [Z]. 乾隆三十五年.
㉑ 乾隆御制诗. 望蟾阁作歌 [Z]. 乾隆六十年.

濯翠如鬟[1]"、《雨后万寿山》："夏仲沾霖即快晴，轻舆问景晓凉生。远延香岫十分爽，近把昆湖一片明[2]"，雨后的昆明湖空阔明朗，水波迂缓的景象，倒映着万寿山青翠的山色。

荷花开始进入初花期，成为清漪园中的观赏主角。"御苑池荷大作花，明湖出水始含葩。湖深池浅异迟速，理趣当前不在遐[3]"、"田叶点新萚[4]"、"已看仲夏绽芙蕖[5]"、"绿蒲白芷近茵岸，湖中荷叶方田田[6]"。各种树木树荫浓密，芳草茵茵，"草露喷香中得径，林风翻翠处凭楹[7]"、"乔林布荫偏宜步，敞阁延凉正好凭[8]"、"同然花木呈明静，兴与昨来回不同[9]"、"雨余风送爽，夏仲树连青[10]"、"夏仲绿荫深[11]"。

此时，惠山园澹碧斋、水乐亭、挹清芬室是消夏的好去处。惠山园内澹碧斋前的池塘，水波迂回缓慢地流，带来阵阵清风，"溪斋临水水溶溶，碧实邻虚澹匪浓。妙处可凭不可说，清风波面拂其踪[12]"。而水乐亭更是有秋天凉爽的意境，"静非无进动非流，九夏凭来意亦秋[13]"。挹清芬室则是观荷的佳处，"东湖水深鲜滋苇，西湖水浅多种莲。所以涉江采芙蓉，一再成咏藻鉴悬[14]"。

耕织图蚕忙时节已过，但农事仍比较繁忙。秋麦要抢收，水稻已经长出稻秧，稻田一片绿色，"麦田收毕黍苗起[15]"、"遍野优沾农事起[16]"、"耕织图边画意横，蚕忙已过稻秧生[17]"。

各种鸟类和鱼类十分活跃，体现了"活泼泼"的生命精神，"林煦莺迁木，泥香燕贺居[18]"、"鱼过拨剌卧波顽[19]"、"认作檐前报喜声[20]"。蝉开始鸣叫，黄鹂则终止鸣叫，"新蝉叫树绿荫稠[21]"、"黄鹂都啭罢[22]"、"莺罢绵蛮辞树去[23]"。

微风香气满银塘——季夏

《礼记·月令》载："（季夏）温风至，蟋蟀居壁，鹰乃学习，腐草为萤，土润溽暑，大雨时行。"小暑和大暑是一年中最炎热的时节，所有的风中都带着热浪。天气开始变得闷热，土地也很

---

[1] 乾隆御制诗. 仲夏万寿山清漪园 [Z]. 乾隆五十一年.
[2] 乾隆御制诗. 雨后万寿山 [Z]. 乾隆三十二年.
[3] 乾隆御制诗. 雨后昆明湖上杂兴四首 [Z]. 乾隆二十七年.
[4] 乾隆御制诗. 仲夏万寿山 [Z]. 乾隆十八年.
[5] 乾隆御制诗. 小西泠 [Z]. 乾隆三十六年.
[6] 乾隆御制诗. 挹清芬室得句 [Z]. 乾隆四十六年.
[7] 乾隆御制诗. 雨后万寿山 [Z]. 乾隆三十二年.
[8] 乾隆御制诗. 仲夏万寿山 [Z]. 乾隆三十六年.
[9] 乾隆御制诗. 玉河泛舟 [Z]. 乾隆二十年.
[10] 乾隆御制诗. 戏题听鹂馆 [Z]. 乾隆二十九年.
[11] 乾隆御制诗. 再题惠山园八景 [Z]. 乾隆四十一年.
[12] 乾隆御制诗. 再题惠山园八景 [Z]. 乾隆四十一年.
[13] 乾隆御制诗. 再题惠山园八景 [Z]. 乾隆四十一年.
[14] 乾隆御制诗. 挹清芬室得句 [Z]. 乾隆四十六年.
[15] 乾隆御制诗. 玉河泛舟 [Z]. 乾隆二十年.
[16] 乾隆御制诗. 仲夏万寿山遣怀 [Z]. 乾隆五十七年.
[17] 乾隆御制诗. 玉河泛舟 [Z]. 乾隆二十年.
[18] 乾隆御制诗. 仲夏万寿山 [Z]. 乾隆十八年.
[19] 乾隆御制诗. 仲夏万寿山 [Z]. 乾隆三十年.
[20] 乾隆御制诗. 雨后万寿山 [Z]. 乾隆三十二年.
[21] 乾隆御制诗. 玉河泛舟 [Z]. 乾隆二十年.
[22] 乾隆御制诗. 戏题听鹂馆 [Z]. 乾隆二十九年.
[23] 乾隆御制诗. 仲夏万寿山 [Z]. 乾隆三十年.

潮湿，时常会有大的雷雨出现。

清漪园由于昆明湖的存在，在酷暑中格外清凉。"快霁轻风暑欲消，昆明湖水涨浮桡❶"、"底知雨后昆明好，天水风凉上下鲜。蓄眼云山影荡摇，玉峰塔矗翠林标❷"。

荷花完全盛开，进入最佳观赏期，乾隆此季节来园中写下了大量咏荷的诗篇。如《藕香榭对雨》："连朝澍雨添新爽，坐对平湖片刻闲。平湖急雨乱跳珠，隔浦荷喧香乍送❸"；《过柳桥看荷花》："柳桥横界水东西，西浅东深致不齐。浅乃宜荷花正放，过桥似入绛云低。香似真清色不妖，寥天一即一天寥。眼根鼻观定何物，那更托言尘念消。春光六月入银塘，舟过花扶定不妨。白鹭惊人蓦飞起，半空犹带满身香❹"；《泛昆明湖观荷四首》："堤西那畔荷尤盛，遂与沿缘过镜桥。雨艰夏仲致开迟，季月优霖酎放姿。可识水华犹待泽，竞呈净植照朝曦。高下霞衣衬绿裳，微风香气满银塘❺"。

秋季景观
远浦蒹葭秋色好——孟秋

《礼记·月令》载："（孟秋）凉风至，白露降，寒蝉鸣，鹰乃祭鸟，用始行戮。"立秋标志秋天开始，以后气温逐渐下降。

在此时节，清漪园中刮起秋风，产生阵阵寒意，并伴随着雾气。风被看做是天地间的吐纳、呼吸，是生机流转的表现，而秋水则以明澈为特征，"与长天一色"。园中一片明净、空旷，天高气爽的生命感觉，有诗句描述："云气全消风气凉❻"、"雨后山风飒尔吹❼"、"有风爽满目，过雨黛凝鬟。波意将呈澈，云容欲就闲❽"、"山明湖洁有余妍。一查碧镜含澄宇，百里翠屏净远烟。平湖森森雨蒙蒙❾"、"风清气爽早秋时，晓泛平湖御苑西❿"、"浩浩波光连远岸⓫"、"曦临碧宇朗，云向远山横⓬"、"倒影楼台依碧水，宜人霁景报新秋⓭"。

植物则开始变色，落叶。诗句描述："花气宜过雨，梧风最引秋⓮"、"远浦蒹葭秋色好，长堤杨柳晓烟笼⓯"、"桐叶初成落⓰"。农作物"早种已收迟种未，高田既稔水田丰⓱"、"黍茂禾稠无隙地⓲"，黍、稷、稻、粱类农作物成熟。

---

❶ 乾隆御制诗．泛昆明湖观荷四首［Z］．乾隆三十三年．
❷ 乾隆御制诗．昆明湖泛舟［Z］．乾隆三十四年．
❸ 咸丰御制诗．藕香榭对雨［Z］．咸丰六年．
❹ 乾隆御制诗．过柳桥看荷花［Z］．乾隆二十九年．
❺ 乾隆御制诗．泛昆明湖观荷四首［Z］．乾隆三十三年．
❻ 乾隆御制诗．孟秋万寿山即景杂咏四首［Z］．乾隆二十五年．
❼ 乾隆御制诗．写秋轩口号［Z］．乾隆二十九年．
❽ 乾隆御制诗．昆明湖揽景［Z］．乾隆十八年．
❾ 嘉庆御制诗．初秋万寿山［Z］．嘉庆十四年．
❿ 道光御制诗．昆明晓泛［Z］．道光六年．
⓫ 道光御制诗．昆明晓泛［Z］．道光六年．
⓬ 乾隆御制诗．霁清轩［Z］．乾隆三十三年．
⓭ 乾隆御制诗．长河泛舟至凤凰墩［Z］．乾隆二十七年．
⓮ 乾隆御制诗．新秋万寿山［Z］．乾隆二十一年．
⓯ 道光御制诗．新秋万寿山［Z］．道光三年．
⓰ 乾隆御制诗．霁清轩［Z］．乾隆三十三年．
⓱ 乾隆御制诗．孟秋万寿山即景杂咏四首［Z］．乾隆二十五年．
⓲ 嘉庆御制诗．初秋万寿山［Z］．嘉庆十四年．

动物作息也发生变化，"蝉声欲让蛩声亮❶"，蟋蟀开始鸣叫，而夏蝉的叫声则渐渐终止。

镜澄白露十分清——仲秋

《礼记·月令》载："（仲秋）盲风至，鸿雁来，玄鸟归，群鸟养羞。"白露气温开始下降，天气转凉，早晨草木上有了露水，鸿雁与燕子等候鸟南飞避寒。

清漪园较上个月更加清凉明净、天高气爽，伴随出现露气，秋风吹来，如镜的昆明湖清净明亮。"穀绉金风万顷迭，镜澄白露十分清❷"、"天高气爽居官白藏，西风飒飒八月凉❸"。

代表秋季的桂花已经进入末花期，水面上一片残荷，楸树叶色变得金黄，山楂果实成熟，植物在节气变换中遵循着时间的节律。如诗中描述："桂是余香矣，莲真净色哉❹"、"气清天复朗，触目仲秋时。庭下种楸树，中人能尔为❺"、"山粗缀野果❻"。田间则开始忙碌着播种秋麦，收割水稻，"田间种麦正当时"。

种麦收禾处处皆——季秋

《礼记·月令》载："（季秋）鸿雁来宾，爵入大水为蛤，鞠有黄华，豺乃祭兽戮禽。"寒露气温更低，空气已结露水，渐有寒意。大雁大举南迁，大地上的树叶枯黄掉落，菊花已普遍开放。霜降天气渐冷，开始有霜，树叶枯黄掉落。

园中气温更低，阴气始盛，几场秋雨过后，满目秋风送爽。《雨后万寿山》云："乘凉新雨后，问景晓秋来。迎人只有爽，触目总无埃❼"。《恭奉皇太后自昆明湖泛舟至静明园侍膳》："湖山澄碧雨余天，问景名园好放船。花屿云峰常泹润，岸蒲堤柳总舍烟❽"（图 5-21）。

耕织图的晚稻成熟，一片金黄，"最喜鳞塍畔，黄云色染才❾"、"高下黄云一色同❿"。

冬季景观

霜清篱落留疏菊——孟冬

《礼记·月令》载："（孟冬）水始冰，地始冻，雉入大水为蜃，虹藏不见。"立冬水始冰，地始冻，动物也已藏起来准备冬眠。小雪的雪量较小，并且夜冻昼化。

进入孟冬，气温骤降，昆明湖出现冰纹，天空澄清高迥，树木仅剩残叶悬挂树上，只有松柏傲立园中，"四君子"之一的菊花在霜后也逐渐败落。如御制诗《初冬万寿山》云："湖面冰痕漾，崖端霞影浮。峰清天益迥，林静叶微留……琴鸣幽涧漱，绮迭晚枫浮。日暖风轻扬，霄澄云不留。临窗松独秀，苍健岁寒修⓫"，《初冬万寿山即事》："鸣鞭问景恰初冬，曙色遥分画里峰。远所波光看浩浩，青红林影望重重。霜清篱落留疏菊，旭暖窗虚漾古松⓬"。

天地万物，经过一年的轮回，重归静寂。

---

❶ 乾隆御制诗. 孟秋万寿山即景杂咏四首 [Z]. 乾隆二十五年.
❷ 乾隆御制诗. 中秋后二日万寿山昆明湖泛舟即景 [Z]. 乾隆二十五年.
❸ 道光御制诗. 仲秋七日幸万寿山、玉澜堂赐宴十五老臣赓歌图绘以彰盛事 [Z]. 道光三年.
❹ 乾隆御制诗. 仲秋万寿山 [Z]. 乾隆二十一年.
❺ 乾隆御制诗. 写秋轩 [Z]. 乾隆二十年.
❻ 乾隆御制诗. 清可轩 [Z]. 乾隆二十六年.
❼ 乾隆御制诗. 雨后万寿山 [Z]. 乾隆二十五年.
❽ 道光御制诗. 恭奉皇太后自昆明湖泛舟至静明园侍膳 [Z].
❾ 乾隆御制诗. 雨后万寿山 [Z]. 乾隆二十五年.
❿ 乾隆御制诗. 绮望轩 [Z]. 乾隆二十一年.
⓫ 嘉庆御制诗. 初冬万寿山 [Z]. 嘉庆十七年.
⓬ 道光御制诗. 初冬万寿山即事 [Z]. 道光五年.

图5-21 耕织图秋景

泉带冰声响且寒——仲冬

《礼记·月令》载:"(仲冬)冰益壮,地始坼,鹖旦不鸣,虎始交。"大雪节气天气更加寒冷,降雪的可能性比小雪时更大了。冬至则开始进入寒冬。

园中一片静寂、惨淡,只有泉水经冬不冻,成为此时园中唯一的声响,更使园中显得格外的寒冷。《仲冬万寿山清漪园作》:"山烘日色淡而暖,泉带冰声响且寒。倚槛昏方长牖朗,进舟川未冻波宽❶"。

万顷晶莹冰未融——季冬

《礼记·月令》载:"(季冬)雁北乡,鹊始巢,雉雊(gòu),鸡乳。"小寒冷气积久而寒,但还没有寒冷到极点。大寒则是一年中的最冷时期,风大,低温,地面积雪不化,呈现出冰天雪地、天寒地冻的严寒景象。

清漪园处于一片冰天雪地之中,冬雪频繁,万寿山犹如山水画中一样洁白,昆明湖万里冰封,冰面结实、厚重,微风也不能使湖水起波澜。诗中描述"冬雪沾频迭,山余积素纹❷"、"万顷晶莹冰未融❸"、"四面冰光晃日光❹"、"雪后天色澄,霁清真霁清。北山几千迭,一律玉峻嶒。浮来寒气嫩,铺出润泽平❺"、"凝冰如镜一湖宽,纵有微风弗作澜❻"。

植物只有松柏傲立雪中,"雪晴松柏更苍葱❼"。而动物中大雁虽然飞往南方过冬,但还有水

---

❶ 乾隆御制诗. 仲冬万寿山清漪园作 [Z]. 乾隆二十六年.
❷ 乾隆御制诗. 题养云轩 [Z]. 乾隆四十二年.
❸ 道光御制诗. 万寿山 [Z].
❹ 乾隆御制诗. 水周堂 [Z]. 乾隆四十七年.
❺ 乾隆御制诗. 霁清轩 [Z]. 乾隆三十二年.
❻ 乾隆御制诗. 寄澜亭 [Z]. 乾隆四十年.
❼ 道光御制诗. 万寿山 [Z].

鸟在冰面上过冬,"近岸溪亭号对鸥,经冬常见水禽留❶"、"雁尚待春来,鸥有经冬住❷"。

看似万籁俱寂的园内,正孕育着生机,等待着无往不复的生命轮回。正如《吕氏春秋·仲夏纪》云:"天地车轮,终则复始,极则复返。"

---

❶ 乾隆御制诗. 对鸥舫 [Z]. 乾隆三十三年.
❷ 乾隆御制诗. 对鸥舫 [Z]. 乾隆三十六年.

第6章 稻田蓄水资明岁，酌剂常筹虚与盈
——清漪园的生态管理方式和方法研究

以清漪园为核心的北京西郊生态系统在清朝的百余年间始终保持良好的运行状态，其中中国传统的生态智慧发挥了重要作用，清漪园所蕴涵的生态智慧对当代园林的生态保护有重要的启示意义。

6.1 对传统生态智慧的继承

中国是农业文明古国，自然环境为人们提供赖以生存的物质资料，上古时期人们就萌发了爱护自然、协调人与自然环境关系的思想❶，在长期的生产实践中，逐渐形成了仁民爱物❷、俭德辟难❸、参赞化育❹、知和知常❺、知止知足❻等大量生态伦理思想，以及一系列具体的保护法令、措施❼，对依托湿地系统而建的皇家园林的管理产生了重要影响。

从生态的角度考察中国皇家园林的发展，大致可分为两个阶段：一是从先秦至秦汉，以物质为主体的生态经营阶段，这一时期的皇家苑囿通常就是在自然环境中截取的"片段"，面积广袤，资源丰富，既是从事农业生产及与之有关的祭祀和狩猎活动的生产实体，也是自然资源保护的禁区和防灾除患的水利枢纽；二是魏晋之后，哲学、艺术领域的成就促使园林艺术发生重大转变，

---

❶ 《史记·五帝本纪》记载黄帝之语："劳勤心力耳目，节用水火财物"。
❷ 《孟子·尽心上》载："君子之于物也，爱之而弗仁；于民也，仁之而弗亲。亲亲而仁民，仁民而爱物。"
❸ 《尚书·太甲上》记载汤相伊尹训导商王太甲曰："慎乃俭德，为怀永图。"
❹ 该语最早出自《国语·越语》："夫人事必将与天地相参，然后乃可以成功。"《中庸》进一步阐释说："能尽物之性，则可以赞天地之化育；可以赞天地之化育，则可以与天地参矣。"
❺ 该语出自《老子》："知和曰常，知常曰明"。"和"指和谐，"常"指规律，所谓"知和知常"是说和谐事物存在和发展的根本规律。
❻ 《老子》载："名与身孰亲？身与货孰多？得与亡孰病？甚爱必大费，多藏必厚亡。知足不辱，知止不殆，可以长久。"
❼ 如《吕氏春秋·十二纪》中对每个月的生态环境保护措施都有明确要求："正月：祀山林川泽，牺牲无用牝（pìn）。禁止伐木，无覆巢，无杀孩虫胎夭飞鸟，无麛（mí）无卵，无具大众，无置城郭。二月：无竭川泽，无漉（lù）陂池，无焚山林。三月：命野虞，无伐桑柘。四月：无起土工，无发大众，无伐大树。驱兽无伤五谷，无大田猎。五月：令民无刈蓝以染，无烧炭。六月：树木方盛，乃命虞人入山行木，无或斩伐，不可以兴土工。土润溽暑，大雨时行，烧薙行水，利以杀草，如以热汤，可以粪田畴，可以美土疆。七月：完堤防，谨壅塞，以备水潦。八月：凡举事无逆天数，必须其时，乃因其类。九月：草木黄落，乃伐薪为炭。十月：备边境，完要塞，谨关梁，塞蹊径。十一月：土事无作，无发盖藏，无起大众，以固而闭。十二月：祭'地之神祇'。"《汉书》卷五十八《兒宽传》载："定水令以广溉田，为用水之次居立法，令皆得其所也。"如《唐六典·尚书工部》载："虞部郎中员外郎掌天下虞衡山泽之事而辨其时禁。凡采捕畋（tián，打猎的意思）必以其时。冬春之交，水虫孕育，捕鱼之器，不施川泽。春夏之交，陆禽孕育，馁（něi，饥饿的意思）兽之药不入原野。"《清实录》记载雍正二年的谕旨："舍旁四畔，以及荒山旷野，量度土宜，种植树木。桑柘可以饲蚕，枣栗可以佐食，柏桐可以资用，即榛楛杂木，已足以供炊爨（cuàn，烧火做饭）。其另有司督率指画，课令种植，仍严禁非时之斧斤，牛羊之践踏，奸徒之盗窃，亦为民力不小。"

园林中加入了许多人文因素,通过山石河湖、花鸟虫鱼等要素的摹写和再现自然景观,以表现大化生机、盎然生意为最高创作纲领,使得中国传统皇家园林物质化的生态内容逐渐居于次要地位,取而代之的是越来越强烈的生态审美意识。❶

作为中国封建社会末期,依托北京西郊湿地系统而建的清漪园,不仅体现了强烈的生态审美意识,而且在城市供水、防洪、农田灌溉、济运、生产等方面发挥的物质生态作用丝毫未减,传承了诸多传统生态智慧。

6.1.1　可持续发展的生态观念

中国古代园林的经营,尤其是大型皇家园林,如灵囿、灵台、灵沼、上林苑、章华台、姑苏台等,多选取水草肥美、林木丰硕之地,遵循着"囿有林池,所以御灾也"❷的基本原则,通过适当干预,实现园林建设与城市防洪、农田灌溉、物质资料生产的可持续发展。

为解决北京西郊水患等问题,乾隆皇帝按照"养源清流"的理念,梳理香山、玉泉山一带的泉脉水道,拓展元明以来的西湖,作为调节水库,疏浚连接玉泉山与昆明湖的玉河和连接昆明湖与北京城的长河,形成了玉泉山—玉河—昆明湖—长河—护城河—通惠河—大运河这一立体水系,既解决了西郊水患,又为城市供水、农田灌溉❸、漕运以及园林建设提供了充沛的优质水源。后又开辟了大面积的水田❹,水田产出的稻米,昆明湖中的鱼虾、莲藕、蒲草,西堤及万寿山上的水果,以及利用耕织图养蚕处植桑养蚕所抽的丝等,组成西郊可持续发展的生态系统,也为当时宫廷提供了物质生活资料来源。

6.1.2　整体化的生态经营观念

将园林建设与城市防洪、农田灌溉、物质资料生产相结合是整体化生态经营观念的宏观表现,并最终实现了清漪园社会价值、经济价值与艺术价值的统一。

1. 以工代赈,兴工不违农时

封建王朝大兴土木所需的建筑物料向来都是勒索摊派,夫役则是拘押来的,这样的大兴土木是对人民的掠夺。到了清朝,随着手工业中雇佣制的普遍推行,工匠计日给酬,不再是无偿的劳役与征调❺,物料也由官府采购,土木工程走向商业化。尽管大兴土木也会骚扰民间,但乾隆皇帝一再强调:"物给价,工给值,丝毫不以累民"。

> 力役之征,古所不废,唯本朝则无其事。凡河工、城郭、郊庙、宫殿,偶有修饰工作,皆动正帑、雇夫匠。至于园亭,并不用正帑。率以内府余帑给价。❻

---

❶ 苏怡. 清代皇家园林与北京城市生态研究 [D]. 天津:天津大学硕士学位论文,2001:24-30.
❷ 国语·周语 [EB/OL]. 文渊阁《四库全书》内联网版.
❸ 乾隆皇帝在相关诗文中不断强调这一利农措施,乾隆十五年(1750年)《昆明湖上》:"储泽疏流利下田,宜晴镜碧漾澄鲜"。乾隆十六年(1751年)《昆明湖上作》:"新辟水田千顷绿,喜看惠泽利三农"。乾隆二十年(1755年)《昆明雨泛》:"蓄水原来为务农,灌畦湖浅也何妨。烟丝中有予心乐,到处鳞胜遍插秧"。乾隆三十一年(1766年)《昆明湖泛舟》:"湖波漫惜减三寸,更为乘时灌稻田"。乾隆三十五年(1770年)《昆明湖上作》:"辟湖蓄水图灌溉,水志亏来二尺过……灌输稻畦诮早候,便迟游兴正何妨"。
❹《万寿山昆明湖记》载:"昔之城河水不盈尺,今则三尺矣。昔之海甸无水田,今则水田日辟矣。"文渊阁《四库全书》内联网版.
❺ 戴逸. 乾隆帝及其时代 [M]. 北京:中国人民大学出版社,1992:466-470.
❻ 石城 [EB/OL]. 御制诗集·四集卷二十三. 文渊阁《四库全书》内联网版.

这在清漪园的营建中得到了充分体现,乾隆《西海名之曰昆明湖而纪以诗》中有:

> 疏浚命将作,内帑出余储。乘冬农务暇,受值利贫夫。❶

在兴工时间的选择上,乾隆皇帝遵循着"不违农时,谷不可胜食也"的古训,选在冬季农闲时开工。清漪园就是在"兴工不违农时"、"以工代赈"、"散财于民"、"兴土木而扩大物资流通"等政治与经济策略下开展的,同时也促进了区域经济的良性发展和继续繁荣。

2. 拓湖清淤泥土就近堆培瓮山,优化山形,奠定绿化基础

乾隆皇帝为解决北京西郊水患,于乾隆十四年(1749年)冬开始拓湖清淤,扩大水库容量,这一过程中产生了大量的土方,乾隆皇帝采取整体化生态策略,将泥土就近堆于瓮山,优化山形,为即将开始的园林建设奠定了良好的绿化基础。

在第2章谈到西山一带优美的自然环境时,引用了大量描写西山一带美景的诗文,但其中鲜有赞美瓮山之辞,诗文中所称的西山主要指玉泉山。瓮山自身体即不伟,形亦不奇,正如刘侗在《帝京景物略》中所述,当时的瓮山只是座"童童无草木的土赤坟";乾隆御制诗中亦有"瓮山当日是童山"❷之句。面对这种不利的景观条件,正好利用清淤、拓湖的泥土进行堆培,使瓮山东西两坡趋于平缓对称,覆盖山体上裸露的丑陋岩石。但这种覆盖并非全部覆盖,而是有选择的,如局部突出的山石、断崖予以保留,以体现山的气势,也增加了山的趣味。这种做法集中在万寿山前山中部山腰至山顶一带,如荟亭南侧凸出地面的黄石、餐秀亭(福荫轩)后侧的断崖以及周边的山石等。后山堆土较厚,除中部外,很少看见裸露的山石,在山体动静的基调上与前山作了不同的铺垫,在后期绿化和营建时更加突出了这种气氛的差异。

后溪河北岸,则利用开凿后河的泥土堆砌假山,将逼近河道的宫墙遮蔽起来,起到了障景的作用,同时与南侧的万寿山形成了"两山夹一水"的山涧溪河形象。

现在的万寿山依然能看到曾经堆土的痕迹,如处于半山腰的挡土墙和木桩篱笆等❸。挡土墙多位于山体落差较大的部位以及与建筑临近的部位;木桩篱笆分布范围较广,呈线性层层跌落布置。

利用清淤、拓湖之土就近堆培山体,既丰富了万寿山的形态,又有利于植物的生长,为随后瓮山的绿化奠定了基础,同时也解决了清淤泥土的堆放和运输问题,节省了人力、物力,也实现了工程与经济的生态。

3. 保留历史人文景观龙王庙,营造园林的重要景观节点

龙王庙(图6-1)为明朝时期"环湖十寺"之一,是一处重要的人文景观,也是观赏湖景佳处。如明代宋彦《山行杂记》中所述:

> 西湖北岸长堤五六里,砌石古色可爱,夹堤烟柳,绿荫参天,树多合抱者。龙王庙居其中……步西堤,右小龙王庙,坐门槛望湖,湖修三倍于广,庙当前冲,得湖景最全。

考虑到拓湖之后清漪园的造景要求,也为表达对掌管人间雨水龙王的尊重,乾隆在拓湖时,保留了龙王庙及其周边上万平方米的地带,使之成为昆明湖中一岛,打破了昆明湖大面水域的单调,增强了湖山之间的联系。乾隆在御制《广润祠》诗注中曾提及此事:

---

❶ 乾隆御制诗. 西海名之曰昆明湖而纪以诗 [M]//孙文起等. 乾隆皇帝咏万寿山风景诗. 北京:北京出版社,1992:41.
❷ 乾隆御制诗. 新春万寿山即景 [M]//孙文起等. 乾隆皇帝咏万寿山风景诗. 北京:北京出版社,1992:23.
❸ 这些挡土措施是后期为防止泥土流失而设,分布范围遍及整个山体,年代不一,但由此可以看出万寿山上之土绝非天然存在,而是后期堆培。

图 6-1　南湖岛龙王庙

　　昆明湖上旧有龙神祠，爰新葺之，而名之曰广润云。❶

　　南湖岛的预留，不仅延续了该处的历史脉络，丰富了园内的人文景观，而且完善了构图，填补了山水空间的空白，实现了历史文化与园林景观的完美结合，堪称妙笔。

4. 织染局的裁撤与园林景观创作的结合——耕织图、水村居的经营

　　随着社会变迁和商品经济的发展，乾隆朝坐落于皇城东北隅的内织染局所织的丝绸与苏、

---

❶　御制诗集·二集卷十七［EB/OL］. 文渊阁《四库全书》内联网版.

杭、宁织造所织的丝绸相比，不仅成本极高，款式、花色、品质更无法与后者相提并论。内织染局规模被一再缩减，最终决定将其移出皇城。通过下面一则材料，可以看到乾隆皇帝是如何以此为契机，进行园林景观创作的（图6-2）。乾隆十六年（1751年）六月一份《奏销档》载：

> 织染局移到万寿山附近……实难早晚应候官差，仰恳圣恩，每人各赏给官房一间……共盖造小房八十余间，每人赏房一间，但此项房间若盖连房，似觉未宜，请交该工于局作附近地方合其形势或二三间、三四间不等布成村落以标幽致，即于该匠役房间空闲之地种植桑株以养丝蚕，如此则匠役等既得栖止之地而村居蚕桑点缀于山水之间，益著园亭之盛也！❶

图6-2 耕织图水村居

由此可见，乾隆皇帝统筹考虑了织染局的搬迁带来的工人住房问题和正在进行的园林建设，将二者进行了有机融合，是其整体化生态经营策略的一种体现。

6.1.3 顺应自然规律的适时干预原则

在以农为本的中国古代，人们如何顺应天道自然循环的法则，使自己的生产行为和对万物的利用与自然的和谐运行的节律一致，是历代哲人与统治者最为关注的问题。《吕氏春秋》依照四季十二月的时令变化过程来探讨人道应该如何顺应天道，以便达到天人关系的和谐一致。《华南子·时则训》继承了上述思想，并进一步强调人类要顺应自然界的四季循环节律来进行生产和利用自然资源。这种顺应自然适时干预原则对随后历代农书的编纂产生了重要影响，并指导了清漪园昆明湖蓄水、放水，土壤施肥、植物移栽等具体的生态管理。（详见6.3节）

---

❶ 中国第一历史档案馆藏。

6.2 清漪园的生态管理机构

清漪园开始建设的同时就设官进行管理，并在建设的过程中不断完善。乾隆十五年（1750年）六月初六，奉宸院奏请：

现今昆明湖堤上添盖行宫庙宇……议请于瀛台等处宫殿地方熟练之园户内拨六名，再于现有闸军内拣选十名，令其兼配承应……河道八品催总并领催等轮班看守行宫……行宫外围酌定设堆拨二处，应请交与步军统领衙门转饬圆明园参将于附近绿旗兵内通融拨派前往，以资外围看守。❶

乾隆十六年（1751年）润五月二十日总管内务府大臣海望、三和等奏请：

照圆明园例添设六品总领三员，七品副总领三员，八品副总领三员，笔贴士六员，园隶十二名，园户一百六十名，招募各行匠役二十名，分派各处。❷

乾隆十六年（1751年）六月初六日永兴等奏请：

照圆明园例，赏给清漪园图记一颗，凡行文等项事件钤盖应用。❸

乾隆十九年（1754年）四月初九日苏大人奏请：

清漪园原设六品总领一员，七品副总领二员，八品副总领二员，委属副总领六员，笔贴士四员，园丁六十名，园户九十二名，各行匠役十名……山前、山后并南湖一带宫殿处所甚多，地方辽阔……添设六品总领二员，分派山前、山后、南湖三路……清今画中游、水周堂、惠山园等处亦俱告竣……请添设园户八十名，各行匠役十名。清漪园周围一带所有门六处，只设有园隶六名，每处仅有一名看守，亦不敷用，请添园隶六名……查昆明湖玉河一带河道堤岸并所有船只、桥梁，拉安桥板，侍候纤拨，启闭闸板，捞割苲草以及船坞打扫、看守坐更等差原由奉宸院拨派闸军一百名承应一切差事，但此项人役俱系招募附近民人，每名每月仅关口粮米一斛……实属艰窘……照招募匠役之例，除无庸拨给地亩外，每名每月赏添钱粮银一两以资养赡家口。❹

《大清会典》以及《皇朝通典》中关于清漪园设官的记载有：

清漪园设官，乾隆十六年奉旨以万寿山行宫为清漪园，又奏准设六品苑丞一人，七品苑副二人，八品苑副二人，笔贴士四人，八品催长一人，由奉宸院拨往未入流催长一人。十八年奉，由上驷院拨送七品牧掌六人，改为七品苑副，副牧掌六人，改为委署苑副。十九年增设六品苑丞二人。❺

静明园外船坞等处承应拉牵提闸浚浅各项差务，于本苑酌拨闸军五十名统归清漪园管理其凤凰墩至长春桥以及高亮桥一带河道、桥闸并青龙桥，夏令看守各闸仍由苑管辖。❻

十八年增设清漪园门汛六处，日以副护军参领或署护军参领一人，护军校护军六十名

---

❶ 《奏为将瀛台园户酌拨六名看守昆明湖行宫事》。中国第一历史档案馆。
❷ 最终经皇帝核定为："万寿山等处着设六品总领一员，七品副总领二员，八品副总领二员，笔贴士四员，园隶六名，园户一百名，招募各行匠役十名。"《奏为万寿山等处添设人员看守事》。中国第一历史档案馆。
❸ 《奏为清漪园等处请添设印信事》。中国第一历史档案馆。
❹ 《奏为清漪园添设副总领园丁园户等缺事》。中国第一历史档案馆。
❺ 钦定大清会典则例［EB/OL］. 卷一百六十七. 文渊阁《四库全书》内联网版.
❻ 钦定大清会典则例［EB/OL］. 卷一百六十七. 文渊阁《四库全书》内联网版.

守卫。❶

清漪园、静明园、静宜园兼管大臣无定员办理事务员外郎各一人，苑丞九人，苑副十人，笔贴士四人，学习笔贴士二人，催长二人，郎中、员外郎等官分掌园庭事务。❷

结合上述清宫档案和历史文献记载，可大致梳理出清漪园盛期的管理机构及其相应的生态管理职能（图6-3）。

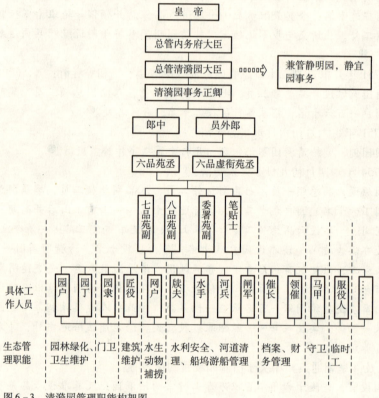

图6-3 清漪园管理职能构架图

6.3 清漪园的生态管理技术方法

世代以来，农业一直是华夏文明的经济依托。清王朝入主中原后，把少数民族纳入农业文明体系，很快就同农业文明接轨，以农为本，以农立国。受其祖、其父影响，乾隆皇帝对农事十分重视，他在《御制诗》自序中写道："其间天时农事之宜，莅朝将祀之典，积至今以数千百首计也，而较晴量雨，悯农疾苦之作为多"。乾隆七年（1742年）下令编修《钦定授时通考》，集历代农业技术之大成，分天时、土宜、谷种、功作、劝课、蓄聚、农余、蚕桑八个部类，对我国农学的发展作出了重大贡献。

---

❶ 钦定大清会典则例［EB/OL］. 卷一百八十. 文渊阁《四库全书》内联网版.
❷ 皇朝通典［EB/OL］. 卷二十九. 文渊阁《四库全书》内联网版.

在康、雍、乾三代帝王对农事的持续关注下，清代皇家园林继承了秦汉时期皇家苑囿物质资料生产基地形制，很多苑囿更是直接承担了农田灌溉、农作物移植、品种改良的实验和推广任务。园林中也大量出现与农事相关的景点，并通过命名体现出重农、乐丰之意（表 6-1）。在这一背景下，清漪园水体、土壤、植物等生态系统的经营与管理策略必然源自中国传统农业生态智慧。

乾隆朝重农、乐丰景观意向的园林创作　　　　　　　　　　　　　　　　　表 6-1

园名	景点	相关御制诗文
西苑	丰泽园	黍高稻下总登场，丰泽今秋实倍常。九穗双岐漫来献，四方普熟是真祥❶
	依绿轩	书轩曰依绿，绿岂在庭柯。泉浚廿源富，田开十顷多。插秧时要待，望绿意婆娑。陶谓春将及，同心先获么❷
	春藕斋	书斋古园内，丰泽久名垂。宁啻庠学圃，兼当重秄籽。五牛阅旧迹（斋中彙藏韩滉溉五牛图及项圣谟、蒋廷锡临抚各本），一晌得新诗。春耦时虽未，豳风句可思❸
清漪园	耕织图	稻已分秧蚕吐丝，耕忙亦复织忙时。汉家欲笑昆明上，牛女徒成点景为❹
	水村居	沙岸维兰舫，水村叩竹扉。径多红花护，屋有绿杨围。驱马稻秧布，育蚕桑叶肥。非关闲缀景，借可验民依❺
	绿畦亭	鱼鳞俯瞰野村通，蓄水图将资稿功。虽是怀新时尚远，几多绿意在其中
静寄山庄	农乐轩	太古盘中太古轩，土阶茅屋朴风存。引流种稻无须井，向暖栽篁可当垣。户对常欣足山水，粒余兼得育鸡豚。匣藏耕织图频展（轩内贮墨耕织图系康熙三十五年泐石者），家法勤农此意敦❻
圆明园	映水兰香	园居岂当为事游观，早晚农功倚槛看。数顷黄云黍雨润，千畦绿水稻风寒。心田喜色良胜玉，鼻观真香不数兰。日在豳风图画里，敢忘周颂命田官❼
	多稼如云	稼穑艰难尚克知，黍高稻下入畴咨。弄田常有仓箱庆，四海如兹念在兹❽
	北远山村	青蒲白芷碧溪湾，入影新螺过雨山。有喜近臣许识得，那知喜在稻田间❾
	稻凉楼	绿塍浑是水云乡，触目知耕复课桑。此处不须称避暑，北窗常引稻凉❿
	多稼轩	园中辟弄田，引水学种稻。轩名额多稼，奎章悬圣藻。无非垂教心，当识穀为宝。要唯雨旸时，逢年殷祝好。春夏例多暵，布种艰致早。兹来见芃芃，鳞塍绿云渺。则因二三月，沾膏秧插了。秋成期尚遥，满望奚敢吝。切切尽小心，穰穰希大造⓫
避暑山庄	莆田丛樾	膏壤傍云涯，芸芸动植皆。含生适真性，妙趣托澄怀。试马抡悬镜，玩鹅辨折钗。周诗徒颂武，未若此间佳⓬
静明园	溪天课耕	（疏泉灌稻畦，每过辄与田翁课晴量雨，农家景色历历在目）引泉辟溪町，不借水车鸣。略具江南意，每观春月畊。嘉生辨粳稻，农节较阴晴。四海吾方寸，悠哉望岁情⓭

---

❶ 丰泽园 [EB/OL] // 御制诗集·三集卷七. 文渊阁《四库全书》内联网版.
❷ 依绿轩 [EB/OL] // 御制诗集·四集卷九十五. 文渊阁《四库全书》内联网版.
❸ 春藕斋 [EB/OL] // 御制诗集·四集卷一. 文渊阁《四库全书》内联网版.
❹ 耕织图口号 [EB/OL] // 御制诗集·三集卷五十七. 文渊阁《四库全书》内联网版.
❺ 水村居 [EB/OL] // 御制诗集·三集卷五十七. 文渊阁《四库全书》内联网版.
❻ 农乐轩 [EB/OL] // 御制诗集·四集卷二十. 文渊阁《四库全书》内联网版.
❼ 映水兰香 [EB/OL] // 御制诗集·初集卷二十二. 文渊阁《四库全书》内联网版.
❽ 多稼如云 [EB/OL] // 御制诗集·初集卷二十二. 文渊阁《四库全书》内联网版.
❾ 北远山村 [EB/OL] // 御制诗集·三集卷三. 文渊阁《四库全书》内联网版.
❿ 稻凉楼 [EB/OL] // 御制诗集·三集卷十四. 文渊阁《四库全书》内联网版.
⓫ 题多稼轩 [EB/OL] // 御制诗集·四集卷三十七. 文渊阁《四库全书》内联网版.
⓬ 莆田丛樾 [EB/OL] // 御制诗集·二集卷三十六. 文渊阁《四库全书》内联网版.
⓭ 溪田课耕 [EB/OL] // 御制诗集·二集卷四十二. 文渊阁《四库全书》内联网版.

6.3.1 水体的管理技术与方法

《钦定授时通考》载：

> 潴者水之积也，其名为湖、为泽、为淀、为海、为陂、为泊也。用潴之法有六，其一：湖荡之傍田者，田高则车升之，田低则堤岸以固之，有水车升而出之欲得水决堤引之，湖荡而远于田者疏导而车升之，此数者与用流之法略相似也。其二：湖荡有源，而易盈易涸可为害、可为利者，疏导以泄之，闸坝以节宣之，疏导者惧盈而溢也，节宣者损益随时资灌溉也，宋人有言闸窦欲多广谓此也。其三：湖荡之上不能来者，疏而来之，下不能去者，疏而去之，来之者免上流之害，去之者免下流之害，且资其利也。吴之震泽受宣歙之水，又从三江百渎注之于海，故曰三江既入震泽底定是也。其四：湖荡之洲渚可田者，堤以固之。其五：湖荡之潴太广而害于下流者，从其上源分之，江南五坝分震泽以入江是也。其六：湖荡之易盈易涸者，当其涸时际水而艺之，麦艺麦以秋秋必涸也，不涸于秋必涸于冬，则艺春麦，春旱则引水灌之，所以然者麦秋以前无大水、无大蝗。但苦旱耳，故用水者必稔也。❶

前文所讲昆明湖拓湖、引水，以及为保证水源清洁、水位稳定、农田灌溉、泄洪分流所采取的一系列整治措施，正是上述用潴之法的具体表现。

乾隆皇帝分别在乾隆十四年（1749年）的《麦庄桥记》、乾隆十六年（1751年）的《万寿山昆明湖记》和乾隆四十七年（1882年）的《题养园斋》中详细记录了其整治西郊水利的思路和具体方法。

考察西郊水利沿革的《麦庄桥记》中载：

> 水之有伏脉者，其流必长，亦如人之有蕴藉者，其德业必广。济水三伏三见，黄河亦三伏三见，此其大者矣。如京师之玉泉，汇而为西湖，引而为通惠，由是达直沽而放渤海。人但知其源出玉泉山，如志所云，巨穴喷沸随地皆泉而已，而不知其会西山诸泉之伏流，蓄极溢涌，至是始见，故其源不竭而流愈长。元史所载通惠河引白浮、瓮山诸泉者，今不可考。以今运河论之，东雉、西勾如俗所称万泉庄其地者，其水皆不可资，所资者唯玉泉一流耳。盖西山碧云、香山诸寺皆有名泉，其源甚壮，以数十计，然唯曲注于招提精蓝之内，一出山则伏流而不见矣，玉泉地就夷旷，乃腾迸而出，潴为一湖……折而南经长春麦庄二桥，夹岸梵宇颇丽，其大者为广仁、昌运、万寿。万寿之左即为广源闸，于是水有高下之分矣。自闸东南行经白石、高梁二桥，遂至城之西北隅，分为二：一由西直门外绕而南东，又东北以会于大通桥；一由德胜门外绕而东南，又东行以会于大通桥。其自德胜门西分流以入太平桥者为积水潭，为太液池，分合有数道，并环绕紫禁，由东南御河桥穿内城以出，以会西来之水，自大通桥以下至通州为闸五，为桥三。夫东南转漕国家之大计也，使由通而车载背负以达于都门，将不胜其劳，则玉泉之利岂非天地钟灵神京、发皇之祯符哉。青龙闸非盛涨不启，奉宸苑司其事，盖如尾闾之泄云尔。麦庄桥为城外适中之地，特为之记而勒碑于是。❷

整治西郊水利的《万寿山昆明湖记》记述：

> 岁己巳，考通惠河之源而勒碑于麦庄桥……夫河渠，国家之大事也。浮漕利涉灌田，使涨有受而旱无虞，其在导泄有方而潴蓄不匮乎！是不宜听其淤辟泛滥而不治。因命就瓮山前，芟

---

❶ 钦定授时通考 [EB/OL]. 卷十八. 文渊阁《四库全书》内联网版.
❷ 题养园斋 [EB/OL]//御制文集·初集卷四. 文渊阁《四库全书》内联网版.

苇芰之丛杂，浚沙泥之隘塞，汇西湖之水，都为一区。经始之时，司事者咸以为新湖之廓与深两倍于旧，踟蹰虑水之不足。及湖成而水通，则汪洋瀰沦，较旧倍盛，于是又虑夏秋泛涨或有疏虞。甚哉集事之难，可与乐成者以因循为得计，而古人良法美意，利足及民而中止不究者，皆是也。今之为闸为坝为涵洞，非所以待泛涨乎？非所以济沟塍乎？非所以启闭以时使东南顺轨以浮漕而利涉乎？昔之城河水不盈尺，今则三尺矣。昔之海甸无水田，今则水田日辟矣。❶
完善西郊水利系统的《题养园斋》中有：

养源斋在钓鱼台旁，台下旧有水塘，上承西山香界寺，诸水每夏秋霖潦，辄阻行旅。壬辰夏，始命于香山别开引河，引卧佛碧云一带山水注此，芟治疏剔汇为一湖。复穿渠建闸，以资节倡导流，由阜成门外分支，一入西便门城渠，流为正阳门之护城河；一由外罗城自南而东为永定门之护城河，并入通惠河济运。至甲午年蒇工，有诗纪事。❷

6.3.2 土壤的管理技术与方法

中国作为农业文明古国，在长期的耕作过程中，人们不仅知道要因地制宜地利用土地，而且对于合理改造土地、保持土壤肥力等方面也积累了丰富的经验，并形成了一系列土地改良措施（表6-2）。对清漪园来讲，其关于土壤的管理技术与方法主要体现在以下三个方面。

九种土质的特点及改良方法　　　　　　　表6-2

土质名称	土质特点	土地改良（施肥）的方法	相关文献记载
骍刚	土质赤色而坚硬	用牛的骨汁或灰	《诗经·鲁颂·駉》："有骍有骐。"
赤缇	赤缇之色与骍刚略同，唯其土质不如骍刚之坚硬	用羊的骨汁或灰	—
坟壤	土质膏肥而柔细	用麋的骨汁或灰	禹贡兖州厥土黑坟
渴泽	干涸之泽地，犹今所谓新生地	用鹿的骨汁或灰	
咸舄	土质咸卤之地	用貆的骨汁或灰	
勃壤	土质松散如沙粉屑尘	用狐的骨汁或灰	
埴垆	埴，黏土；垆，黑刚土	用猪的骨汁或灰	禹贡徐州厥土亦埴坟
疆槛	土质强硬成块	用麻子	
轻㺒	土性轻浮而易飞散	用犬的骨汁或灰	《释名·释地》："土白曰漂，漂轻飞散也。"

1. 沼泽变良田

昆明湖一带地处巴沟低地，在未经人工整治之前，低处排水极不通畅，常年积成湖泊，附近的地方也多半沦为沼泽。虽水较为丰沛，因稳定性差，十分不利水稻的生产。关于泽地的改良《钦定授时通考》载：

以潴蓄水，以防止水，以沟荡水，以遂均水，以列舍水，以浍泄水，以涉扬其芟，作田；凡稼泽，夏，以水殄草而芟夷之；泽草所生，种之芒种。❸

---

❶ 万寿山昆明湖记 [EB/OL] // 钦定日下旧闻考·卷八十四. 文渊阁《四库全书》内联网版.
❷ 题养园斋 [EB/OL] // 御制诗集·四集卷八十七. 文渊阁《四库全书》内联网版. 据该诗记载，这次西郊水系的完善工程起于乾隆三十七年（1772年），三十九年（1774年）告竣，虽云有诗纪事，但查询未得。
❸ 钦定授时通考 [EB/OL]. 卷六十. 文渊阁《四库全书》内联网版. 该法最早出自《周官集传》，《农政全书》、《王氏农书》中均有记载。

乾隆皇帝正是利用这一传统的土地改良方法使得海淀"新辟水田千顷绿"。❶

2. 土赤坟变青山

万寿山的前身瓮山就是一座"童童无草木的土赤坟"❷，这样的山地是不适合种植的，乾隆皇帝利用清淤拓湖的泥土堆培瓮山，并采用相应的"会土之法"增强其肥力，以利树木的栽植，使土赤坟变青山。

3. 日常土壤肥力的保持

早在西周时，人们已经意识到腐烂在田里的杂草，能使作物生长茂盛❸。乾隆朝编纂的《钦定授时通考》继承了古人的经验，规定在每年的六月"大雨时行烧薙、行水利以杀草，以热汤粪田畴，美疆土"❹。万寿山及昆明湖周边的水田就是在这策略的指导下进行日常的肥力保持工作。

6.3.3 植物的管理技术与方法

1. 清漪园的植物配置

根据乾隆御制诗文，可大致得知乾隆朝清漪园的植物配置概况（表6-3）。

颐和园植物配置统计表　　　表6-3

物种		诗文	出处	配置位置
松		阴巘雪余皴古松	《诣畅春园问安后遂至万寿山即景杂咏》，乾隆二十年	万寿山北
		后凋绿蔚老松鬣	《新正万寿山》，乾隆三十六年	万寿山北
		童童众松围，中有书轩在	《题云松巢》，乾隆三十五年	云松巢四周
柳		景明楼畔青青柳	《昆明湖泛舟至万寿山即景杂咏》，乾隆二十二年	景明楼畔
		柳条已有露珠含	《题惠山园》，乾隆三十二年	园内
		柳岸系轻舫	《藻鉴堂》，乾隆三十三年	岸边
		六桥映带柳丝风	《景明楼》，乾隆二十年	西堤
		岸旁绿柳已堪攀	《水村居》，乾隆三十四年	水村居岸旁
枣		竹篱风送枣花香	《自玉河泛舟至石舫》，乾隆三十三年	西岸
桑		陌上从新桑叶长	《自玉河泛舟至石舫》，乾隆三十三年	西岸，耕织图
		育蚕桑叶肥	《水村居》，乾隆三十一年	水村居
槐		潇潋山斋号静佳，日长无暑荫高槐	《静佳斋口号》，乾隆三十三年	斋旁
		高槐阅岁有嘉荫，傍树开轩具四临	《题嘉荫轩》，乾隆二十二年	轩旁
		蔚前两古树，嘉荫一庭含	《嘉荫轩》，乾隆二十九年	轩前两棵
榭树		一亭松榭间，榭凋松蔚翠	《翠籁亭》，乾隆五十三年	亭旁，与松杂植
柏树		乔柏丛中一小亭	《翠籁亭》，乾隆三十二年	亭周围

---

❶ 昆明湖上作 [Z]．乾隆十六年．
❷ 刘侗．帝京景物略 [EB/OL]．文渊阁《四库全书》内联网版．
❸ 《诗经·周颂·良耜》："茶蓼朽止，黍稷茂止。"
❹ 钦定授时通考 [EB/OL]．卷四．文渊阁《四库全书》内联网版．

续表

乔木			
物种	诗文	出处	配置位置
楸树	楼前种楸树，疏叶翻风开	《借秋楼》，乾隆三十三年	楼前
	庭下种楸树，中人能而为	《写秋轩》，乾隆二十年	庭院内
杨树	屋有绿杨围	《水村居》，乾隆三十一年	屋周围
	陌杨笼岸绿帷展	《绣漪桥》，乾隆四十六年	西堤

花卉			
物种	诗文	出处	配置位置
兰	汀兰岸柳斗青时	《昆明湖泛舟作》，乾隆三十一年	水边平滩
桃	山白桃花可唤梅，依依临水数枝开	《题惠山园迭前韵》，乾隆二十年	园内临水，群植
	墙外桃花才欲绽	《水村居》，乾隆三十四年	居所墙外
荷	堤西那畔荷尤盛	《泛昆明湖观荷四首》，乾隆三十三年	西堤镜桥附近
	镜浦荷香雨后红	《无尽意轩》，乾隆二十三年	无尽意轩外
	荷余香带露华寨	《水周堂》，乾隆二十一年	现为澄怀阁
	偶来正值荷花开	《惠山园观荷花》，乾隆二十五年	惠山园内
盆梅	盆梅尚号温	《道存斋》，乾隆四十七年	斋前或内
	忽见盆梅棐几侧	《石舫》，乾隆四十年	舫内
	盆梅未放荣	《清可轩》，乾隆二十九年	轩内
	有心盆里逮梅红	《构虚轩》，乾隆三十六年	轩内
	绽蕊唯盆梅	《静佳斋》，乾隆三十五年	斋内
	盆玉梅霏白	《绘芳堂》，乾隆四十年	堂内
梅	柳眼梅心盼	《怡春堂》，乾隆四十一年	现德和园
	玉蕊山茶古干梅	《惠山园》，乾隆二十年	惠山园内
	梅情依屋暖	《睇佳榭》，乾隆五十一年	榭旁
山茶	玉蕊山茶占干梅	《惠山园》，乾隆二十年	惠山园内
芙蓉	只有勺园一片石，宜人常逻紫芙蓉	《乐寿堂即目》，乾隆二十三年	院内

其他植物			
物种	诗文	出处	配置位置
苔	柳染轻黄苔着绿	《玉河泛舟至玉泉》，乾隆二十二年	堤岸
白芷	白芷漾纹细	《水周堂》，乾隆二十一年	堂附近
	绿蒲白芷近茁岸	《挹清芬室》，乾隆四十六年	岸边
蒲草	白芷青蒲带远渍，长堤一道两湖分	《昆明湖泛舟即景杂咏》，乾隆三十三年	长堤
苇	东湖水深鲜滋苇	《挹清芬室得句》，乾隆四十六年	湖东
竹	竹枝本是湘竹枝	《昆明湖泛舟拟竹枝词》，乾隆二十五年	湖边
	虘窗竹籁伏中绿	《无尽意轩》，乾隆二十五年	无尽意轩内
	渭竹环临水，岩楼出竹梢	《赋得山色湖光共一楼》，乾隆二十三年	楼侧
	亦有精舍竹林	《听鹂馆》，乾隆二十五年	听鹂馆处
	竹秀石奇参道妙	《清可轩》，乾隆二十五年	轩旁
稻	驱马稻秧布	《水村居》，乾隆三十一年	建筑群周围
	润含植稻连农舍	《题耕织图》，乾隆二十九年	耕织图旁

2. 按时令栽植、修剪、嫁接、砍伐

关于上述植物的栽种、养护、管理在乾隆皇帝下令编纂的《钦定授时通考》中均有明确记载：

正月（立春、雨水）

元日五更鸡鸣时点火把照桑枣果木树则无虫，以刀斧斑驳敲打树身则结实，此之谓稼树……此月栽树为上时，上半月栽者多结籽，南风不可栽。下籽：茄、瓜、薏苡、诸般花籽、葫芦、匏；扦插：杨柳、石榴、栀子；栽种：松、桑、榆、柳、枣、葱、葵、韭、麻……接换：梨子、林檎、枣、柿、栗、桃、梅、李、杏；浇培：石榴、梨籽、海棠、枣、柿、梅、桃、杏、林檎、胡桃……杂事：接诸般花木果树，移诸般花木果树，垄瓜地，修诸色果木，修接桑树，骟诸色树木。

二月（惊蛰、春分）

此月雨水中诸花树条则活，中旬种稻为上时。下籽：麻籽、红花、山药、白扁豆、桑葚；扦插：蒲桃、石榴；栽种：槐、榖楮、粟、松、银杏、枣、皂荚、菊、茶、木瓜、桐树、决明、百合……压条：桑条；接换：柑、橘、柿、枣、橙、柚、杏、栗、桃、梅、李、梨、胡桃、银杏……浇培：柑、橘、橙、柚……杂事：插诸色树木，解树上裹缚。

三月（清明、谷雨）

三月榆荚时有雨，高田可种大豆，土和无块亩五升，土不和则益之。又种禾无期，因地为时，三月榆荚时，雨膏地强可种禾。

四月（立夏、小满）

此月伐木不蛀。

五月（芒种、夏至）

芒种后壬日入梅，梅日种草无不活者。

六月（小暑、大暑）

此月斩竹不蛀，杂事：打粪氹。

七月（立秋、处暑）

杂事：刈草、作淀。秋耕宜早，恐霜后掩入阴气。

八月（白露、秋分）

移植：早梅、橙橘、琵琶、牡丹。

九月（寒露、霜降）

分栽：樱桃、桃、杨。杂事：草包石榴、橘、栗、蒲桃。

十月（立冬、小雪）

杂事：浇灌花木。

十一月（大雪、冬至）

移植：松、柏、桧；浇培：石榴、柑、橘、柚、梨、栗、枣。

十二月（小寒、大寒）

休农息役……栽种：橘、松、花树、麦。杂事：造农具、舂米、舂粉、浸米。❶

乾隆皇帝个人也深谙树木移栽的技术，并多次在其诗文中记述，乾隆二十二年（1757年）

---

❶ 钦定授时通考[EB/OL]. 卷六. 文渊阁《四库全书》内联网版.

《小松》：

  松有落叶者，乃在兴安北……我命带根移，培土平固密。既因顺木天，遂为转地力。奇峰诡石侧，森然助景色。材岂限于域，由于系培植。❶

乾隆二十三年（1758年）《移竹》：

  趁伏教移绿竹栽，疏轩延得好清陪。雨中最易和根长，月里常看带影来。❷

乾隆二十九年（1764年）《稚松》：

  稚松得地放新枝，老干凌云定可期。自喜栽培出丰前，去年犹记雨中移。❸

3. 建立专门的植物培育基地

除从外地移栽外，内务府还建立了专门的树木培育基地，为万寿山、圆明园等御苑提供所需更新及补栽的树种❹，直至今日颐和园以北还有树村、松树畦的地名。另外，为节庆装点气氛，颐和园时期还专门设置了南花园与养花园，建设大量的花洞房，利用中国传统的促成栽培技术培育非季节性植物花卉。

4. 建立严格的奖惩制度

植物的种植不仅能改善生态环境，同时也为宫廷提供生活资料，因此清廷对植物种植格外重视，对于相关植物花卉的管理也极为严格，建立了相应的奖惩制度。据乾隆三十一年（1766年）九月，军机大臣傅恒奏折记载："（避暑山庄）载松杂树及自生小松树二千三十七棵，逐一查验，均与原报树木相符，实属成活率高。"乾隆皇帝当即赏千总每人官用缎一匹，副千总每人赏两个月的钱粮，兵丁每人赏一个月的钱粮。而山庄在修旃檀林时，不小心损害了一棵古树根，乾隆皇帝御批总管常生"于冬令时寻觅大树补赔……笞四十，罚俸六个月。总管内务府大臣罚俸三个月。"

清漪园内也不乏相关记载，乾隆三十七年（1772年）七月二十七日总管内务府奏：

  本年三月内遵旨清漪园惠山园耕织图河泡内并治镜阁、藻鉴堂、凤凰墩景明楼相近湖岸俱补种藕秧……唯惠山园河泡内所出荷叶较前稍增，间有花朵，然亦无多，其余耕织图等五处所出茎叶稀弱如前……惠山园等处河泡藕秧之人当今春栽种时礼宜督率匠役妥协栽种，务令发育畅茂，乃并未经心以致荷苗微弱花朵稀少，殊属不合，除所费采办藕秧匠役工价银两着落该员等赔补外，苑副福著钱保、催长倭升额等均照不行详查例，各罚俸六个月。❺

嘉庆元年（1796年）七月十六日总管内务府谨奏：

  清漪园玉河两岸收得麦子十三仓石五斗四升，查上年收得麦子十三仓石五斗四升，较比上年多收麦子一升，理宜将上年麦收若干之处声明比较，摺内并未声明实属不合，请将奴才

---

❶ 御制诗集·二集卷七十三 [EB/OL]. 文渊阁《四库全书》内联网版.
❷ 御制诗集·二集卷七十九 [EB/OL]. 文渊阁《四库全书》内联网版.
❸ 御制诗集·三集卷四十一 [EB/OL]. 文渊阁《四库全书》内联网版.
❹ 在乾隆三十三年七月二十三日的《奏销档》上有："宗泉庙、圣化寺宫殿院内应栽大样松柏、杂树，除从圆明园万寿山培养树株内挪栽树二百二十二棵外……三次栽种树木如下：果松、罗汉松、马尾松、菠萝树、柏树、槐树、木兰芽、明开夜合、干松、苦梨树、枫树、家榆树、山桃树、山榆树、杨树、山杏、红梨花、西府海棠、花红、山兰枝、山丁、干叶杏、珠子花、碧桃、紫丁香、干叶李、白丁香、黄绶带、青信树、垂杨树。"
❺ 奏为查议清漪园栽种藕秧稀少之大臣和尔经额等罚俸事．中国第一历史档案馆．

盛住永来交内务府查议。❶

乾隆二十五年（1760年）五月十四日和尔经额奏：

闻事耕织图养蚕处于三月初四日浴蚕，四月初一日蚕俱结茧内，除成蛾生子存于次年浴养外，其余蚕茧共抽得八斤三两，稍为粗脆，尚堪织造官用屯绢帐幔带条，请仍交织染局库贮，入项应用。❷

---

❶ 奏为清漪园所收麦石数目不清折合例规将该管大臣盛住等罚俸事。中国第一历史档案馆。
❷ 奏报耕织图养蚕处蚕茧抽得丝斤数目事。中国第一历史档案馆。

第7章 岳阳记语当前景，吾亦同之慝先忧
——颐和园的生态变迁

依托西北郊湿地生态系统而建的清漪园，与周围的农业稻田、荷塘景观形成一个完整的生态体系，是西北郊至关重要的生态链条和纽带。然而，历经250余年的变迁，这个生态系统，受到自然演替和人工改造的双重影响，生态环境不断发生着变化。

7.1 光绪以前的变化

嘉道两朝，清漪园仍然保持着乾隆时期的规模、内容和格局，只有极个别建筑物的增损、易名。嘉庆十六年（1811年）进行大修，将惠山园改名为谐趣园，将寻诗径、涵光洞二景位置改为涵远堂，又拆除"乐安和"，拆除南湖岛上三层的"望蟾阁"，改建为一层殿堂"涵虚堂"。道光年间平毁凤凰墩上的"会波楼"及配殿；道光二十四年（1844年），怡春堂烧毁。

同治六年（1867年），清内务府对昆明湖水源做过一次调查，查得昆明湖源出玉泉山玉泉之水，而玉泉之水实借助于香山、樱桃沟两泉，力加疏浚，节节导引，停蓄于昆明湖中❶。

7.2 英法联军和八国联军对清漪园生态系统的破坏

1860年英法联军和1900年八国联军的两次劫掠使清漪园和西北郊的生态系统受到严重破坏。

清漪园的建筑和树木大部分烧毁，其中前山中段、后山中段和东段、东宫门、南湖岛等地段毁坏尤为惨重，除了个别建筑物之外，几乎焚烧殆尽。作于同治十年（1871年）的《圆明园宫词》记载了这一惨状："玉泉悲咽昆明塞，唯有铜犀守荆棘；青芝岫里狐夜啼，绣漪桥下鱼空泣❷"（图7-1）。

虽然清漪园的山水地形未受到严重破坏，昆明湖的上游水脉也未遭到破坏，但生态环境已大不如前。

从黄成彦等人对昆明湖沉积物的研究中，可以找到1860年英法联军火烧清漪园时对当地生态环境造成破坏的依据。在昆明湖底取得的CK3孔样品中，发现处于1850~1910年这一时段的15号样品

图7-1 清漪园被毁后

---

❶ 北京市地方志编纂委员会. 世界文化遗产卷 颐和园志 [M]. 北京：北京出版社，2004：21.
❷ 王闿运. 圆明园宫词 [M].

中，颗粒较大的炭屑浓度很高，孢粉浓度降低，且硅藻绝迹，介形虫壳瓣骤减，指出这是清漪园被大火焚烧的结果❶。此外，研究者还注意到该样品中砂与黏土之比值剧增，推测这一现象"也可能是由于湖区周围植被被大火焚烧后，加剧了湖区周围的水土流失所致❷"。

7.3　光绪时期对颐和园生态系统的改建和恢复

光绪十二年（1886年），慈禧太后（图7-2）垂帘听政，开始了清漪园的修建工程，光绪十四年（1888年），慈禧以光绪皇帝的名义发布一道造园上谕，将清漪园更名为颐和园，取"颐养冲和"之意，作为她颐养天年的夏宫。

由于承担起居和政务功能的圆明园被毁，光绪朝的颐和园又涵盖了圆明园的历史功能，成为帝后集理政、居住、游览、庆典和外交的政治活动场所，成了紫禁城外的第二个权力中心。重修后的颐和园依然保持了西北郊生态中心的功能，基本维护了清漪园时期的生态景观，但植物景观和建筑布局则有所改变。

7.3.1　河湖水系完整保留

此时的昆明湖，保持了清漪园时期的水源、水道、水面、水位。由于慈禧常年居住在园内，昆明湖得到了特有的维护和保养，堤岸经常维修，水源有良好的保障，水道得到疏通，水草及时清除。

图7-2　慈禧（1835~1908年）

慈禧还经常坐船出入颐和园，清宫档案中记载她从水路进宫的路线：自寝宫乐寿堂前水木自亲码头上船，往南出绣漪桥水门入长河，顺长河至高梁桥畔的倚虹堂下船乘轿由西直门入宫❸。

光绪十七年（1891年），昆明湖东、南、西三面添建围墙，使面积比清漪园时有所减少，水域原有的自然环境和景观风貌受到影响，并削弱了以前清漪园与园外浑然一体的整体感。

7.3.2　植物景观的变迁

重修后的颐和园，沿用了清漪园的树木规划，对万寿山松柏等树木进行了补植，植物群落仍保持山地以松、柏为基调，昆明湖堤以桃、柳为主的风格。

昆明湖中仍然保持了大面积的荷花，慈禧经常携太监、宫眷在花丛中划船游乐。曾为慈禧绘画过真容的美国卡尔女士在她著作的《慈禧写照记》中记述："太后御舟泊于一小岛附近，回望彼岸嵯峨之宫殿、穹形之桥梁、青葱之山色及洁白如玉之平台，则宛如画图一般。既而再泛舟至荷花深处，则幽香淡远，别饶一种胜致。"

在植物品种的选择上更注重名贵花木的养植和庭院花卉的造景。当时，园内各主要庭院布置

---

❶ 研究者指出，炭屑数量多说明有大火，炭屑颗粒大说明搬运距离近；孢粉浓度降低，"这说明当时湖区周围的植被因受这场大火而遭到破坏"；硅藻绝迹和介形虫瓣骤减，说明英法联军火烧清漪园时产生的大量灰烬落到湖中，"致使湖水受到严重污染，这些微小的水生植物因此遭遇了灭顶之灾"。
❷ 黄成彦等. 颐和园昆明湖3500余年沉积物研究［M］. 北京：海洋出版社，1996：159-160.
❸ 中国第一历史档案馆藏清光绪朝《起居注》。

的花卉多由各处进贡。乐寿堂院内的两株盆栽翠柏,来源于庆亲王奕劻进献给慈禧太后的寿礼,今日乐寿堂院内的两株翠柏是根据此记载恢复的景观。仁寿殿、乐寿堂院内各四株海棠,是光绪中叶从极乐寺移来的极品古木,当时就很有名。光绪二十九年(1903年),排云殿之东建国花台,"依山之麓,划土为层",其上满植山东进贡的名种牡丹,花开时"繁英灿烂,洵为美观"。排云门前两侧当年还各植有一丛名贵的太平花,香气袭人,深为慈禧太后所爱。1903~1904年,各地的大臣进献慈禧太后大量兰花,供奉在颐和园。园内还用上等瓷盆栽植各色菊花,在1902年和1903年的重阳佳日,慈禧太后将数百盆黄菊和五彩菊送给各国公使馆和公使参赞夫人。当时,乐寿堂等处曾植有白杏、风柿,万寿山上有葫芦枣、白桑葚等植物品种❶。

美国女画家卡尔在《慈禧写照记》中描述当年园中花木情况:"颐和园中所植花草极多,草地上每经数步,亦有名花一堆,名花佳卉,无虑千百种,而新陈代谢,四时不断"、"乐寿堂供列花草极多,香气扑鼻,令人心醉。斯时,蕙兰正盛开,其香幽雅淡远,太后亦酷嗜之。其花盆为古瓷所制,间亦有景泰蓝者。除兰花外又有莲花多种,奇馨醉人。太后平生酷爱鲜花,凡之寝宫、朝堂、戏厅及大殿等处,名花点缀,常年不绝。太后常以莲或茉莉之花冠,置于浅盆之中,其排列次序则作繁星状,既美观又不失香味"、"湖心植有菱荷之属,华时,香气沁人肺腑"、"太后酷爱葫芦,园中设葫芦棚多处"、"果园中遍植苹果树千枝,郁郁葱葱,景色复佳。苹果往往以之为佛前之供品,称为圣品❷"。

7.3.3 建筑景观的变化

颐和园工程由慈禧亲自主持,原打算全面复原清漪园时期的规模,她曾经派醇亲王奕譞等人丈量清漪园旧基,绘具图式,又命样式房绘制有关的规划设计图纸,做了一系列的准备工作。但在修建的时候,由于经费等筹措困难,材料供应不足,不得不一再收缩,致使园中部分建筑未能复原。

为处理朝政所需,恢复的建筑主要集中在万寿山前山和南湖岛一带,完全放弃了后山后湖和昆明湖西岸。

湖中的治镜阁岛、藻鉴堂岛、凤凰墩等也没有恢复,大大削弱了乾隆按照风水视距理论设立的观赏点。比如,治镜阁位于玉泉山和万寿山的中间部位,既是颐和园西南部最重要的景观视觉控制中心,又是连接西郊三山的空间纽带,起着丰富昆明湖西部水域景观空间的重要作用(图7-3)。

图7-3 自万寿山俯瞰治镜阁

---

❶ 北京市地方志编纂委员会. 世界文化遗产卷 颐和园志 [M]. 北京:北京出版社,2004:35-36.
❷ (美)卡尔著. 慈禧写照记 [M]. 珠海:珠海出版社,1995.

又在耕织图旧址创办水操学堂,占据了原延赏斋、织染局和水村居的位置,学堂四周添建围墙,使其独立于园林之外,园西与园外千亩稻田过渡的耕织生态景观不复存在。

7.4 清朝末期和民国期间的生态破坏

这一时期,颐和园周边的西北郊园林大部分受到破坏,园林生态环境发生了巨大变化。

海淀的水利设施或失去维护而功效降低,或被完全废弃,河道淤塞不畅。玉泉山上游,乾隆年间修建的引水石渠此时已坍塌毁坏(图7-4);玉泉山至长春桥之间河道和颐和园东堤排水涵洞大多缺少统一调度,致使下游缺水;园林之间的河道也被中断,如连接颐和园与圆明园之间的二龙闸河道,由于圆明园的荒废,河流逐渐湮塞,部分河道甚至被辟为水田,已不能发挥河道的作用了。

图 7-4 1936 年的石渠遗址(图片来源:海淀文史)

西北郊大量的河湖池塘干涸,有的被填平,有的改作田地,水体面积大幅减小(图7-5、表7-1),三山五园地区的水体面积比例从1861年的9.64%下降到1947年的7.92%。玉泉山前用来蓄水的高水湖和养水湖都变成了稻田,史料记载当时的高水湖:"昔日澄鲜,水天一色,今则芦蒲荡漾,粳稻连云矣❶"。

在这期间,海淀园林内的农田面积逐步扩大(图7-5、表7-1),大片园林演变成良田。圆

---

❶ 吴质生. 玉泉山名胜录 [M]. 北平:文武兴印书局,1931:30. 转引自:彭兴业,岳升阳,夏正楷等. 海淀文史——海淀古镇环境变迁 [M]. 北京:开明出版社,2009.

明园内的湖塘水面被开垦成为稻田、苇地、荷塘，福海则成为颐和园事务所经营的苇地。史料记载福海景象，"海水几涸，芦苇甚多，远望若平原矣❶"。西花园、畅春园南部，以及圣化寺的湖塘也被开垦成稻田。据1934年《华北日报》市政专刊统计，当时海淀地区水田共计约12579亩，数量超过了清代（图7-6）。除水田外，园林内旱田数量也有增加，昔日园林中高爽平坦的地方多被开垦为旱田，在海淀园林区出现了大量园林用地向农业用地的转变。

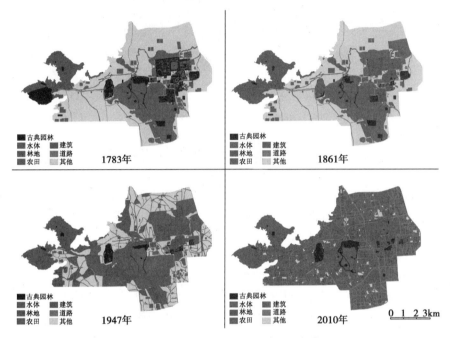

图7-5　颐和园及周边各时期湿地水系、建筑、林地、农田变化图❷

1783~2010年各景观类型面积比例表❸　　　　　　　表7-1

年份＼项目	古典园林	建筑	水体	农田	林地	道路	其他	总计
1783年	11.40%	5.63%	9.60%	12.72%	8.75%	0.91%	50.98%	100%
1861年	3.02%	5.35%	9.64%	15.05%	17.05%	0.91%	48.99%	100%
1947年	2.43%	6.27%	7.92%	20.31%	22.88%	6.45%	33.73%	100%
2010年	3.28%	41.14%	6.21%	4.23%	31.14%	10.79%	3.21%	100%

---

❶ 程演生．圆明园考［M］．北平：中华书局，1928：29．转引自：彭兴业，岳升阳，夏正楷等．海淀文史——海淀古镇环境变迁［M］．北京：开明出版社，2009．

❷ 引自：刘剑，胡立辉，李树华．三山五园地区景观变迁分析［J］．中国园林，2011（2）：54-58．

❸ 引自：刘剑，胡立辉，李树华．三山五园地区景观变迁分析［J］．中国园林，2011（2）：54-58．

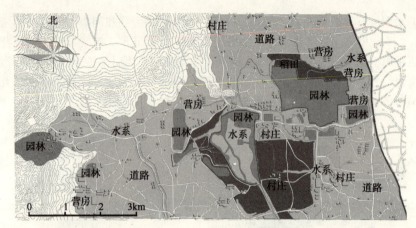

图 7-6　1947 年颐和园周边水系、稻田及园林状况❶

7.5　建国后城市化进程的加快——生态环境迅速变化

在西北郊城市化发展之前，清漪园的生态系统没有发生大的变化，即使遭受到英法联军的焚毁，在光绪年间重建后也只是建筑和植物的意境部分发生改变。而随着北京的快速城市化，清漪园湿地环境的根基发生了巨大的变化。

这种变化根源于农业文明与工业文明的强烈碰撞。清王朝覆灭后，随着近代工业文明传入中国，处于过渡期的农业文明与工业文明互相碰撞、争夺，但仍以农业文明为主，颐和园及周边生态环境改变程度不大。进入 20 世纪 80 年代以后，北京迅速城市化，农民转成城市居民，工业建筑用地逐渐占据了农业土地，周边环境发生彻底改变，稻田面积减少，不透水的道路面积成倍增加，农业文明最终被城市工业文明彻底取代。

这种变化从根本上割断了颐和园与其所依托的西北郊湿地生态系统的联系，导致颐和园成为城市中完全仰仗人工供给的生态孤岛。因泄洪形成的沼泽地而开垦成的大片稻田和调节水量的"高水湖"和"养水湖"等水田、湖泊也全部消失，这使得颐和园周边完全失去了湿地特征的生态环境，使得颐和园与周围稻田、荷塘、村庄浑然一体的文化联系中断，也使得颐和园与园墙之外的景观联系中断，水道和绿化的生态联系中断。

这种文明的更替还带来人们生态审美的变化，一些农业文明时代的审美方式被忽视和抛弃，西方文明的审美观被片面理解，从而导致园林的养护方法和管理标准发生变化，影响了古典园林的生态审美文化。比如，忽视水稻农田、野草野花对园林生态美的作用，追求人工大草坪的美观效果；认为落叶影响景观应该清除，否则是卫生管理不到位，忽视了植物落叶对于园林的审美效果和其在生态循环中的作用，而单以社会的卫生标准处理；忽略了鸟类与传统木结构建筑的生态依存关系和审美意境，认为鸟类在建筑上筑巢不利于建筑保护而搭建铁丝网使鸟类不能靠近，简单地从保护古建筑的角度设置防护网，防止鸟类栖息。

这些思想误区在一定时期内冲淡了古典园林的传统生态之美，对园林生态的可持续发展造成了不良影响，使得颐和园的古典园林氛围淡化，对生态造成了极为不利的影响。

---

❶ 引自：刘剑，胡立辉，李树华．三山五园地区景观变迁分析［J］．中国园林，2011（2）：54-58．

7.5.1 湿地水资源的减少

颐和园水资源的减少固然有自然原因的影响❶，但随着城市规模的扩大和人口数量的急剧增加，北京的水资源利用过度，造成地下水的过度开发和严重超采。自 20 世纪 70 年代以后，各种洪积扇溢出逐步缩小甚至消失，永定河冲积扇自 70 年代以来基本无地下水溢出，西北郊已经从过去水资源的富集区，转变为了地下水严重超采区，大片湿地因此消失（图 7-5、表 7-1），三山五园地区水体所占比例从 1947 年的 7.92% 下降到 2010 年的 6.21%，与三山五园鼎盛时的 9.64% 相比，更是明显减少。

外部生态环境的变化给颐和园的湿地环境带来重大威胁，颐和园的主要水源玉泉山泉水 20 世纪 70 年代初期流量迅速减少，几年之内便断流，至 1980 年则完全干涸，颐和园周边的湿地、水库（高水湖、养水湖）、稻田、滩涂、泥沼和园林之间相互贯通的水系河道也日益减少。颐和园湿地景观赖以生存的生态条件逐步恶化，加上自身湖体的蒸发、渗漏，造成昆明湖供水紧张（图 7-7、表 7-2）。

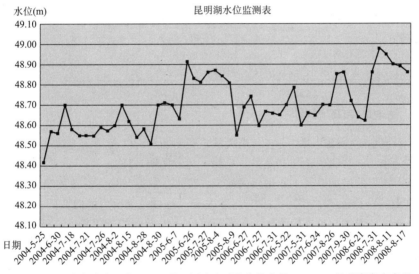

图 7-7 昆明湖水位检测表（注：颐和园陆地平均海拔高程 50.00m，昆明湖湖底高程 47.50m，保证行船的最低水位标高 48.65m，防汛最高水位 49.50m）

颐和园水体调查表　　　　　　　　　　表 7-2

序号	名　称	位　　置	现状（2006 年测定）	丰水期水面面积	所占比重
1	昆明湖大湖	万寿山南部	水质Ⅲ级，冬季枯水	142hm²	65%
2	后溪河	万寿山北面	冬季枯水	6hm²	2.7%
3	团城湖	昆明湖西北	水质Ⅱ级，四季有水	31hm²	14%

---

❶ 100 年前，包括华北在内的中国气候走出了由明末开始的"小冰河期"，逐渐趋于温暖，到 20 世纪 40 年代中期气温一度下降，至 70 年代中期以后再次回升，直到今天温暖趋势仍在持续之中。与此同时，降水的总趋势则是趋向干燥。进入 20 世纪 90 年代，年平均气温比 20 世纪 80 年代初升高近 1℃，每 10 年平均降水量由 20 世纪 50 年代的 781.9mm 减到 584mm。

续表

序号	名 称	位 置	现状（2006年测定）	丰水期水面面积	所占比重
4	藻鉴堂湖	昆明湖西南	冬季枯水	37hm²	16.7%
5	万字河	万寿山以西	冬季枯水	1hm²	0.5%
6	东桃花沟	寅辉城关以南	无水	520m²	—
7	西桃花沟	赅春园以北，澄碧亭以南	无水	1008m²	—
8	葫芦河	养云轩南部及西南	冬季枯水	1067m²	—
9	无尽意轩	无尽意轩南部	冬季枯水	217m²	—
10	扬仁风	扬仁风内	冬季枯水	183m²	—
11	排云门	排云门内	冬季枯水	240m²	—
12	清华轩	清华轩内	冬季枯水	148m²	—
13	清琴峡	霁清轩内	无水	116m²	—
14	玉琴峡	谐趣园西侧	冬季枯水	224m²	—
15	谐趣园	谐趣园内	冬季枯水	3465m²	—
16	荷花池	东园墙以东	冬季枯水	500m²	—
17	金水河	东宫门以东	冬季枯水，水质较差	1217m²	—
18	养花园	南党校内	冬季枯水	4hm²	1.8%
19	京密引水渠	—	水质Ⅱ级，四季有水	—	—
20	北长河	颐和园和玉泉山之间	四季有水	—	—

总计，园内水面222hm²。相关法规：《地表水环境质量标准》（GB 3838—2002）

7.5.2 湿地水质的恶化

历史上清漪园水质清澈透明，是古人审美的主要对象之一，乾隆等皇帝的御制诗中多次描写昆明湖水质之清澈，如"霜落沧波彻底清，延缘一棹泛昆明"等。

但随着城市人口的增加以及工业规模的扩大，废水排放逐步增多，致使城市近郊地表水污染，地下水水质恶化。20世纪70年代中后期地下水总硬度超标范围由市区向西郊扩展。20世纪80年代后，城市近郊区地表水污染日趋严重，地表河流已成为城市的排污场所，造成城市大量未经处理的工业废水和生活污水通过各种不同的途径进入含水层，表现在总硬度、硝酸盐氮、溶解性总固体含量逐年升高，污染程度日益加重。进入20世纪90年代中后期，随着环境保护意识的不断增强，北京实施了多项水环境治理工程，在城市近郊部分地区总硬度、硝酸盐氮、溶解性总固体检测出含量出现下降的趋势。

受此大环境的影响，颐和园昆明湖的水质相比清漪园时期也有较大程度的变化（表7-3、表7-4）。

颐和园昆明湖水体现状调查表　　　　表7-3

序号	评价项目	水体情况
1	水体颜色	浅绿色
2	水生动物	无死鱼
3	水生植物	漂浮藻类较多
4	水华现象	有
5	水体气味	无

相关法规：《地表水环境质量标准》（GB 3838—2002）

颐和园及其周边地表水体水质类别❶   表7-4

水体名称	规划类别	2002年	2003年	2004年	2005年	2006年	2007年	2008年
京密引水渠	Ⅱ类	Ⅱ	Ⅱ	Ⅲ	Ⅱ	Ⅱ	Ⅱ	Ⅱ
昆玉河	Ⅲ类	—	—	Ⅳ	Ⅳ	Ⅳ	Ⅲ	Ⅲ
昆明湖	Ⅲ类	Ⅲ	Ⅲ	Ⅲ	Ⅲ	Ⅲ	Ⅲ	Ⅲ
团城湖	Ⅱ类	Ⅱ	Ⅱ	Ⅲ	Ⅲ	Ⅱ	Ⅱ	Ⅱ

注：1. 2002、2003年未对昆玉河单独进行监测；2004、2005年的水主要来自官厅水库。
2. 2002、2003、2004年昆明湖的水均来自京密引水渠。
3. 总体来说，北京市地表水体中，河流主要污染指标是氨氮、高锰酸盐指数和生化需氧量；湖泊主要污染指标是生化需氧量和高锰酸盐指数，其次是氨氮。
4. 水质评价项目中不包括总磷、总氮指标。

2005年昆明湖由于补水水源较差，水质有较明显的富营养化趋势，总磷年均值为Ⅳ类，总氮为Ⅴ类，年均综合营养状态指数为53.6，营养级别属于"轻度富营养"。在8月下旬，曾出现大面积的"水华"现象，富营养化程度处于"中度富营养"状态。2006年昆明湖改为京密引水渠补水，水质较2005年有所改善，高锰酸盐指数、生化需氧量及氨氮年均值均有所下降，但营养状态仍属于"轻度富营养"。2007年昆明湖营养级别介于"中度富营养"—"轻度富营养"之间。但与2006年相比，昆明湖高锰酸盐指数、生化需氧量、氨氮、总氮、总磷等指标年均浓度值均有所下降。2008年昆明湖营养级别为"轻度富营养"。但与2007年相比，昆明湖氨氮浓度有所下降，高锰酸盐指数、生化需氧量、总磷、总氮等指标年均浓度均有不同程度的升高。

总体来说，近年来由于密云水库的供水，昆明湖及长河、昆玉河、团城湖的水质得到改善，相对于北京其他河湖目前仍主要靠中水补给或者污水处理厂退水来说水质要好很多，但与清漪园时期玉泉山泉水的水质仍有巨大差别，最为显著的变化就是夏季部分水面有微量水华现象。

7.5.3 稻田景观的消失

西郊的稻作景观正好处于颐和园和玉泉山的周围，多年来和这些著名的园林融为一体，共同构成了以水乡风貌为特征的风景区。

城市化进程导致西北郊的大片稻田快速消亡。由于持续干旱，水资源短缺，2001年北京市为了节约用水，全市禁种水田。海淀仅存的稻田、荷塘被开发为建筑用地、高尔夫球场，或辟为公园、道路、露天广场，或被垫高种植树木，成为绿化林带，直至2002年最后一片京西稻田——新建宫门前稻田消亡，延续了数百年的西郊稻作景观彻底消失。据统计，三山五园地区水田面积从1947年所占景观比例的20.31%减少到2010年的4.23%（图7-5、表7-1）。昆明湖等西北郊稻田景观的缺失，不但改变了海淀数百年来形成的生态环境，也破坏了本地区的历史文化景观（图7-8）。

图7-8 昔日的稻田景观已经消失

---

❶ 评价标准为北京市地表水水质评价标准，统一执行《地表水环境质量标准》（GB 3838—2002）。

7.5.4　周边景观环境的改变

三山五园地区的建筑面积从 1947 年所占景观比例的 6.27% 飞速增长到 2010 年的 41.14%，成为颐和园周边所占比例最大的景观类型（图 7-5、表 7-1），这与清漪园时期周边稻田、林地、水体湿地为主的景观环境有着天壤之别。同时，对维护西北郊特色风貌极具价值的诸多自然和历史人文环境正在急剧消亡，西北郊浑然一体的生态景观正在遭受严重破坏。

7.5.5　植物生态景观的变化

由于植物栽植技术和新品种的引进，目前颐和园的植物种类和数量相对于清漪园时期有所增加，但同时也出现了部分不符合原植物意境的树种。颐和园的植物景观在建国后主要经历了以下几个时期的变化[1]：

建国后，颐和园依照原有的植物配置风格，对树木进行补植、增植，改变了园内植物景观严重受损的景象。1958 年有关部门提出"绿化结合生产"方针，在后山山腰开梯田 4.7hm² 种果树，并植速生树种和果木，一定程度上影响了园林植被应有的风格。

1966 年，文化大革命的破坏导致植物减少到 37052 株。

1972 年，颐和园的园艺工作重新步入正轨，恢复了按原有风格进行植物配置和补植的工作方针，1973 年将后山果树梯田填平，恢复山林原貌。

1991 年开始进行以万寿山为主的全园绿化调整工程，调整工程从改造颐和园绿化布局的空间结构、时间结构和群落结构着手，利用不同植物的不同特征及其组合后产生的效果和气氛，塑造颐和园的整体美感。

2003 年以后，颐和园再次进行了植物调整，这次调整模拟自然群落的结构特征，在某些存在着单层乔木林的区域、野生地被生长不良的地段，利用其空间资源，调整过密的植株，加入耐阴灌木、耐阴地被，组成稳定性好、外观优美、乔灌草结合、相对稳定、长期共存的复层混交群落，最大限度地发挥其生态效益。

2008 年全园实有树木 27.5 万株，古树 1593 株，草坪地被面积 34.5hm²，绿化面积达 58.1hm²，绿化覆盖面积达 67.4hm²，绿化覆盖率达 22.9%，绿地率达 73.42%。

经过绿化调整工程，恢复和完善了颐和园古典园林的自然风景植物群落，大体上延续着清漪园的植物景观风格，并基本将绿化面积稳定在这个水平。每年春季，在保持原有植物分布规律的同时维护生物多样性和原有植物生态习性的基础上，进行补植和移植，使颐和园的植物生态系统维持在一个良好的状态。

7.5.6　动物生态景观的变化

"暖气飞轻蠓，春波集野鸥"、"绿柳红桥堤那畔，鸂（rú）鹅鸥鹭满汀州"是乾隆皇帝描写清漪园早春景色的诗句，可见动物景观是当时清漪园的主要审美意象之一。

但由于游人量过大，破坏了清漪园时期的昆明湖安静祥和的景象，使颐和园的野生动物、鸟类、昆虫种类数量减少，清漪园时期出现的鱼跃鸢飞、过冬鸥雁、野鸥狎人的景象已经难得一见。动物也因此转移了栖息地。保护建筑的设施，如保护古建筑彩画的铁丝网阻止了鸟类在古建筑上

---

[1] 资料来源：《颐和园志》、《颐和园内部档案资料》。

筑巢，妨碍了鸟类栖居，改变了清漪园时古建与动物和谐共生的环境。

尽管现今颐和园动物种类和数量较清漪园时期有所下降，但仍是北京近郊区生物多样性最为丰富的地区之一（图7-9）。鸟类是颐和园最为重要的生物物种。据统计，在颐和园内栖息、出没的野生鸟类，目前已有记录的有209种，分属于游禽、涉禽、陆禽、猛禽、攀禽、鸣禽等六大生态类群，占北京市记录鸟类总数的57.3%，它们有的在园内常年留居，有的在春秋季出现，有的则是夏候鸟、冬候鸟。其中常见的有雨燕、喜鹊、天鹅、布谷鸟、乌鸦等，还有国家一级重点保护鸟类1种——黑鹳，二级保护鸟类20余种。

图7-9 团城湖动物景观

7.5.7 土壤生态环境的变化

由于施肥、植物灌溉、落叶清扫等原因，颐和园的土壤环境较之过去有所变化，刘克锋等人1990年5~10月对颐和园土壤调查的结果如表7-5所示。

颐和园土壤调查结果　　　　　　表7-5

—	有机质（%）	pH值	石：土	全盐（%）	全氮（%）	速效磷（mg/kg）	速效钾（mg/kg）	备注
0~30cm	1.97	8.52	0.19	0.125	0.015	9.9	159.1	—
30~60cm	1.06	8.54	0.32	0.08	0.01	7.0	109.5	
菜园土幅度	—	—	—	—	0.10~0.17	24~65	125~250	引自：北京园林科研所，1989
菜园土平均值	—	—	—	—	0.12	38	150	

颐和园土壤全氮含量相比菜园土相差近10倍，缺氮较严重。有机质含量也只是1989年北京园林科研所测定的郊区菜园土的1/4~1/2。有机质是土壤氮素的主要来源，其减少会直接导致氮素的减少。树木严重缺氮素时会出现针叶褪绿、发育迟缓的症状，有时在生长季出现紫色叶尖，继而叶尖坏死，最严重时可导致针叶短、硬、黄绿至黄色，严重影响树木的生长状态和整体生态

美感。

速效磷含量对比菜园土也过低，缺磷可导致幼叶绿或黄绿色，老叶明显染上紫色，极严重时全部针叶变紫色。速效钾在 0～30cm 的表土层含量正常，这可能与草坪施肥有关。但在 30～60cm 的土深，速效钾也呈偏低状态，而大多数树木的根系在这一层分布较多。缺钾可导致针叶短、褪绿，基部带绿色，一些严重的情况是出现紫色及叶尖枯死❶。

7.5.8　游客增多对颐和园生态的影响

颐和园成为国家公园后，游人逐年增多（表 7-6），1949～1989 年间游人总数达 17450.53 万人次。2000 年以后，除 2003 年受非典影响，平均游人量均达 600 多万人次以上。

颐和园游人统计表　　　　　　　　　　　表 7-6

年份（年）	1949	1959	1969	1979	1989	2000	2001	2002	2003	2004	2005	2006
游人量（万人次）	26.53	239.35	400	265.30	722.72	671	625	648	423	709	704	731

除了数量大，游客还具有时间和空间分布不均匀的特点。空间上主景区万寿山前山严重超出承载量，而西部则游人稀少；时间上夏季旅游旺季游人比冬季淡季多出数倍。

游人数量超过环境承载力，不但会对园内的生态造成破坏，同时会带来噪声污染，破坏清漪园时期以静谧为美的审美对象，惊扰长居此地的野生动物的栖息。为此，颐和园委托北京市海淀区环保局监测站分别于 2006 年、2007 年、2008 年对园中九个监测点进行噪声监测（表 7-7）。

颐和园 2006～2008 年噪声监测结果　　　　　　　　　　　表 7-7

噪声监测仪	AWA6218B 249-2005
监测点	颐和园东门、北宫门、北如意门、石舫、耕织图、团城湖、西堤、南如意门、廓如亭
监测结果	2006～2008 年平均噪声值分别为 49.7、50.1、49.5dB，符合城市环境噪声标准

监测报告结果显示，虽然颐和园符合城市环境噪声标准，但由于颐和园从原来只供帝王独自游乐的皇家御苑变成今天的人民公园，噪声相比过去的生态环境仍有较大的增加，是影响颐和园生态系统的因素之一。

---

❶ 引自：J. P. Kimmins, 1992.

第8章 假如借作天孙杼，绣出应饶泉客绡
——历史湿地园林的生态保护策略及生态评价指标体系

随着时代的发展，城市生态环境发生了巨大的变化，包括颐和园在内的历史湿地园林面临着众多的新问题，传统的生态保护方法已不足以维持其生态原貌，而与科学的生态保护策略及生态评价指标体系相结合才是保护湿地园林的重要手段和出路。

8.1 历史湿地园林的生态保护策略

8.1.1 城市化对湿地园林的生态保护提出新的挑战

园林生态系统作为自我调控与人工调控相结合的生态系统，属于半自然的生态系统，在诸多方面需要进行人工适度的管理来进行物质循环：包括营养物质的人工输入、人工灌溉、苗木移植、动植物残体的人工处理、人为引进各种动物（如鱼类）和微生物等。随着城市化的发展，人工辅助在园林生态系统中所占比重相对较大，且有增多的趋势。

湿地园林生态系统在长期的人工维持下保持着动态的平衡，但随着城市化的加快，各种导致生态破坏的因素不断增加，如环境污染导致动物的减少和植物生长势的衰弱，热岛效应导致水面蒸发加剧，水污染导致鱼类死亡，地下水位下降导致水体渗漏加快，游客量超过负荷导致动物的生存空间受到威胁等，这种变化使得维持湿地园林生态系统平衡的人工成本不断加大。

8.1.2 传统生态保护方式的局限性

历史湿地园林是在农业经济之下建成的园林，中国传统的生态智慧为历史湿地园林千百年的持续利用提供了有力保证，虽然在农业经济时代可以维持良好的生态运转模式，但经过上百年的发展，其生态系统所处的大环境已经发生了翻天覆地的变化，历史湿地园林的保护面临着很多新的问题，传统的生态保护方法已经不足以维持其生态原貌，利用现代生态科学理论对湿地园林进行保护是十分必要的。

8.1.3 现代生态技术的发展与运用

现代生态科学以生态学、景观生态学等理论为指导，在继承传统园林造园的手法上，强化"以人为本"和"可持续发展"的理念，通过系统的物质循环、能量流动、信息交流，实现人与自然和谐相处的可居、可观、可游的美好环境，为实现湿地园林生态系统的良性循环提供了可能。

8.1.4 历史湿地园林生态保护策略

以颐和园为代表的历史湿地园林，既是城市湿地，同时又是一个历史园林，因此在恢复湿地

的功能和性质的基础上，也必须保持其湿地园林的历史真实性，以及其作为一个公园的公共性质，使得湿地园林在新形势下，生态、社会、经济效益得以协调发展。

在生态恢复中，除了要继承古人传统的湿地园林保护理念，还要结合现代生态科技手段来进行恢复。同时湿地园林的生态恢复不能单纯局限在园林之内，应有计划地不断向外辐射，强化湿地园林与城市之间的生态联系。单纯以维持湿地园林的生态平衡为目的，而忽视周边地区的生态平衡，这种生态恢复的效果只是暂时的。只有制定长期的生态恢复计划，将历史园林融入整个地区甚至城市的经济、社会、文化发展之中，在恢复湿地园林生态的基础上，使整个城市的能量、物质、信息等的交换更趋合理化，才能真正维持湿地园林生态系统的稳定性。

8.2 历史湿地园林生态评价指标

将湿地园林的生态要素及评定等级折成人工化指标，便于人工生态养护的操作。同时可以为以颐和园为代表的，以湿地为主要特征的历史园林提供直观的指标评价标准。以此作为维护管理的依据，有利于快速针对历史湿地园林的生态保护情况进行分析评价及提出解决方案。

在选择评价指标时，既要能体现湿地园林的原真性，还要能体现其对生态的保护、增益和调节功能，以及对广大游客的环境服务功能。根据前面几章对颐和园生态的分析，选取生态环境、生态意境、环境服务功能三个层次来构建湿地园林生态评价体系框架，各评价层次下又分各指标层（图8-1）。

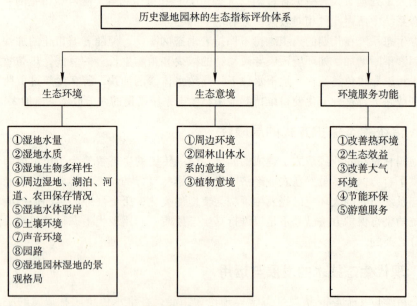

图8-1 历史湿地园林生态指标评价体系

8.2.1 生态环境

湿地园林生态环境的可持续发展就是根据生态系统的客观规律，充分考虑到管理行为对生态环境的长远影响，塑造一个舒适、优美、清洁、安全、和谐的生态系统，促进其良性循环，实现公园与自然共存、人工生态系统与自然生态系统的协调发展。

对于城市湿地的恢复目标主要包括恢复湿地面积、恢复湿地水量、恢复湿地动植物群落、恢复湿地土壤等。在恢复过程中，要根据湿地生态系统自身的演替规律分步骤、分阶段进行恢复与重建，根据生态位和生物多样性要求，构建生态系统的结构和生物群落，使物质循环和能量转化处于最大利用和最优配置状态，达到水文、植被和动物同步和谐共生。

1. 湿地水量

足够的水资源是湿地景观的基础，是历史湿地园林作为一个园林生态系统至关重要的组成部分，也是其人文精神的灵魂所在，湿地园林尤其要避免出现枯水期。因此，是否有枯水期可以作为评判历史湿地园林生态的一个指标。

水源缺乏足够的水量，当湖水蒸发量和渗漏流失的水分大于补给的水量时，将影响湖体景观，还会危害水质，破坏依靠湖泊生存的动植物生境。

城市化进程不断扩大对古河道地下水的开采量，造成区域性的地下水位下降，导致湿地园林缺水。现今保存下来的历史湿地园林大部分水源都已枯竭，如颐和园的玉泉山泉水早在20世纪70年代就已断流，保定古莲花池（图8-2）的一亩泉❶在20世纪80年代也开始枯竭。

图8-2　保定古莲花池

利用现代水利的调运方式及现代生态科技手段，将本地水与外调水实行联合调度是保证湿地园林水源供给的主要方法。

目前，颐和园主要由"京密引水渠"引自官厅水库的水作为人工水源，弥补了湿地水源的水量不足，其线路为经过100多公里的官厅山峡到三家店闸，进入永定河引水渠到罗道庄入昆玉河，从昆玉河向北到颐和园昆明湖。但由于密云水库水量的限制，只能使颐和园在旺季保持足够的水量，其他季节时常面临缺水的尴尬。

---

❶ 一亩泉河源头为保定市区西北的泉群，其中最大的一个泉有一亩地那么大，所以叫一亩泉。它不仅是市区府河的重要水源，也曾经是保定市的用水来源。

利用外来水恢复历史湿地园林需要长远的水利规划。首先，大多数的湿地园林都具备良好的地质环境，具备恢复湿地生态的条件。比如，颐和园所处的西北郊永定河冲积扇地下含水层深，渗透性能良好，地下水库库容巨大❶（该区西部和西北部的西山山脉属石碳－二叠系及侏罗系的砂页岩和火山岩组成的相对不透水边界；东部和南部第四系岩性颗粒逐渐变细，含水层由单一变为多层，渗透性能减弱，是地下水的天然边界；底部为第四系冰碛泥砾或新近系或古近系半胶结的砂砾岩、泥岩，不透水），具有形成地下水库得天独厚的条件❷。而西北郊所处永定河冲洪积扇中上部，属极富水区，含水层主要以单、双层砂卵石为主，颗粒粗、厚度大，地层的渗透性能好，利于地下水的回补。西北郊现有的大量砂石坑的渗透系数在 5～200m/d 之间，渗透性能良好，可以利用这些砂石坑修建水库进行地下水的回灌涵养工作，修复地下水的生态平衡❸。

其次，随着生态技术的进步，水利的远距离运输也保证了湿地园林恢复湿地水源。对于颐和园昆明湖的水则可以通过南水北调来解决，南水北调北京段❹属于南水北调工程中线的最后一段，是连接南水北调中线和北京水网的纽带，终点位于颐和园团城湖，全长 80km，总干渠设计流量 50m³/s，主要工程项目由倒虹吸 1 座、船营桥 1 座、进水闸 1 座、分水闸 1 座、明渠 777.8m 组成（图 8-3）。

南水北调为北京西北郊水源地的恢复和涵养提供了千载难逢的良机。根据水利部长江水利委员会 2002 年 6 月完成的《南水北调中线一期工程项目建议书》，北京市 2010 年多年平均配水量为 12.38 亿 m³，入境水量为 10.52 亿 m³，补充位于永定河、大石河、拒马河和潮白河冲积扇上的水系；2030 年北京市的净分水量将达到 14 亿 m³。而根据国务院批复的《21 世纪初期首都水资源可持续利用规划》中的水资源供需预测，北京市到 2010 年将缺水 7 亿 m³，2030 年缺水 17 亿 m³。如果在充分挖掘水资源潜力的前提下，将外来水与本地区地表水（水库水）、地下水统一调度❺，北京的水资源可能出现盈余现象。届时，将富余水通过各种回灌方式补充给地下"水库"，即可以缓解地下水位的下降速率，使地下水位逐步得到回升，将整体改善北京目前地下水超采的现状，给西北郊湿地环境带来新生（图 8-4～图 8-6）。

图 8-3 南水北调中线干线工程示意图

---

❶ 永定河冲积扇地下水库，西以西山为界，北至昆明湖，南到大兴狼垡，东至陶然亭，面积约 333km²。根据地下水库可恢复的最高水位与现状水位之间的储水空间，可得知永定河地下水库调蓄容量达 7.97 亿 m³。
❷ 北京市地质矿产勘查开发局，北京市水文地质工程地质大队编著. 北京地下水 [M]. 北京：中国大地出版社，2008：206.
❸ 北京市水利史研究会，北京社会科学研究院. 北京西北郊水源地涵养与保护对策研究报告 [R]，2005.
❹ 2008 年 7 月 3 日南水北调中线京石段应急供水工程（北京段）团城湖明渠工程通水试运行。
❺ 根据 1997 年海淀区水资源调查评价报告：海淀区多年平均地下水资源量为 2.40 亿 m³，其中降水入渗补给量为 0.95 亿 m³，农田灌溉、渠道、天然河道入渗补给量为 0.53 亿 m³，两人工引水渠入渗补给量为 0.22 亿 m³，远距离侧向补给量为 0.70～1.00 亿 m³。

图 8-4　颐和园西大墙外南水北调工程施工

图 8-5　颐和园西大墙外南水北调工程水道入颐和园

图 8-6　团城湖明渠注水口

再次，雨洪利用是解决湿地园林水源的一大重要内容。在乾隆时期，西山一带的山洪，每逢雨季便危及西北郊的皇家园林，通过修建水槽收集西山山水汇入玉泉山，这种变害为利的思想是古代生态智慧的集中体现（图8-7）。

图8-7 清代樱桃沟水源头至静明园的石槽遗址

受大陆性季风气候及地形的影响，北京地区近10年的年平均雨洪出境量为6.63亿 m^3（扣除过境水量），雨洪利用率仅20%~30%。目前，西山的雨洪径流基本都排入下水道，造成水资源的巨大浪费，可以通过改造南旱河、北旱河上游水道和金河水道，恢复高水湖、养水湖，将香山、卧佛寺一带夏季山洪水储存于高、养水湖，以此增加昆明湖的水量。同时，在湖中设置闸门，在洪水量较大时，可以关闭湖中闸门，使水通过南旱河或金河继续向下游排泄，避免洪灾。

2. 湿地水质

水质是水体质量的简称，标志着水体的物理（如色度、浊度、臭味等）、化学（无机物和有机物的含量）和生物（细菌、微生物、浮游生物、底栖生物）特性及其组成状况。湿地水体污染会破坏水生态系统的生态平衡，对湿地动物、植物、微生物影响很大，导致水体中的鱼类等种群变得十分稀少乃至绝迹，湿地水禽种群数量下降或迁移，植物种类减少。

衡量湿地水体水质的指标是水质等级。采用《地表水环境质量标准》（GB 3838—2002），按功能划分如表8-1所示。

地表水水质类别功能划分　　　　　　　　　　　　　　　　　表 8-1

水质类别	适用范围
Ⅰ类	主要适用于源头水、国家自然保护区
Ⅱ类	主要适用于集中式生活饮用水地表水源地一级保护区等
Ⅲ类	主要适用于集中式生活饮用水地表水源地二级保护区、渔业水域及游泳区
Ⅳ类	主要适用于一般工业用水区及人体非直接接触的娱乐用水区
Ⅴ类	主要适用于农业用水区及一般景观要求水域

根据《北京市海河流域水污染防治规划》和《北京市城市河湖保护管理条例》，昆明湖的水质保护目标为Ⅲ类水体，虽然水质符合要求❶，但水华现象是干扰昆明湖水体水质和水体景观的最主要因素。水华是在淡水水体中藻类大量繁殖的一种自然生态现象，是水体富营养化的一种特征，通常用水华占湖面面积百分比（%）来表示水华爆发时的规模和影响程度（水华占湖面面积百分比（%）=发生水华水域面积/湖面面积）。近年来昆明湖爆发的一次较大的水华面积约 100m^2，占全湖的 0.005%。

在保障水体水源质量的前提下，加强水的自净化能力是保障湿地园林水体水质的最重要的方法。

水的自净化能力是指外来物质进入水体后，被微生物分解、被溶解氧化的能力，如果外来物质太多，溶解氧被完全消耗，就超过了水体的自净能力，水中的生物会因缺氧窒息死亡，或中毒，这就是污染状态。湖泊是有自净能力的，自然的河道有大量的生物，包括植物和微生物都有降解污染有机物的作用。

由高等水生植物的根、茎、叶等器官及其共生细菌和其他微生物构成的多级生态系统所起的吸引、吸附、分解活动可以使水体中的营养盐和一些污染物含量减少或沉降，使水体净化，增加水体透明度。因此可以通过栽植清污能力强的芦苇、香蒲、菖蒲、浮萍、凤眼莲、荸荠、菰等水生植物吸收和分解化学污染物，净化水质。

此外增加湖泊水体的流动性，保证不断有新鲜、清洁的水进入园中，也能够加强水的自净化能力，带走污染物。目前，通过京密引水渠进入颐和园的水，只有团城湖水域是流动的，面积最大的湖泊的出水口与入水口都基本处于关闭状态，这势必导致昆明湖的自净化能力大为降低而影响水质。如果能够把昆明湖与北京市的水利结合起来，使湖水流动，将大大提高其水质。

同时，湿地园林的水体经过长时间的地表径流的流入，产生了大量的淤泥，积累的淤泥过多就会超出水体的自净化能力，这就需要人工清淤。1990 年 11 月，北京市人民政府调动社会力量一次性完成昆明湖自 1749 年后 240 余年以来的首次全面清淤（图 8-8），清淤后的昆明湖，水澈如玉，碧波涟漪，恢复了清漪园时的风光地貌。

此外，过多的人为污染，会使湖体的自净能力减弱。比如，周边高尔夫球场的草皮会导致地表径流快速渗透和水土的破坏；也会将防护草皮喷洒的农药带入地下水源，对地下水产生污染；周边砂坑大量生活垃圾和建筑垃圾回填，会造成公园水质、土壤等的极大破坏；园内植物养护使用的化肥进入湖中会对湖体水质产生污染等。

---

❶ 根据北京市环境保护局水环境质量监测重点湖泊水质状况报告，颐和园昆明湖在 2009 年中只有 9、11、12 三个月份为Ⅲ级，其余月份稳定在Ⅱ级标准。

图8-8 1990年昆明湖清淤现场

3. 周边湿地、湖泊、河道、农田保存情况

周边湿地、湖泊、河道、农田保存情况是指历史湿地园林的周边环境是否与其相一致，保有特色，未被城市化破坏。

历史上西北郊一带的泉眼很多，尤其是玉泉山和万泉庄两地，优越的供水条件促使农民在这里开辟水田。如今日颐和园附近海淀镇以西巴沟低地地区，历史上就是一片广沃的荷塘稻地。随着城市的拓展，水田已被侵蚀或改建为绿地，只能从历史文档或图片上依稀感受西北郊稻作文化的历史文脉。北京西山一带由东向西依次形成的田园、原野、山地而后融入西山自然山林环境中的景观序列，是祖先留下的人类回归自然的园林生态理念，是数百年来形成的自然与人文的融合统一，我们应在周边环境的改造中强调这种景观格局的连续性。

恢复稻田湿地是保护西北郊生态文化的重要措施，也是对历史的尊重。2002年，颐和园周边被列为清代"三山五园"保护区域的重要组成部分，使得颐和园的可视景观环境的改善和管理有了法律规定，同时开始进行周边整治，逐步恢复稻田、荷池等湿地景观，其中较为重要的有耕织图湿地和荷花池湿地的恢复。

1) 耕织图湿地的恢复

耕织图湿地为颐和园前身清漪园的一个重要组成部分，位于现在的西堤豳风桥之西，始建于1750年，是乾隆皇帝仿照江南水乡田园风貌兴建的一处景区。当年，这里的外围是大片的水稻良田，农夫劳作其间，加之景区内的织染局，是有耕有织兼具实际功用并与造景艺术合为一体的园林杰作。

1860年，英法联军火烧清漪园，景区内只剩下一块乾隆御题的耕织图石碑；1886~1895年，这里成为清朝专门培养满族海军人才的昆明湖水操学堂；之后，耕织图的功能和归属几经变化，最终变为厂房和生活区，园林景观完全丧失。

1998年，在多方协助下，颐和园管理处将耕织图地域收回；又经过专家论证、政府批准，对耕织图景区进行综合整治，按历史意境恢复景观风貌。恢复后的耕织图湿地占地25hm^2，核心景区4hm^2，水面8hm^2，复原了清乾隆时代的淳朴清幽风貌，承袭了人文色彩浓郁、自然生态环境优美的旧日江南神韵（图8-9、图8-10）。

图8-9 整治后的耕织图景区

图8-10 耕织图景区全景图

2）荷花池湿地的恢复

荷花池是昆明湖东堤二龙闸泄水口外的一个浅泊，曾经是北京西北郊湿地生态系统的历史见证。早在元明时期，昆明湖周边就稻田棋布，水网交错，植被繁茂，鸭鹭成群，宛如江南风貌。

1749年，乾隆皇帝疏浚西湖，向东扩展湖面，修筑了今日的东堤，在堤上建三孔水闸——二龙闸，控制东流水量。当时，清漪园的东、南、西三面不设围墙，昆明湖周边上千公顷的稻田、荷田就成了清漪园的重要景观组成，同时经荷花池东流的湖水灌溉了东堤外的大片稻田，还为圆明园提供水源，是圆明园的重要水源之一。

1886年，慈禧在重修被英法联军焚毁的清漪园时，建造高大的东围墙把荷花池圈到园外。近年来，随着城市化的不断扩展，作为颐和园文化景观重要依托和延伸的周边稻田湿地系统逐渐消亡。1993年，新建宫门至苇场门之间的荷花池被填埋，建设成为停车场。

2003年，颐和园恢复了荷花池的历史原貌，成为昆明湖湿地涵养水源的重要媒介。恢复后的荷花池景区总面积2万余平方米，其中水面面积$11000m^2$，周边绿化面积为$7000m^2$，道路及小型游憩广场$1200m^2$（图8-11）。

3）高水湖、养水湖和泄水湖

对于颐和园，仍然有较大的生态恢复空间，如高水湖、养水湖和泄水湖。高、养水湖在清漪园时期面积为昆明湖的一半，与昆明湖的补水和泄水关系甚为紧密，也是十分重要的具有历史价值的景观。湖边的界湖楼、影湖楼等景观建筑对颐和园的借景也十分重要。

图8-11 整治后的荷花池

高、养水湖具备恢复的客观条件。高、养水湖原为永定河故道，地势低洼，原本就是湿地，含水层介质主要由粗砂、卵石和砾石组成，具有良好的透水性和赋水性，渗漏损耗小。现在的高水湖和养水湖虽然已经湮废，但玉泉山以东地形地貌基本完好，大部分被海淀区政府采用植树造林方式保护起来，周边建筑物较少，其中大部分为临时建筑，为重新开发建设高、养水湖提供了极为有利的条件。

高、养水湖恢复后，可将南水北调中线供水工程、密云水库和官厅水库联合起来；再将高水湖、养水湖、团城湖、泄水湖、昆明湖相互连通，形成多级联合调蓄池，这将极大地改善昆明湖的景观环境，有利于颐和园的生态完整性保护。

4. 水体驳岸

园林中的驳岸分为自然过渡的生态驳岸和水泥、石材为主的硬质驳岸，如颐和园昆明湖东堤的条石驳岸、后溪河的山石驳岸即属于硬质驳岸，主要目的是作为水坝防洪蓄水；而耕织图附近的湖泊驳岸则属于自然过渡的生态驳岸，目的是保持湿地的生态效益。

水岸生态系统作为介于陆地与河流、湖泊、溪流或水塘之间的过渡地带，是连接水生生态系统和陆地生态系统的枢纽[1]。从湖水到陆地缓坡自然过渡的生态驳岸（图8-12、图8-13），十分有利于一些两栖类动物和部分湿生植物的生存。而硬质驳岸完全隔绝了水体与沿岸土壤的接触，使水系与土壤生物环境相分离，大大削弱了植物和微生物对水体的净化力，使得排放到湖泊中的污染物得不到及时的降解自净，导致水质恶化和生物的死亡。

很多湿地园林将从前的生态驳岸改为硬质驳岸，对园林生态产生严重影响，可通过将原硬质驳岸局部以土覆盖，改造成从陆地到水面的缓坡入水模式，以完善水岸生态系统，实现水陆连通，促进水陆生态系统之间的能量流动和物质循环。

---

[1] 冯育青，王邵军，阮宏华等. 苏州太湖湖滨湿地生态恢复模式与对策［J］. 南京林业大学学报（自然科学版），2009，33（5）：126-130.

图 8-12　颐和园西堤以西的驳岸大部分为石质驳岸

图 8-13　伦敦肯辛顿公园中便于动物水陆移动的自然式驳岸

5. 湿地生物多样性

1) 湿地植物

植物是园林生态系统中的生产者。按生态学原理，植物群落复杂，可以为园林中的动物和微生物提供生存空间。但由于湿地园林中的植物群落相对简单，迫使园林的管理者需要消耗更多的能量维持系统的正常运行。

(1) 植物种类变化

植物种类变化是植物在类别上的变化，能够反映植物的丰富程度和物种多样性变化。湿地园林可在不影响园林意境的前提下，适当增加植物新品种，提高植物种类和丰富度。

在植物恢复上要以在文献中能查到的植物为主，如颐和园结合昆明湖 3500 年沉积中花粉测定的历史资料，筛选了以下几种植物以恢复万寿山的原有景观，如：卫矛、忍冬、丁香及五加科、豆科、芸香科、蔷薇科的灌木。

虽然没有记载，但符合植物意境且对生态有着良好效果的植物物种也是可以运用的。万寿山后山在乾隆年间是"林下缀以繁花"、充满野趣的山林景色。近年来，通过栽培育种的二月兰、求米草、荚果蕨、华北鳞毛蕨、野生鸢尾、黄芪、蛇莓、紫花地丁、百脉根等的运用逐步还原了这一景象（图 8-14）。在万寿山园林生态保护工程中还充分考虑到颐和园的传统花木，如太平花，该花又称京山梅花，耐寒，喜光而耐阴，有祥瑞之意常见于北方庭院中，清时深受皇室喜爱。

图 8-14 万寿山"林下缀以繁花"的山林野趣景象

（2）植物数量变化

植物数量变化能够反映植被破坏、退化或恢复的情况。据记载，颐和园 1985 年 11 月统计园内树木已有 32510 株，2005 年全园实有树木 272510 株。

（3）植物养护方式对生态的影响

植物养护是园林的重要内容，也是保持景观的基础。在农业社会，湿地园林的植物养护技术和管理是与当时的农业水平相当的，大都以当时农书上的方式方法进行，这些技术对生态循环的影响较小，对青蛙、鸟类等野生生物的影响不大。而现代的农业已发生根本性的变化，传统的园艺技术被摒弃，大量农药、化肥的使用破坏了土壤、水体和动物的栖息环境，致使生态系统发生根本性的变化。

在继承古代传统养殖方法的基础上，要以对生态破坏最小为原则，积极应用现代的新技术、新方法，形成科学的养护方式。针对植物病虫害，遵循生态学理论，采用生物治疗法或物理疗法，从生态系统的良性循环角度出发进行改善，减少杀虫剂、杀菌剂、除草剂和化肥的大量使用，以免造成环境的污染和土壤结构的破坏（图 8-15 ~ 图 8-22）。

图 8-15　人工捕捉诱木上的双条杉天牛

图 8-16　黄板诱杀害虫

图 8-17　美国白蛾性诱捕器

图 8-18　截杀美国白蛾蛹

图 8-19　释放天敌昆虫螳螂

图 8-20　太阳能杀虫灯

图 8-21　虫情测报灯　　　　　　　　图 8-22　人工刷除蚧壳虫

颐和园在植物的养护上充分体现了生态观念的运用，如在护坡植物的选择上，选择欧李作为主要树种，欧李的根冠比为 9∶1（一般树种仅为 3∶1），具有密集的网状根系，可将地表至 20cm 深的土层紧紧包裹在一起，地面的丛枝也十分紧密，使土壤不易被雨水冲刷，固土作用强，并具有极强的生命力，三年后可达到一般树木 10 年的固土保水效果，能够有效减少万寿山的水土流失。而在桃花沟的植物调整中，利用山桃、丁香形成了季相丰富的混交模式，并恢复西山一带的特色灌木，如蛇葡萄、胡枝子、锦鸡儿、野生绣线菊等，而像胡枝子、锦鸡儿这些豆科有根瘤植物，不但有利于提高土壤肥力，而且其发达的根系也是固土护坡的良好材料。同时，在园林中保留自然生长的野生地被植物，不但形成古朴而具野趣的景观，而且地被一般具有发达的根系，可以疏松土壤，保持水分，同时也是土壤中小动物的食物，对维持生态平衡具有重要的作用。

（4）古树保护情况

湿地园林内的古树见证岁月变迁，是湿地园林中的瑰宝，在展示城市历史、文化、民俗、考古、园林、旅游等方面，占有重要地位，是植物保护的重要内容。

北京是世界上古树名木最多的城市，而颐和园又是北京古树较多的公园，颐和园现有 300 年以上树龄的一级古树 109 株，有 100 年树龄的古树 1513 株。

颐和园在保护古树的工作中建立了细致、详尽的古树档案，应用《古树管理信息化系统》提高管理效率，并以科技为支撑展开古树保护措施及复壮措施的研究与实践。主要包括保护古树的生长环境、规范养护技术标准和加强日常养护与监测等技术措施。

在保护古树的生长环境上，园内设施的设置和植物栽种都以保护古树为前提，道路铺装、基础设施铺设给古树留出充分的生长空间，并严格控制影响古树生长的植物。

在养护技术上逐步实现规范化、标准化和制度化，使得古树名木的长势形成良性循环的主要措施有：改善土壤（含换土）及水、肥条件；安装围栏；加固措施（加箍、支撑、堵洞等）；病虫防治；修补外伤、修剪整形；修复性补栽、补景措施；增设古树渗井或铺装通气地面砖；安装避雷针等。

（5）植物群落与自然群落的相似度、稳定性

自然群落是在长期的历史发育过程中，在不同气候条件及生境条件下自然形成的群落，具有稳定性高、物种丰富的特点。自然群落的复层混交结构不仅可以合理利用生长空间，而且使阳光、养分、矿物及水分等物质得到合理的分配和高效的利用，达到生态美、科学美和艺术美的统一。同时，结构复杂的植物群落，使园林动物也呈现多样化，这样植物、动物与环境之间形成了复杂、稳定的食物网，保证了整个园林生态系统物质循环和能量流动的正常运行。

湿地园林应遵循自然群落的发展规律，使各层次的园林植物保持各自的生态位。通过人工干预，始终达到最佳的生长发育状态，构成一个合理、稳定、模拟自然景观而能长期共存的复层混交的植物群落。颐和园是一个拥有165个主要树种的植物群落，园内的侧柏林、油松林、针阔叶混交林及林下植被是一个整体，在林冠层的影响下，形成了多样化的林下特殊小环境，并产生了多种多样的小群落。近期在原有群落的基础上，补充恢复了一些植被，以维持原有的植物意境和功能。

2）湿地动物

动物是生态系统重要的组成部分，也是保持生态系统良性循环的重要因子之一。但园林中强调动物的自由散养，不能像动物园那样集中圈养，因此创造良好的生态环境是吸引动物、增加动物种类和数量的最佳方法。

乾隆在建设清漪园之初，十分重视园林中的动物，并把动物在园中的愉悦生活看做是一种审美取向，如乾隆御制诗中《万寿山新斋成》云："山水增斯辉，禽鱼得其所"，表露出创造良好的生态环境后对动物的积极影响。

（1）动物种类变化

历史湿地园林往往由于参观人流密集，造成了动物生活环境和栖息地的破坏，动物的种类有逐渐变少的趋势。大中型兽类早已绝迹，小型兽类如刺猬、野兔、松鼠等偶有出现，大部分湿地园林中常见动物为鸟类和昆虫。

颐和园以其良好的生态环境成为动物一个重要的栖息、取食和避敌场所，公园制定了切实可行的保护措施，创造良好的动物栖息地，增加动物多样性。以鸟类为例，根据调查颐和园记录到78种，占市区鸟类总数的66.67%，与其他市区公园相比种类较多。

（2）动物数量变化

颐和园一直致力改善现存野生动物的生存条件，建立游客能接近的野生动物的保护点和栖息地，以确保野生动物为来园游客所分享观赏，使游客具有接近它们的可能性，树立人与自然和谐的理念。但由于游人量极度增加及生态环境的恶化，与20世纪60年代的鸟类相比，公园内的鸟类种类有所下降[1]。

根据动物行为规则的研究，可以通过自然或人工恢复的方法为动物提供栖息地、隐蔽场所，

---

[1] 赵欣如，房继明等．北京的公园鸟类群落结构研究［J］．动物学杂志，1996，31（3）：17-21.

使鸟类、昆虫、小动物回归湿地园林。颐和园湿地动物多样性的恢复主要是为动物创造良好的栖息环境，减少人为对动物的惊扰，并有计划地吸引动物来园。同时，监测湿地水生动物、水生植物的生存场所变化，尤其是水禽的栖息、迁徙、越冬和繁殖场所的动态，及候鸟物候期的调查和有意识引进。目前以最能体现颐和园动物景观的鸟类恢复为主，以后扩展到鱼类、昆虫、小动物、微生物等。

由于昆明湖的东岸和北岸原来就是湖堤，材质为硬铺装，不适合水生植物生长和动物栖息。而昆明湖西堤以西湖面水体面积大，湿地条件好，环境比较安静，通过划定生态保护区，可最大化地减少人为对鸟类的惊扰，吸引冬季候鸟在此越冬，恢复清漪园时期"经冬凫雁任纵横"的景象。同时，通过生态恢复手段，将昆明湖西岸的水泥驳岸恢复成清漪园时期的逐级过渡的自然湖岸，使西部景区更接近自然湿地景观，同时也有利于鸟类和两栖动物在水中和岸上自由来往，保持陆上和水中整个生物链的完整循环。

（3）建筑与鸟类的和谐共生

颐和园的古建为鸟类提供了重要的筑巢场所，古建下的防鸟网要慎重搭建，留给鸟类一处栖息地。

北京雨燕是唯一以北京命名的野生动物，是北京的夏候鸟和特有珍稀物种。它们喜欢在高大古建的洞穴里筑巢繁殖（图 8-23），是北京的一级保护动物。近些年，人们在古建上搭建铁丝网，影响雨燕栖息，北京雨燕在北京的种群数量呈下降趋势。昆明湖东堤的廓如亭是北京雨燕的一个集中繁殖场所，颐和园利用这个有利条件展开"雨燕环志"活动（图 8-24）。这对掌握北京雨燕的相关信息，了解颐和园生物多样性及鸟类生存现状具有重要的意义。其中，在 2010 年的环志中回收的雨燕中有一只 1999 年在廓如亭环志的雨燕，说明北京雨燕的寿命至少 12 年，也说明颐和园的生态环境保护相对良好。

图 8-23　廓如亭雨燕巢穴

图 8-24　廓如亭雨燕环志活动

（4）游人对动物的影响程度

湿地园林既是人类休闲娱乐的场所，又是某些动物的栖息地，人和动物将不可避免地接触。将此列入生态环境评价指标，可反映人与动物的相处方式与态度，力求做到人与动物的和谐相处。公园要积极向游客宣传生物多样性保护知识，倡导游客共同保护动物（图 8-25）。

6. 土壤环境

土壤是生态系统的载体，是物质与能量交换的场所。生态系统中的很多重要过程都是在土

图8-25 英国伦敦摄政公园人与动物和谐相处

壤中进行的,特别是分解和固氮过程,这两个过程都是整个生物圈物质循环所不可缺少的。园林中大量的树木需要养护,而树木的病虫害防治往往要使用大量的化学农药和杀虫剂,很容易对土壤造成污染,也会破坏土壤的生产力,以及在其基础上生长的一切植物、动物以及生态系统。

1) 化肥农药使用对土壤的污染情况

在园林生态系统中,能量的流动环节受到的人为干扰比较强烈。为了维持园容的整洁及出于防火的目的,园林中的枯枝落叶要求及时清扫,造成能量损耗;同时由于园林中动物种类较少,食物链相对简单,动物对植物的能量吸收也少,无法按照自然生态系统的循环完成植物—草食动物—肉食动物—分解者—环境的能量流动。为了能让植物继续生长,只能由公园的管理者充当分解者的角色,以人工辅助能的形式为土壤施加肥料。

虽然施肥是对养护工作中除草、修剪、搂草等土壤养分自然循环被打破后的必要补充,也是对原有土质不合理营养结构的必要干预。但过量使用化肥农药产生的有害、有毒物质进入土壤,积累到一定程度,超过土壤本身的自净能力,会导致土壤性状和质量发生变化。过多的施肥量不但可能造成植物中毒,而且会随着雨水的冲刷进入湖中,造成水体污染。

在历史湿地园林的维护管理中,要通过制订合理的施肥措施,应尽量减少化肥的使用,多利用堆肥、微生物肥料。

2) 土壤板结

土壤板结情况反映了土壤的健康程度,据调查颐和园内土壤的板结程度较轻。

作为市民游戏休憩的公园,原本应当允许游人走进绿地以亲近自然,但由于颐和园游人数量超过土壤的承载能力,造成土壤板结,尤其在颐和园万寿山这样的山地上,每年雨季来临,由于没有植被覆盖和缓冲,雨水径流总是最先从游人踩踏出的山路携带着山路附近的土壤流下山坡,雨季过后就可能造成附近树木的根系裸露,板结的土壤由于空气过少对土壤微生物和植物生长也有很大的影响(表8-2)。

土壤硬度对树种根系生长的影响[1]　　　　　　　　　　　　　　　　表 8-2

树　种	土壤硬度（kg/cm²）			
	多根	较多根	少根	无根
油松、白皮松、华山松、云杉、银杏、元宝枫	1～5	5～8	8～15	>15
栾树、绒毛白蜡、刺槐、臭椿、国槐	0.9～8	8～12	12～22	>22

公园应采取措施减少对土壤的人为干扰，如限制山路数量和位置，保持土壤的原有层次、团粒结构。

3）土壤生物

土壤生物包括土壤动物和微生物，它们是土壤健康程度的指标。土壤中的生物活动不仅影响着土壤本身，而且也影响着土壤上面的生物群落。

土壤动物（如蚯蚓、蚂蚁等）作为生态系统的组成部分，其在土壤中的活动不但可以促进土壤的空气流通和水分渗入，防止土壤板结，而且可以通过自身的运动分解有机质，促进物质循环和能量流动。

土壤是微生物最为良好的环境，溶解在土壤中的有机物和无机物为微生物提供丰富的营养来源和能量来源，是"微生物的天然培养基"。但由于园林植物能分泌各种杀菌素消灭细菌，造成园林环境中的微生物种类和数量较少；此外，各种植物的枯枝落叶及时被清扫干净，也大大限制了园林环境中微生物的数量。因此，在园林生态系统中，必须通过人工维持分解者的功能以维持园林生物之间、生物与环境之间的能量转换和物质循环。

4）土壤生态改良

菌根（mycorrhizae）是土壤中某些真菌与植物根的共生体。通过种植菌根植物（表 8-3），利用植物与土壤微生物的这种共生关系，可以有效地固定空气中的氮素，便于经济、有效、安全地维持土壤肥力。

能固定空气中氮素的乔灌木　　　　　　　　　　　　　　　　表 8-3

豆科	紫穗槐属、锦鸡儿、刺槐属、鱼鳔槐属、鹰爪豆属（皂荚属、肥皂荚属和槐属没有固氮能力）
非豆科	桤木属、木麻黄属、美洲茶属、香蕨木属、水牛果属、沙枣、沙棘和香雪梅

7. 噪声

噪声会严重破坏湿地园林的意境氛围，而且对动物生活造成干扰。湿地园林的噪声主要来自园内的游览人群。随着湿地园林游人量的逐年递增，绝大多数导游使用扩音器进行讲解，尤其是游憩者聚集活动区域，更是噪声的主要来源之一。如颐和园内噪声集中分布在游人聚集的东宫门区、长廊沿线、万寿山东部以及北宫门区，其中东宫门仁寿殿区域噪声最大。而且随着市民在园林中文化活动的丰富，园内老年人娱乐休闲、唱歌跳舞的人数逐年递增，携带音响、乐器入园，噪声影响也较为严重。此外，园外周边环境的噪声也会对园内的生态环境造成影响。

针对噪声对生态的影响，主要应采取对噪声源的控制，如在园围墙外种植树木作为声屏障来隔离周边环境噪声；通过倡导游人文明游园，合理规划全园游览路线来减少园内人为噪声等。

---

[1] 数据引自：北京园林科研所，1989.

8. 园路

园路是园林中的五大要素之一，在园林中占有较大比例的面积，园路是否环保是评价园林生态的指标之一。采用透水性铺装路面，让雨水均匀渗入地下，易形成良好的地表水循环系统，保护净化当地的地下水资源和改善铺装地表土壤的生态环境。而不透水的道路对植物影响很大，由于不透水的铺装使自然降水不能迅速被植物所吸收，并且在透气不良的土壤中树木根系分布浅，不利于抗风和吸收水分。北方春天干燥多风，气温升温快，植株的地上部分迅速生长，如果此时不能迅速进行水分吸收，会造成植株萧条、枯死，尤其是古树周围，铺装路面不但不利于水分吸收而且不利于排水、透气，还会使地面辐射热增加，造成整个树势的衰弱。另一方面，从病虫害角度来说，上蒸下烤、闷热窝风的铺装环境往往有利于红蜘蛛、蚜虫的繁殖，发生概率和危害程度远比其他地区要严重。

湿地园林应在尊重历史的前提下，对不透水的水泥路面进行生态改造，以提高园林的生态效益。北京市属公园自2004年启动雨洪利用工程以来，颐和园的主要景区道路都已基本更新为透水铺装。通过透水铺装的渗透，保存自然降水，使雨水直接流入公园绿地。利用收集到的雨水配合喷灌、渗水管灌、树灌器等节水灌溉措施进行灌溉，一方面补充了地下水，另一方面雨水由地上或地下引流设施汇入园内的溪流、人工湖泊等景观水体，能够很好地蓄存雨水径流。

9. 湿地园林的景观格局

景观格局即景观的空间结构，指大小和形状各异的景观要素在空间上的排列形式，是景观异质性的具体体现[1]。景观空间格局的形成和变化受到自然环境和人类活动的共同作用，它不仅体现自然、生物和社会的各种生态过程在不同空间尺度上相互作用的结果，还决定各种自然环境因子在景观空间的分布和组合，从而制约生态过程[2]。湿地景观格局取决于湿地资源的地理分布和组合，与湿地生态系统的抗干扰能力、恢复能力、稳定性、生物多样性有着密切的关系，是各种生态在不同尺度上综合作用的结果，分析历史湿地园林景观格局随着时间的动态过程可以揭示园林景观变化的规律和机制，为最终实现湿地资源的可持续利用提供理论依据。

根据形状和功能的差异，景观元素可分为斑块（Patch）、廊道（Corridor）和基质（Matrix）三种类型。斑块是景观空间比例尺上所能见到的最小均质单元，常是物种的集聚地，它的大小、形状、类型、边缘和数量等对于景观多样性的形成和分布具有重要意义。廊道是指不同于两侧基质的狭长地带，可以看做是一个线状或带状的斑块，具有通道或屏障功能，在很大程度上影响景观的连通性，它既可以作为物种迁移的通道，也可以是物种和能量迁移的屏障，直接影响着景观内物种的多样性、物质和能量的迁移等。基质是景观中的背景地域，其面积最大，具有高度的连续性，在很大程度上决定着景观的性质，对景观的稳定性和动态性起着主导作用[3]。

近年来，越来越多的学者研究景观生态系统空间特征的量度及其指标体系的建立，由此也产生了许多景观格局评价指标，这些指标为分析景观空间格局奠定了基础（表8-4）。如王根绪等（1999年）选取了斑块面积、斑块周长、景观多样性、优势度、景观分离度、景观破碎度和分数维等七个指标评价黑河下游三角洲的景观格局；陈利顶等（2003年）选择了景观多样性指数、优势度、景观破碎度和景观分离度四个指标分析了人类活动与景观格局之间的关系。

---

[1] 王仰麟. 农业景观格局与过程研究进展 [J]. 环境科学进展, 1998, 6（2）: 29-34.
[2] 谢志茹. 北京城市公园湿地生态环境质量评价 [D]. 北京: 首都师范大学硕士论文, 2004.
[3] 肖笃宁. 论景观生态学的核心概念框架 [M]//景观生态学. 长沙: 湖南科学技术出版社, 1999: 8-14.

景观格局评价指标及意义 表 8-4

指标	意 义
斑块面积	斑块面积是描述景观斑块形态特征的最基本要素，是景观空间格局分析的基础，是各种景观指数计算和分析所需要的最基本数据。斑块的大小直接影响到单位面积的生物量、生产力及物种组成和多样性等
优势度、均匀度	优势度值大时表示景观是受一个或少数几个斑块所支配，值小时表示景观由多个比例大致相等的斑块类型所组成。优势度为0时表示景观完全均质。均匀度只适用于景观水平，取值范围为0~1，取值越低，各类型所占面积比例差异越大；越接近1，则类型间的面积比例越接近
破碎化指数	景观破碎化指数反映出湿地的破碎程度，破碎化指数（FN）的取值在0~1之间，0表示无破碎化存在，1则代表已完全破碎。景观的破碎化与人类活动紧密相关，与景观格局、功能和过程紧密联系
斑块分数维	用来反映斑块的几何形状复杂程度。景观生态学中分数维的理论范围为1.0~2.0，分数维越趋近于1，斑块形状越有规律。另一方面，分数维越趋近于1，表明斑块的几何形状越趋近于简单，受干扰程度越大
多样性指数	景观多样性指数是用来度量系统结构组成复杂程度的指数，是景观镶嵌体斑块丰富度和均匀程度的综合反映，可以反映湿地景观要素的多少和各类湿地景观所占比例的变化。当景观由单一要素构成时，景观是均质的，其多样性指数为0；由两个以上的要素构成的景观，当各景观类型所占比例相等时，其景观的多样性为最高；各景观类型所占比例差异增大，则景观的多样性下降

根据首都师范大学硕士论文《北京城市公园湿地生态环境质量评价》，计算出颐和园湿地景观格局的相关指数（表8-5、表8-6）[1]：

颐和园湿地景观格局相关指数 表 8-5

斑块总数	平均斑块面积（m^2）	多样性指数	优势度指数	均匀度指数	破碎化指数
321	930	1.439	0.883	0.460	0.211

颐和园斑块分数维表 表 8-6

河流湿地	湖泊湿地	林地	乔灌草	草地	低洼沼泽地
1.347	1.162	1.351	1.401	1.291	无

由于颐和园水面面积相对过大，导致景观多样性指数、均匀度指数、破碎化指数较低，优势度指数较高，体现了景观不均匀的特征。颐和园的斑块分数维都较低（接近1），表示颐和园景观的几何形状趋于简单，受人为干扰强烈。各种景观受人为影响的顺序为：湖泊湿地＞草地＞河流湿地＞林地＞乔灌草＞低洼沼泽地。

通过景观生态学的分析，可以得出颐和园的景观结构分布并不十分合理，人工的影响较为严重，景观功能有所退化。这就需要对景观功能进行分区及结构的调整和优化，通过生态途径，发挥自然系统自我更新的能力。

8.2.2 生态意境

湿地园林的生态规划建设是建立在对自然规律的尊重和科学认知的基础上的对自然的有意识的改造，是文化与自然的完美结合，保持其中生态意境的原真性是保持颐和园生态整体性的一个重要方面。

---

[1] 谢志茹. 北京城市公园湿地生态环境质量评价［D］. 北京：首都师范大学硕士论文，2004.

以颐和园为代表的"文化环境型"生态公园，上百年来人文活动持续不断，赋予了其深厚的文化底蕴和独特的文化形态，使之成为具有丰富文化内涵的"人文湿地"，这也是这类湿地园林最为宝贵的地方。因此，在湿地的保护和恢复中，要注重保持园林的文脉，尤其要保护其源于自然而又高于自然的生态意境。

1. 周边环境

周边环境是一个历史湿地园林的有机组成部分，历史湿地园林周边往往都分布着众多的文物古迹。历史的变迁和城市的迅速扩张，往往使湿地园林周边布满水泥建筑、硬质道路等不利于生态的因子，导致生态环境恶化，割断湿地园林与周边的生态与景观联系。

如清漪园是一个按照北京西北郊总体生态景观环境建成的园林，地处三山五园的中间地带，与周围的各处园林和东、南、西三面的田园风光共同组成了一幅优美壮丽的西郊名胜画卷，特别是园林的四周基本不设围墙（北面除外），把园林融为大地景观的一部分。

在乾隆御制诗中，乾隆皇帝描述清漪园周边的环境"东把鳞塍望秋稔，北看黛巘入云闲"、"北户延螺峰，南荣俯璇渚"、"一带静宜遥在望，今年权罢咏何如"，可以看出当时清漪园东边是一望无际的稻田，西借玉泉山、西山之景，北借红山口双峰之景，周边名园遥相呼应，一派绵延自然风光。

造园者刻意在西堤以西未建置任何大体量建筑，以保证景观视线通道的通透与完整。同时又在东堤与外湖设置知春亭与藻鉴堂两处点景建筑，分别与玉泉山顶的玉峰塔和红山口双峰形成对景，并建立相互垂直的东西与南北对景轴线；另外，昆明湖水将玉泉山南北走向的山脉及玉峰塔完整地倒映其中，从视觉映像与视线连接两个方面将园外佳景借入园中，从而构成与万寿山近景相呼应的完整的风景画面。

为了维持历史湿地园林的景观廊道，园林管理者要尽量协调城市规划与历史湿地园林保护之间的矛盾，严格控制周边环境，尽量保护遗产周边的自然、历史文化环境与视觉通廊，使周围环境的发展与湿地园林的景观需要相协调。

针对以上问题，颐和园早在1998年就划定了核心保护区、外围保护缓冲区和建设控制地带的三级保护控制区域。

2002年北京市政府颁布了《北京市历史文化名城保护规划》，严格限制了颐和园保护区域内建筑物的高度、体量、形式，提出逐步拆除影响景观构成的不和谐构筑物的目标，这些规划和规定的颁布实施对于颐和园周边的环境和建设活动起到了有效的控制。

2003年颐和园开始实施周边环境综合整治，力图恢复颐和园周边的历史人文环境氛围。计划搬迁青龙桥、北宫门、西苑、大有庄等杂乱的居民区，增加颐和园围墙周边的绿化缓冲范围。现已完成二龙闸地区、西苑同庆街两侧、青龙桥北如意门地区的搬迁工作，清退出清外务部公所（颐和园小学使用）等部分历史上附属颐和园的古建，恢复了二龙闸荷花池、北宫门—北如意门沿墙绿化，改善了新建宫门区域和北宫门区域的交通和绿化情况。同时，颐和园加强保护控制区域的监测和管理，分别于2003、2004年敦促拆除东宫门小月河北侧的移动通信塔和西墙外的高尔夫练球台各1座，园外居民区的烟囱2个，保护了颐和园的视觉景观❶。

在2010年最新的《北京市颐和园文物保护规划》中，确定颐和园的遗产保护核心区面积约335.5hm²，建设控制地带1556.5hm²，景观协调区3543.8hm²❷（图8-26）。

---

❶ 引自：颐和园管理处. 颐和园遗产监测报告 [R]，2009.
❷ 天津大学建筑设计研究院，天津大学建筑学院. 北京市颐和园文物保护规划 [Z]，2008.

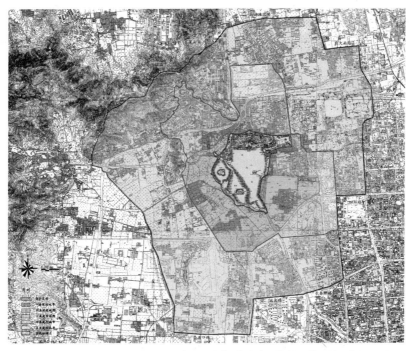

图 8-26 最新版《北京市颐和园文物保护规划》中的建设控制地带及景观协调区图

《规划》规定,颐和园周边环境在以后的改扩建活动中,必须先进行视线分析,并根据具体情况进行削减,或采取屋顶绿化,将对颐和园的景观干扰降到最低。

建设控制地带东至圆明园西路、颐和园路、苏州街;南至海淀南路、巴沟路、四环路、北坞村路、闵庄路;西至北坞村路、玉泉山山脚、天光寺山山脚、三昭山山脚;北至天秀路、清华西路。建设控制地带分为五级,各级建设控制地带区中的建筑高度、形式、体量、色调有着严格限制(表 8-7)。

颐和园五类建设控制地带要求与范围表格　　　　　　　　　　　　表 8-7

等级	要　　求	范　　围
一类建设控制地带	为非建设地带。地带内只准进行绿化和修筑消防通道,不得建设任何建筑和地上附属建筑物。地带内现有建筑,应创造条件拆除,一时难以拆除的,须制订拆除计划和年限	功德寺遗址分布区、柳浪垂钓中心、新建宫门停车场
二类建设控制地带	为可保留平房地带。地带内现有的平房应加强维护,不得任意改建添建。不符合要求的建筑或危险建筑,应创造条件按传统四合院形式进行改建,经批准改建、新建的建筑物,檐口高度不得超过 3.3m,建筑密度不得大于 40%	西苑地块、青龙桥派出所地块、颐和园北路以北大有庄地块临路 50m 区域、党校大门以南、北宫门地铁站、北如意门地块;以及西侧颐和园大墙以西到厢红旗路、玉泉山路、玉泉山、北船坞路,以南到闵庄路、西四环路;东侧新建宫门路以南、柳浪垂钓中心以东、北四环以北、万泉河路以东区域
三类建设控制地带	为允许建筑高度 9m 以下的地带。地带内的建筑物形式、体量、色调都必须与文物保护单位相协调;建设楼房时,建筑密度不得大于 35%	颐和园北部大有庄地块颐和园北路以北,五环路以南地块;中央党校以西、西山脚以南、以东区域。颐和园东侧颐和园家属区及以东、万泉河路以西地块,以及一亩园、万柳高尔夫球场地块。西侧厢红旗路以西,玉泉山路、五环路以北地块

续表

等级	要　　求	范　　围
四类建设控制地带	为允许建筑高度18m以下的地带。地带内靠近文物保护单位一侧的建筑物和通向文物保护单位的道路、视线走廊两侧的建筑物，其形式、体量、色调应与文物保护单位相协调	北四环以北、万泉河路以东、清华西路以南、颐和园路以西地块
五类建设控制地带	为特殊控制地带，地带内针对有特殊价值和特殊要求的文物保护单位的情况实行具体管理，建筑限高30m，其形式、体量、色调应与颐和园历史环境相谐调	北四环以南、万泉河路以东区域

颐和园景观协调区主要是通过控制周边的土地利用规划，保护其原有的山林农田和绿化用地，并保护其中的文物建筑和视线走廊。景观协调区的范围大于建设控制地带，西侧自建设控制地带以西到旱河路、天光寺山山脊、三昭山山脊和黑山头山脊一线；南侧自建设控制地带以南到杏石口路、远大路、长春桥路；东侧自建设控制地带以东至西四环路、苏州街、中关村北大街、树村路；北侧自建设控制地带以北至农大南路、马连洼北路。

2. 园林山体水系的意境

湿地园林中的山形水系是造园者根据一定的审美观念修筑而成的，是对大自然山水的艺术摹写，经过历史的变迁，尤其是人为的干扰容易发生变化，对园林的生态意境会产生严重影响。

1）山体及水体的轮廓

山体和水体的轮廓是湿地园林意境的主体，如果发生改变将严重影响湿地园林的历史原真性。对于以万寿山和昆明湖为主体的颐和园，山水在其中显得尤为重要。乾隆在其御制诗中称清漪园为"山园"，曾写出"山名扬万寿，峰势压千岚"的诗句来歌颂万寿山，可见山体在园中的地位。而占据全园四分之三面积的水体更是对山体形成环抱之势，形成一池三山的传统格局。

颐和园利用遥感及航空影像图等技术，在不同时间段对园内的山形、水系等情况的发展变化进行监测（图8－27）。

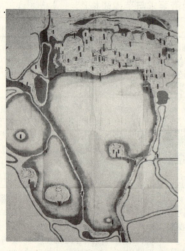 

图8－27　清漪园地盘图（左）和2009年（右）航拍图比较

通过清漪园时期的地盘图与航拍图的比较发现,颐和园山形、水系等结构布局没有明显变化,山形、水系轮廓清晰,整体情况比较稳定。

从航拍图细部可以看出,昆明湖河湖岸线形状存在细微改变,如开挖京密引水渠时堆在治镜阁岛周边、凤凰墩西南的淤泥,连接藻鉴堂与湖西岸的长堤等(图8-28)。

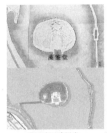   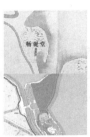

藻鉴堂后建堤岸　　治镜阁原有条石驳岸周围大量泥沙淤积　　凤凰墩西南的淤泥使其"岛"的意向明显减弱　　畅观堂北面泥沙淤积,改变了原有半岛的意向

图8-28　昆明湖湖岸形状发生变化

而局部山体山石的破坏和培土的缺失,对山势和山形也有所影响,如延清赏楼后院山石的局部风化、北宫门外砂山的消失(图8-29)。

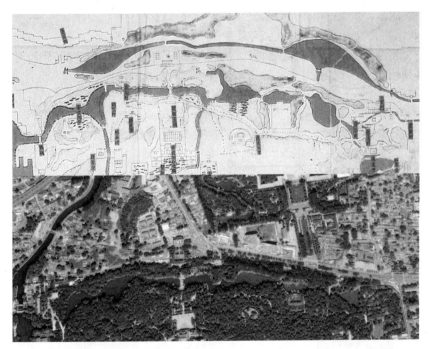

图8-29　建国后颐和园北宫门外的砂山被铲除

2)山水意境

湿地园林的山石师法于自然,凝结着造园家的艺术创造,但由于游客量过大,为保护山石和游人安全不得不局部封闭,这又反过来影响了咫尺山林之感。如颐和园中夕佳楼、南湖岛、画中游、佛香阁等处封闭的人工叠石假山或山洞(图8-30)。

图8-30 夕佳楼院内、涵虚堂封闭的山石洞

在湿地园林中，常常以水为题，因水造景，如颐和园霁清轩内的清琴峡，这里由条石围合出的狭窄空间会使湍急的水流汩汩作声，婉转动听，乾隆描述为"出峡泠泠带冻悬，弹成真是响冰弦"，把清琴峡出峡之水比成琴声，而且流泉经冬不冻，以冰为弦，声音更加清脆，产生"水乐琅然"之意境，谐趣园中的玉琴峡也是如此。如今，由于昆明湖整体水位下降和上游来水匮乏，霁清轩内的清琴峡常年无水，破坏了这种清幽的自然声响及其所包容静悟的人生哲理（图8-31、图8-32）。

3. 植物意境

植物意境是通过植物表现主客观情景交融的艺术境界，即所谓景有进而意无穷，是中国古典园林的精髓。

图8-31 谐趣园玉琴峡内的人工管道给水

图8-32 霁清轩内的清琴峡常年无水

现在的颐和园基本延续了以前的植物意境。前山以柏树为主，四季常青，岁寒不凋，可作为"高风亮节"、"长寿永固"的象征，暗绿色的松、柏树色彩偏于凝重，大片成林最宜于山地色彩的基调，它与殿堂楼阁的红垣、黄瓦、金碧彩画所形成的强烈色彩对比，更能体现出前山景观恢弘、华丽的皇家气派；后山更接近历史上北京西北郊松槲混交林的林相，具有浓郁的自然气息；沿湖堤岸，大种桃、柳，与水光潋滟相映衬，表现出了宛若江南水乡的神韵，形成一线桃红柳绿的景色；大量植物材料的使用突出了湖山之美，再加上亭、台、楼、榭等建筑的合理布局及诗词、匾联对其内容的充实，形成文化型植物意境。

为了更进一步恢复清漪园时期的植物景观意境，减少针对树木不断生长的自然原因以及由人工管理、游人破坏等人为原因引起的颐和园植物历史意境的改变、树木生长势的衰弱、植物景观效果不佳等现象，颐和园近年采取了"植物景观单元法"的方法进行植物意境分析，并通过"网格化管理"的方法进行植物恢复。基本方法是通过对颐和园植物景观的现状进行调研，以不同植物景观单元所表达的不同意境、所在区的立地条件、所展现的不同景观效果、所近的自然生态性作为综合评价因子，将全园划分为若干具有不同特点的植物景观单元，再根据乾隆御制诗等历史文档中的记载推断清漪园时期的植物景观进行比较，对不符合清漪园植物景观意境的植物配置进行调整和修复，并建立网格数据化的管理模式（图8-33、图8-34）。

8.2.3 环境服务功能

1. 改善热环境

在城市化进程中，每增加10km² 的城区面积，温度增加0.02℃；每增加10000人，温度上升0.056℃[1]。北京西北郊在20世纪70、80年代已出现热岛效应，形成一个强度为1℃的热岛中心，

---

[1] 该数据引自：李书严等. 城市化进程对北京地区气候的影响 [J]. 高原气象，2008，27（5）：63.

图 8-33 颐和园植物景观"网格化"一级分区图　　图 8-34 颐和园植物景观"网格化"二级分区图

到了 90 年代，热岛面积和强度继续增大，热岛中心值强度达到 1.2℃❶。"城市热岛"形成后主要通过温度和降水变化影响湿地水文和生态功能：温度升高，会加快水分蒸发，使湿地趋向干涸；降水减少，会影响湿地水源补给，导致湿地水量减少，水体纳污能力和自净能力降低，加剧湿地环境污染程度。

热岛比例指公园内一级、二级热岛所占比例。在热岛分布图上（图 8-35），我们依据地面热辐射强度的不同，将颐和园的地面热辐射分为五个等级：一级热辐射区（一级热岛），是强度最高的城市热岛，地面温度高于 35℃；二级热辐射区（二级热岛），为次强的热岛，地面温度介于 32~35℃之间；三级热辐射区（过渡区），热辐射状况属于中等，地面温度为 29~32℃；四级热辐射区，为比较凉爽的区域，地面温度为 26~29℃；五级热辐射区，为最凉爽的区域，地面温度低于 26℃。根据测算，颐和园内无热岛出现，热岛比例为 0❷。

2. 生态效益

湿地园林中吸收 CO_2、释放 O_2 的功能❸及负氧离子浓度是评价其生态效益的重要指标。

1）固定 CO_2 效益与价值

为防止 CO_2 的增温效应，1992 年联合国制定了《气候变化框架公约》，我国也是缔约国之一。国际社会都在积极努力降低大气中 CO_2 的浓度，并大量投资采取各种措施，除了努力改变能源结构外，投资保护森林和扩大植被面积也成为消除温室效应的一条最重要的措施。目前，国际上计算植被固定 CO_2 价值的方法主要有碳税法和造林成本法。碳税即各国制定的对温室气体排放的税收，尤其是对 CO_2 的排放收税。其中以刺激为目的的单方国家税具有经济效益和动态的刺激效果，如刺激技术进步，促进加快温室气体的削减。此种税收水平较高，欧洲一些国家以实行的碳税达

---

❶ 该数据来自：李书严等. 城市化进程对北京地区气候的影响 [J]. 高原气象，2008，27 (5): 60.
❷ 北京市园林科学研究所. 北京城市绿化缓解城市热岛效应的研究 [Z], 2003.
❸ 北京市园林科学研究所. 北京城市绿化生态效益研究 [Z], 1997.

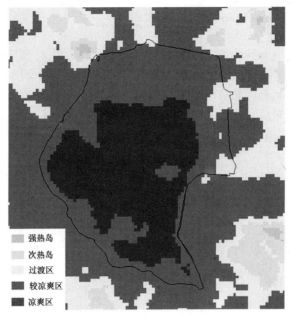

图 8-35 颐和园热岛分析影响

170 美元/t（C）。造林成本法是通过人工植树造林吸收 CO_2 所花费的成本。联合国粮农组织（FAO）曾对营造热带雨林固定 CO_2 的经济成本作了大量研究，结果表明，利用热带雨林固碳的年费用为 130~170 亿美元，相当于成本 24~31 美元/t（C）。上述两种方法均可用来估算植被固碳的价值。在具体研究中，可用两种方法分别计算，在本文的研究中，考虑我国的实际情况，主要参照造林成本法，园林植物以每固定一吨碳为 33.76 美元来计算其经济价值，按照汇率 7.7 计算，折合人民币为 260 元。

若参照碳税法，碳税率的确定参照《中国生物多样性国情研究报告》，使用瑞典的碳税率 150 美元/t（C）（折合人民币 1245 元/t（C））。

2）释放 O_2 效益与价值

园林植物与大气的物质交换，主要是 CO_2 和 O_2 的交换，确切地说，是固定并减少大气中的 CO_2 和提供并增加大气中的 O_2，这对维持地球大气中 CO_2 和 O_2 的动态平衡，减少温室效应及提供人类生存基础，有巨大而不可替代的作用，从而产生很大的经济价值。

在本研究中，氧气价值参考医用氧气的价格 1200 元/t 进行估算，从而可求得制氧效益总价值。若参照工业氧气价格，可参照《中国生物多样性国情研究报告》中工业生产氧气的价格 400 元/t 进行估算。颐和园目前的固定碳效益是 3950t/年，价值 102.7 万元/年；释放氧气 10540t/年，价值 1264.8 万元/年，颐和园吸收 CO_2 和释放 O_2 的价值共计 1367.5 万元/年。而北京市市属公园吸收 CO_2 价值的平均值是 3562.73t/年，释放 O_2 的平均值是 9513.64t/年，吸收 CO_2 和释放 O_2 的价值共计 13076.37 万元/年。

3）负氧离子浓度

负氧离子被誉为"空气维生素"，是空气分子在高压或强射线的作用下被电离所产生的自由电子，大部分被氧气所获得，成为衡量空气质量的重要参数。世界卫生组织公布的标准是每立方厘米含有 1000 个以上的负离子对人体是有益的，湿地园林负氧离子浓度是评价其生态效益的重要指标之一,根据颐和园空气负离子监测得出,年平均负氧离子浓度 2549 个/cm³。

3. 改善大气环境

湿地园林中的空气质量是评价其生态效益的重要指标之一。根据《环境空气质量标准》(GB 3095—96) 和国家环保总局《关于发布〈环境空气质量标准〉(GB 3095—96) 修订单的通知》,以及北京市空气质量功能区划,北京市大气环境质量采用国家二级标准进行评价。即,采用 SO_2、NO_2 和可吸入颗粒物 (PM_{10}) 三项指标,以空气污染指数 (API) 进行评价。空气污染指数 (API) 在 0~100 时,就是我们常说的二级及好于二级天 (表 8-8)。

空气污染指数对应的污染物浓度限值　　　　表 8-8

空气污染指数	污染物浓度 (mg/m³)		
	SO_2 (日均值)	NO_2 (日均值)	PM_{10} (日均值)
50	0.050	0.080	0.050
100	0.150 (二级标准限值)	0.120 (二级标准限值)	0.150 (二级标准限值)
200	0.800	0.280	0.350
300	1.600	0.565	0.420
400	2.100	0.750	0.500
500	2.62	0.940	0.600

湿地园林应采取固定的大气质量监测机制。根据北京市环保局大气质量监测植物园监测支点记录,2009 年颐和园空气质量一级天达到 47 个、二级天 238 个,SO_2 浓度稳定在 0.06mg/m³ 以下,NO_2 浓度稳定在 0.04mg/m³ 以下,可吸入颗粒物浓度稳定在 0.10mg/m³ 以下。

同时根据北京市环保局空气质量月报,得出颐和园空气指数月平均值为二级,月平均酸雨 pH 值大于 5.6。颐和园空气质量数年来均好于国家参考标准,也好于北京市和海淀区的平均值 (表 8-9)[1]。

2002~2008 年海淀区二级及好于二级天数统计表　　　　表 8-9

年份	2002 年	2003 年	2004 年	2005 年	2006 年	2007 年	2008 年
天数	54.2%	64.3%	60.9%	63.3%	62.3%	63.7%	73.4%

注:2002~2005 年采用车公庄监测子站数据评价,2006~2008 年数据为海淀区大气环境质量综合评价数据。

4. 节能环保

1) 固体废弃物处理率

固体废弃物处理率指包括填埋、焚烧和资源化的固体废弃物处理比例,计算方法:

$$固体废弃物处理率(\%) = 无害化处理量/固体废弃物总量 \times 100\%$$

根据全国生态示范区验收标准中固体废弃物处理率大于 60% 为一类指标,颐和园所有生活垃圾、绿化垃圾等固体废弃物能采用分类收集,并运至公园外作无害化处理,处理率达到 100%。

2) 建立完善有效的节水机制

完善有效的节水机制是实现用水可持续发展的基础,也是维持湿地园林水量的重要保障,对湿地的保护具有重要意义。据北京市公园管理中心课题《北京城市园林应用智能灌溉系统的需水规律研究及中试推广》研究结果表明:采用智能灌溉的绿地与没有采用智能灌溉的绿地相比,灌

---

[1] 资料来源:北京市环保局官方网站。

溉量至少可减少 20%，说明智能灌溉系统具有明显的节水潜力。

2002 年以前颐和园的绿化灌溉用水主要取自地下水供水网，引起万寿山地表下降，部分乔木根系露出地表。2002 年颐和园结合万寿山引水上山工程，建立了覆盖全园的由中央气象数据控制中心控制的全智能灌溉系统，节约了大量绿化用水。颐和园全园自动灌溉管线基本覆盖了万寿山山体和部分环湖区域以及耕织图区域，在全园共建立 3 个引水泵站，2 个二级泵站，211 个轮灌区，安装田间控制器 28 个，气象站 1 个，自动灌溉面积达到 58 万 m^2，基本实现了全园自动灌溉，解决了万寿山 36 万 m^2 范围的引水上山问题（图 8 - 36、图 8 - 37）。

图 8 - 36　颐和园万寿山喷灌二期工程（山体）主管竣工平面图

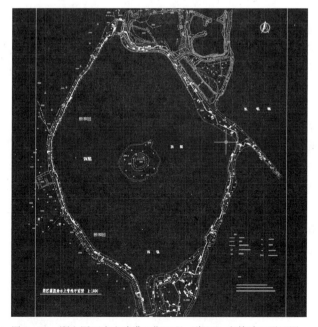

图 8 - 37　颐和园万寿山喷灌二期工程（湖区）主管竣工平面图

虽然采用智能灌溉技术节省了大量的绿化用水，但如能根据绿地的实际情况来设定更为合理的灌溉参数，智能灌溉系统仍具有很大的节水空间。

绿地植物对于灌溉有着至关重要的影响，不同类型需水不同：草坪、花卉、灌木、乔木的需水要求相去甚远，即使都是草坪，草地早熟禾、高羊茅、剪股颖、结缕草的需水特性也有较大差异。此外，不同土壤质地持水特性均不相同，对灌水强度、灌溉周期有不同要求；地形坡度对土壤的入渗强度影响很大，从而对灌水强度的要求也不同。

这些错综复杂的因素综合在一起，对真正的自动灌溉提出了很高的要求，绿地灌溉具有很大的节水空间。通过开展园林绿地复合系统耗水规律的研究，可以在了解绿地状况、绿地植物需水规律的基础上，根据不同绿地植物种类、绿地类型设置参数，实现灌溉系统的真正智能化，来进一步节约灌溉用水量，达到园林节水的目标。

3) 建立完善"绿色垃圾"处理机制

频繁修剪草坪、修剪园林树木以及人工搂落叶枯枝对减少病虫害和维护整洁优美的景观效果十分必要，但长年累月地将这些草屑、落叶、树枝清运出园外，会造成土壤养分的大量流失，使生态系统中的自然物质代谢循环被干扰。同时，这些枯枝落叶层也是许多昆虫和小型野生动物的庇护和栖息地，而许多鸟类以这些昆虫为食，从而形成了野生动物的重要栖息生境。

对枯枝落叶等"绿色垃圾"处理后再利用，使其经土壤微生物分解发酵后，可以进入生态循环，补充土壤的养分，有效减少肥料、农药等外源能量输入，减少环境污染。

颐和园每年产生"绿色垃圾"6531m³，其中，树枝、木本花灌木的产生时间为全年；落叶的产生时间集中在10~12月；草坪、草本花卉修剪产生垃圾的时段为3~11月。

经过试验研究论证，颐和园的"绿色垃圾"可以通过运往绿色垃圾处理厂，在一定控制条件下利用微生物对垃圾中的有机物进行生化分解，使其变成一种具有良好稳定性的腐殖改良土，再作为底肥返还土壤❶（图8-38）。

5. 游憩服务

现代的湿地园林是为大众游人服务的，必须考虑旅游者对环境的影响，这与过去湿地园林为少数人服务有着本质的不同。在湿地园林的保护中，要将人类的活动放入这个生态系统之内，宏观把握协调系统内各成员之间的关系。既要保持其湿地的功能和历史原真性，又要满足人们社会活动的需要。

1) 环境舒适度

指人们工作和生活的环境达到十分舒适的程度。根据2008年城市公园环境服务功能定量调查显示，受访游人对颐和园环境舒适度的评分为4.8分（满分5分）。

2) 超过环境承载量天数

生态环境承载量指在一定时间内，旅游接待地区的自然环境所能承受的最大限度的活动量。这种限度一旦被突破，旅游资源所处的自然环境就会被破坏。将此列入指标，可以判断生态环境遭受破坏的程度。颐和园采取游客量控制、游客分流等措施控制游客数量，取得了明显效果，接待量限制在能承受的范围内。

---

❶ 根据北京市环境卫生设计科学研究所的《北京市市属公园垃圾处理工程项目建议书》（2009）分析整理。

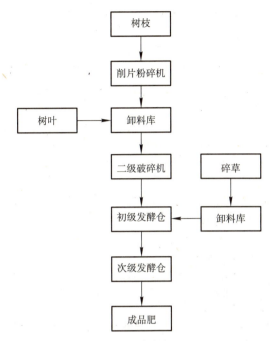

图 8-38　绿色垃圾处理技术路线图

3) 游客时间集中度

为了更好地保护历史湿地园林的生态环境，公园管理部门应采取积极有效的措施，错开游客在园内的集中高峰时间。

4) 游客空间集中度

通过开辟各种活动场所、加强游客疏导等措施，降低园林局部空间的环境容量，避免游客在园内局部空间的高密度集中。

附件 1 《颐和园昆明湖 3500 余年沉积物研究》中根据孢粉得出的昆明湖地区的植物种类

针叶乔木	松（*Pinus*）、冷杉（*Abies*）、云杉（*Picea*）、柏科（Cupressaceae）、落叶松（*Larix*）、铁杉（*Tsuga*）、雪松（*Cedrus*）
落叶阔叶乔木	栎（*Quercus*）、栗（*Castanea*）、桦木（*Betula*）、鹅耳枥（*Carpinus*）、桤木（*Alnus*）、榛（*Corylus*）、胡桃（*Juglans*）、枫杨（*Pterocarya*）、榆（*Ulmus*）、朴（*Celtis*）、椴（*Tilia*）、槭（*Acer*）、柳（*Salix*）、漆树科（Anacardiaceae）、漆树（*Rhus*）、栾树（*Koelreuteria*）、梣（*Fraxinusr*）等
落叶灌木	杜鹃（*Rhododendron*）、忍冬（*Lonicera*）、鼠李（*Rhamnus*）、丁香（*Syriga*）、梾木（*Cornus*）、五加科（Araliaceae）、胡颓子（*Elaeagnus*）、豆科（Leguminosae）、芸香科（Rutaceae）、蔷薇科（Rosaceae）等
旱生小灌木	麻黄（*Ephedra*）、白刺（*Nitraria*）
中生或湿生草本	禾本科（Gramineae）、车前（*Plantago*）、唐松草（*Thalictrum*）、山萝卜（*Scabiosa*）、伞形科（Umbelliferae）、葎草（*Humulus*）、蓼（*Polygonum*）、大戟科（Eupholbiaceae）、十字花科（Cruciferae）、唇形科（Labiatae）、地榆（*Sanguisorba*）、旋花科（Convolvulaceae）、老鹳草（*Geranium*）、百合科（Liliaceae）、莎草科（Cyperaceae）、石竹科（Caryophyllaceae）等
广域性生长的草本	蒿（*Artemisia*）、苍耳（*Xanthium*）、紫菀（*Aster*）
旱生或盐生草本	藜科（Chenopodiaceae）
水生维管束植物	香蒲（*Typha*）、黑三棱（*Sparganium*）、眼子菜（*Potamogeton*）、菱（*Trapa*）、莲（*Nelumbo*）、荇菜（*Nymphloides*）、狐尾藻（*Myriopyllum*）、茨藻（*Najas*）、槐叶萍（*Salvinia natans*）、萍（*Marsilea quadrifolia*）、睡菜（*Menyanthes trifoliate*）
蕨类	中华卷柏（*Selaginella sinensis*）、圆枝卷柏（*Selaginella sanguinolenta*）、水龙骨科（Polypodiaceae）、海金沙（*Lygodium*）、里白（*Hicriopteris*）
浮游藻类及藓类	—

附件2 清代皇帝御制诗中描写清漪园植物景观的诗句

描写植物	年份	诗名	诗句	地点
松树	乾隆十九年	《晓春万寿山即景八首》	松峰翠涌玉嶙峋，今岁行春乐是真	万寿山
	乾隆十九年	《仲春万寿山杂咏六首》	种松拟种丈寻外，拱把成阴久待迟	万寿山
	乾隆二十年	《即事四首》	松犹苍翠柳垂珠，散漫迷离幻有无	万寿山
	乾隆二十年	《诣畅春园问安后遂至万寿山即景杂咏》	阳崖土润生芳草，阴巘雪余皴古松	万寿山
	乾隆二十二年	《万寿山即景》	松风宛是昨年闻，偃盖新添翠几分	万寿山
	乾隆二十三年	《新春万寿山即景》	高下移栽五鬣松，郁葱佳气助山容	万寿山
	乾隆三十三年	《新正万寿山即景》	松柏参差得径曲，凫鸥高下喜冰消	万寿山
	乾隆三十六年	《新正万寿山》	后凋绿蔚老松鬣，向暖青披嫩草芽	万寿山
	乾隆五十年	《节后万寿山即景得句》	绿柳含韶徐酝酿，苍松傲冻耸屠颜	万寿山
	乾隆二十年	《自玉河泛舟至玉泉山即景杂咏》	灵源不冻碧波涵，松籁岚光悭静参	昆明湖
	乾隆二十四年	《昆明湖上作》	松竹依然三曲径，柳桃改观六条桥	昆明湖
	乾隆二十五年	《乐寿堂》	钧陶锦绣化工邕，松竹笙簧仙籁谐	乐寿堂
	乾隆二十年	《云松巢》	岩松镇茏葱，峰云自吞吐	云松巢
	乾隆二十六年	《云松巢》	松巢山半夏如秋，更有白云在上头	云松巢
	乾隆二十九年	《云松巢》	云出松根松覆云，浓青淡白互氤氲	云松巢
	乾隆二十九年	《云松巢》	新松欣与旧松齐，卧栏巢云蔼蔼低	云松巢
	乾隆三十一年	《云松巢》	种松恰合在山凹，仓干经年翠色交	云松巢
	乾隆三十一年	《云松巢》	雨足云易生，云间松越翠	云松巢
	乾隆三十三年	《云松巢》	记得种松初拱把，乔柯今亦解藏云	云松巢
	乾隆三十三年	《云松巢》	松与云为盖，云依松作巢	云松巢
	乾隆三十五年	《云松巢》	童童众松围，中有书轩在。旧叶别林落，新叶他枝待。只此绿云容，四时恒不改	云松巢
	乾隆三十六年	《云松巢》	而松付不知，龙鳞润楚楚	云松巢
	乾隆三十九年	《云松巢》	山云一片白，山松四时青。松喜云与护，云遇松为停	云松巢
	乾隆四十一年	《云松巢》	青松自无情，作息颇有应。云松元莫逆，有无更谁竞	云松巢
	乾隆四十七年	《云松巢》	云以松为盖，松将云作衣	云松巢
	乾隆五十年	《云松巢》	只有古松与野鹤，不知春色去和来	云松巢
	乾隆五十二年	《云松巢》	苍翠松有贞，来去云无定。于其有无间，而恒契同性。松披云为衣，云架松为乘	云松巢
	乾隆五十三年	《云松巢》	云时有去来，松恒峙庭宇。然而相得彰，山中结宾主。云以巢松闲，松以巢云古	云松巢

续表

描写植物	年份	诗名	诗句	地点
松树	乾隆五十六年	《云松巢》	云自有来去，松原无冬春。或时云就松，或时松护云。以为巢则同，孰能分主宾。兹乃额檐间，复似属乎人。不如任云松，去此名象纷	云松巢
	乾隆二十年	《水周堂》	蒲芷微馨动，松篁远籁吹	水周堂
	乾隆二十六年	《清可轩》	步磴拾松枝，便试竹炉火	清可轩
	乾隆五十一年	《翠籁亭》	林翠犹然未张时，后凋松柏色无移	翠籁亭
	乾隆五十三年	《翠籁亭》	一亭松槲间，槲凋松蔚翠。泠泠清籁动，松吟槲无事。槲岂遂弗鸣，枯枝鲜佳致。同一植物耳，贵于自位置	翠籁亭
	乾隆十九年	《再题惠山园二首》	风松入操古，春鸟和音谐	惠山园
	乾隆二十年	《寻诗径》	诘曲穿云复度松，山如饭颗翠还浓	寻诗径
	乾隆二十五年	《题惠山园》	松是绿虬低欲舞，石如白凤仰疑骞	惠山园
	乾隆二十八年	《惠山园》	舟到其他则且置，松岩之下先得门	惠山园
	乾隆三十二年	《再题惠山园八景》	石门云径倚松开，屧步无尘有绿苔	寻诗径
	乾隆三十五年	《惠山园》	松自静因风有韵，石虽瘦以古为腴	惠山园
	乾隆三十九年	《惠山园》	绕砌近堤吐新草，明亭暗窦间苍松	惠山园
	乾隆三十三年	《霁清轩》	庭阴那碍苍松盖，几馥还欣绿字函	霁清轩
	乾隆四十八年	《霁清轩》	峡水常调瑟，岩松镇护螺	霁清轩
	乾隆二十三年	《题春风啜茗台》	松籁沸如鼎，荷香蒸作霞	春风啜茗台
	乾隆三十四年	《睇佳榭》	入风松韵凉延座，过雨堤痕水涨涯	睇佳榭
	乾隆五十三年	《睇佳榭》	庭松益偃盖，堤柳未拖丝	睇佳榭
槲树	乾隆五十三年	《翠籁亭》	一亭松槲间，槲凋松蔚翠。泠泠清籁动，松吟槲无事。槲岂遂弗鸣，枯枝鲜佳致。同一植物耳，贵于自位置	翠籁亭
柏树	乾隆三十三年	《新正万寿山即景》	松柏参差得径曲，凫鸥高下喜冰消	万寿山
	乾隆二十六年	《乐寿堂得句》	翠柏树唯标古色，碧桃花却恋春光	乐寿堂
	乾隆三十二年	《翠籁亭》	乔柏丛中一小亭，隔窗籁想翠泠泠	翠籁亭
	乾隆三十六年	《翠籁亭》	古柏几株翠幂亭，风翻谡籁响泠泠	翠籁亭
	乾隆五十一年	《翠籁亭》	林翠犹然未张时，后凋松柏色无移	翠籁亭
杨树	乾隆四十一年	《节后万寿山清漪园》	袅袅堤杨轻似线，溶溶湖水绿于油	清漪园
	乾隆十八年	《新春万寿山》	依稀梅蕊图江国，次第杨梯指岁华	万寿山
	乾隆十九年	《仲春万寿山杂咏六首》	表里湖山景不穷，杨丝渐欲受东风	万寿山
	乾隆四十七年	《节后游万寿山》	律暖堤杨金缕摇，冰融湖水碧澜开	万寿山
	乾隆十九年	《长河放舟进宫之作》	汀芷堤杨风澹荡，诗情端不让江南	昆明湖
	乾隆二十四年	《自玉河放舟至石舫》	桂棹兰桨初耐可，堤杨溪藻已怀鲜	昆明湖
	乾隆三十四年	《自玉湖泛舟至昆明湖即景杂咏》	几曲川途望欲迷，轻烟又傍绿杨低	昆明湖

续表

描写植物	年份	诗名	诗句	地点
杨树	乾隆二十八年	《水周堂》	白芷漾纹细，绿杨蘸影柔	水周堂
	乾隆三十二年	《再题惠山园八景》	最合临堤夸一色，生秧跪（wǎn）地蘸枯杨	澹碧斋
	乾隆十九年	《鉴远堂》	夹岸垂杨啭黄鸟，傍堤密菁隐苍鸢	鉴远堂
	乾隆三十一年	《水村居》	径多红花护，屋有绿杨围	水村居
	乾隆三十六年	《水村居》	丁星杂卉侵阶紫，飒缅垂杨蘸渚青	水村居
	乾隆二十六年	《景明楼》	一堤杨柳两湖烟，中界高楼翼翯然	景明楼
	乾隆四十六年	《绣漪桥》	陌杨笼岸绿帷展，水荇牵舷翠带飘	绣漪桥
槐树	乾隆三十三年	《静佳斋口号》	潇洒山斋号静佳，日长无暑荫高槐	静佳斋
	乾隆二十二年	《题嘉荫轩》	高槐阅岁有嘉荫，傍堤开轩具四临	嘉荫轩
楸树	乾隆二十年	《写秋轩》	气清天复朗，触目仲秋时。庭下种楸树，中人能尔为	写秋轩
	乾隆三十三年	《借秋楼》	楼前种楸树，疏叶翻风开。瞻题日借秋，其名久矣哉	借秋楼
榆树	乾隆三十年	《自高梁桥进舟由长河至昆明湖》	沿堤垂柳复高榆，浓绿荫中牵缆纤	昆明湖
	乾隆三十八年	《堤上四首》	欲识成年近远，种来榆柳绿荫齐	堤上
桑树	乾隆二十一年	《初夏万寿山杂咏》	长堤几曲绿波涵，堤上柔好养蚕	万寿山
	乾隆二十二年	《玉河泛舟至玉泉》	蜗庐蟹舍学江村，桑叶荫荫曲抱原	昆明湖
	乾隆三十三年	《自玉河泛舟至石舫》	陌上从新桑叶长，新丝缫得过蚕忙	昆明湖
梧桐	乾隆二十一年	《新秋万寿山》	花气宜过雨，梧风最引秋	万寿山
枫树	乾隆二十三年	《新春万寿山即景》	岩枫涧柳迟颜色，只觉森森翠意浓	万寿山
枣树	乾隆三十三年	《自玉河泛舟至石舫》	竹篱风送枣花香，渔舍蜗寮肖水乡	昆明湖
	乾隆二十八年	《水周堂》	须弥齐枣叶，何碍芥为舟	水周堂
	乾隆二十三年	《嘉荫轩》	椰叶定无何足拟，枣花未落底须争	嘉荫轩
柳树	乾隆三十一年	《新正万寿山清漪园即景二首》	绿生湖水面，黄重柳梢头	清漪园
	乾隆四十七年	《新正游万寿山清漪园即景成什》	芜滋三白茵先染，柳拂六横带欲牵	清漪园
	乾隆五十六年	《节后万寿山清漪园作》	积雪依然培岸柳，缋春芬若放盆梅	清漪园
	乾隆五十七年	《节后万寿山清漪园即景》	已观堤柳熏黄淡，却惜町莽鲜白滋	清漪园
	乾隆二十年	《即事四首》	松犹苍翠柳垂珠，散漫迷离幻有无	万寿山
	乾隆二十一年	《新春万寿山即景杂咏》	底识阳和旋转处，梅心柳眼动相关	万寿山
	乾隆二十三年	《新正万寿山》	柳眼花髯暂迟待，六桥畔拟重来吟	万寿山
	乾隆二十三年	《新春万寿山即景》	花柳六桥方蕴酿，较于红绿雅相应	万寿山
	乾隆二十三年	《新春万寿山即景》	岩枫涧柳迟颜色，只觉森森翠意浓	万寿山
	乾隆二十五年	《新春游万寿山报恩延寿寺诸景即事杂咏》	肖翘蠕动柳生秧，脉润土膏欲作泥	万寿山
	乾隆二十八年	《春正万寿山》	草纽绿生依旭嫩，柳稊黄放摇风轻	万寿山
	乾隆二十九年	《仲春万寿山即景》	已看绿柳风前舞，恰喜红桃雨后开	万寿山
	乾隆三十二年	《新正万寿山》	依稀雪色幻梅朵，漏泄春光真柳条	万寿山
	乾隆三十三年	《新正万寿山即景》	柳意桃情何处是，微微蕴酿六条桥	万寿山

续表

描写植物	年 份	诗 名	诗 句	地 点
柳树	乾隆三十四年	《新春万寿山》	活水已从涧口落，嫩金微摇柳梢才	万寿山
	乾隆三十七年	《新春万寿山二首》	阳巘芁茵吐，曲堤柳线柔	万寿山
	乾隆四十八年	《新正万寿山即景成什》	梅心柳眼谁为速，峰态林姿好是闲	万寿山
	乾隆五十年	《节后万寿山即景得句》	绿柳含韶徐酝酿，苍松傲冻耸孱颜	万寿山
	乾隆五十三年	《节后万寿山》	芁茵依绿染，柳线向黄舒	万寿山
	乾隆十五年	《自高梁桥泛舟过万寿寺至昆明湖之作》	夹岸轻笼绿柳荫，进舟川路霁烟沉	昆明湖
	乾隆十六年	《高梁桥进舟达昆明湖川路揽景即目成什》	甓社菱丝堤畔柳，风帆一样逐横斜	昆明湖
	乾隆十八年	《自玉河放舟至玉泉山》	花识清明齐放陌，柳笼烟霭近低桥	昆明湖
	乾隆十九年	《湖上杂咏》	绿柳红桥堤那畔，鸳鹅鸥鹭满汀州	昆明湖
	乾隆十九年	《凤凰墩放舟由长河进宫川路揽景杂咏》	青蒲白芷欲浮波，柳态花姿即渐多	昆明湖
	乾隆十九年	《凤凰墩放舟由长河进宫川路揽景杂咏》	几曲川途绿柳堤，遥闻钟磬出招提	昆明湖
	乾隆十九年	《泛舟至玉泉山》	一水通源溯碧川，菜花欲败柳吹棉	昆明湖
	乾隆二十年	《自玉河泛舟至玉泉山即景杂咏》	柳眼将舒弱自扶，水村山墅接川途	昆明湖
	乾隆二十年	《昆明湖泛舟》	花胎寒勒柳条轻，诗品虞乡最有情	昆明湖
	乾隆二十年	《昆明湖泛舟》	烟光离合柳千株，掩映溪堂别一区	昆明湖
	乾隆二十一年	《玉河泛舟至玉泉》	柳染轻黄苔着绿，沿堤春色递来徐	昆明湖
	乾隆二十二年	《进舟长河至昆明湖万寿山》	麦登场好黍云蔚，桃谢堤芳柳线梳	昆明湖
	乾隆二十二年	《昆明湖泛舟至万寿山即景杂咏》	景明楼畔青青柳，未见含烟早锁阴	昆明湖
	乾隆二十三年	《仲春昆明湖上》	放眼柳条丝渐软，含胎花色将分	昆明湖
	乾隆二十四年	《昆明湖上作》	松竹依然三曲径，柳桃改观六条桥	昆明湖
	乾隆二十五年	《雨后昆明湖泛舟骋望》	出绿柳荫知岸远，入红莲路荡舟轻	昆明湖
	乾隆二十七年	《昆明湖上作》	柳金桃绮春风梦，蚕陌鳞塍耕织图	昆明湖
	乾隆二十八年	《自玉河泛舟至石舫得诗三首》	几迭帆筠拂烟出，两行岸柳受风留	昆明湖
	乾隆二十九年	《高梁桥放舟至昆明湖沿途即景杂咏》	乘凉缆急进舟轻，堤柳浓荫覆水清	昆明湖
	乾隆三十年	《自高梁桥进舟由长河至昆明湖》	柳岸忽闻嫩篁响，始知复育化成蝉	昆明湖
	乾隆三十年	《自高梁桥进舟由长河至昆明湖》	沿堤垂柳复高榆，浓绿荫中牵缆纤	昆明湖
	乾隆三十一年	《昆明湖泛舟作》	汀兰岸柳斗青时，映带烟光润且滋	昆明湖
	乾隆三十一年	《昆明湖泛舟作》	耕织图边花柳意，待人着语是便宜	昆明湖
	乾隆三十一年	《昆明湖泛舟》	岸柳已藏黄鸟啭，桨兰微带翠萍牵	昆明湖
	乾隆三十二年	《昆明湖泛舟》	柳丝低染绿，桃蕾远看红	昆明湖
	乾隆三十三年	《自玉河泛舟至石舫》	石舫浑成系舫处，轻舆早候柳塘前	昆明湖
	乾隆三十五年	《自高梁桥泛舟由长河回御园即景》	遮莫泊舟寻柳径，缮营欲笑向缘何	昆明湖
	乾隆五十年	《玉澜堂即景》	榴虽度节芳犹艳，柳弗梳风影更深	玉澜堂

续表

描写植物	年 份	诗 名	诗 句	地 点
柳树	乾隆五十年	《道存斋》	柳眼梅心胥伯雪，不言可识道之存	道存斋
	乾隆四十一年	《怡春堂》	柳眼梅心盼，雁回鸟语新	怡春堂
	乾隆五十二年	《怡春堂有感》	庭砌仍花柳，几筵久闷藏	怡春堂
	乾隆二十六年	《暮春万寿山乐寿堂作》	花色爱承仙露湛，柳丝偏冒惠风柔	乐寿堂
	嘉庆元年	《节后万寿山乐寿堂作》	小盎梅香微讶减，长堤柳色渐看多	乐寿堂
	乾隆三十九年	《对鸥舫》	白芷青蒲聊结望，寒庐衰柳是知音	对鸥舫
	乾隆三十三年	《无尽意轩》	春日多佳日，花间复柳间	无尽意轩
	乾隆三十八年	《无尽意轩》	梅心尚寒避，柳眼才风试	无尽意轩
	乾隆二十四年	《观生意轩》	芽纽甄陶造物模，柳舒梅放且斯须	观生意轩
	乾隆四十一年	《山阴》	柳绿桃红艳争媚，淡霭轻烟黯欲迷	后山
	乾隆二十五年	《赅春园》	赅春宣赅春，讵谓富花柳	赅春园
	乾隆三十五年	《静佳斋》	欲稊迟堤柳，绽蕊唯盆梅	静佳斋
	乾隆四十年	《静佳斋》	柳绿桃红漫须盼，个中真以静为佳	静佳斋
	乾隆四十年	《绘芳堂》	盆玉梅霏白，岸金柳摇黄	绘芳堂
	乾隆五十一年	《题绘芳堂》	堤柳黄金袅，盆梅白玉争	绘芳堂
	乾隆十九年	《澹碧斋》	淡月银蟾镜，轻烟丝柳堤	澹碧斋
	乾隆十九年	《藻鉴堂》	轻烟柳丝宵，嫩日花枝亚	藻鉴堂
	乾隆二十三年	《藻鉴堂得句》	表里湖山归静照，高低桃柳总清扬	藻鉴堂
	乾隆三十三年	《藻鉴堂》	柳岸系轻舫，步登山径邃	藻鉴堂
	乾隆三十四年	《怀新书屋》	旋思此语失精到，柳线苔茵已识春	怀新书屋
	乾隆四十七年	《怀新书屋》	却已盼春舒柳眼，怀新宁渠只良苗	怀新书屋
	乾隆三十一年	《睇佳榭》	今日稻芃将麦秀，绝胜柳绿与花红	睇佳榭
	乾隆二十三年	《藻鉴堂得句》	表里湖山归静照，高低桃柳总清扬	藻鉴堂
	乾隆四十年	《睇佳榭》	柳眼梅心方酝酿，春生何处士曹怀	睇佳榭
	乾隆三十二年	《题惠山园》	却喜雪融春气润，柳条已有露珠含	惠山园
	乾隆五十一年	《睇佳榭》	梅情依屋暖，柳体怯堤寒	睇佳榭
	乾隆五十二年	《睇佳榭》	柳暗花明矣，鸢飞鱼跃哉	睇佳榭
	乾隆五十三年	《睇佳榭》	庭松益偃盖，堤柳未拖丝	睇佳榭
	乾隆五十五年	《睇佳榭》	岸柳染青黄，岩林减深紫（林将吐新，叶则旧红，叶落而减矣）	睇佳榭
	乾隆二十九年	《题耕织图》	柳岸风前朝爽度，石矶雨后涨痕消	耕织图
	乾隆三十六年	《耕织图》	图非柳绿与花红，耕织勤劳体验中	耕织图
	乾隆三十四年	《水村居》	墙外红桃才欲绽，岸旁绿柳已堪攀	水村居
	乾隆三十六年	《堤上三首》	稻塍豆埂皆芃绿，柳岸兰堤互映青	堤上
	乾隆二十年	《景明楼》	汀兰岸芷晴舒暖，绿柳红桃风拂柔	景明楼
	乾隆二十年	《景明楼》	堤上高楼一径通，六桥映带柳丝风	景明楼
	乾隆五十九年	《题景明楼》	桃柳长堤亘界湖，柳稊桃朵且含糊	景明楼
海棠	乾隆十七年	《雨后御园即景》	恰报庭前绽海棠，弄珠风韵腻人芳	清漪园

续表

描写植物	年 份	诗 名	诗 句	地 点
梅	乾隆十八年	《新春万寿山》	依稀梅蕊图江国,次第杨稊报岁华	万寿山
	乾隆二十一年	《新春万寿山即景杂咏》	底识阳和旋转处,梅心柳眼动相关	万寿山
	乾隆三十二年	《新正万寿山》	依稀雪色幻梅朵,漏泄春光真柳条	万寿山
	乾隆四十八年	《新正万寿山即景成什》	梅心柳眼谁为速,峰态林姿好是闲	万寿山
	乾隆五十年	《道存斋》	柳眼梅心胥伯雪,不言可识道之存	道存斋
	乾隆四十一年	《怡春堂》	柳眼梅心盼,雁回鸟语新	怡春堂
	嘉庆元年	《节后万寿山乐寿堂作》	小盎梅香微讶减,长堤柳色渐看多	乐寿堂
	乾隆三十八年	《无尽意轩》	梅心尚寒避,柳眼才风试	无尽意轩
	乾隆五十年	《石舫二首》	堤边绿柳柳边桥,荡桨中流七字消	石舫
	乾隆二十三年	《荇桥三首》	便可桥旁暂舣舟,蒲针欲刺柳丝柔	荇桥
	乾隆二十年	《题惠山园迭前韵》	山白桃花可唤梅,依依临水数枝开	惠山园
	乾隆五十一年	《睇佳榭》	梅情依屋暖,柳体怯堤寒	睇佳榭
	乾隆四十年	《睇佳榭》	柳眼梅心方酝酿,春生何处士曹怀	睇佳榭
桂花	乾隆二十一年	《仲秋万寿山》	桂是余香矣,莲真净色哉	万寿山
桃	乾隆二十九年	《仲春万寿山即景》	已看绿柳风前舞,恰喜红桃雨后开	万寿山
	乾隆三十三年	《新正万寿山即景》	柳意桃情何处是,微微蕴酿六条桥	万寿山
	乾隆二十四年	《昆明湖上作》	松竹依然三曲径,柳桃改观六条桥	昆明湖
	乾隆十九年	《湖上杂咏》	山桃报导烂如霞,风定乘闲揽物华	昆明湖
	乾隆二十年	《昆明湖泛舟之作》	千重云树绿才吐,一带霞桃红欲然	昆明湖
	乾隆二十二年	《进舟长河至昆明湖万寿山》	麦登场好黍云蔚,桃谢芳接芳柳线梳	昆明湖
	乾隆二十七年	《昆明湖上作》	柳金桃绮春风梦,蚕陌鳞塍耕织图	昆明湖
	乾隆三十二年	《昆明湖泛舟》	柳丝低染绿,桃蕾远看红	昆明湖
	乾隆三十二年	《昆明湖泛舟杂咏》	晴霭柳塘复苇湾,岸临舟舣便登山	昆明湖
	乾隆三十二年	《自玉河泛舟至昆明湖即景杂咏》	玉泉流注玉河溪,画舫轻移柳转堤	昆明湖
	乾隆三十三年	《昆明湖泛舟即景杂咏》	波态天光正宜阔,堤花岸柳总含濡	昆明湖
	乾隆三十三年	《自玉河泛舟至石舫》	画舡六棹如舒翮,柳岸紫纤历几湾	昆明湖
	乾隆四十年	《坐拕床游昆明湖诸胜即事有作》	柳丝拂岸黄微染,草纽侵堤绿渐攒	昆明湖
	乾隆三十八年	《怡春堂》	向阳芫苗纽,含籁柳柔丝	怡春堂
	乾隆五十七年	《留佳亭》	柳绿及桃红,弗久应至耳	留佳亭
	乾隆三十九年	《含新亭》	柳眼花心虽迟待,依韦生意已宜人	含新亭
	乾隆五十一年	《含新亭》	柳渐舒黄芫渐青,含新且漫放薰馨	含新亭
	乾隆四十一年	《山阴》	柳绿桃红艳争媚,淡霭轻烟黯欲迷	后山
	乾隆四十年	《静佳斋》	柳绿桃红漫须盼,个中真以静为佳	静佳斋
	乾隆二十九年	《绘芳堂》	那知桃李辞春谷,欲看芰荷涸夏浔	绘芳堂
	乾隆四十八年	《六兼斋》	漫惜芳菲勒杏桃,东皇品类正甄陶	六兼斋
	乾隆二十年	《题惠山园迭前韵》	山白桃花可唤梅,依依临水数枝开	惠山园
	乾隆三十四年	《水村居》	墙外红桃才欲绽,岸旁绿柳已堪攀	水村居
	乾隆二十年	《景明楼》	汀兰岸芷晴舒暖,绿柳红桃风拂柔	景明楼
	乾隆五十九年	《题景明楼》	桃柳长堤亘界湖,柳稊桃朵且含糊	景明楼

续表

描写植物	年　份	诗　名	诗　句	地　点
李	乾隆二十九年	《绘芳堂》	那知桃李辞春谷，欲看芰荷凋夏浔	绘芳堂
杏	乾隆四十八年	《六兼斋》	漫惜芳菲勒杏桃，东皇品类正甄陶	六兼斋
荷花	乾隆十八年	《仲夏万寿山》	针芒刺早稻，田叶点新蕖	万寿山
	乾隆二十一年	《仲秋万寿山》	桂是余香矣，莲真净色哉	万寿山
	乾隆十八年	《漾舟昆明湖》	荷芰馥露气，漪澜增涨流	昆明湖
	乾隆十八年	《昆明湖上作》	虫声益壮诉不歇，莲花欲老呈余芳	昆明湖
	乾隆二十年	《昆明湖泛舟》	却见湖心望蟾阁，晶盘擎出玉芙蓉	昆明湖
	乾隆二十年	《昆明雨泛六韵》	荷香清胜麝，稻色绿于油	昆明湖
	乾隆二十年	《长河进舟至昆明湖》	岸虫入听不为喧，晓露荷香数里繁	昆明湖
	乾隆二十年	《昆明湖泛舟》	已欣蓼穗深添色，却惜荷花暗减香	昆明湖
	乾隆二十二年	《昆明湖泛舟至万寿山即景杂咏》	香锦盈盈徼露鲜，虽为曲院有风莲	昆明湖
	乾隆二十二年	《玉河泛舟至玉泉》	芙蓉旧迹寻不得，塔影横云又一时	昆明湖
	乾隆二十三年	《泛舟昆明湖观荷效采莲体》	便随心纾试沿泛，六桥西畔藕花多。莲叶莲华着意芳，风过香气满池塘	昆明湖
	乾隆二十四年	《昆明湖上赏荷五首》	宿雨初收晓露多，几闲湖上赏秋荷	昆明湖
	乾隆二十五年	《夏日昆明湖上》	镜桥那畔风光好，出水新荷放欲齐	昆明湖
	乾隆二十五年	《雨后昆明湖泛舟骋望》	出绿柳荫知岸远，入红莲路荡舟轻	昆明湖
	乾隆二十六年	《昆明湖观荷》	几日因循未此过，趁晴沿泛一观荷	昆明湖
	乾隆二十九年	《昆明湖上》	西山屏展玉芙蓉，倒影波心翠越浓	昆明湖
	乾隆三十一年	《昆明湖泛舟观荷》	满湖出水芙蓉照，正是晨凉泻露时	昆明湖
	乾隆三十二年	《过绣漪桥昆明湖泛舟即景》	迤西一带多荷花，冰夷绣出香云霞	昆明湖
	乾隆三十三年	《昆明湖泛舟观荷》	逾月昆明未泛漪，此来雨后正荷时	昆明湖
	乾隆三十三年	《泛昆明湖观荷四首》	堤西那畔荷尤盛，遂与沿缘过镜桥。可识水华犹待泽，竞呈净植照朝曦	昆明湖
	乾隆三十四年	《昆明湖泛舟》	荷渚从来拟若耶，叶全出水未开花	昆明湖
	乾隆三十四年	《昆明湖泛舟观荷之作》	前轩次第畴咨罢，便泛兰舟一赏荷。西湖花较东湖盛，六棹因之过练桥。绿叶撑如油碧伞，红葩擎似赤琼杯	昆明湖
	乾隆三十五年	《自玉河泛舟至昆明湖即景得句》	治经水阁夫何似，一朵芙蓉玉镜中	昆明湖
	乾隆三十六年	《昆明湖泛舟即景杂咏》	水华适遇涨漫过，花朵不如往岁多。消速幸不害禾黍，吾宁图只为观荷	昆明湖
	乾隆五十四年	《霞芬室》	淡然书室俯荷渚，香色入观更入闻	霞芬室
	乾隆二十五年	《藕香榭二首》	污泥不染植亭亭，为识花馨识藕馨。莲叶东西鱼极乐，藕花高下鹭无猜	藕香榭
	乾隆三十五年	《藕香榭》	一二含苞始欲开，水中卉亦望霖哉	藕香榭
	乾隆四十一年	《藕香榭口号》	藕在深泥讵解香，生莲风馥满池塘。莫嫌榭额失颠倒，无藕何由莲吐芳	藕香榭
	乾隆五十一年	《藕香榭》	荷叶方田田，荷花尚有待。榭檐题藕香，四时曾弗改。然而藕之香，奚妨四时在。试看君子名，几曾易千载	藕香榭

续表

描写植物	年 份	诗 名	诗 句	地 点
荷花	乾隆五十五年	《藕香榭有会》	水华应发夏,避暑每山庄。偶此至溪榭,谓其孤藕香。鼻能本是幻,荷所讵为常 排遣幻常了,付之五字章	藕香榭
	乾隆六十年	《藕香榭口号》	避暑山庄岁以常,几曾荷际一凭芳。只饶两字临溪榭,消受恒年曰藕香	藕香榭
	乾隆三十四年	《怡春堂》	溪堂倚迭峰,雪积玉芙蓉	怡春堂
	乾隆二十三年	《无尽意轩》	蜃窗竹籁伏中绿,镜浦荷香雨后红	无尽意轩
	乾隆二十一年	《水周堂》	荷风席间馥,漪影檐端漾	水周堂
	乾隆二十五年	《水周堂》	蛩送响依风草听,荷余香带露华搴	水周堂
	乾隆五十二年	《水周堂》	无风不波好,有夏待莲芳	水周堂
	乾隆三十六年	《小西泠》	何必孤山忆风景,已看仲夏绽芙蕖	小西泠
	乾隆二十五年	《清可轩》	青莲乃许居,是为太古室	清可轩
	乾隆二十九年	《清可轩》	山阴最佳处,侧倚芙蓉朵	清可轩
	乾隆二十九年	《绘芳堂》	那知桃李辞春谷,欲看芰荷涸夏浔	绘芳堂
	乾隆三十五年	《澹宁堂》	荷态红犹浅,林光缘正浓	澹宁堂
	乾隆二十年	《澹碧斋》	荇带闲联藻,荷衣细纫香	澹碧斋
	乾隆二十五年	《惠山园观荷花》	偶来正值荷花开,雨后风前散清馥	惠山园
	乾隆二十五年	《知鱼桥》	饮波练影无痕,戏莲闯藻便蕃	知鱼桥
	乾隆二十九年	《惠山园荷花》	山园过雨看荷花,如濯蜀锦浣越纱	惠山园
	乾隆三十三年	《霁清轩》	若谓青莲朵上置,别传兼可悟华严	霁清轩
	乾隆二十三年	《题春风啜茗台》	松籁沸如鼎,荷香蒸作霞	春风啜茗台
	乾隆三十四年	《题春风啜茗台》	竹炉妥帖宜烹茗,收来荷露清而冷	春风啜茗台
	乾隆三十五年	《畅观堂》	云霞归岫澹,荷芰映波荣	畅观堂
	乾隆三十一年	《睇佳榭观荷之作》	藕花香里漾舟来,山榭登临万锦开	睇佳榭
	乾隆三十四年	《睇佳榭》	俯睇含胎荷未放,耐看原是此时佳	睇佳榭
	乾隆四十六年	《挹清芬室得句》	东湖水深鲜滋苇,西湖水浅多种莲。所以涉江采芙蓉,一再成咏藻鉴悬。绿蒲白芷近茝岸,湖中荷叶方田田	挹清芬室
	乾隆三十年	《凤凰墩》	讶临赤霞表,徐悟俯荷塘	凤凰墩
	乾隆二十年	《镜桥》	落虹夹水江南路,人在青莲句里行	镜桥
	乾隆二十九年	《过柳桥看荷花》	浅乃宜荷花正放,过桥似入绛云低。香似真清色不妖,寥天一即一天寥	柳桥
	乾隆三十五年	《景明楼》	徘徊因易舫,遂渡芰荷丛	景明楼
	乾隆二十五年	《绣漪桥》	白水平拖如匹练,红莲绣出几枝花	绣漪桥
荇菜	乾隆二十年	《澹碧斋》	荇带闲联藻,荷衣细纫香	澹碧斋
	乾隆四十六年	《绣漪桥》	陌杨笼岸绿帷展,水荇牵舷翠带飘	绣漪桥

续表

描写植物	年 份	诗 名	诗 句	地 点
菰	乾隆十九年	《晓春万寿山即景八首》	春风凫雁千层浪，秋月菰蒲万顷烟	万寿山
	乾隆十七年	《昆明湖上》	菰蒲彼何知，对时都觉欢	昆明湖
	乾隆十七年	《泛舟昆明湖遂至玉泉》	依旧菰蒲沙渚畔，只添些子是苍然	昆明湖
香蒲	乾隆十九年	《晓春万寿山即景八首》	春风凫雁千层浪，秋月菰蒲万顷烟	万寿山
	乾隆二十一年	《初夏万寿山杂咏》	青蒲白芷带沙渍，小艇寻常狎鹭群	万寿山
	乾隆十六年	《高梁桥进舟达昆明湖川路揽景即目成什》	快晴景物值薰嘉，白芷青蒲蹙浪花	昆明湖
	乾隆十八年	《三月三日昆明湖中泛舟揽景之作》	新蒲嫩芷昆明水，淡日轻烟上巳天	昆明湖
	乾隆十九年	《凤凰墩放舟由长河进宫川路揽景杂泳》	青蒲白芷欲浮波，柳态花姿即渐多	昆明湖
	乾隆十九年	《泛舟至玉泉山》	醉鱼逐侣翻银浪，野鹭迷群仔绿蒲	昆明湖
	乾隆二十五年	《昆明湖泛舟拟竹枝词》	冻解明湖漾绿波，新蒲回雁识春和	昆明湖
	乾隆二十五年	《夏日昆明湖上》	绿蒲红芰荡兰桡，不动云帆递细飙	昆明湖
	乾隆二十七年	《雨后昆明湖上杂兴四首》	御苑池荷大作花，明湖出水始含苞	昆明湖
	乾隆二十九年	《舟过万寿山不泊倚舲杂咏》	明湖春水半篙深，戢戢青蒲刺碧浔	昆明湖
	乾隆二十九年	《雨后昆明湖泛舟即景》	桥边鹭羽骞蒲渚，堤外鱼鳞润稻塍	昆明湖
	乾隆二十九年	《高梁桥放舟至昆明湖沿途即景杂咏》	几湾过雨菰蒲重，夹岸含风禾黍香	昆明湖
	乾隆三十三年	《昆明湖泛舟即景杂咏》	白芷青蒲带远渍，长堤一道两湖分	昆明湖
	乾隆六十年	《由玉河泛舟至万寿山清漪园》	芷白浦青景有望（今岁春寒芷蒲尚未发生），鸢飞鱼跃兴无穷	昆明湖
	乾隆三十五年	《题玉澜堂》	无碍蒲卢原勃长，有欣凫雁亦和鸣（俯昆明）	玉澜堂
	乾隆三十九年	《对鸥舫》	白芷青蒲聊结望，寒庐衰柳是知音	对鸥舫
	乾隆二十三年	《无尽意轩》	厦窗竹籁伏中绿，镜浦荷香雨后红	无尽意轩
	乾隆二十三年	《荇桥三首》	便可桥旁暂舣舟，蒲针欲刺柳丝柔	荇桥
	乾隆二十年	《水周堂》	蒲芷微馨动，松篁远籁吹	水周堂
	乾隆二十九年	《浮青榭》	树色遥疑倒，蒲丛近与齐	浮青榭
	乾隆二十年	《知鱼桥》	林泉咫尺足清娱，拨刺文鳞动绿蒲	知鱼桥
	乾隆六十年	《惠山园八景》	凭栏底识澹然意，似待条风拂绿蒲	就云楼
	乾隆二十九年	《登望蟾阁作歌》	水田云绿既迭鳞，荷蒲红霞复错绣	望蟾阁
	嘉庆元年	《望蟾阁迭昨岁韵》	今春泽倍兆尤渥，满期麦秋逮稔时	望蟾阁
	乾隆四十六年	《挹清芬室得句》	绿蒲白芷近苕岸，湖中荷叶方田田	挹清芬室
菱	乾隆十六年	《高梁桥进舟达昆明湖川路揽景即目成什》	氍社菱丝堤畔柳，风帆一样逐横斜	昆明湖
	乾隆二十三年	《乐寿堂即目》	昆明未泮雪初松，挹濯菱花朗鉴容	乐寿堂

续表

描写植物	年 份	诗 名	诗 句	地 点
芷	乾隆十八年	《凤凰墩放舟自长河进宫之作》	满川绿芷漪纹细，隔岸青蕲露气浮	昆明湖
	乾隆十九年	《长河放舟进宫之作》	汀芷堤杨风澹荡，诗情端不让江南	昆明湖
	乾隆三十三年	《昆明湖泛舟即景杂咏》	白芷青蒲带远漘，长堤一道两湖分	昆明湖
	乾隆六十年	《由玉河泛舟至万寿山清漪园》	芷白浦青景有望（今岁春寒芷蒲尚未发生），鸢飞鱼跃兴无穷	昆明湖
	乾隆三十九年	《对鸥舫》	白芷青蒲聊结望，寒庐衰柳是知音	对鸥舫
	乾隆二十年	《石丈亭》	遐想无为军蓴遇，芝兰气味自相亲	石丈亭
	乾隆十七年	《水周堂》	凭栏搴白芷，沙棠不须试	水周堂
	乾隆二十年	《水周堂》	蒲芷微馨动，松篁远籁吹	水周堂
	乾隆二十八年	《水周堂》	白芷漾纹细，绿杨蘸影柔	水周堂
	乾隆二十九年	《西堤》	刺波生意出新芷，踏浪忘机起野鹥	西堤
	乾隆四十六年	《挹清芬室得句》	绿蒲白芷近茁岸，湖中荷叶方田田	挹清芬室
	乾隆三十二年	《题延赏斋》	湿岸生春芷，新波下野凫	延赏斋
	乾隆十八年	《景明楼》	天光水态披襟袖，岸芷汀兰入画图	景明楼
	乾隆二十年	《景明楼》	汀兰岸芷晴舒暖，绿柳红桃风拂柔	景明楼
	乾隆二十年	《景明楼》	汀兰岸芷芳犹未，鼓动生机寂静中	景明楼
	乾隆二十九年	《景明楼》	堤花红入镜，岸芷绿拖绅	景明楼
蓼	乾隆十六年	《昆明湖泛舟》	秋入沧池漾玉波，蓼花极渚晚红多	昆明湖
	乾隆二十年	《昆明湖泛舟》	已欣蓼穗深添色，却惜荷花暗减香	昆明湖
芦苇	乾隆十九年	《自石舫进舟由玉河至静明园，溪路浏览即景成短言三章》	芦丛亦可安栖啄，笑彼潇湘迈远征	昆明湖
	乾隆三十二年	《昆明湖泛舟杂咏》	晴霭柳塘复苇湾，岸临舟舣便登山	昆明湖
	乾隆三十五年	《题玉澜堂》	无碍蒲卢原勃长，有欣凫雁亦和鸣（俯昆明）	玉澜堂
	乾隆五十二年	《水周堂》	兴我渴贤意，蒹葭埶一方	水周堂
	乾隆十九年	《鉴远堂》	夹岸垂杨畴黄鸟，傍堤密苇隐苍鸢	鉴远堂
	乾隆四十六年	《挹清芬室得句》	东湖水深鲜滋苇，西湖水浅多种莲	挹清芬室
菱	乾隆二十五年	《夏日昆明湖上》	绿蒲红芰荡兰桡，不动云帆递细飙	昆明湖
	乾隆二十九年	《绘芳堂》	那知桃李辞春谷，欲看芰荷涸夏浔	绘芳堂
苹（萍）	乾隆三十六年	《小西泠》	绿树荫苍岸，白苹风点汀	小西泠
藻	乾隆五十六年	《题鱼藻轩》	负冰初过矣，依藻又怡然	题鱼藻轩
	乾隆十九年	《知鱼桥》	琳池春雨足，菁藻任潜浮	知鱼桥
	乾隆二十年	《澹碧斋》	荇带闲联藻，荷衣细纫香	澹碧斋
	乾隆二十五年	《知鱼桥》	饮波练影无痕，戏莲闯藻便蕃	知鱼桥
	乾隆三十一年	《再题惠山园八景》	石栏雁齿亘春池，出水轻鯈在藻思	知鱼桥
藤萝	乾隆十八年	《清可轩》	萝径披芬馨，林扉入翳蔚	清可轩
	乾隆二十五年	《清可轩》	萝薜镇滋荣，琴书唯静谧	清可轩
	乾隆十九年	《惠山园就云楼》	竹素今兮古，萝轩春复秋	就云楼

续表

描写植物	年 份	诗 名	诗 句	地 点
芍药	乾隆二十三年	《乐寿堂即目》	只有勺园一片石，宜人常逻紫芙蓉	乐寿堂
	乾隆十九年	《再题惠山园二首》	径入紫芙蓉，石林重复重	惠山园
盆梅	乾隆五十六年	《节后万寿山清漪园作》	积雪依然培岸柳，缋春芬若放盆梅	清漪园
	乾隆四十七年	《道存斋》	砌草渐增色，盆梅尚号温	道存斋
	乾隆四十年	《石舫》	忽见盆梅楽几侧，恰如安福（舻名）泛江南	石舫
	乾隆五十四年	《绮望轩》	初春此意尚其遥，几缶古梅花始试	绮望轩
	乾隆二十九年	《清可轩》	盆梅未放荣，缘弗攻以火	清可轩
	乾隆三十六年	《构虚轩》	无色阶前渐草绿，有心盆里逮梅红	构虚轩
	乾隆三十五年	《静佳斋》	欲稊迟堤柳，绽蕊唯盆梅	静佳斋
	乾隆四十年	《绘芳堂》	盆玉梅霏白，岸金柳摇黄	绘芳堂
	乾隆五十一年	《题绘芳堂》	堤柳黄金袅，盆梅白玉争	绘芳堂
	乾隆二十九年	《题澹宁堂》	砌草露生意，盆梅喷静馨	澹宁堂
	乾隆二十年	《惠山园》	玉蕊山茶古干梅，唐花不较地争开	惠山园
山茶	乾隆二十年	《惠山园》	玉蕊山茶古干梅，唐花不较地争开	惠山园
农作物	乾隆五十六年	《节后万寿山清漪园作》	鳞塍玉润麦芽纽，慰意敢存满志哉	清漪园
	乾隆五十七年	《节后万寿山清漪园即景》	已观堤柳熏黄淡，却惜町莽鲜白滋	清漪园
	乾隆六十年	《节后万寿山清漪园作》	年前腊雪鳞塍集，卜麦征欣指顾间	清漪园
	乾隆十八年	《仲夏万寿山》	针芒刺早稻，田叶点新蕖	万寿山
	乾隆二十年	《雨后万寿山》	略因游目图耕织，始得宽怀阅麦禾	万寿山
	乾隆二十一年	《初夏万寿山杂咏》	六桥堤畔菜花黄，影入漪澜锦七襄	万寿山
	乾隆二十一年	《雨后万寿山二首》	白蚕才上箔，绿稻欲分秧	万寿山
	乾隆二十四年	《雨后万寿山三首》	稻田刚觉水生才，戢戢新秧可布栽	万寿山
	乾隆二十六年	《雨后万寿山》	所喜予心别有在，十分麦获稻秧兹	万寿山
	乾隆五十三年	《雨后万寿山昆明湖揽景得句》	万寿迎曦林嶻朗，昆明增水稻田滋	万寿山
	乾隆六十年	《季春游万寿山即事》	三春雨渥实逢稀，更喜快晴宜麦畿	万寿山
	乾隆十七年	《泛舟玉河至静明园三首》	两旁溪町夹长川，稚稻抽秧千亩全	昆明湖
	乾隆十八年	《凤凰墩放舟自长河进宫之作》	满川绿芷漪纹细，隔岸青莎露气浮	昆明湖
	乾隆十九年	《泛舟至玉泉山》	一水通源溯碧川，菜花欲败柳吹棉	昆明湖
	乾隆十九年	《长河放舟进宫之作》	稻畦麦垄绿芊芊，踏水车声别一川	昆明湖
	乾隆二十年	《玉河》	伊轧橹声知近远，菜花黄里度红舟	昆明湖
	乾隆二十年	《玉河泛舟》	麦田收毕黍苗起，得趁心闲事畅游	昆明湖
	乾隆二十年	《昆明雨泛六韵》	荷香清胜麝，稻色绿于油	昆明湖
	乾隆二十年	《长河进舟至昆明湖》	今岁真饶十分幸，往来常看黍如油	昆明湖
	乾隆二十二年	《进舟长河至昆明湖万寿山》	麦登场好黍云蔚，桃谢堤芳柳线梳	昆明湖
	乾隆二十二年	《玉河泛舟至玉泉》	绝胜常年凭赏处，稻塍禾垄绿云齐	昆明湖
	乾隆二十五年	《中秋后二日万寿山昆明湖泛舟即景》	稻田蓄水资明岁，酌剂常筹虚与盈	昆明湖
	乾隆二十六年	《昆明湖泛舟至玉泉山》	育蚕种稻学江南，率欲因之民务探	昆明湖

续表

描写植物	年 份	诗 名	诗 句	地 点
	乾隆二十七年	《雨后昆明湖上杂兴四首》	稻秧益蔚千方秀，麦熟还期一半收。从此晴如过廿日，黍禾额手卜登秋	昆明湖
	乾隆二十九年	《昆明湖上》	种齐夏稻闲眠犉，缲得新丝罢绩蚕	昆明湖
	乾隆二十九年	《高梁桥放舟至昆明湖沿途即景杂咏》	几湾过雨菰蒲重，夹岸含风禾黍香	昆明湖
	乾隆三十一年	《昆明湖泛舟》	湖波漫惜减三寸，正为乘时灌稻田	昆明湖
	乾隆三十一年	《昆明湖上作》	稻塍芃绿润，叠耻可无愁	昆明湖
	乾隆三十二年	《自玉河泛舟至昆明湖即景杂咏》	堤外稻塍分左右，爱看一例绿芃齐	昆明湖
	乾隆三十三年	《自玉河泛舟至石舫》	数顷溪田碧水盈，稻秧过雨正宜晴。鹭飞阿那轻烟外，又听出村打麦声	昆明湖
	乾隆三十四年	《自长河泛舟至万寿山杂咏八首》	麦收黍稻均芃茂，慰矣因之倍惕然	昆明湖
	乾隆三十四年	《昆明湖泛舟观荷之作》	今年时雨复时阳，候趣风吹华黍香	昆明湖
	乾隆三十五年	《昆明湖上作》	豆町稻塍苏绿意，思量忧实未予孤。灌输稻田诨旱候，便迟游兴正何妨	昆明湖
	乾隆三十六年	《自长河泛舟回御园之作》	衣衫拂朝爽，禾黍畅新晴	昆明湖
	乾隆三十六年	《昆明湖泛舟即景杂咏》	消速幸无害禾黍，吾宁图只为观荷	昆明湖
	乾隆三十八年	《自石舫登舟泛湖之作》	蚕宜晴而稻宜雨，大凡两美难艰收	昆明湖
	乾隆四十年	《昆明湖泛舟由玉河至静明园沿途杂咏》	两番春雨润鳞田，种稻今年早向年	昆明湖
农作物	嘉庆元年	《玉河泛舟至万寿山清漪园》	低处稻田高大田，容容入望绿云连	昆明湖
	乾隆六十年	《玉澜堂写怀》	开扩平湖几顷余，本因种稻利菑畲	玉澜堂
	乾隆四十一年	《养云轩》	迩来膏泽足青郊，禾黍怒长麦秋属	养云轩
	乾隆二十九年	《绿畦亭》	芃芃稻苗实异常，只为今年若旸雨	绿畦亭
	乾隆五十三年	《绿畦亭口号》	观稼因之筑小亭，春冰铺泽满畦町	绿畦亭
	乾隆四十一年	《寻云亭口号》	既沾渥雨待晴欣，晒麦堆场功正勤	寻云亭
	乾隆三十六年	《石舫》	稻塍既普灌，鸥波仍浩渺	石舫
	乾隆十八年	《绮望轩》	麦畴及稻畦，秋夕将春晓	绮望轩
	乾隆五十年	《绮望轩即目》	绿野铺禾候，黄云酿麦时	绮望轩
	乾隆三十三年	《清可轩》	开窗亦北向，满谷禾黍稠	清可轩
	乾隆四十六年	《构虚轩》	犉麦及禾黍，芃绿微风扬	构虚轩
	乾隆二十五年	《云绘轩迭旧作韵》	何当嘉澍崇朝遍，二麦登秋与物欣	云绘轩
	乾隆二十五年	《澹碧斋》	咫尺出宫墙，稻田灌千顷	澹碧斋
	乾隆四十一年	《游惠山园因忆江南去岁被灾地》	近闻雨雪麦畴润，可接青黄半信疑	惠山园
	乾隆四十一年	《再题惠山园八景》	时正宜阳资晒麦，英英此际漫殷勤	就云楼
	乾隆四十六年	《题惠山园八景迭丙申韵》	已长禾苗麦收候，但期晴耳弗期云	就云楼
	乾隆五十六年	《题惠山园八景》	近雨沾禾晴晒麦，层楼就乃幸心闲	就云楼
	乾隆六十年	《惠山园八景》	昨岁优霖土尚润，麦田高下绿芃芃	就云楼
	乾隆五十一年	《霁清轩》	雨沾麦穗正宜晒，今日方知喜霁清	霁清轩
	乾隆六十年	《望霁清轩有作》	润塍铺麦芽，连垄含曦霁	霁清轩

续表

描写植物	年份	诗名	诗句	地点
农作物	乾隆二十九年	《西堤》	堤与墙间惜弃地，引流种稻看连畦	西堤
	乾隆四十八年	《廊如亭登岸》	更冀应时霈嘉澍，稻秧适见插塍鳞	廊如亭
	乾隆六十年	《广润祠祈雨之作》	今春优泽异常叨，麦穗齐禾苗尺高。有幸麦堪望夏稔，不期禾略待天膏	广润祠
	乾隆二十五年	《登望蟾阁极顶放歌》	黍高稻下总沃若，是真喜色遑论余	望蟾阁
	乾隆三十一年	《畅观堂》	以此鳞塍间，菁葱苗秧稻	畅观堂
	乾隆三十三年	《畅观堂》	连塍水普足，种稻行相向	畅观堂
	乾隆三十八年	《题畅观堂》	波外鳞塍种稻齐，渥滋甘雨真复好	畅观堂
	乾隆三十二年	《怀新书屋》	稻田虽迟插秧候，意托怀新恒在兹	怀新书屋
	乾隆三十三年	《怀新书屋》	西窗糊玻璃，稻塍在眼底	怀新书屋
	乾隆三十四年	《怀新书屋》	岩斋逾月未攀跻，稻剩鳞塍绿已齐	怀新书屋
	乾隆三十五年	《怀新书屋》	书屋窗向西，稻田凡数顷	怀新书屋
	乾隆五十四年	《怀新书屋》	今年春雨渥而优，早种稻苗绿泼油	怀新书屋
	乾隆三十一年	《睇佳榭》	今日稻芃将麦秀，绝胜柳绿与花红	睇佳榭
	乾隆三十一年	《睇佳榭》	蔚绿稻塍不愁水，凭栏今日始知佳	睇佳榭
	乾隆二十九年	《题耕织图》	润含植稻连农舍，响讶缲丝答客桡	耕织图
	乾隆三十一年	《耕织图口号》	稻已分秧蚕吐丝，耕忙亦复织忙时	耕织图
	乾隆三十六年	《耕织图》	稻将吐穗茧缲丝，耕织来看类过时	耕织图
	乾隆五十四年	《耕织图二首》	稻田蚕屋带河滨，正值课耕问织辰。稻苗欲雨蚕宜霁，万事从来艰两全	耕织图
	乾隆三十五年	《水村居》	左右鸡豚社，高低黍稻田	水村居
	乾隆五十二年	《水村居口号》	水村本是肖江南，稻未发秧迟育蚕	水村居
	乾隆三十六年	《堤上三首》	稻塍豆埒皆芃绿，柳岸兰堤互映青	堤上
仙茅	乾隆二十六年	《清可轩》	石壁育仙茅，山祖缀野果	清可轩
青苔	乾隆二十一年	《玉河泛舟至玉泉》	柳染轻黄苔着绿，沿堤春色递来徐	昆明湖
	乾隆三十四年	《清可轩》	绿苔错绣冬不枯，日月壶中有别照	清可轩
	乾隆四十年	《题清可轩》	轩中石壁万古苍，壁上苔茵四时翠	清可轩
	乾隆五十三年	《静佳斋》	漫谓韶光远，绿苔渐染阶	静佳斋
	乾隆三十二年	《再题惠山园八景》	石门云径倚松开，屦步无尘有绿苔	寻诗径
	乾隆三十二年	《畅观堂》	树态成荫张伞盖，石皱含润长莓苔	畅观堂
唐花	乾隆二十三年	《新春万寿山即景》	唐花底用工然蕴，春物昌色即渐来	万寿山
	乾隆四十年	《新正万寿山》	檐缀华镫那赏夜，盆排温卉恰知春	万寿山
	乾隆三十八年	《藕香榭》	抚时固识非莲候，观额无殊对水芳。汤泉早卉瓷瓶供，岂不居然是藕香	藕香榭
	乾隆二十三年	《乐寿堂即目》	脆芳杂植瓶头朵，新绿聊迟屋背峰	乐寿堂
	乾隆十七年	《再题清可轩》	如如大士钵中物，一室芙蓉浩劫青	清可轩
	乾隆二十年	《惠山园》	玉蕊山茶古干梅，唐花不较地争开	惠山园

续表

描写植物	年 份	诗 名	诗 句	地 点
竹子	乾隆二十年	《昆明雨泛》	森森银竹度空寒,润意西山隐翠峦	昆明湖
	乾隆二十四年	《昆明湖上作》	松竹依然三曲径,柳桃改观六条桥	昆明湖
	乾隆三十三年	《自玉河泛舟至石舫》	竹篱风送枣花香,渔舍蜗寮肖水乡	昆明湖
	乾隆二十五年	《乐寿堂》	钧陶锦绣化工鬯,松竹笙簧仙籁谐	乐寿堂
	乾隆五十六年	《清遥亭》	竹令人远名谈在,不啻斯当倍葰过	清遥亭
	乾隆二十三年	《无尽意轩》	晨窗竹籁伏中绿,镜浦荷香雨后红	无尽意轩
	乾隆二十三年	《赋得山色湖光共一楼》	渭竹环临水,岩楼出竹梢	山色湖光共一楼
	乾隆二十五年	《听鹂馆》	何必双柑斗酒,亦有精舍竹林	听鹂馆
	乾隆十九年	《清可轩》	竹秀石奇参道妙,水流云在示真常	清可轩
	乾隆十九年	《惠山园就云楼》	竹素今兮古,萝轩春复秋	就云楼
	乾隆二十三年	《藻鉴堂得句》	若傍竹林寻晋逸,山公启事缅怀长	藻鉴堂
	乾隆三十四年	《题春风啜茗台》	竹炉妥帖宜烹茗,收来荷露清而冷	春风啜茗台
兰	乾隆三十年	《自高梁桥进舟由长河至昆明湖》	依水园存乐善名,兰堤几转面前迎	昆明湖
	乾隆三十一年	《昆明湖泛舟作》	汀兰岸柳斗青时,映带烟光润且滋	昆明湖
	乾隆二十年	《石丈亭》	遐想无为军蓦遇,芝兰气味自相亲	石丈亭
	乾隆三十二年	《题养云轩》	维舟步兰椒,文轩构山半	题养云轩
	乾隆三十四年	《石舫》	登陆回看名实者,由来一例叙兰汀	石舫
	乾隆十九年	《惠山园载时堂》	阶俯兰苕秀,檐翻绮縠光	载时堂
	乾隆二十二年	《惠山园》	云敛琳霄目因迥,水澄兰沼意俱深	惠山园
	乾隆三十六年	《堤上三首》	稻塍豆埂皆芃绿,柳岸兰堤互映青	堤上
	乾隆十八年	《景明楼》	天光水态披襟袖,岸芷汀兰入画图	景明楼
	乾隆二十年	《景明楼》	汀兰岸芷晴舒暖,绿柳红桃风拂柔	景明楼
	乾隆二十年	《景明楼》	汀兰岸芷芳犹未,鼓动生机寂静中	景明楼
石榴	乾隆五十年	《玉澜堂即景》	榴虽度节芳犹艳,柳弗梳风影更深	玉澜堂
菖蒲	乾隆三十一年	《清可轩》	峭石为墙壁,青青滋兰荪	清可轩
莎草	乾隆二十三年	《嘉荫轩》	细莎异草纷缘被,仿佛华莲舍卫城	嘉荫轩

附件3 清代皇帝御制诗中描写清漪园动物景观的诗句

描写动物	年份	诗名	诗句	地点
蠓、野鸥	乾隆三十三年	《新正万寿山清漪园即景二首》	暖气飞轻蠓，春波集野鸥	清漪园
蠓、野鸭、野鸥	乾隆三十九年	《新春万寿山清漪园即事》	蠛蠓乘阳气，凫鹭下暖流	清漪园
禽、鱼	乾隆十六年	《万寿山新斋成》	山水增斯辉，禽鱼得其所	万寿山
野鸭、野鸥	乾隆十八年	《万寿山即事》	冻解凫鹭乐，风轻梵呗低	万寿山
莺、燕	乾隆十八年	《仲夏万寿山》	林煦莺迁木，泥香燕贺居	万寿山
野鸭、大雁	乾隆十九年	《晓春万寿山即景八首》	春风凫雁千层浪，秋月孤蒲万顷烟	万寿山
雁、鱼	乾隆二十年	《新正万寿山》	湖阔还存过冬雁，春来已陟负冰鱼	万寿山
野鸭、大雁	乾隆二十年	《即事四首》	六桥那辨水西东，凫雁声闻缥邈中	万寿山
野鸭、大雁	乾隆二十年	《诣畅春园问安后遂至万寿山即景杂咏》	昆明冰泮下凫雁，色色形形岂强为	万寿山
鸥	乾隆二十一年	《初夏万寿山杂咏》	只有昆明太空阔，破烟几点下闲鸥	万寿山
蚕	乾隆二十一年	《初夏万寿山杂咏》	长堤几曲绿波涵，堤上柔桑好养蚕	万寿山
鹭	乾隆二十一年	《初夏万寿山杂咏》	青蒲白芷带沙溃，小艇寻常狎鹭群	万寿山
野鸭、大雁、鱼	乾隆二十五年	《新春游万寿山报恩延寿寺诸景即事杂咏》	玉澜堂外溶新水，凫雁鲦鲿总乐春	万寿山
肖翘（细小能飞的生物）	乾隆二十五年	《新春游万寿山报恩延寿寺诸景即事杂咏》	肖翘蠕动柳生梯，脉润土膏欲作泥	万寿山
蝉、蛩（蟋蟀）	乾隆二十五年	《孟秋万寿山即景杂咏四首》	蝉声欲让蛩声亮，云气全消风气凉	万寿山
黄鹂、鱼	乾隆三十年	《仲夏万寿山》	莺罢绵蛮辞树去，鱼过拨剌卧波顽	万寿山
喜鹊	乾隆三十二年	《雨后万寿山》	坐来更不嫌鹊噪，认作檐前报喜声	万寿山
野鸭、鸥	乾隆三十三年	《新正万寿山即景》	松柏参差带径曲，凫鸥高下喜冰消	万寿山
栖鸟、野鸭	道光五年	《新春万寿山作》	向曙栖鸟喧树急，冲寒野鹜掠波轻	万寿山
莺、燕	道光	《策马至香山教场阅兵毕至万寿山侍皇太后膳》	绿阴渐密莺梭急，浅浪初平燕翦轻	万寿山
鱼、鸟	乾隆十七年	《昆明湖上》	忘机鱼鸟情何限，倒映楼台影几层	昆明湖
蝉	乾隆十七年	《高粱桥泛舟至昆明湖之作》	长河舟进趁晨凉，两岸蝉声槭霭苍	昆明湖
野鸭、大雁	乾隆十八年	《三月三日昆明湖中泛舟揽景之作》	南淀飞来凫雁满，笑予未免近生怜	昆明湖
鸟	乾隆十八年	《自玉河泛舟至玉泉山》	林翠藏鸟声，嘲噍复间关	昆明湖
虫	乾隆十八年	《昆明湖上作》	虫声益壮诉不歇，莲花欲老任余芳	昆明湖
野鸭、大雁	乾隆十九年	《自石舫进舟由玉河至静明园溪路浏览即景成短言三章》	一棹明湖倚舰轻，经冬凫雁任纵横	昆明湖
野鹅、鸥、鹭	乾隆十九年	《湖上杂咏》	绿柳红桥堤那畔，鴐鹅鸥鹭满汀州	昆明湖
鸥	乾隆十九年	《皇太后昆明湖观水猎》	举求便众咸称乐，取戒多鸥未致惊	昆明湖
鱼、莺	乾隆十九年	《昆明湖上》	泼剌银漪摆鱼戟，间关绿荫掷莺梭	昆明湖
鱼、野鹭	乾隆十九年	《泛舟至玉泉山》	醉鱼逐侣翻银浪，野鹭迷群伫绿蒲	昆明湖

续表

描写动物	年份	诗名	诗句	地点
雁、鱼	乾隆二十年	《昆明湖泛舟》	凤池春水碧溶溶，雁已回翔鱼未唼	昆明湖
蝉	乾隆二十年	《玉河泛舟》	玉带桥西放舸舟，新蝉叫树绿荫稠	昆明湖
蝉	乾隆二十年	《长河进舟至昆明湖》	高梁桥外放烟舟，两岸蝉声响报秋	昆明湖
虫	乾隆二十年	《长河进舟至昆明湖》	岸虫入听不为喧，晓露荷香数里繁	昆明湖
蝉	乾隆二十年	《昆明湖泛舟》	露下波澄又一时，蝉声流出最高枝	昆明湖
野鸭、大雁	乾隆二十三年	《仲春昆明湖上》	女牛左右徒闻古，凫雁光辉各命群	昆明湖
鸥、野鸭、鸿雁	乾隆二十五年	《冰泮》	鸥凫与鸿雁，容与翱翔状。或立恋薄冰，或泛喜轻浪	昆明湖
雁	乾隆二十五年	《昆明湖泛舟拟竹枝词》	冻解明湖漾绿波，新蒲回雁识春和	昆明湖
池鹭、鸥鹭	乾隆二十五年	《昆明湖泛舟拟竹枝词》	鸂鶒鸥鹭浴还飞，曾未传宣放水围。讵是饰辞助生气，也缘观物任天机	昆明湖
鱼	乾隆二十五年	《夏日昆明湖上》	西海从来捕鱼处，辟湖以后不施罟	昆明湖
野鸭、雁	乾隆二十八年	《冰泮》	凫雁有光辉，群浴兰波冷	昆明湖
鹭、鱼	乾隆二十九年	《雨后昆明湖泛舟即景》	桥边鹭羽骞蒲渚，堤外鱼鳞润稻塍	昆明湖
蝉	乾隆二十九年	《高梁桥放舟至昆明湖沿途即景杂咏》	岸旁行骑活于画，树里鸣蝉清胜弦	昆明湖
蝉	乾隆三十年	《自高梁桥进舟由长河至昆明湖》	柳岸忽闻嫩簧响，始知复育化成蝉	昆明湖
黄鹂	乾隆三十一年	《昆明湖泛舟》	岸柳已藏黄鸟啭，桨兰微带翠萍牵	昆明湖
野鸭、雁、野鹅	乾隆三十三年	《昆明湖泛舟即景杂咏》	凫雁鵞鹅不避舟，湖宽天阔任优游。笑他寒俭称高逸，说到无心狎野鸥	昆明湖
鹭	乾隆三十三年	《自玉河泛舟至石舫》	鹭飞阿那轻烟外，又听出村打麦声	昆明湖
鸢、鱼	乾隆六十年	《由玉河泛舟至万寿山清漪园》	芷白蒲青景有望，鸢飞鱼跃兴无穷	昆明湖
鹭	嘉庆十三年	《昆明湖泛舟即景》	杨柳荫中堤曲折，芰荷香里鹭飞翔	昆明湖
雁、野鸭	乾隆三十四年	《题玉澜堂》	绝胜縠还绮，群栖雁与凫	玉澜堂
鱼、雁	乾隆三十五年	《玉澜堂》	水深鱼自安，候寒雁未暨	玉澜堂
野鸭、雁	乾隆三十五年	《题玉澜堂》	无碍蒲卢原勃长，有欣凫雁亦和鸣	玉澜堂
燕、鸥	乾隆三十六年	《玉澜堂》	有子已看贺巢燕，无心何必盟鸥	玉澜堂
螗、雁鸿	乾隆三十八年	《玉澜堂》	暖起浮霄螗，宽栖度岁鸿	玉澜堂
野鸭、鸥	乾隆三十八年	《题玉澜堂》	来往画情舴艋，翱翔诗趣凫鹭	玉澜堂
鱼、雁	乾隆三十九年	《玉澜堂》	鱼陟冷犹怯未跃，雁回初以聚为欢	玉澜堂
鲢鲤（鱼）	乾隆四十一年	《玉澜堂》	潜底自鲢鲤，浮空漫縠纨	玉澜堂
鱼	乾隆四十六年	《玉澜堂》	稚春冰冻鱼未陟，何有于澜观且置	玉澜堂
鱼、鹭	乾隆二十五年	《藕香榭二首》	莲叶东西鱼极乐，藕花高下鹭无猜	藕香榭
雁	乾隆四十一年	《怡春堂》	柳眼梅心盼，雁回鸟语新	怡春堂
燕	乾隆三十一年	《乐寿堂》	山翠水波鲜，高堂燕喜便	乐寿堂
鸥	乾隆二十九年	《对鸥舫》	更益云对鸥，亦不止鸥漾	对鸥舫
鸥	乾隆三十年	《对鸥舫》	临水阁斋似舫浮，凭栏常见浴闲鸥	对鸥舫

续表

描写动物	年 份	诗 名	诗 句	地 点
鸥	乾隆三十一年	《对鸥舫》	只拟欧凫狎海客,不须书画学颠翁	对鸥舫
鸥、雁	乾隆三十三年	《对鸥舫》	近岸溪亭号对鸥,经冬常见水禽留。徘徊似共回雁语,仆仆往来劳矣不	对鸥舫
雁、鸥	乾隆三十六年	《对鸥舫》	雁尚待春来,鸥有经冬住。野鸥四时对,适然任翔鹜	对鸥舫
鸥、雁	乾隆三十九年	《对鸥舫》	几架虚轩水裔临,过冬鸥雁聚冰寻	对鸥舫
鸥、雁	乾隆四十一年	《对鸥舫》	故致鸥雁类,过冬资赡养。似识春意回,飞鸣乐和盉	对鸥舫
鸥、雁	乾隆四十六年	《对鸥舫》	水阔昆明弗全冻,过冬鸥鸟任徘徊。似骄回雁相将语,何必劳劳费往来	对鸥舫
鸥	乾隆五十四年	《对鸥舫》	对鸥以名之,水鸟时相从	对鸥舫
鸥、雁	乾隆五十九年	《对鸥舫》	回雁高飞际,对鸥即景呈	对鸥舫
鸥	道光四年	《对鸥舫》	鸥鸟忘机参物理,波漾悦性涤心尘	对鸥舫
鸟、蝉	道光四年	《对鸥舫》	竹坞间关幽鸟唉,杨堤断续早蝉鸣	对鸥舫
蛙、黄鹂	道光五年	《对鸥舫》	鸣蛙一部池中曲,黄鸟三声叶底梭	对鸥舫
鱼	乾隆五十二年	《鱼藻轩》	冰浦渐流渐,聊迟鱼乐知	鱼藻轩
鱼	乾隆四十六年	《清遥亭观昆明湖会》	况东生方,鱼陟应在先	清遥亭
鱼、野鸭	乾隆四十八年	《清遥亭》	深故鱼跃潜,广故凫来往	清遥亭
鱼、鸟	乾隆二十三年	《无尽意轩》	气象林峦云出没,心胸鱼鸟水澄空	无尽意轩
喜鹊、鹤	乾隆三十五年	《题云松巢》	鹊噪栖亦安,鹤瘦住何悔	云松巢
野鹤	乾隆五十年	《云松巢》	只有古松与野鹤,不知春色去和来	云松巢
黄鹂	乾隆二十五年	《听鹂馆》	几啭栗留窗外,仲若先获我心	听鹂馆
黄鹂	乾隆二十六年	《戏题听鹂馆》	清和渐觉绿荫稠,初听林间黄栗留	听鹂馆
黄鹂	乾隆二十九年	《戏题听鹂馆》	黄鹂都啭罢,笑我始来听	听鹂馆
黄鹂	乾隆三十一年	《听鹂馆》	搏黍声中夏过半,今朝暇始一来听	听鹂馆
黄鹂	乾隆三十四年	《听鹂馆》	林梢吐叶绿犹轻,搏黍枝头未发声	听鹂馆
黄鹂	乾隆三十五年	《听鹂馆戏题》	绿树浓荫高下披,栗留北去已多时	听鹂馆
黄鹂	乾隆三十八年	《戏题听鹂馆》	鹂时乃季春,而我率抛置。那闻缉蛮声,徒缅风人义	听鹂馆
黄鹂	乾隆五十一年	《听鹂馆》	南暄北冷殊时节,先后金衣各作鸣	听鹂馆
黄鹂	乾隆五十六年	《听鹂馆》	却是金衣仍夏唱,岂欣纱幅以时披	听鹂馆
蚍蜉、蠓	乾隆二十五年	《含新亭》	蚍蜉启户蠛蠓飞,符甲青青细草菲	含新亭
蟋蟀	乾隆二十九年	《写秋轩口号》	一声蛩响丛间递,各写秋情肯让谁	写秋轩
鸟	乾隆五十五年	《清音山馆》	鸟试声才不繁,花含芳未深	清音山馆
鱼、鸟	乾隆二十九年	《石舫》	忘怀鱼鸟适,恰似泛沧洲	石舫
鸥、野鸭	乾隆三十二年	《石舫》	月下鸥凫伴,雨中烟水姿	石舫
鹭、鱼	乾隆三十五年	《石舫》	渚时有鹭游,波时有鱼跃	石舫
鸥	乾隆三十六年	《石舫》	稻塍既普灌,鸥波仍浩渺	石舫

续表

描写动物	年　份	诗　名	诗　句	地　点
蟋蟀	乾隆二十五年	《水周堂》	盈送响依风草听，荷余香带露华搴	水周堂
鱼	乾隆四十七年	《澄鲜堂》	溪堂责实与名殊，鱼涉依然冰负湖	澄鲜堂
蝶、飞禽	乾隆二十九年	《绘芳堂》	也自有花解藏蝶，何曾结实引飞禽	绘芳堂
鸟	乾隆十九年	《墨妙轩》	春鸟芝文印，风漪笔阵披	墨妙轩
赤鲤、鸥	乾隆十九年	《澹碧斋》	藻渊潜赤鲤，锦浪泛文鹥	澹碧斋
鱼	乾隆十九年	《知鱼桥》	屡步石桥上，轻鲦出水游	知鱼桥
鸟	乾隆十九年	《再题惠山园二首》	风松入操古，春鸟和音谐	惠山园
鱼	乾隆二十年	《澹碧斋》	拍槛漪澜潋滟光，游鱼潜跃乐相忘	澹碧斋
鱼	乾隆二十年	《知鱼桥》	林泉咫尺足清娱，拨剌文鳞动绿蒲	知鱼桥
鱼	乾隆二十三年	《知鱼桥》	平铺半亩冻琉璃，未是轻鲦出水时	知鱼桥
鱼	乾隆二十八年	《知鱼桥》	几个文鳞水面游，偶因浮豫识庄周	知鱼桥
鱼	乾隆三十一年	《知鱼桥》	石栏雁齿亘春池，出水轻鲦在藻思	知鱼桥
鱼	乾隆三十七年	《澹碧斋》	鱼陟负冰冰已苏，依然新水满平湖	澹碧斋
鱼	乾隆三十七年	《知鱼桥》	曲折石桥俯碧漪，喊喁春水出鱼儿	知鱼桥
野鸥	乾隆二十九年	《西堤》	刺波生意出新芷，踏浪忘机起野鹥	西堤
黄鹂、老鹰	乾隆十九年	《鉴远堂》	夹岸垂杨啭黄鸟，傍堤密苇隐苍鸢	鉴远堂
老鹰、鱼	乾隆二十五年	《鉴远堂》	鸢飞鱼跃同澄澈，云影天光会渺茫	鉴远堂
燕、鱼	乾隆十八年	《藻鉴堂》	掠珠燕颉颃，吹縠鱼喁喻	藻鉴堂
老鹰、鱼	乾隆二十六年	《治镜阁八韵》	上下鸢鱼趣，春秋风月思	治镜阁
鸟	乾隆三十二年	《题畅观堂》	庭鸟弹和瑟，阶芜铺翠纨	畅观堂
野鸭	乾隆三十二年	《题延赏斋》	湿岸生春芷，新波下野凫	延赏斋
鸡、猪	乾隆三十年	《水村居》	棹舟见则耕还织，绕舍孳唯鸡与豚	水村居
鸡、猪	乾隆三十三年	《水村居》	篱外渐看老桑苎，坰边还许育鸡豚	水村居
鸡、鸭	乾隆三十五年	《水村居》	蓄鸡放鸭非无谓，借以知民生计艰	水村居
蝴蝶、蜻蜓	乾隆三十六年	《水村居》	吟牖自开入蝴蝶，钓竿闲置立蜻蜓	水村居
鱼、鸟	乾隆十九年	《景明楼》	鱼颉鸟颃自飞跃，波光云影相沉浮	景明楼
池鹭、野鸭、大雁、野鸥	乾隆二十年	《景明楼》	鸡鹈凫雁烟波阔，岂必无心独野鸥	景明楼
游鲤、野鸭	乾隆二十三年	《景明楼赏荷》	泻露珠倾下游鲤，冲烟香散簉飞凫	景明楼
鱼、野鸭	乾隆二十九年	《景明楼》	鱼跃犹矜浦，凫翔不避人	景明楼

参 考 文 献

1　原始文献、档案

1.1　文献

［1］（北魏）郦道元. 水经注［M］. 长沙：岳麓书社，1995.
［2］（宋）朱熹. 朱子全书·地理［M］. 上海：上海古籍出版社，2002.
［3］（元）熊梦祥. 析津志辑佚［M］. 北京：北京古籍出版社，1983.
［4］（明）蒋一葵. 长安客话［M］. 北京：北京古籍出版社，1994.
［5］（明）廖希雍. 葬经翼［M］. 清高宗御制诗集［EB/OL］. 《四库全书》网络版.
［6］（明）刘侗，于奕正. 帝京景物略［M］. 北京：北京古籍出版社，1980.
［7］（明）沈榜. 宛署杂记［M］. 北京：北京古籍出版社，1980.
［8］（明）王琼. 漕河图志［M］. 北京：中国水利电力出版社，1990.
［9］（明）钟惺. 梅花墅记［M］//中国历代园林图文精选. 上海：同济大学出版社.
［10］（清）爱新觉罗弘历.［M］. 清高宗御制诗集［EB/OL］. 《四库全书》网络版.
［11］（清）麟庆. 鸿雪因缘图记［M］. 北京：北京古籍出版社，1984.
［12］（清）缪荃孙抄. 顺天府志［M］. 北京：北京大学出版社，1982.
［13］（清）孙承泽. 天府广记［M］. 北京：北京古籍出版社，1984.
［14］（清）吴振棫. 养吉斋丛录［M］. 杭州：浙江古籍出版社，1985.
［15］（清）于敏中等. 日下旧闻考［M］. 北京：北京古籍出版社，1983.

1.2　档案

［1］清宫内务府黄册、陈设册、活计档、奏销档、上谕档等，中国第一历史档案馆。
［2］颐和园《工程清单》，中国第一历史档案馆。

2　研究文献

2.1　书籍

［1］（美）卡尔著. 慈禧写照记［M］. 珠海：珠海出版社，1995.
［2］（美）肯尼斯·弗兰姆普敦著. 现代建筑——一部批判的历史［M］. 张钦楠等译. 北京：生活·读书·新知三联书店，2004.
［3］Charles W. Moore. *The Poetics of Gardens*［M］. Cambridge：MIT Press，1997.
［4］鲍亦冈，刘振铎，王世发等. 北京地质百年研究——北京地区基础地质研究的历史与最新成果［M］. 北京：地质出版社，2001.
［5］北京市地方志编纂委员会. 世界文化遗产卷　颐和园志［M］. 北京：北京出版社，2004.

[6] 北京市地质矿产勘查开发局，北京市水文地质工程地质大队．北京地下水［M］．北京：中国大地出版社，2008．
[7] 北京市水文地质工程地质公司．北京泉志［M］，1983．
[8] 蔡蕃．北京古运河和城市供水研究［M］．北京：北京出版社，1987．
[9] 曹学坤，蔡学锐．北京市土地利用研究［M］．北京：科学技术出版社，1993．
[10] 曹子西主编．北京通史［M］．北京：中国书店，1994．
[11] 程绪珂，胡运骅．生态园林的理论与实践［M］．北京：中国林业出版社，2006．
[12] 郭仁忠．空间分析［M］．武汉：武汉测绘科技大学出版社，2000．
[13] 贺士元，邢其华，尹祖棠等．北京植物志［M］．修订版．北京：北京出版社，1992．
[14] 黄成彦等．颐和园昆明湖3500余年沉积物研究［M］．北京：海洋出版社，1996．
[15] 孔祥利．北京长河史、万寿寺史［M］．北京：荣宝斋出版社，2006．
[16] 刘滨谊等．历史文化景观与旅游策划规划设计——南京玄武湖［M］．北京：中国建筑工业出版社，2003．
[17] 刘常富，陈玮．园林生态学［M］．北京：科学出版社，2008．
[18] 清华大学建筑学院．颐和园［M］．北京：中国建筑工业出版社，2005．
[19] 彭兴业，岳升阳，夏正楷等．海淀文史——海淀古镇环境变迁［M］．北京：开明出版社，2009．
[20] 唐文基，罗庆泗．乾隆传［M］．北京：人民出版社，1994．
[21] 王其亨等．风水理论研究［M］．第2版．天津：天津大学出版社，2005．
[22] 夏成钢．湖山品题——颐和园匾额楹联解读［M］．北京：中国建筑工业出版社，2009．
[23] 颐和园管理处．颐和园志［M］．北京：中国林业出版社，2006．
[24] 玉渊潭公园管理处．玉渊潭公园志［M］．北京：学苑出版社，2000．
[25] 周维权．中国古典园林史［M］．第三版．北京：清华大学出版社，2008．
[26] 朱良志．中国艺术的生命精神［M］．修订版．合肥：安徽教育出版社，2006．
[27] 紫竹院公园管理处．紫竹院公园志［M］．北京：中国林业出版社，2003．

2.2 论文

[1] 陈佑启，Peter H. Verburg．基于GIS的中国土地利用变化及其影响模型［J］．生态科学，2000，19（3）．
[2] 冯伶亲等．官厅水库下游永定河水系水污染防治措施研究［Z］．北京"水与奥运"学术研讨会，2003．
[3] 冯育青，王邵军，阮宏华等．苏州太湖湖滨湿地生态恢复模式与对策［J］．南京林业大学学报（自然科学版），2009，33（5）．
[4] 葛云敬，王一飞，陈贤．刍议城市湿地的生态恢复与保护［J］．安徽农学通报，2010，16（5）．
[5] 贺国平，张彤，周东．土地覆被和气候变化的水文响应研究［J］．北京水务，2006（6）．
[6] 呼海艳，弓弼，何红芸等．浅析中国古典园林中的风水观［J］．安徽农业科学，2008，36（3）．
[7] 胡小明，刘树华．北京区域夏冬季风场、温度场的观测研究［J］．北京大学学报（自然

科学版）2005，41（3）.
[8] 李会安，窦艳兵. 南水北调水进京后北京市地下水利用与保护［J］. 水利规划与设计，2005（5）.
[9] 李书严，陈洪滨，李伟. 城市化进程对北京地区气候的影响［J］. 高原气象，2008，27（5）.
[10] 康江峰，王经武. 论西部地区生态环境的治理［J］. 水土保持研究，2001，8（1）.
[11] 王鸿雁. 清漪园宗教建筑初探［J］. 故宫博物院院刊，2005（5）.
[12] 赵希涛，孙秀萍等. 北京平原30000年来的古地理演变［J］. 中国科学B辑，1984（6）.
[13] 阎伍玖. 区域农业生态环境质量评价方法与模型研究［J］. 环境科学研究，1999，12（3）.
[14] 张玲，徐宗学，阮本清. 北京城市热岛效应对气温和降水量的影响［J］. 自然资源学报，2006，21（9）.
[15] 周维权. 颐和园的排云殿佛香阁［M］//颐和园建园250周年纪念文集. 北京：五洲传播出版社，2000.

2.3　学位论文

[1] 黄波. 平地起蓬瀛，城市而林壑——清代皇家园林与都城规划［D］. 天津：天津大学硕士学位论文. 1994.
[2] 姜东成. 秋月春风常得句，山容水态自成图——清代皇家园林自然美的创作意向与审美［D］. 天津：天津大学硕士学位论文，2001.
[3] 李玲玲. 基于3S技术的北京公园湿地动态变化与环境评价研究［D］. 北京：首都师范大学硕士论文，2008.
[4] 李峥. 平地起蓬瀛，城市而林壑——北京西苑历史变迁研究［D］. 天津：天津大学硕士学位论文，2006.
[5] 刘翠鹏. 意在笔先，容情入境——管窥中国园林意境的创造［D］. 北京：北京林业大学硕士学位论文，2004.
[6] 刘佳福. 承德避暑山庄及周围寺庙城市空间的整体保护与有机更新［D］. 天津：天津大学硕士学位论文，2003.
[7] 潘灏源. 原为君子儒，不作逍遥游——清代皇家园林中的士人思想与士人园［D］. 天津：天津大学硕士学位论文，1998.
[8] 苏怡. 平地起蓬瀛，城市而林壑——清代皇家园林与北京城市生态研究［D］. 天津：天津大学硕士学位论文，2001.
[9] 王晶. 绿丝临池弄清荫，麋鹿野鸭相为友——清南苑研究［D］. 天津：天津大学硕士学位论文，2004.
[10] 吴小舟. 试论北京古典园林地形处理手法及空间效应［D］. 北京：北京林业大学硕士学位论文，2006.
[11] 谢志茹. 北京城市公园湿地生态环境质量评价［D］. 北京：首都师范大学硕士论文，2004.
[12] 许莹. 观风问俗式旧典，湖光风色资新探——清代皇家行宫园林研究［D］. 天津：天

津大学硕士学位论文，2001.
[13] 殷亮. 宜静原同明静理，此山近接彼山青——清代皇家园林静宜园、静明园研究 [D]. 天津：天津大学硕士学位论文，2006.
[14] 于海霞. 城市水域生态规划研究 [D]. 南京：南京大学博士学位论文，2002.
[15] 张慧. 先秦生态文化及其建筑思想探析 [D]. 天津：天津大学博士学位论文，2009.
[16] 张静. 浅析圆明园景观与中国传统文化 [D]. 西安：西北农林科技大学硕士学位论文，2006.
[17] 张龙. 济运疏名泉，延寿创刹宇——乾隆时期清漪园山水格局分析及建筑布局初探 [D]. 天津：天津大学硕士学位论文，2006.
[18] 张龙. 颐和园样式雷建筑图档综合研究 [D]. 天津：天津大学博士学位论文，2009.
[19] 赵春兰. 周袢瀛海诚旷哉，昆仑方壶缩地来——乾隆造园思想研究 [D]. 天津：天津大学硕士学位论文，1998.
[20] 赵君. 圆明园盛时植物景观研究 [D]. 北京：北京林业大学硕士学位论文，2009.
[21] 赵可昕. 川泳与云飞，物物含至理——清代皇家园林中的理学精神 [D]. 天津：天津大学硕士学位论文，2001.
[22] 赵向东. 参差纵目琳琅宇，山亭水榭那徘徊——清代皇家园林建筑的类型与审美 [D]. 天津：天津大学硕士学位论文，2000.
[23] 朱蕾. 境唯幽绝尘，心以静堪寄——清代皇家行宫园林静寄山庄研究 [D]. 天津：天津大学硕士学位论文，2004.

2.4 未出版和非公开出版物

[1] 中华人民共和国国家文物局. 世界遗产公约——申报世界文化遗产：中国，杭州西湖文化景观送审稿 [Z]，2009.
[2] 北京市园林绿化局. 北京市湿地资源调查报告 [R]，2008.
[3] 颐和园管理处. 颐和园遗产监测报告 [R]，2009.
[4] 北京市水利史研究会，北京社会科学研究院. 北京西北郊水源地涵养与保护对策研究报告 [R]，2005.
[5] 北京市水利史研究会，北京社会科学研究院. 北京西北郊水源地涵养与保护对策研究（子报告一）[R]，2005.
[6] 北京市环境卫生设计科学研究所. 北京市市属公园垃圾处理工程项目建议书 [Z]，2009.
[7] 北京市颐和园管理处，天津大学建筑设计研究院，天津大学建筑学院. 北京市颐和园文物保护规划 [Z]，2008.

后　　记

　　作者曾在颐和园工作生活16年，与这里的山水环境结下了深厚情缘。近年跟随天津大学王其亨教授承担国家自然科学基金《清代皇家园林综合研究》，有机会全面系统地整理分析颐和园的生态环境资料，从生态审美的角度全新解读颐和园的历史与现状，并结合自己多年的工作实践，对历史园林生态保护的策略进行深入思考。

　　本书就是根据课题中自己所承担部分的研究成果，在王先生的帮助和指导下最终写作完成的。希望通过这一努力，使更多的人分享这座文化遗产蕴涵的丰富价值，为颐和园的保护凝聚更广泛的社会共识和支持。

　　随着对颐和园这一人类生态文明史上高度浓缩的瑰宝的深入研究，笔者也日益感到选题涵盖广阔，驾驭这个题材绝非一朝一夕之功。而且，文中涉及生态学、美学、历史学、建筑学等诸多领域，使我深感自身知识结构和能力的限制，认识和理解难免有偏颇之处。尽管全力以赴，错误之处在所难免，恳请读者批评指正。

　　另外，本书在写作过程中得到了颐和园同仁和天津大学建筑学院老师的帮助，在此表示感谢。